DE

DU Ve SIÈ

conformément

POI

CONTENANT DES O

LIBR
79

HISTOIRE
DE L'EUROPE

DU V⁰ SIÈCLE A LA FIN DU XIII⁰ (395-1270)

rédigée

conformément aux derniers programmes officiels

POUR LA CLASSE DE TROISIÈME

PAR

VICTOR DURUY

NOUVELLE ÉDITION
ENTIÈREMENT REFONDUE
CONTENANT DES GRAVURES D'APRÈS LES MONUMENTS ET DES CARTES

PARIS
LIBRAIRIE HACHETTE ET Cie
79, BOULEVARD SAINT-GERMAIN, 79

726.

HISTOIRE
DE L'EUROPE

DU Ve SIÈCLE A LA FIN DU XIIIe (395-1270)

CLASSE DE TROISIÈME

Costume guerrier au onzième siècle (Guillaume le Conquérant)

HISTOIRE
DE L'EUROPE

DU Ve SIÈCLE A LA FIN DU XIIIe (395-1270)

rédigée
conformément aux derniers programmes officiels
POUR LA CLASSE DE TROISIÈME

PAR

VICTOR DURUY

NOUVELLE ÉDITION
ENTIÈREMENT REFONDUE

CONTENANT DES GRAVURES D'APRÈS LES MONUMENTS ET DES CARTES

PARIS
LIBRAIRIE HACHETTE ET Cie
79, BOULEVARD SAINT-GERMAIN, 79

1879

PROGRAMME OFFICIEL ARRÊTÉ LE 23 JUILLET 1874

CLASSE DE TROISIÈME

Histoire de l'Europe, du cinquième siècle à la fin du treizième (395-1270).

La Gaule sous l'empire romain.

Invasions des Barbares. — Les Germains; leurs établissements en Italie, énumération des États qu'ils ont fondés.

Le royaume des Francs. — Clovis. — Brunehaut. — Dagobert. — Conquêtes en Germanie. — Gouvernement et institutions. — La loi salique.

Justinien. — Ses guerres. — Son œuvre législative.

Mahomet. Conquêtes des Arabes — Éclat de leur civilisation.

Pépin d'Héristal. — Charles Martel. — Pépin le Bref.

Charlemagne; ses guerres et son gouvernement. — Rétablissement de l'empire.

Louis le Débonnaire. — Traité de Verdun.

Charles le Chauve. — Les Normands. — Démembrement de l'empire en royaumes et de la France en grands fiefs.

Le régime féodal.

État de l'Église au dixième siècle.

L'empire. — Othon le Grand. — La querelle des investitures. — Grégoire VII. — Innocent III et Innocent IV. — Frédéric Barberousse et Frédéric II.

Conquête de l'Angleterre par les Normands. — Henri II. — La Grande Charte.

Les croisades. — Le royaume de Jérusalem et l'empire latin de Constantinople.

Progrès du pouvoir royal en France. — Affranchissement des communes. — Louis VI. — Philippe Auguste. — Guerre des Albigeois.

Règne de saint Louis.

Les arts, les lettres, les écoles aux douzième et treizième siècles; le commerce et l'industrie.

Tableau des différents États de l'Europe en 1270.

GRAVURES ET CARTES

GRAVURES

	Pages
Costume guerrier au onzième siècle (Guillaume le Conquérant)	Frontispice.
Statue de Vercingétorix à Alise	5
Temple d'Auguste à Vienne	7
Bouclier franc	39
Armes des Francs	41
L'ancienne Lutèce	51
Tombeau de sainte Radegonde	64
Abbaye de Saint-Denis	79
Abbaye de Saint-Victor de Marseille	86
Abbaye de Jumiéges	95
Anastase en costume consulaire	101
Sainte-Sophie	109
Mossoul	113
Mosquée d'Omar à Jérusalem	129
Mosquée Iman-Moussa à Baghdâd	139
Mosquée de Cordoue	149
Arènes de Nîmes	157
Charlemagne d'après la mosaïque de Saint-Jean de Latran	171
Église d'Aix-la-Chapelle	179
Anciennes murailles de Carcassonne	189
Trèves : porte romaine	192
Chef franc au neuvième siècle	203
Charles le Chauve	209
Costume royal au dixième siècle	229
Seigneur au dixième siècle	236
Ancien château de Pierrefonds	243
Armes au onzième siècle	246
Statue de Gerbert	265
Château de Stolzenfels	273
Château Saint-Ange, à Rome	281
Abbaye de Cluny	285
Ancienne basilique constantinienne de Saint-Pierre	317
Geoffroy Plantagenet	327
Jérusalem, vue prise de la piscine de Zacharie	357

	Pages.
Le Saint-Sépulcre	359
Chevalier armé d'un haubert	365
Constantinople. Pointe du sérail	377
Médaille de Hugues Capet	380
Ruines du château de Robert le Diable	387
Laon	401
Château de Coucy	406
Abbaye de Saint-Victor	408
Église de Saint-Denis (vue intérieure)	411
L'abbaye de la Victoire	419
Paris sous Philippe Auguste	421
Toulouse. église de Saint-Cernin	427
Cathédrale de Saint-Jean, à Lyon	434
Aigues-Mortes	436
Joinville	437
Seigneur en costume de guerre	439
Naples	449
Tunis	451
La Sainte-Chapelle	468
Oratoire de saint Louis	470
Nowgorod	477

CARTES

Il nous a paru plus commode pour l'élève de réunir les cartes à la fin du volume, en les disposant de manière que, le livre étant ouvert à un endroit quelconque, la carte consultée puisse rester déployée tout entière sous les yeux du lecteur.

La Gaule sous l'empire romain.
Empire romain et monde barbare.
L'Italie sous les Lombards.
Le royaume des Francs mérovingiens.
Empire des Arabes.
Empire de Charlemagne.
La France avant les croisades.
L'Europe au temps des croisades.
Allemagne et Italie pour la querelle des investitures.

HISTOIRE DE L'EUROPE

DE 395 A 1270.

CHAPITRE I.

LA GAULE SOUS L'EMPIRE ROMAIN.

1. Limites et populations primitives. — 2. Religion. — 3. Gouvernement. — 4. Expéditions hors de la Gaule. — 5. Divisions intestines. — 6. Conquête de la Narbonaise par les Romains. — 7. Conquête de la Gaule par César (59-50). — 8. La domination et la civilisation romaines en Gaule. — 9. Le christianisme en Gaule. — 10. Misère et découragement au quatrième siècle.

1. Limites et populations primitives. — Deux mers, l'Océan et la Méditerranée, deux chaînes de hautes montagnes, les Pyrénées et les Alpes, enfin un des plus grands fleuves de l'Europe, le Rhin, marquaient dans l'antiquité les limites de la Gaule, plus grande d'un quart que la France d'aujourd'hui.

Des races inconnues l'habitèrent d'abord, en même temps que le renne et le mammouth; et l'on a fréquemment trouvé, dans les grottes où il faisait sa demeure, les restes de l'homme préhistorique, ses armes, ses outils en os ou en pierre, et jusqu'à ses dessins, mêlés à des débris d'animaux aujourd'hui disparus.

Aux premières lueurs de l'histoire qui éclairent ce pays, on le voit partagé entre trois ou quatre cents peuplades appartenant à trois grandes familles :

1º Les *Ibères*, qui, après avoir dominé sur toute la

Gaule méridionale, avaient été peu à peu refoulés, sous le nom d'Aquitains, au sud de la Garonne, et, sous le nom de Ligures salyens, au sud de la Durance. Les Basques des Pyrénées parlent encore la langue des Ibères.

2° Les *Celtes*, entre la Garonne, la Seine, le cours supérieur du Rhin et les Alpes. Les Bas-Bretons sont aujourd'hui, en France, les seuls représentants de la race celtique qui aient conservé leur langue nationale. Ces Celtes de la Gaule n'étaient que la tête d'une grande armée qui, dans sa marche d'Orient en Occident, avait laissé sur sa route des corps nombreux dans la vallée du Danube et tout le long des Alpes.

3° Les *Belges*, entre la Seine, la Marne, le Rhin et la mer.

Des Grecs originaires de Phocée fondèrent, vers 600, *Marseille*, qui couvrit de ses comptoirs toute la côte gauloise de la Méditerranée. Antérieurement, des Phéniciens avaient bâti *Nîmes*.

Les tribus gauloises avaient des coutumes à peu près semblables, malgré la différence des origines, et, aux yeux des étrangers, elles ne formaient qu'un seul peuple. Les Grecs et les Romains ne voyaient que des Gaulois dans la Gaule, parce qu'ils y trouvaient le même courage. « Race indomptable, disaient-ils, qui fait la guerre non-seulement aux hommes, mais à la nature et aux dieux. Ils lancent des flèches contre le ciel quand il tonne; ils prennent les armes contre la tempête; ils marchent l'épée à la main au-devant des fleuves débordés ou de l'Océan en courroux. »

2. Religion. — Les Gaulois adoraient le tonnerre, les astres, l'Océan, les fleuves, les lacs, le vent, c'est-à-dire les forces matérielles; mais aussi les forces morales et intelligentes : Hesus, le génie de la guerre; Teutatès, celui du commerce; Ogmius, le dieu de la poésie et de l'éloquence, qui était représenté avec des chaînes d'or sortant de sa bouche pour aller saisir et entraîner ceux qui l'écoutaient

Leurs prêtres, les *Druides* ou *hommes des chênes*, avaient des doctrines plus élevées : ils croyaient aux peines et aux récompenses dans la vie à venir. Mais d'horribles superstitions, des sacrifices humains, ensanglantaient les grossiers autels qu'ils dressaient au fond des forêts séculaires ou au milieu des landes sauvages où quelques-uns subsistent encore[1]. A la fois ministres de ce culte sanguinaire et seuls dépositaires de toute science, les druides régnèrent longtemps par la supériorité intellectuelle et par la terreur. Des druidesses, des bardes et des devins, étaient affiliés à leur ordre, où l'on n'entrait que par l'élection après un noviciat sévère et prolongé durant de longues années. Les bardes accompagnaient les guerriers et chantaient leurs exploits.

3. Gouvernement. — L'ordre des druides fut longtemps tout-puissant; mais, trois siècles environ avant notre ère, les guerriers et les nobles brisèrent, au milieu d'affreuses convulsions, le joug de la caste sacerdotale. L'aristocratie militaire fut, après sa victoire, attaquée à son tour par les classes inférieures, surtout par les habitants des villes. Les druides s'unirent aux rebelles contre les nobles qui les avaient dépossédés, et, dans la plupart des cités, le gouvernement royal fut successivement aboli. Cette révolution achevait de s'accomplir quand César entreprit de dompter les Gaulois.

4. Expéditions gauloises. — Nul peuple barbare n'eut un égal renom d'intrépidité. Ils troublèrent tout l'ancien monde de leurs courses aventureuses. Vers l'année 587, sous les noms d'Insubres, de Cénomans, de Boïes et de Sénons, ils firent la conquête du nord de l'Italie, où tant de fois leurs descendants sont retournés.

---

1. On a longtemps cru que les *dolmens, menhirs, cromlechs, allées couvertes,* etc., étaient dus exclusivement aux Celtes et on les appela *monuments druidiques.* Mais on en a trouvé en Suède, en Danemark, en Crimée, en Afrique, en Asie. Ces monuments singuliers n'étaient pas l'œuvre d'un seul peuple, ni les objets religieux ou funéraires d'un culte particulier; ils avaient été en usage chez des populations très-diverses, et représentaient une même époque de civilisation par laquelle l'humanité entière a dû passer.

La première armée romaine qui les vit s'enfuit épouvantée (bataille de l'*Allia*, en 390). Ils prirent et brûlèrent Rome, assiégèrent sept mois le Capitole, et forcèrent le sénat de se racheter à prix d'argent. D'autres, établis dans la vallée du Danube, répondirent à Alexandre, jeune, heureux et menaçant, qu'ils ne craignaient rien que la chute du ciel. En Grèce ils voulurent piller Delphes. Au milieu de l'Asie Mineure ils fondèrent, en 278, un État longtemps redouté (la *Galatie*), et, en Afrique, ils furent, comme mercenaires de Carthage, les meilleurs soldats de cette république. C'est avec le sang des Gaulois italiens qu'Annibal gagna toutes ses victoires.

5. Divisions intestines. — Cette race valeureuse eût été invincible si elle avait été unie ; mais la multitude de ses villes, toutes ennemies les unes des autres, et, dans l'intérieur de chaque cité, la rivalité des grands, des druides et du peuple, rendaient la guerre civile presque permanente. On a vu que les Gaulois étaient divisés en trois ou quatre cents petits États. De grandes confédérations s'étaient pourtant formées. Les peuples les plus puissants avaient réuni et groupé autour d'eux les plus faibles à titre de sujets ou de clients. Ainsi les Arvernes (Clermont), les Éduens (Autun), les Rèmes (Reims), dominaient sur de vastes territoires. Mais la guerre était entre ces confédérations comme entre les petites cités, et ce fut en s'appuyant sur quelques-unes d'entre elles que César vainquit les autres. Rome toutefois n'osa attaquer la Gaule qu'après avoir dompté les Gaulois d'Italie (Boïes, Insubres, Cénomans). Elle avait aussi soumis ceux de l'Asie Mineure (Galates). La Gaule fut la dernière des conquêtes de la république, et sa défaite fit la gloire et la fortune du premier empereur.

6. Conquête de la Narbonaise par les Romains. — Appelés dès l'année 154 par les Grecs de Marseille contre les Gaulois du voisinage, les Romains ne vainquirent d'abord que pour le compte de leurs alliés. Mais, à la suite d'une seconde expédition contre les Arvernes (peuple de l'Auvergne), ils fondèrent la ville d'Aix (125); cinq ans plus tard celle de Narbonne. En l'an 106, ils

Statue de Vercingétorix à Alise.

prirent Toulouse. Ils possédèrent alors dans la Gaule une vaste province qu'ils appelèrent la *Narbonaise*.

L'invasion des Teutons faillit la leur ôter; mais Marius extermina près d'Aix ces Barbares (102).

7. Conquête de la Gaule par César (59-50).—Cette première conquête ne fut agrandie que cinquante ans plus tard par César, qui employa, pendant neuf années, toutes les ressources de sa prodigieuse activité et de son génie à soumettre les cités gauloises. Deux hommes s'illustrèrent dans cette lutte héroïque pour sauver l'indépendance nationale, l'indomptable Ambiorix et Vercingétorix, le généralissime des Arvernes. Le récit du siége d'Alesia, que César nous a laissé, étonne encore aujourd'hui par la grandeur des travaux que les Romains y accomplirent.

8. La domination et la civilisation romaines en Gaule. — Vaincus pour avoir mis trop tard un terme à leurs divisions, les Gaulois acceptèrent le joug de Rome. Florus et Sacrovir sous Tibère (21), Civilis sous Vespasien (70), ne purent ranimer en eux un désir de liberté, et, s'ils eurent un moment des Césars gaulois (267-273), ce ne fut qu'à la faveur de l'anarchie militaire qui désolait l'empire.

Condamnés au repos, les Gaulois portèrent dans les travaux de la paix l'activité qu'ils avaient montrée dans la guerre. Les villes se multiplièrent; l'art grec et romain les décora. Des arcs de triomphe, des temples, des cirques, des théâtres s'élevèrent. Tout le pays fut sillonné de routes que le commerce et la civilisation suivirent. Les écoles de Bordeaux, d'Autun, de Lyon et de Vienne, rivalisèrent avec celles de la Grèce, et la Gaule vaincue envoya aux maîtres du monde des grammairiens, des orateurs et des poëtes. Considérée par les empereurs comme une des plus importantes parties de l'empire, elle fut traitée par eux avec une sorte de prédilection. Avant l'invasion des Barbares, elle comptait dans ses dix-sept provinces cent vingt cités, qui formaient autant de petites républiques aristocratiques. Ces villes étaient soumises, il est vrai, à tous les caprices du despotisme impérial, parce qu'elles n'avaient contre lui aucune garantie sérieuse; mais elles jouissaient aussi de libertés civiles dont le souvenir persistant contribua à faire, au moyen âge, la révolution communale.

9. **Le christianisme en Gaule.** — La Gaule fut deux siècles heureuse sous l'empire. Elle s'aperçut à peine des efforts faits par les empereurs pour l'amener à s'oublier elle-même, à échanger ses mœurs et sa langue contre celles de Rome, à renier sa religion druidique, qu'elle confondit d'abord avec le polythéisme romain,

Temple d'Auguste à Vienne.

pour abandonner ensuite l'une et l'autre, quand le christianisme prit possession du monde. Dès le deuxième siècle il y avait des chrétiens au-delà des Alpes. Lyon eut la première église des Gaules et les premiers martyrs, saint Pothin et saint Irénée. Plus tard saint Denis et saint Martin de Tours furent les principaux apôtres des provinces du Nord. Ce fut de la Gaule que Constantin partit pour faire asseoir le christianisme sur le trône impérial. Elle eut deux fois aussi l'honneur de défendre énergiquement l'orthodoxie, au deuxième siècle avec saint Irénée, au quatrième avec saint Hilaire.

10. Misère et découragement au quatrième siècle.
— Mais quand l'empire ne fut plus capable de protéger ses frontières, la Gaule fut une des premières provinces qui tenta l'avidité des Barbares. Sous Probus ils y saccagèrent soixante-dix villes; sous Dioclétien un autre fléau désola l'intérieur : la révolte des Bagaudes, paysans que la misère avait armés. Constance Chlore y ramena un peu de repos et d'ordre. Constantin, Julien, battirent plusieurs fois les Alamans et les Francs, et ce fut à Lutèce, au palais dont on voit encore les ruines, que Julien prit la pourpre (360). Sous le coup des invasions répétées des Barbares, la misère, la dépopulation et l'indifférence publique faisaient d'effrayants progrès. La Gaule, abandonnée de ses maîtres, s'abandonnait elle-même. Voilà pourquoi l'on vit les descendants de ces Brenns qui avaient effrayé tout le monde ancien fuir, comme des troupeaux timides, en face de quelques Germains.

CHAPITRE II.

INVASION DES BARBARES : LES GERMAINS ; LEURS ÉTABLISSEMENTS EN ITALIE ; ÉNUMÉRATION DES ÉTATS QU'ILS ONT FONDÉS [1].

1. Les Barbares. — 2. Peuples germaniques. — 3. Mœurs, gouvernement, religion des Germains. — 4. Slaves. — 5. Huns. — 6. Premier ébranlement des Barbares avant la mort de Théodose. — 7. Division de l'empire à la mort de Théodose (395). — 8. Première invasion d'Alaric en Grèce et en Italie (395-403). — 9. Radagaise ; la grande invasion (406). — 10. Deuxième invasion d'Alaric ; prise de Rome (409). — 11. Ataulf (410) et Wallia (415). — 12. Fondation des royaumes des Burgondes (413), des Visigoths et des Suèves (419). — 13. Conquête de l'Afrique par les Vandales (431).

1. Les Barbares. — Quand Rome s'appelait la maîtresse du monde, elle savait bien qu'elle faisait une hyperbole et que ses limites n'étaient pas celles de la terre. D'assez cruelles expériences lui avaient appris qu'il n'était pas une de ses frontières qui ne fût menacée par des populations nombreuses, cachées dans les profondeurs du Nord, du Sud ou de l'Orient.

Au nord s'étendaient trois bans de peuples échelonnés dans l'ordre suivant : Germains, Slaves, hordes asiati-

---

[1]. Principaux ouvrages à consulter pour l'histoire générale du moyen âge: *Chronologie universelle*, par Dreyss ; *Histoire du moyen âge*, par V. Duruy ; *Histoire générale du moyen âge*, par Desmichels ; *l'Europe au moyen âge*, par Hallam ; *Cours d'histoire des États européens*, par Schœll ; *le Déclin et la chute de l'empire romain*, par Gibbon ; *Histoire ecclésiastique*, par Fleury ; *Histoire générale de la civilisation*, par Guizot.
Ouvrages à consulter pour les chapitres II et III : Tacite, *Germania*; Jornandès, *Historia Gothorum*; Sismondi, *Histoire de la chute de l'empire romain*; de Guignes, *Histoire des Huns, des Turcs et des Mongols*; Lebeau, *Histoire du Bas-Empire*, Gibbon, ouvrage cité ; Marcus, *Histoire des Vandales*; Aug. Thierry, *Lettres sur l'histoire de France*; Am. Thierry, *Histoire d'Attila*: *Récits de l'histoire romaine au cinquième siècle*; Fleury, *Histoire d'Angleterre*; Zeller, *Histoire d'Allemagne*.

ques. A l'est habitaient les Perses, peuple ancien et établi qui avait fait souvent la guerre à l'empire et devait la faire longtemps encore pour quelques villes frontières, mais qui ne songeait pas à l'envahir, n'ayant nulle envie de changer de demeure. Au sud erraient dans les déserts de leur grande péninsule les Arabes, qu'on ne redoutait pas encore, et, dans ceux de l'Afrique, les populations maures, qui étaient assez nombreuses pour inquiéter les officiers romains et aider à la dissolution de l'empire, pas assez pour faire elles-mêmes une invasion.

2. Peuples germaniques. — A la mort de Théodose (395), le danger sérieux ne venait que du Nord. Poussés par les Slaves, qui l'étaient eux-mêmes par les hordes asiatiques des bords du Volga, les Germains se pressaient tout le long de la frontière romaine. Suèves ou Souabes, Alamans, Bavarois, occupaient le Midi, entre le Mein et le lac de Constance. Quades, Hermundures, Hérules et, à l'extrémité de la zone germanique, la grande nation des Goths, s'étendaient au nord du Danube ; à l'ouest, le long du Rhin inférieur, se trouvait la confédération des Francs (Saliens, Ripuaires, Sicambres, Bructères, Cattes, Chérusques, Chamaves, etc.), qui s'était formée au milieu du troisième siècle pour résister aux Romains. Au nord, les Frisons, restes des Bataves, habitaient entre le lac Flevo et l'embouchure de l'Ems; plus à l'est, les Vandales, les Burgundes, les Rugiens, les Longobards ou Lombards, et, entre l'Elbe et l'Eyder, les Angles et les Saxons ; enfin, derrière tous ces peuples, les Jutes, les Danes et les Scandinaves, qui occupaient le Danemark et la Suède, et feront la seconde invasion, celle du neuvième siècle.

3. Mœurs, gouvernement, religion des Germains. — Les mœurs, le gouvernement, le caractère de ces peuples, formaient avec ceux du monde romain un contraste dont la pensée a, dit-on, inspiré à Tacite son livre de la *Germanie*. La discipline et la servitude, principes du gouvernement de l'empire, étaient en horreur aux Germains. L'amour de l'indépendance individuelle, le dévouement volontaire, étaient le fond de leur caractère. La guerre, non pas disciplinée et savante, comme chez les Romains, mais aventureuse, faite au loin, pour la gloire et le butin, était leur plus doux plaisir. Dès que le jeune homme avait été présenté à l'assemblée publique, et qu'il avait reçu des mains de son père ou de celles d'un chef fameux le bouclier et la *framée*, il était guerrier et citoyen; aussitôt il s'attachait à quelque chef de grande renommée qu'il suivait dans la paix et à la guerre parmi d'autres guerriers recrutés de la même façon. Le chef avait en eux ses *leudes* ou *fidèles*, toujours prêts à mourir pour sauver sa vie, toujours liés à lui dans les dangers, mais liés par une obligation toute volontaire, par les seules chaînes de l'honneur.

Sur de tels hommes ne saurait s'établir le despotisme d'un seul. Aussi le gouvernement des Germains était formé par une assemblée (*mall*) à laquelle tous prenaient part, institution sacrée fondée, disaient-ils, par les dieux mêmes. Elle se tenait dans des lieux et à des jours consacrés, à la nouvelle et à la pleine lune, dans une enceinte de saules et de noisetiers où s'ouvrait vers l'orient un demi-cercle de vingt-quatre grandes pierres blanches. Là se réunissaient les guerriers avec leurs boucliers, symboles de la souveraineté militaire. Le choc des boucliers marquait l'applaudissement de l'assemblée; un murmure violent, sa désapprobation. Les mêmes assemblées exerçaient le pouvoir judiciaire. Les hommes libres, réunis en tribunal (ils prenaient alors le titre de *rachimburgi, ahrimanni*), constataient le délit et lui appliquaient la peine prescrite par les coutumes. C'est là une des origines de l'institution du jury.

Chaque canton avait son magistrat, le *Graf*, et toute la nation un roi, *Kuning*, élu parmi les membres d'une même famille qui avait la possession héréditaire de ce titre. Pour les combats, les guerriers choisissaient eux-mêmes celui qu'ils voulaient suivre, *Herzog*. De là le mot de Tacite : *reges ex nobilitate, duces ex virtute sumunt.*

L'Olympe de ces peuples répondait à leur génie plein de fierté et d'héroïsme, de passion sanguinaire et d'amour de la gloire, mais la grâce se mêlait parfois à leurs imaginations terribles. A côté d'Odin qui chaque nuit descend de son palais céleste, dont la fenêtre s'ouvre vers l'orient, pour chevaucher dans les airs avec les guerriers morts ; à côté de Donar, l'Hercule des Germains, à qui sont dédiés les arbres que la foudre a frappés ; à côté enfin des joies féroces du Walhalla, étrange paradis, où sans cesse les guerriers se battaient et buvaient, apparaissent gracieusement les déesses voyageuses qui portent partout la paix et les arts : Freya, la Vénus du Nord au collier magique, Holda, belle et chaste comme Diane, qui vole dans les airs pendant les nuits d'hiver, toute vêtue de blanc, en semant la neige sur ses pas. Sous cette mythologie on retrouve l'adoration des astres : Herta, la terre, est la première déesse des Germains ; ils adorent aussi Sunna, le soleil, et son frère Mani, la lune, que deux loups poursuivent. Ce n'était plus là l'imagination de la Grèce ; mais c'était aussi de la poésie, et parfois très-élevée. Le poëme des *Nibelungen* en garde un dernier reflet [1].

Les *bardes* étaient en grand honneur parmi eux : « Tout meurt, disaient les Germains, une chose seule ne meurt pas, c'est le jugement qu'on porte des morts. » Une maxime si belle rendait la mort facile. Aussi comme ils la bravaient ! avec quelle hardiesse téméraire ils se lançaient sur les flots ! Qui ne sait l'histoire de ces Francs (de *frech*, hardi, courageux) que Probus avait transportés sur les bords du Pont-Euxin, et qui un jour prirent quelques barques, s'y jetèrent, traversèrent toute la Méditerranée en pillant les rivages de la

---

1. Ce poeme, qui raconte la lutte des Burgundes contre Attila, et où se rencontrent les traditions et les grands noms restés dans le souvenir des Allemands du moyen âge, a été rédigé dans sa forme actuelle au treizième siècle, mais est bien antérieur à cette époque. On en retrouve les traditions sous une forme plus primitive dans les *Eddas*, ou légendes scandinaves.

Grèce, de l'Italie et de l'Afrique, et revinrent par l'Océan, ayant joué avec la tempête et avec l'empire romain? Ils se faisaient gloire de mourir en riant.

Les Germains cultivaient peu la terre; ils ne possédaient point de domaine en propre, et tous les ans les magistrats distribuaient à chaque bourgade, à chaque famille, le lot qu'elles devaient cultiver, afin, dit César, de ne pas détourner les hommes du goût des combats et de maintenir l'égalité des fortunes. De là le peu de progrès de leur civilisation. Point de villes non plus chez eux, peut-être par suite de cette disposition même; mais des cabanes de terre disséminées, éloignées les unes des autres, entourées chacune du champ que cultivait le propriétaire. Les vêtements collants contrastaient aussi avec l'ampleur de la robe grecque ou romaine.

Il paraît que les Germains avaient des mœurs généralement pures : la polygamie n'était autorisée que pour les rois et les grands; mais la sobriété n'était pas leur vertu : ils buvaient beaucoup dans leurs festins homériques; leur coupe d'honneur était un crâne d'ennemi vaincu, et souvent le festin lui-même se terminait par des rixes sanglantes et la mort de quelque convive. Ils avaient aussi la passion du jeu, et jouaient tout, jusqu'à leur personne. Celui qui s'était perdu lui-même au jeu devenait esclave du gagnant; c'était pour lui une dette d'honneur, et jamais il n'eût violé sa parole. Comme la civilisation a ses vices, la barbarie a les siens, mais qui sont peut-être préférables, parce qu'ils viennent de la grossièreté qui peut se polir, non de la corruption et de l'épuisement moral, pour lesquels il n'est guère de remède.

4. **Slaves.** — Telle était la physionomie de cette grande famille germanique qui allait occuper la meilleure partie de l'empire, famille audacieuse et riche de sang. Derrière elle deux autres races barbares la poussaient, bien plus différentes du monde romain que ne l'étaient les Germains. C'étaient les Slaves et les Huns.

Les Slaves, dont on compte aujourd'hui en Europe 80 millions, vivaient épars près du Danube, du Borysthène et de la mer Noire, aux sources du Volga et du Niémen, le long de la Baltique jusqu'à l'Elbe, où ils s'étaient mêlés à quelques tribus germaniques. De ce mélange étaient sorties des peuplades mixtes, comme les Vandales, qui jouèrent un rôle dans l'invasion du cinquième siècle. Les autres ne paraîtront que plus tard, divisées en trois rameaux : les Slaves méridionaux (Bosniens, Serbes, Croates, Esclavons, Dalmates modernes), entre le Danube et la mer Adriatique; les Slaves occidentaux (Leckques ou Polonais, Tchèques ou Bohêmes, Moraves, Poméraniens, Wiltzes, Obotrites, Lusaciens, Sorabes ou Serbes du Nord), entre l'Elbe et la Vistule, la Baltique et les Carpathes; enfin les Slaves septentrionaux ou sédentaires, qui, réunis aux Finnois ou Tchoudes de la Baltique orientale, composeront la nation russe primitive, et dans lesquels on peut comprendre les Livoniens, les Esthoniens, les Lithuaniens et les Borusses ou Prussiens.

5. Huns. — Les Huns (Hiong-Nou), qui appartiennent à la race tartaro-finnoise, furent un sujet d'effroi et d'horreur pour tous les peuples occidentaux, germains ou romains; leur vie errante passée dans des chariots énormes ou sur la selle de leurs chevaux, leur visage osseux et percé de deux petits yeux, leur nez plat et large, leurs oreilles énormes et écartées, leur peau brune et tatouée, étaient des traits de mœurs et de physionomie étrangers à l'Europe. Ammien Marcellin les appelle *bêtes à deux pieds* et les compare à ces figures grotesques dont on ornait les parapets des ponts. Les Germains les accusaient d'être un produit des génies infernaux et des sorcières de la Scythie, de ces steppes incommensurables qui se perdaient dans le nord et dans l'orient, région inconnue et redoutée, bien propre à recevoir de pareils hôtes. Cette famille tartaro-finnoise jettera encore sur l'Europe, après les Huns, les Bulgares, les Avares, les Madgyares ou Hongrois, les Khazares, les Turcs et les Mongols ou Tartares.

6. Premier ébranlement des Barbares avant la mort de Théodose. — Du fond de ces steppes orientaux partit, à la fin du quatrième siècle, l'impulsion qui ébranla le monde barbare et provoqua la chute de l'empire d'Occident. Établis depuis le troisième siècle avant Jésus-Christ dans les plaines de l'Asie centrale, à l'orient de la mer Caspienne, les Huns s'étaient avancés peu à peu vers l'Occident. Par suite de discordes intestines, une partie de la nation fut poussée vers l'Europe. Laissant derrière elle une division qui forma sur l'*Oxus* (Djihon ou Amou-Daria) la nation des Huns blancs ou *Ephthalites*, dont la Perse eut souvent à repousser les incursions, elle traversa le Volga, attirée par le bruit des richesses de Rome qui était venu jusque dans ses déserts (374). Elle entraîna dans sa course les Alains établis entre le Pont-Euxin et la mer Caspienne, franchit le *Tanaïs* (le Don) et vint heurter le grand empire gothique dans lequel Hermanrich avait réuni les trois branches de sa nation : *Ostrogoths* ou Goths orientaux, à l'est du Dniéper; *Visigoths* ou Goths occidentaux, à l'ouest; *Gépides* ou traîneurs, au nord, qui étaient restés vers la Baltique.

L'empire gothique tomba; les Ostrogoths se soumirent; les Visigoths, pour échapper au même sort, accoururent au bord du Danube et implorèrent de l'empereur Valens un asile sur les terres de l'empire (376). Ils y furent admis; mais bientôt, maltraités par les officiers romains, ils payèrent l'hospitalité par la révolte, et marchèrent contre Valens, qu'ils tuèrent à la bataille d'Andrinople (378). Théodose arrêta leurs succès, et, par des traités habiles, incorpora les uns dans l'armée, dissémina les autres en Thrace, dans la Mœsie et l'Asie Mineure. Ceux de la Thrace demeurèrent fidèles et défendirent la frontière contre les Huns[1].

---

[1] Voyez pour ces événements le cours de quatrième.

L'empire avait paru admettre les Goths par faveur sur son territoire; la vérité est qu'il n'avait pas osé repousser des suppliants si terribles. Naguère il colonisait les Barbares après les avoir vaincus; maintenant il les reçoit en apparence par générosité, en réalité par crainte : bientôt, leur audace et sa faiblesse croissant, ils forceront violemment les barrières et s'établiront en maîtres sur le sol romain.

7. Division de l'empire à la mort de Théodose (395). — L'invasion en était là, quand Théodose laissa à ses deux fils l'empire, qui fut partagé entre eux pour n'être plus jamais réuni (395). La limite était : en Europe, le Drinus, affluent de la Save, les mers Adriatique et Ionienne; en Afrique, le fond de la grande Syrte. Honorius eut l'Occident; Arcadius, l'Orient. L'empire d'Orient dura mille cinquante-huit ans après cette séparation; celui d'Occident ne survécut que quatre-vingt-une années. Pendant ces quatre cinquièmes de siècle, les deux États, quoique distincts, ne laissèrent pas d'associer quelquefois leurs efforts pour la défense commune. Mais l'empire d'Orient fut sauvé par la double barrière du Danube et des monts Balkans, par la direction générale de l'invasion barbare que l'impulsion première tourna plutôt vers l'ouest que vers le sud, peut-être aussi par sa vigueur plus grande, étant plus jeune, et par le soin plus attentif qu'on prit de protéger Constantinople, devenue la vivante et réelle capitale du monde romain, tandis que Rome n'en était plus que l'ombre. Au contraire, l'empire d'Occident fut le but de toutes les grandes attaques et reçut en un demi-siècle quatre assauts terribles : Alaric avec les Visigoths; Radagaise avec les Suèves, les Vandales, les Alains et les Burgundes; Genséric avec les Vandales; Attila avec les Huns. Il eût fallu bien plus de force qu'il n'en avait pour résister à de tels chocs se suivant de si près.

8. Première invasion d'Alaric en Grèce et en Italie (395-403). — Les Visigoths, ayant mis à leur tête Alaric, chef de leur plus illustre famille, celle des Balti, se révoltèrent de nouveau, à l'instigation du perfide ministre d'Arcadius, le Goth Rufin, qui avait négligé de leur payer la solde que la cour de Constantinople leur fournissait annuellement (395). Ils ravagèrent la Thrace et la Macédoine, passèrent les Thermopyles sans y trouver de Léonidas, respectèrent Athènes, mais non l'Attique ni le Péloponnèse, qui furent dévastés. Cependant l'empire avait un protecteur dans le Vandale Stilicon, au génie duquel Théodose mourant avait confié ses deux fils. Stilicon accourut et cerna les Visigoths sur le mont Pholoé en Arcadie, mais il les laissa échapper par le détroit de Naupacte, soit faute, soit politique, et Arcadius n'eut d'autre ressource, pour prévenir de nouveaux ravages, que de nommer Alaric maître de la milice dans l'Illyrie.

Ce tranquille honneur ne pouvait suffire à un chef barbare. Elevé sur le pavois, c'est-à-dire fait roi par ses compatriotes, Alaric les mène à la conquête de l'Italie, et assiége dans Asti l'empereur qui s'est enfui de Milan, sa capitale. Heureusement Stilicon accourt de la Rhétie d'où il repoussait les Alamans, délivre Honorius et bat les Visigoths à Pollentia (Polenza sur le Tenaro, 403). Mais, après sa défaite d'Italie, comme après celle de Grèce, Alaric reçoit des honneurs : Honorius le nomme son général et lui donne la mission secrète de conquérir l'Illyrie pour l'empire d'Occident. Après cette bassesse et cette trahison, Honorius alla célébrer dans Rome un triomphe où l'on vit, pour la dernière fois, les jeux sanglants du cirque, et courut ensuite se cacher à Ravenne, derrière les marais de l'embouchure du Pô, dédaignant Rome et n'osant plus résider à Milan, où Alaric avait failli le surprendre.

9. Radagaise ; la grande invasion (406). — L'empire romain n'eut pas un long répit. Les Suèves, partis des bords de la Baltique sous la conduite de Radagaise, prirent leur course vers le sud, entraînant avec eux les peuples qu'ils rencontraient, Burgundes, Alains, Vandales. Ils allaient tous d'autant plus volontiers au pillage de l'empire, qu'ils voyaient s'amasser derrière eux la masse menaçante des hordes hunniques. Au bord du Rhin, 200 000 d'entre eux, laissant là le gros de leurs compagnons, franchirent les Alpes pour descendre en Italie, et pénétrèrent jusqu'à Florence. Stilicon sauva encore Rome et l'empire, en faisant périr de faim ces Barbares qu'il cerna sur les rochers de Fésules. Radagaise eut la tête tranchée. Effrayés par la nouvelle de ce désastre, ceux qui étaient restés en Germanie changèrent de route et assaillirent la Gaule. Malgré la résistance des Francs ripuaires, à qui Rome avait confié la défense du Rhin, ce fleuve fut franchi le dernier jour de l'année 406. A partir de ce moment et pendant deux années, la Gaule fut en proie à d'affreux ravages ; ils ne cessèrent que quand les Suèves, les Alains et les Vandales allèrent chercher, au sud des Pyrénées, un butin qui commençait à leur manquer au nord de ces montagnes.

10. Deuxième invasion d'Alaric; prise de Rome (409). — Alaric, dans sa retraite, s'était arrêté sur l'Isonzo, qui débouche au fond de l'Adriatique; cette position, presque limitrophe entre les deux empires, lui permettait de se jeter, à son gré et selon l'occasion, sur l'un ou sur l'autre. Ce fut encore vers celui d'Occident qu'il fut attiré. Stilicon, tout en battant les Goths, n'avait pas laissé d'entretenir des relations d'amitié avec leur chef, et même de protéger en Italie un corps de 30 000 Barbares à la solde de l'empire, soit qu'il aimât leur valeur, soit que véritablement il voulût s'appuyer sur eux pour faire son fils empereur. Honorius, alarmé, le fit assassiner (408) et porta un arrêt de mort contre les Barbares établis en Italie. Ceux-ci s'enfuirent auprès d'Alaric, qui revint avec eux pour les venger (409).

C'est la plus fameuse invasion du roi des Goths; il franchit les Alpes, pilla Aquilée, Crémone, traversa le Pô, l'Apennin et parut sous les murs de la cité qui se disait la ville éternelle. Des députés vinrent dans son camp lui porter des paroles de paix. Ils lui représentèrent la grandeur de Rome, sa nombreuse population : « Plus l'herbe est serrée, leur répondit-il, plus la faux y mord. » Néanmoins, il consentit à un traité qui rachetait la vieille capitale du monde moyennant une rançon de 5000 livres pesant d'or et 30 000 livres pesant d'argent, et se retira en Toscane, pour y prendre ses quartiers d'hiver. Mais il s'aperçut qu'on le jouait ; plein de colère, il retourna contre Rome, accueillant dans son chemin les esclaves fugitifs qui accouraient de toutes parts. La ville, privée des arrivages du blé de Sicile et d'Afrique et désolée par une famine terrible, ouvrit ses portes. Sur l'ordre du vainqueur, le sénat donna la pourpre au préfet Attale, et nomma Alaric lui-même maître général de la milice. Ainsi les Goths acceptaient les dignités romaines. Ce même instinct leur fit d'abord respecter Rome ; mais Honorius, qui, s'il n'usait guère de l'épée, usait beaucoup de la ruse, fit attaquer à l'improviste le camp des Goths par leur compatriote Sarus, dont ses intrigues avaient amené la défection. Alaric revint pour la troisième fois sur Rome, et « cette nouvelle Babylone, comme dit Bossuet, imitatrice de l'ancienne, comme elle enflée de ses victoires, triomphante dans ses délices, et dans ses richesses, tombe aussi comme elle d'une grande chute. » Elle subit la honte que les Gaulois lui avaient infligée huit siècles plus tôt : pendant trois jours, elle fut livrée à toutes les horreurs du pillage ; les Barbares ne respectèrent que les temples chrétiens, qui furent un asile assuré pour les fugitifs (409).

Alaric ne survécut guère à ce triomphe, qui avait été refusé à Annibal et à Pyrrhus ; il était descendu dans l'Italie méridionale, comptant s'emparer de la Sicile et de l'Afrique ; il mourut l'année suivante à Cosenza, dans le Bruttium. Les Visigoths honorèrent d'une sépulture extraordinaire les restes de leur grand chef. Pour que le corps ne fût point profané par les Romains, des prisonniers détournèrent le cours du Bussento, qui arrose

Cosenza, creusèrent un tombeau dans le lit du fleuve et y ensevelirent Alaric avec de riches dépouilles. Les eaux furent rendues à leur cours naturel, quand les prisonniers qui avaient fait ce travail eurent été égorgés sur la tombe, afin que nul ne trahît le secret (410).

11. Ataulf (410) et Wallia (415). — Ataulf, beau-frère et successeur d'Alaric, avait une grande admiration pour l'empire et le désir de le rétablir par les mains et au profit de sa nation. Il commença par se mettre au service d'Honorius, épousa en 413 sa sœur Placidie, que les Goths retenaient dans leur camp en captivité ou comme otage, et promit de chasser de Gaule et d'Espagne les usurpateurs qui s'y disputaient la pourpre.

Comme si, en effet, ce n'était pas assez des attaques extérieures, on avait vu, à l'intérieur de l'empire, des usurpateurs prendre la pourpre dans la Grande-Bretagne, la Gaule, l'Espagne et l'Afrique. Ils furent facilement renversés, mais d'autres les remplacèrent. Ataulf vainquit Jovinus dans la Narbonaise et prit sa place; il passa ensuite en Espagne, pour en chasser les Barbares qui y étaient entrés, et mourut assassiné à Barcelone, le premier de ces rois visigoths qui, en si grand nombre, périrent de mort violente. Ses enfants furent mis à mort par Sigerich, qui fut chef sept jours et périt aussi égorgé (415).

Wallia, de la famille des Balti, lui succéda. Il voulait passer en Afrique, mais ne put triompher des courants du détroit de Cadix, ce qui prouve que les Goths avaient peu d'expérience de la mer. Rentré au cœur de l'Espagne, Wallia la disputa, pour le compte de l'empereur d'Occident, aux Alains, aux Suèves et aux Vandales, extermina en partie les premiers, refoula les seconds dans les montagnes du Nord-Ouest, et les derniers dans la Bétique, qui prit leur nom (Vandalicie, Andalousie).

12. Fondation des royaumes des Burgondes (413), des Visigoths et des Suèves (419). — Le chef des Suèves, Hermanrich, tout vaincu qu'il était, se retrancha dans les montagnes des Asturies et de la Galice, où il fonda (419) un royaume qui, sous ses rois Réchila et Réchiaire, de 438 à 455, comprit la Lusitanie, et il eût soumis l'Espagne entière s'il n'avait été arrêté dans son essor par les Goths. Ce dernier peuple avait reçu de l'empereur Honorius, en 419, comme récompense de ses services, la seconde Aquitaine avec Toulouse pour capitale. Peu à peu ils s'étendirent dans la Gaule jusqu'à la Loire d'une part, jusqu'au Rhône de l'autre, et retournèrent en Espagne, mais pour leur compte. Théodoric II y vainquit les Suèves en 456 ; Léovigilde en 585 les soumit. L'Espagne entière appartint alors aux Goths ; mais en 507 les Francs les chassèrent de toute la Gaule, excepté de la Septimanie (bas Languedoc et Roussillon).

Le royaume des Burgundes s'éleva plus tôt, car, dès l'année 413, Honorius avait concédé à Gondicaire, chef de ce peuple, les deux revers du Jura (Suisse et Franche-Comté).

Ainsi, dans les vingt premières années du cinquième siècle, prirent naissance trois royaumes barbares qui eurent une durée inégale, mais qui disparurent assez promptement : celui des Suèves en 585, celui des Burgundes en 534, celui des Visigoths en 507, au nord des Pyrénées, en 711 dans l'Espagne.

13. Conquête de l'Afrique par les Vandales (431). — Honorius était mort en 423, sans avoir su défendre l'empire, et sans laisser d'autre gloire que celle d'avoir, comme son père, protégé l'Église et l'orthodoxie : beaucoup de ses édits ordonnent la destruction des idoles et des temples, et interdisent les emplois publics aux païens et aux hérétiques. Son neveu Valentinien III, fils de Placidie et du comte Constance, qu'elle avait épousé après Ataulf, lui succéda. Il n'avait que six ans et resta sous la tutelle de sa mère ; dans le même temps Pulchérie gouvernait l'empire d'Orient pour son frère Théodose II, qui avait succédé à leur père Arcadius en 408. De nouvelles calamités assaillirent les deux em pires sous le règne de ces faibles princes, dirigés par des femmes, et l'on vit les ministres et les généraux prendre des peuples barbares au service de leurs rivalités et de leurs intrigues de cour.

Le comte Boniface, qui gouvernait l'Afrique, jaloux de la faveur dont jouissait le Hun Aétius auprès de l'impératrice Placidie, appela en Afrique les Vandales et leur roi Genséric. Il se repentit ensuite, et voulut, mais trop tard, résister à l'invasion, une des plus destructives qui aient passé sur les provinces romaines. Genséric fit alliance avec les tribus nomades des Maures, vainquit Boniface dans une sanglante bataille, et le tint assiégé dans Hippone (Bone) pendant quatorze mois. Saint Augustin, évêque de cette ville, refusa de la quitter, et, par ses exhortations et sa piété, soutint le courage des habitants. Sa mort, en 430, l'empêcha de voir une nouvelle défaite de Boniface et la prise d'Hippone. Les Romains durent abandonner l'Afrique (431). Quatre ans après, Valentinien reconnut par un traité l'établissement du royaume des Vandales, quatrième État fondé par les Barbares et destiné à durer aussi peu que les trois autres. Pourtant le fondateur avait des idées remarquables et saisit avec génie les avantages de la position qu'il venait d'occuper. Carthage prise (439), il songea à relever la puissance maritime dont ces lieux avaient été le siège autrefois. Il fit construire des vaisseaux, eut une marine, quand l'empire n'en avait plus, s'empara de la Sicile, de la Corse, de la Sardaigne, des îles Baléares; inquiéta les côtes de la mer Tyrrhénienne et de l'Archipel, brava Constantinople, en un mot, aussi bien que Rome et fut le maître de la Méditerranée. En même temps il négociait activement avec les Barbares demeurés dans le Nord, afin que l'empire, où Aétius essayait de remettre un peu d'ordre et d'obéissance, fût étreint à la fois de tous les côtés.

CHAPITRE III.

SUITE DES INVASIONS BARBARES[1].

1. Invasion d'Attila (451-453). — 2. Prise de Rome par Genséric (455). — 3. Fin de l'empire d'Occident (476). — 4. Théodoric et les Ostrogoths. — 5. Conquête de l'Italie par les Ostrogoths (489-493). — 6. Puissance de Théodoric. — 7. Son administration. — 8. Fondation des royaumes anglo-saxons (455-504).

1. Invasion d'Attila (451-453). — Ceux qu'il appela furent les Huns. Ils arrivèrent enfin, ces Barbares plus terribles que les autres, que nous avons vus mettre en mouvement l'univers et qui ont fait halte pendant un demi-siècle au centre de l'Europe, tenant sous leur joug les Ostrogoths, les Gépides, les Marcomans, les Slaves méridionaux. Attila, fils de Mundzuk, régnait sur eux. Une épée plantée en terre était, de toute antiquité, le symbole religieux des peuples scythiques. Un pâtre en trouva une toute rouillée dans les champs où paissaient ses troupeaux et la porta à Attila. On crut que c'était l'épée du dieu de la guerre et que cette trouvaille présageait au roi des Huns la conquête du monde. Revêtu, dès lors, aux yeux de son peuple, d'un caractère divin, il voulut régner seul et fit périr son frère Bléda. Il s'appela le *Fléau de Dieu*, ajoutant que *l'herbe ne devait plus pousser* là où son cheval avait passé.

Il est pourtant remarquable que ce grand conquérant négocia beaucoup, et qu'on ne connaît point de victoire gagnée par lui, quoique son empire fût immense et que lui-même eût été en personne l'affermir et l'étendre du côté de la Chine. Il en revenait, quand Genséric l'attira

---

[1] Gibbon, ouvrage cité; Nandet, *Histoire des Goths en Italie*; Zeller, *Histoire d'Italie*, Lebeau, *Histoire du Bas-Empire*; Du Roure, *Histoire de Théodoric*.

sur l'empire romain. Il fit d'abord une diversion puissante pour forcer Théodose II de rappeler les troupes que ce prince venait d'envoyer contre Genséric. Le Danube franchi près de Margus, il détruisit soixante-dix villes, et força l'empereur non-seulement de lui payer un tribut plus lourd que celui qu'il avait déjà subi, mais encore de céder aux Huns la rive droite du Danube. Théodose II essaya de le faire assassiner et crut avoir corrompu son ministre Edécon. Attila, instruit de cette perfidie, pardonna avec mépris aux ambassadeurs romains qui étaient venus le trouver dans son palais de bois, en Pannonie. Il se contenta d'humilier Théodose en lui reprochant « de conspirer, comme un esclave perfide, contre la vie de son maître ». Mais, après Théodose II (450), il trouva un ennemi plus fier dans Marcien : ce prince lui déclara qu'il avait de « l'or pour ses amis, du fer pour ses ennemis ».

Attila n'était pas homme à s'arrêter devant des paroles menaçantes, mais Constantinople passait pour imprenable, il se décida à porter ailleurs la colère du ciel. Il demanda à l'empereur d'Occident la moitié de ses États, et, poussant sur la Gaule 600 000 Barbares, il passa le Rhin, ravagea la Belgique par le fer et la flamme, traversa la Moselle et la Seine et marcha sur Orléans. Les populations fuyaient devant lui dans une indicible épouvante, car le *Fléau de Dieu* ne laissait pas pierre sur pierre là où il passait. Metz et vingt cités avaient été détruites; Troyes seule avait été sauvée par son évêque, saint Loup. Il voulut avoir Orléans, la clef des provinces méridionales, et l'innombrable armée enveloppa la ville. Son évêque, saint Aignan, soutint le courage des habitants. Tandis qu'il était en prière, on aperçut à l'horizon un nuage de poussière : « C'est le secours de Dieu ! » s'écria-t-il; et, en effet, c'était Aétius qui avait réuni aux troupes romaines celles des Barbares de race germanique qui déjà occupaient la Gaule, et aux dépens de qui la nouvelle invasion se faisait, les Visigoths sous Théodoric, les Saxons, les Burgundes, les Francs ripuaires, et les Saliens sous Mérovée. Pour la première fois Attila recula, mais afin de choisir un champ de bataille favorable à sa cavalerie; il s'arrêta non loin de Troyes et y livra la fameuse bataille qui sauva l'Occident de la domination des Huns[1]. Ce fut un choc effroyable : 160 000 hommes jonchèrent ce champ de carnage. Attila s'enferma dans un camp qu'entouraient, comme une enceinte, tous ses chariots, et « au matin, dit le Goth Jornandès, l'historien de cette guerre, les vainqueurs virent au milieu de ce camp un immense bûcher formé de selles de chevaux, Attila au sommet, des Huns aux pieds, la torche à la main, prêts à y mettre le feu si l'enceinte était forcée : tel un lion poursuivi par les chasseurs jusqu'à l'entrée de sa tanière se retourne, les arrête et les épouvante encore de ses rugissements. » Les alliés n'osèrent affronter le désespoir des Huns et laissèrent Attila rentrer en Germanie (451).

L'année suivante, il se dédommagea par une invasion dans la haute Italie. Il détruisit Aquilée, dont les habitants s'enfuirent dans les lagunes où leurs descendants fondèrent Venise; Vicence, Padoue, Vérone, furent réduites en cendres; Pavie et Milan se soumirent. A Milan, il vit dans le palais un tableau représentant l'empereur assis sur son trône et les chefs des Huns prosternés devant lui. Il ordonna au peintre de mettre le roi des Huns sur le trône et l'empereur à ses pieds. Le tableau était ainsi plus vrai. Cependant les Italiens n'avaient pas de soldats pour les défendre. Le pape Léon le Grand exposa sa vie pour les sauver. Il vint dans le camp d'Attila avec les députés de l'empereur. On accorda au Barbare tout ce qu'il voulut, de riches présents et la promesse d'un tribut. Les maladies qui décimaient son armée et l'approche d'Aétius le décidèrent à rentrer dans ses forêts. Telle était l'épouvante de l'Italie, qu'elle crut avoir été sauvée par un miracle que le génie de Raphaël a consacré.

1. Quelques historiens ont placé la bataille près de Châlons-sur-Marne; aussi les *Champs catalauniques* sont-ils désignés d'ordinaire comme le lieu du combat.

Quelques mois après, le *Fléau de Dieu* mourait dans son village royal près du Danube (453); les peuples qu'il avait domptés s'affranchirent; les chefs des Huns se disputèrent sa couronne dans des combats terribles qui diminuèrent leur nombre; et leur puissance se dissipa comme ces tempêtes rapides qui disparaissent en ne laissant que les traces de leurs ravages.

2. Prise de Rome par Genséric (455). — Attila n'avait point vu Rome. Mais Genséric, son allié, la visita avec le fer et la flamme (455). L'empereur était alors l'ancien sénateur Pétrone Maxime qui avait assassiné Valentinien III. Sa lâcheté indigna le peuple, qui l'égorgea. Léon le Grand eut moins de succès auprès du roi des Vandales qu'auprès du roi des Huns. Pendant quatorze jours, Rome fut livrée au pillage avec une barbarie telle, que désormais on donna le nom de vandalisme à toute dévastation qui détruit pour détruire. Pendant vingt années encore, Genséric régna sur la Méditerranée et brava l'impuissante colère des deux empires. Il survécut même d'une année à celui d'Occident; mais il sembla emporter dans le tombeau la grandeur de son peuple (477). Son royaume, déchiré par les discordes religieuses et les révoltes des Maures, tomba, cinquante-sept ans après lui, sous les coups de Bélisaire.

3. Fin de l'empire d'Occident (476). — Après la mort du lâche Maxime, le roi des Visigoths donna, en Gaule, la pourpre au rhéteur Avitus. Le Suève Ricimer la transporta au sénateur Majorien : les Barbares disposaient à leur gré de l'empire, mais une certaine pudeur les empêchait encore d'en prendre eux-mêmes le sceptre. Majorien montra un beau caractère au milieu de la corruption générale; il voulut ruiner la puissance des Vandales et rassembla une flotte à Carthagène; mais ses généraux le trahirent et laissèrent détruire ses préparatifs. Il revint désespéré en Italie, et y tomba sous le glaive de Ricimer (461). Le meurtrier fit successivement (461-472) trois empereurs, ombres rapides qui passèrent sur le trône : Sévère, Anthémius, Olybrius, et laissa même quelque temps le trône vide. Glycerius, Julius Nepos, régnèrent deux ans à peine (472-475). Enfin le Pannonien Oreste donna la pourpre à son propre fils, Romulus Augustule, enfant de six ans, qui, dérision amère, réunissait les noms du fondateur de Rome et du fondateur de l'empire. Odoacre, qui commandait les Barbares *fédérés* (Hérules, Rugiens, Scyrrhes, Turcilinges, etc.), prit Ravenne et Rome, et relégua dans la maison de campagne de Lucullus (San Severino) le dernier héritier des Césars d'Occident. Les ornements impériaux, renvoyés à Constantinople par le sénat de Rome, furent comme le symbole de l'abdication de cette vieille métropole et de la chute définitive de son empire. Odoacre, proclamé roi d'Italie par ses Hérules, demanda le titre de patrice à l'empereur d'Orient, Zénon, reconnaissant encore en ceci la supériorité de la dignité impériale et la majesté du nom romain.

Ainsi finit l'empire d'Occident (476), événement plus important aux yeux de la postérité qu'à ceux des contemporains, habitués depuis plus d'un demi-siècle à voir les Barbares disposer en maîtres de toutes choses.

4. Théodoric et les Ostrogoths. — Toutes les nations soumises par les Huns s'étant affranchies à la mort d'Attila, les Ostrogoths, qui étaient du nombre, furent libres. L'empereur Marcien, auquel ils demandèrent des terres, leur accorda la Pannonie et une partie de la Mœsie. Trois princes de la famille des Amales leur commandaient : un d'eux eut pour fils Théodoric, qui naquit vers 455 et succéda à son père en 475, après être demeuré longtemps à Constantinople comme otage. Ce séjour à la cour d'Orient l'attacha à l'empereur Zénon, qu'il défendit contre un compétiteur et qui le nomma consul. Obligé par la turbulence de ses sujets de tenter quelque entreprise de guerre, il les détourna de marcher sur Constantinople, qu'ils voulaient attaquer; Zénon l'autorisa à descendre en Italie où régnait Odoacre. Qu'importait le royaume des Hérules à l'empereur de Constantinople?

5. Conquête de l'Italie par les Ostrogoths (489-493). — Théodoric entraîna toute sa nation avec lui. Les vieillards, les femmes, les enfants, suivaient les guerriers sur des chariots, avec le bétail et toutes les richesses de la horde. Ils étaient deux cent mille. Le mouvement commença dans l'automne de 488. Au mois de février suivant, il écrasa d'abord dans les Alpes juliennes une armée de Gépides et de Sarmates chargés de lui disputer le passage, puis battit Odoacre à Aquilée et à Vérone (489). Malgré ces trois victoires, il fut enveloppé du côté de Pavie et mis dans une situation critique d'où le tira un secours que les Goths de Toulouse lui envoyèrent. Grâce à cette assistance, il conquit toute la Cisalpine, d'où Odoacre s'enfuit dans Ravenne. Pendant le blocus de cette ville, qui dura deux ans, l'Italie entière se soumit, et les Vandales d'Afrique cédèrent la Sicile aux nouveaux maîtres de Rome. Odoacre alors se rendit, à condition de partager la royauté : Théodoric le fit tuer dans un repas et fut reconnu roi d'Italie par l'empereur Anastase (493).

6. Puissance de Théodoric. — A l'Italie, Théodoric ajouta l'Illyrie, la Pannonie, le Norique, la Rhétie, sans faire de guerre, et la province de Marseille, à la suite d'hostilités avec les Burgundes. Les Bavarois lui payèrent tribut; les Alamans l'invoquèrent contre Clovis; enfin, à la mort d'Alaric II, il fut reconnu pour roi par les Visigoths, durant la minorité de son petit-fils Amalaric, et battit une armée franque près d'Arles, rendant aux Goths d'Aquitaine, vaincus par les Francs, le secours qu'il en avait reçu pour vaincre Odoacre (508). Les deux branches de la nation gothique, depuis si longtemps séparées et dont les possessions se touchaient vers le Rhône, se trouvèrent donc réunies, et la domination de Théodoric s'étendit du fond de l'Espagne, à travers la Gaule et l'Italie, jusqu'à Sirmium sur la Save. Des alliances de famille l'unirent à presque tous les rois barbares : il épousa la sœur de Clovis; maria sa sœur au roi des Vandales, sa nièce au roi de Thuringe, une de ses filles au roi des Visigoths, l'autre à celui des Burgundes. Il semblait le chef des Barbares établis dans les provinces de l'empire d'Occident. La Germanie même montrait de la déférence pour son glorieux représentant devenu l'héritier des Césars. Théodoric n'était cependant rien moins qu'un Barbare dans ses idées politiques. Il avait pour l'empereur de Constantinople des égards qui prouvaient le respect que lui inspirait le vieil empire, si imposant encore dans sa ruine. Ce chef des Goths fut un roi pacifique ; il ne fit de guerres qu'autant qu'il y fut forcé, et l'on peut ajouter qu'il fit de la paix le plus bel usage. « Que les autres rois, disait-il, se plaisent à ravager les cités ; qu'ils se chargent d'un immense butin ; pour moi, je veux que mon empire soit tel, que les nations vaincues regrettent de n'y avoir pas été soumises plus tôt. »

7. Son administration. — Aux nouveaux venus il fallait des terres : chaque cité italienne avait déjà abandonné une partie de son territoire pour être distribué aux guerriers d'Odoacre : les Goths de Théodoric se substituèrent aux Hérules. Ce prélèvement fait, et il ne fut point douloureux, car il y avait nombre de terres abandonnées, une loi commune fut établie pour les deux peuples, sauf quelques coutumes particulières que les Goths conservèrent. Les Barbares payèrent l'impôt pour leurs terres, comme les Romains, et, dans les contestations entre hommes des deux races, un tribunal mi-parti prononça. Si Théodoric ne voulait pas que ses Goths fussent privilégiés devant la loi, il ne voulut pas cependant qu'ils se mêlassent trop aux vaincus, ce qui les eût amollis. Faisant un système politique de ce qui avait été, dans les autres royaumes barbares, l'effet de circonstances, il réserva les armes aux Barbares, et leur interdit les écoles, tandis qu'il interdisait les armes aux Romains et leur réservait les dignités civiles. On voit qu'il organisa les choses en maître ; en effet on ne remarque pas chez les Ostrogoths de ces assemblées comme en avaient les autres Barbares. Le roi gouvernaît seul avec un conseil, et ce royaume germain ne différait pas sensiblement, pour son administration, de l'empire de Constantin.

Théodoric professait une grande vénération pour la civilisation romaine. Il avait demandé et obtenu de l'empereur Anastase les insignes impériaux qu'Odoacre avait dédaigneusement renvoyés à Constantinople, et il avait quitté l'habit des Barbares pour revêtir la pourpre romaine. Quoiqu'il résidât à Ravenne, il consultait le sénat de Rome et lui écrivait : « Nous désirons, pères conscrits, que le génie de la liberté regarde votre assemblée d'un œil de bienveillance. » Il établit un consul d'Occident, un préfet du prétoire, trois diocèses : de la haute Italie, de Rome et de la Gaule. Il maintint le régime municipal, mais nomma lui-même les décurions; il diminua les rigueurs du fisc, et son palais fut toujours ouvert pour ceux qui réclamaient contre l'iniquité des juges. Faustin, préfet du prétoire, Théodat, neveu du prince, furent ainsi contraints à restitution. Une femme pauvre sollicitait depuis plusieurs années la fin d'un procès. Théodoric appela les juges, qui en quelques jours expédièrent l'affaire. Il les envoya au supplice pour n'avoir pas fait en trois ans ce qu'ils avaient pu faire en trois jours. Des envoyés royaux munis de ses pleins pouvoirs parcoururent les provinces pour rendre partout présente la justice du roi et établir une police vigilante.

Un Barbare rendit à l'Italie une prospérité qu'elle avait perdue sous ses empereurs. Les édifices publics, aqueducs, théâtres, bains, furent réparés; des églises et des palais, bâtis; les terres incultes, défrichées. Des compagnies se formèrent pour dessécher les marais Pontins et ceux de Spolète, pour exploiter les mines de fer de la Dalmatie et une mine d'or dans le Bruttium. De nombreuses flottilles protégèrent les côtes contre les pirates, et, par toutes ces mesures, la sécurité, le bien-être augmentant, la population s'accrut. Théodoric, qui ne savait pas écrire, attira autour de lui les plus beaux génies littéraires du temps : Boèce, l'évêque Ennodius, Cassiodore, dont il fit son ministre et qui nous a laissé douze livres de lettres. Ce Goth est comme une première ébauche de Charlemagne.

Arien, il respecta d'abord les catholiques, confirma les immunités des églises, laissa généralement au peuple et au clergé de Rome la libre élection de leur évêque. Il protégea de même les juifs et écrivait à leurs rabbins : « Nous ne pouvons imposer la religion, parce que « personne n'est forcé de croire malgré lui. » Cependant, lorsque l'empereur Justin Ier persécuta les ariens dans l'Orient (524), il menaça d'user de représailles, et une grande fermentation se montrant parmi ses sujets italiens, il crut qu'une conspiration se formait contre lui. Il défendit aux catholiques le port de toute espèce d'armes, et accusa de relations criminelles avec la cour de Constantinople plusieurs consulaires; le préfet Symmaque, son gendre Boèce, furent impliqués dans les poursuites. Il les fit enfermer dans la tour de Pavie où le second écrivit son beau livre *De la consolation de la philosophie*. Ils périrent exécutés tous deux après d'horribles tortures (525). Théodoric reconnut cependant leur innocence et en eut de si vifs regrets, qu'on dit que sa raison se troubla et que les remords hâtèrent sa fin (526). On trouve encore à Ravenne son tombeau, dont la coupole est formée d'une seule pierre de 12 mètres de largeur et de 1^m,50 d'épaisseur. C'est le seul monument que nous ayons, élevé de la main des Goths. On voit que cette construction n'a rien de commun avec l'architecture si improprement appelée gothique.

Après la mort de Théodoric, la suprématie que sa nation avait exercée sur le monde barbare s'évanouit. Les Ostrogoths et les Visigoths furent de nouveau séparés : les premiers reconnurent Athalaric, fils de la belle et savante Amalasonte, et par elle petit-fils de Théodoric, et les seconds un fils d'Alaric II. L'empire des Ostrogoths dégénéra rapidement et survécut peu de temps à son fondateur (voy. p. 105).

8. Fondation des royaumes anglo-saxons (455-484). — Séparée du continent par la mer, la Grande-Bretagne eut son invasion particulière, qui ne fut qu'une série d'invasions successives faites par deux peuples partis des bords de l'Elbe inférieur, les Saxons et les Angles, durant l'espace d'un siècle. L'heptarchie anglo-saxonne en fut le résultat.

La Grande-Bretagne, conquise en partie par les Romains, avait conservé, sous leur domination, ses trois populations bien distinctes; au nord, dans l'Ecosse actuelle, les Calédoniens (Pictes et Scots), chez qui les Romains ne s'étaient jamais établis; à l'est et au sud, les Logriens, qui avaient subi l'influence de la civilisation romaine; à l'ouest, derrière la Severn, les Cambriens ou Gallois, peuple indomptable dans ses montagnes.

Les Pictes ne cessaient pas de descendre des hautes terres de l'Ecosse pour faire au sud des incursions désastreuses. Tant que les Romains avaient gardé l'île, ils les avaient arrêtés au pied du mur de Sévère et du *vallum* d'Hadrien; mais, lorsque Honorius, pour défendre l'Italie et la Gaule, rappela les légions, les Bretons n'ayant pu obtenir « par leurs gémissements » le secours d'Aétius, furent réduits à se protéger eux-mêmes. Ils élurent un *pentyern* ou *pendragon*, chef commun qui devait diriger la défense de tout le pays et résider à Londres. L'élection de ce chef devint une occasion de discorde, parce que Logriens et Cambriens se disputèrent à qui donnerait le penteyrn. Vortigern remplissait cette dignité, lorsqu'on n'imagina plus d'autre moyen de salut que d'appeler contre les Pictes des Barbares d'outre-mer, les Saxons, les Jutes et les Angles. C'étaient d'audacieux pirates qui, trouvant la route barrée du côté du Rhin par les Francs, avaient pris la mer pour leur domaine, et partaient sans cesse de leurs rivages de l'Allemagne septentrionale et de la péninsule cimbrique, pour écumer l'océan du Nord et la Manche. Deux chefs saxons, Hengist et Horsa, battirent les Pictes et reçurent en récompense l'île de Thanet sur la côte de Kent, avec la promesse d'un tribut. De tels protecteurs deviennent bien vite des maîtres. Le *dragon blanc* dévora le *dragon rouge;* c'étaient les drapeaux des deux peuples. En 455 Hengist prit possession du pays entre la Tamise et la Manche et se donna le titre de *roi de Kent;* Cantorbéry fut sa capitale.

Ce fut dès lors l'ambition de tous les chefs de pirates saxons de conquérir un établissement dans la Grande-Bretagne, comme les chefs des tribus franques en avaient pris dans la Gaule. En 491, malgré les efforts du penteyrn Ambrosius, Ælla fonda à Chichester le royaume de *Sussex* (Saxons méridionaux). En 516 Cerdic établit à Winchester celui de *Wessex* (Saxons occidentaux). Là, les Saxons se trouvèrent en contact avec les Cambriens qui furent pour eux de rudes adversaires. Arthur, prince de Caerleon, le héros des légendes gaëliques et l'Achille des bardes Cambriens, les vainquit, dit-on, en douze batailles, dont la plus célèbre est celle de Badon-Hill (520). La tradition voulait qu'il eût tué en un seul jour 400 ennemis de sa propre main. Blessé, il fut transporté dans une île formée par deux fleuves; il y mourut on ne sait à quelle époque, et on ne put jamais trouver son tombeau. Les Cambriens, qu'il avait si longtemps défendus, refusèrent de croire à la mort du héros national, et attendirent pendant des siècles sa venue, comme leur délivrance. Il avait pour le moment sauvé l'indépendance des Cambriens. Arrêtée à l'ouest, l'invasion saxonne fonda encore à l'est, en 526, un royaume d'*Essex* (Saxons orientaux) qui eut pour capitale Londres (Londin, la ville des vaisseaux) sur la Tamise, ce qui fit quatre royaumes saxons.

En 547 arrivèrent les Angles. Ida, ou *l'homme de feu*, occupa York et le pays entre le Forth et l'Humber, qui prit le nom de *Northumberland* (pays au nord de l'Humber). En 571 Offa, chef d'une troupe d'Angles établis sur la côte orientale de la Grande-Bretagne, prit le titre de roi d'*Estanglie*, avec Norwich pour capitale, et, en 584, Grida fonda entre les Estangles et les Cambriens le royaume de *Mercie* (frontière, marche), capitale Lincoln ou Leicester.

Alors, ces trois royaumes angles étant ajoutés aux quatre saxons, l'*heptarchie* fut complète, et le pays autrefois occupé par les Romains fut divisé en sept petites monarchies barbares, qui plus tard n'en formèrent qu'une seule. Les nouveaux venus devinrent un élément considérable de la population anglaise, dont le fond est encore considéré aujourd'hui comme saxon.

Mais l'invasion n'atteignit pas l'Écosse, qui resta aux anciens Pictes et Scots que Rome n'avait pu vaincre, ni l'Irlande, qui, sauf quelques points des côtes occupés par les Danois, échappa à la domination germanique, comme elle avait échappé à la domination romaine. Sa population celtique, divisée en un grand nombre de clans et de petits États, ne perdra son indépendance qu'au douzième siècle. Dès le quatrième saint Patrick lui avait apporté la religion catholique. L'Église d'Irlande jeta de bonne heure un vif éclat ; saint Columban, que nous retrouverons chez les Francs, en sortit.

CHAPITRE IV.

SUITE DES INVASIONS BARBARES : LES FRANCS; CLOVIS[1].

1. Origine des Francs; première mention vers 241. — 2. Course de Francs jusqu'en Afrique (256); Francs établis par Probus sur le Pont-Euxin (277). — 3. Invasion en Gaule et établissement sur la Meuse au temps de Julien. — 4. Les Francs-saliens, sous Clodion, s'avancent jusqu'à la Somme (428). — 5. Les Francs, sous Mérovée et Childéric (448-481). — 6. Mœurs et religion des Francs — 7. Élection des rois dans la famille de Mérovée. — 8. Assemblées publiques. — 9. Divisions politiques de la Gaule en 481 : Cités armoricaines; Syagrius; Saxons; rois francs. — 10. Burgundes et Visigoths ariens. — 11. Faiblesse de la tribu des Saliens; victoire de Soissons (486). — 12. Le vase de Soissons. — 13. Mariage de Clovis et de Clotilde (493). — 14. Guerre contre les Alamans; conversion de Clovis (496). — 15. Les Burgundes rendus tributaires (500). — 16. Défaite des Visigoths à Vouillé (507); conquête de leur pays. — 17. Clovis maître de la plus grande partie de la Gaule. — 18. Clovis fixe à Paris sa résidence; meurtre des rois francs. — 19. Clovis seul chef de toutes les tribus franques; sa mort à Paris (511).

1. Origine des Francs ; première mention vers 241. — Dès le milieu du troisième siècle avant notre ère, les Germains avaient formé sur la rive droite du Rhin deux formidables confédérations : au sud, celle des tribus suéviques, qui s'appelèrent les Alamans (les hommes); au nord, celle des Saliens, des Sicambres, des Bructères, des Chérusques, des Cattes, etc., qui prirent le nom de Francs (les braves). La première mention qu'on trouve de ceux-ci dans les écrivains romains est de l'an 241. Aurélien, alors tribun légionnaire, battit un corps de Francs, et comme ses soldats furent appelés, après

---

[1]. Pour l'histoire de France, voyez les histoires générales de Sismondi, Michelet et H. Martin, pour ce chapitre, Grégoire de Tours, *Histoire des Francs*.

ce succès, à marcher en Orient contre les Perses, ils chantaient :

> Mille Francos, mille Sarmatas semel occidimus,
> Mille, mille, mille, mille Persas quærimus.

2. Courses de Francs jusqu'en Afrique (256); Francs établis par Probus sur le Pont-Euxin (277). — En 256, une bande de Francs traversa toute la Gaule, franchit les Pyrénées, pilla l'Espagne pendant douze ans, puis alla se perdre en Afrique. Probus, qui reprit les cités gauloises envahies par les Francs à la mort d'Aurélien, transporta une colonie de ce peuple dans la mer Noire (277). Mais, fatigués bientôt de cet exil, ils se saisirent de quelques barques, passèrent les détroits, franchirent la Méditerranée, en pillant tour à tour les côtes d'Asie, de Grèce et d'Afrique, jusqu'aux colonnes d'Hercule, et, tournant l'Espagne et la Gaule, vinrent conter à leurs compatriotes des bords du Rhin la faiblesse du grand empire qu'ils avaient impunément traversé de part en part.

3. Invasion en Gaule et établissement sur la Meuse au temps de Julien. — Puisqu'ils allaient si loin, ils ne devaient pas se faire faute d'aller plus près, dans les provinces gauloises qui bordaient la rive gauche du Rhin. Dès que la vigilance de Rome se relâchait, ils passaient le fleuve et dévastaient la Belgique. Julien eut fort à faire contre eux et trouva qu'ils avaient si bien ruiné les bords de la Meuse, que le mieux était de les leur abandonner pour qu'ils les repeuplassent (358). Ainsi les Francs avaient été les premiers à passer le Rhin, les premiers à s'établir dans la Gaule, comme auxiliaires et alliés de l'empire ; ils furent les derniers à y fonder un État.

4. Les Francs saliens, sous Clodion, s'avancent jusqu'à la Somme (428). — Lors de la grande invasion de 406, les Francs avaient essayé d'arrêter les envahisseurs. N'y ayant pas réussi et l'empire s'abandonnant lui-même, ils avaient voulu en avoir au moins leur part, et on les voit quelques années plus tard s'avancer dans l'intérieur du pays. En 428 les Francs saliens avaient pour roi Clodion, qui résidait dans le pays de Tongres (le Limbourg). Nous ne parlons pas du chef qu'on lui donne pour prédécesseur, Pharamond, parce que son nom ne se rencontre pas dans les histoires les plus dignes de foi[1]. Clodion prit Tournai et Cambrai, mit à mort tous les Romains qu'il y trouva, et, s'avançant vers la Somme, arriva près de Lens (448). « Les Francs placèrent leur camp, formé par des chariots, sur des collines près d'une petite rivière, et se gardaient négligemment à la manière des Barbares, lorsqu'ils furent surpris par les Romains sous les ordres d'Aétius. Au moment de l'attaque, ils étaient en fêtes et en danses pour le mariage d'un de leurs chefs. On entendait au loin le bruit de leurs chants, et on voyait la fumée du feu où cuisaient les viandes. Tout à coup les légions débouchèrent en files serrées et au pas de course par une chaussée étroite et un pont de bois qui traversait la rivière. Les Barbares eurent à peine le temps de prendre les armes et de former leurs lignes. Enfoncés et obligés à la retraite, ils entassèrent pêle-mêle sur leurs chariots tous les apprêts de leur festin, des mets de toute espèce, de grandes marmites parées de guirlandes. Mais les voitures, avec ce qu'elles contenaient, dit le poëte, et l'épousée elle-même, blonde comme son mari, tombèrent entre les mains des vainqueurs[2]. » Clodion ne survécut pas à sa défaite.

5. Les Francs sous Mérovée et Childéric (448-481). — Mérovée, parent de Clodion, lui succéda comme chef des Saliens, et, trois ans après, les Francs se joignaient à tous les Barbares cantonnés en Gaule et au reste des Romains, pour arrêter la formidable invasion des Huns. (Voy. p. 24.)

---

1. Grégoire de Tours ne e connait point. Des chroniqueurs plus récents sont moins embarrassés. Non-seulement ils connaissent Pharamond, mais ils savent que les Francs descendent certainement de Francus, fils d'Hector.
2. Augustin Thierry, VIe lettre sur l'Histoire de France.

« Mérovée eut pour successeur, en 456, son fils Childéric. Les Francs, qu'il irrita par sa luxure, le chassèrent et prirent à sa place, comme chef, le général romain Ægidius. Childéric se réfugia dans la Thuringe, laissant dans son pays un homme qui lui était attaché, pour qu'il apaisât par de douces paroles les esprits furieux. Il lui donna un signe afin que cet homme pût lui faire connaître quand il serait temps de retourner dans sa patrie : ils divisèrent en deux une pièce d'or ; Childéric en emporta une moitié, et son ami garda l'autre, disant : « Quand je vous enverrai cette moitié, « vous pourrez revenir. » Ægidius était déjà dans la huitième année de son règne, lorsque le fidèle ami de Childéric, ayant secrètement apaisé les Francs, envoya à son prince des messagers pour lui remettre la moitié de la pièce qu'il avait gardée. Celui-ci reconnut à cet indice que les Francs désiraient son retour ; il quitta la Thuringe et fut rétabli dans son pouvoir. Quelque temps après, Basine, reine de Thuringe, se rendit auprès de lui. Comme il lui demandait le motif qui avait pu la décider à venir de si loin, elle répondit : « J'ai connu ton mérite et ton grand courage, c'est pour « cela que je suis venue ; parce que si j'avais su qu'il « y avait dans les régions au-delà des mers un homme « plus méritant que toi, c'est lui que j'aurais désiré « connaître. » Childéric l'épousa. Il en eut un fils qu'on appela du nom de Clovis. Ce fut un grand prince et un redoutable guerrier. » (Grégoire de Tours.)

Childéric mourut en 481 et fut enterré à Tournai. On a trouvé, en 1653, dans son tombeau, son anneau sur lequel était gravée une tête chevelue, son stylet pour écrire, quelques abeilles d'or ou plutôt des fleurons qui avaient été fixés sur un manteau de soie rouge dont les débris tombèrent en poussière au contact de l'air, un globe en cristal de roche, beaucoup de monnaies romaines et un fer de hache [1]. Son fils Chlodowech, ou Clovis,

---

[1]. On peut voir ces objets au musée de Cluny.

lui succéda; il était alors âgé de quinze ans. C'est lui qui allait enfin donner aux Francs cette Gaule que depuis deux cent trente ans ils ravageaient, où depuis un siècle ils étaient établis.

6. Mœurs et religion des Francs. — « Les Francs relevaient et rattachaient sur le sommet du front leurs cheveux d'un blond roux, qui formaient une espèce d'aigrette et retombaient par derrière en queue de cheval.

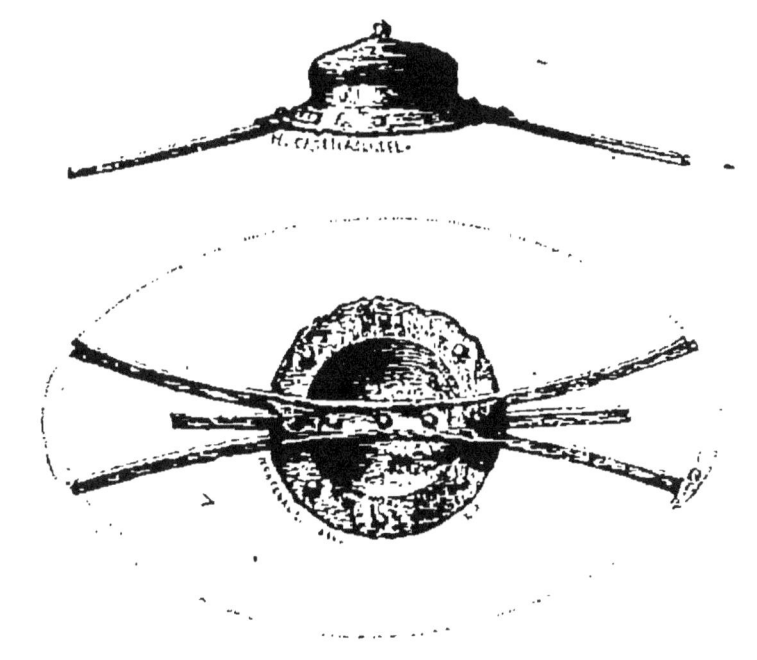

Bouclier franc.

Leur visage était entièrement rasé, à l'exception de deux longues moustaches qui leur tombaient de chaque côté de la bouche. Ils portaient des habits de toile serrés au corps et sur les membres par un large ceinturon auquel pendait l'épée. Leur arme favorite était une hache à un ou deux tranchants, dont le fer était épais et acéré et le manche très-court. Ils commençaient le combat en lançant de loin cette hache soit au visage, soit contre le bouclier de l'ennemi. Rarement ils manquaient d'atteindre l'endroit précis où ils voulaient frapper. Outre la hache, qui de leur nom s'appelait *francisque*, ils avaient une arme de trait qui leur était particulière, et que dans leur langue ils nommaient *hang*, c'est-à-dire hameçon : c'était une pique de médiocre grandeur et capable de servir de près et de loin. La pointe, longue et forte, était armée de plusieurs barbes ou crochets tranchants et recourbés comme des hameçons. Le bois était recouvert de lames de fer dans presque toute sa longueur, de manière à ne pouvoir être brisé ni entamé à coups d'épée. Lorsque ce hang s'était fiché au travers d'un bouclier, les crocs dont il était garni en rendant l'extraction impossible, il restait suspendu et balayait la terre par son extrémité. Alors le Franc qui l'avait jeté s'élançait, et, posant le pied sur le javelot, appuyait de tout le poids de son corps et forçait l'adversaire à baisser le bras, et à se dégarnir ainsi la tête et la poitrine. Quelquefois le hang, attaché au bout d'une corde, servait, en guise de harpon, à amener tout ce qu'il atteignait. Pendant qu'un des Francs lançait le trait, son compagnon tenait la corde, puis tous deux joignaient leurs efforts soit pour désarmer l'ennemi, soit pour l'attirer lui-même par son vêtement ou son armure. » (Aug. Thierry.)

La religion des Francs était le culte belliqueux et grossier d'Odin, le dieu des Scandinaves. Ils croyaient qu'après la mort le brave était reçu au Walhalla, palais construit au milieu des nuages, où les plaisirs étaient encore de continuels combats interrompus par de longs festins, où la bière et l'hydromel circulaient sans relâche dans le crâne des ennemis tués par les héros. Aussi les Francs aimaient-ils la guerre avec passion, comme le moyen de devenir riche dans ce monde, et dans l'autre convives des dieux. Les plus jeunes et les plus violents d'entre eux éprouvaient quelquefois dans le combat des accès d'extase frénétique, pendant lesquels ils paraissaient insensibles à la douleur et doués d'une puissance de vie tout à fait extraordinaire. Ils restaient debout et combattaient encore, atteints de plusieurs blessures, dont la moindre eût suffi pour terrasser d'autres hommes. Nous retrouverons dans les Northmans le même fanatisme guerrier. Un chant anglo-saxon donne une idée de cette ivresse du sang, de cette joie de la destruction, qui animaient les Francs au combat. « L'ar-

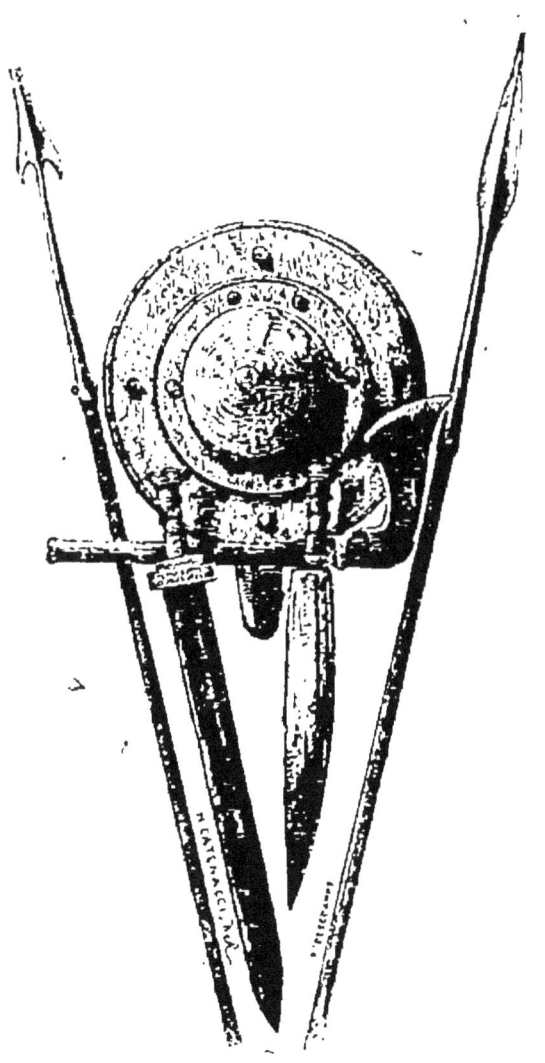

Armes des Francs.

mée est en marche; les oiseaux chantent, les cigales crient, les lames belliqueuses retentissent. Maintenant commence à luire la lune errante sous les nuages. Alors commença le désordre du carnage, les guerriers s'arrachaient des mains leurs boucliers creux; les épées fendaient les os des crânes; la citadelle retentissait du bruit des coups; le corbeau tournoyait noir et sombre comme la feuille du saule; le fer étincelait comme si le château eût été tout en feu. Jamais je n'entendis conter bataille plus belle à voir [1]. »

7. Élection des rois dans la famille de Mérovée. — Les institutions des Francs étaient celles de tous les peuples germaniques. Chaque tribu avait un chef que les Romains ont appelé roi, mais auquel il ne faudrait pas reconnaître les pouvoirs ni la majesté que ce titre implique. Ces rois, chez la plupart des nations germaniques, étaient exclusivement choisis dans une famille investie d'une sorte de consécration religieuse. Chez les Francs, cette famille, chargée de fournir des rois aux tribus et à la confédération tout entière, était celle de Mérovée. Mais on verra les guerriers, tout en respectant ce vieux droit, ne se croire obligés ni à une fidélité bien certaine ni à une obéissance bien docile, et quitter très-aisément un de ces Mérovingiens pour un autre qui leur promettait plus de butin.

8. Assemblées publiques. — « Chez les Germains, dit Tacite, les petites affaires sont soumises à la délibération des chefs; les grandes à celle de tous. Et cependant celles mêmes dont la décision est réservée au peuple sont auparavant discutées par les chefs. On se rassemble, à moins d'un événement subit et imprévu, à des jours marqués, quand la lune est nouvelle ou qu'elle est dans son plein : ils croient qu'on ne saurait traiter les affaires sous une influence plus heureuse. Ce n'est pas, comme chez nous, par jours, mais par nuits, qu'ils calculent le temps : ils donnent ainsi les rendez-vous, les assignations. La nuit leur paraît marcher avant le jour. Un abus naît de leur indépendance : c'est qu'au lieu de se rassembler tous à la fois, comme s'ils obéissaient à un ordre, ils perdent deux ou trois jours à se réunir.

---

[1]. Demogeot, *Histoire de la littérature française*, p. 24.

Quand l'assemblée paraît assez nombreuse, ils prennent séance tout armés. Les prêtres, à qui est remis le pouvoir d'empêcher le désordre, commandent le silence. Ensuite le roi, ou celui des chefs que distinguent le plus son âge, sa noblesse, ses exploits ou son éloquence, prend la parole et se fait écouter par l'ascendant de la persuasion plutôt que par l'autorité du commandement. Si l'avis déplaît, on le repousse par des murmures; s'il est approuvé, on agite les framées : ce suffrage des armes est le signe le plus honorable de leur assentiment. »

9. Divisions politiques de la Gaule en 481; Cités armoricaines; Syagrius; Saxons: rois francs. — Lorsque Clovis, fils de Childéric, fut élevé sur le bouclier par les Francs saliens pour être leur chef de guerre, il y avait en Gaule bien des dominations :

1° Entre la Loire et les Pyrénées, les Visigoths, maîtres en outre de l'Espagne et, au-delà du Rhône, de tout le pays entre la Durance et la mer;

2° Dans la vallée de la Saône et du Rhône jusqu'à la Durance, les Burgundes;

3° Entre les bouches de la Loire et celles de la Seine, les cités armoricaines libres, sous des chefs indigènes ou des magistrats municipaux;

4° Entre la Mayenne, la moyenne Loire et la Somme, Syagrius commandait à ce qui restait de l'empire;

5° Entre les Vosges et le Rhin, des Alamans avaient pris la place des Burgundes, fixés définitivement plus au sud;

6° Une colonie venue de la grande île de Bretagne un siècle auparavant s'était établie à l'extrémité de l'Armorique, où elle formait un Etat particulier, la petite Bretagne, dont le nom s'étendra à la presqu'île entière;

7° Enfin toute la Belgique était au pouvoir des Francs. Leurs principaux chefs résidaient à Cologne, à Tournai et à Cambrai.

Qui tirera la Gaule de ce chaos? Nul, à cette heure, n'aurait su le dire. L'Etat de Syagrius n'était qu'un débris informe, ni assez romain ni assez barbare pour avoir quelque chance de durée. Les Armoricains semblaient disposés à vivre isolés dans leur péninsule, où ils prendront un caractère particulier. Mais trois peuples en possédaient une vaste étendue et pouvaient s'en disputer la domination : les Burgundes, les Visigoths et les Francs.

10. Burgundes et Visigoths ariens. — Les Burgundes n'avaient point des mœurs farouches. Déjà la civilisation romaine et le christianisme les avaient touchés et adoucis. Ils étaient barbares encore, mais ils avaient vu de près et depuis longtemps la société romaine. Nombre d'entre eux étaient venus travailler dans les cités gauloises, et, lorsque l'invasion les jeta sur la Gaule, ils prirent sans violences les deux tiers des terres et le tiers des esclaves, mais n'eurent pour les Gallo-Romains restés au milieu d'eux ni dédain superbe ni blessante insolence. Leur loi nationale emprunta beaucoup aux lois des Romains, et eut des délicatesses qui accusent une bonhomie peu habituelle à ces coureurs d'aventures du cinquième siècle. « Quiconque, dit un article, aura dénié le couvert et le feu à un étranger en voyage sera puni d'une amende de trois sous d'or.... Si le voyageur vient à la maison d'un Burgunde et y demande l'hospitalité, et que celui-ci indique la maison d'un Romain, il payera, après que cela aura été prouvé, trois sous d'amende et trois sous pour dédommagement à celui dont il aura montré la maison. » Malheureusement pour leur puissance, c'étaient des missionnaires ariens qui les avaient convertis.

Les Visigoths n'étaient pas plus terribles. Il y avait un siècle qu'ils étaient cantonnés dans l'empire, non, comme les Francs, sur le bord et en une contrée que de longues dévastations avaient rendue à la barbarie, mais au cœur des plus riches provinces. Les pères de beaucoup d'entre eux avaient vu Constantinople et Rome, et tous les restes imposants de la civilisation romaine: aussi la cour des rois visigoths à Toulouse était-elle déjà pleine d'élégance et de recherche, malgré la présence de nombreux Barbares qui venaient solliciter la protection du puissant roi qui dominait sur les trois quarts de l'Espagne et sur un tiers de la Gaule. « J'ai presque vu deux fois la lune achever son cours, dit le poëte de ce temps, Sidoine Apollinaire, noble Arverne qui plus tard fut évêque, et je n'ai obtenu qu'une seule audience : le maître de ces lieux trouve peu de loisirs pour moi, car l'univers entier demande aussi réponse et l'attend avec soumission. Ici nous voyons le Saxon aux yeux bleus, intrépide sur les flots, mal à l'aise sur la terre. Ici le vieux Sicambre, tondu après une défaite, laisse croître de nouveau ses cheveux. Ici se promène l'Hérule aux joues verdâtres, presque de la teinte de l'Océan dont il habite les derniers golfes. Ici le Burgunde, haut de sept pieds, fléchit le genou et implore la paix. Ici l'Ostrogoth réclame le patronage qui fait sa force, et à l'aide duquel il fait trembler les Huns, humble d'un côté et fier de l'autre. Ici, toi-même, ô Romain, tu viens prier pour ta vie, et, quand le Nord menace de quelques troubles, tu sollicites le bras d'Euric contre les hordes de la Scythie ; tu demandes à la puissante Garonne de protéger le Tibre affaibli. »

Si l'on eût alors cherché à quel peuple devait rester la Gaule, on n'eût pas hésité à en promettre la possession entière aux Visigoths. Mais ce peuple, malgré le courage qu'il avait montré contre Attila, avait perdu son énergie sauvage. De plus il était arien, comme les Burgundes, c'est-à-dire en contradiction de foi religieuse avec les Gallo-Romains, ses sujets. Déjà même l'antipathie entre les sujets orthodoxes et les maîtres hérétiques amenait, d'un côté, des persécutions ; de l'autre, de secrets complots, ou tout au moins des vœux, des espérances.

11. Faiblesse de la tribu des Saliens ; victoire de Soissons (486). — En 481 Clovis[1], le véritable fonda-

---

1. L'historien des Francs, saint Grégoire de Tours, dont nous citerons le plus

teur de l'empire des Francs, ne possédait que quelques districts de la Belgique, avec le titre de roi des Francs saliens, cantonnés aux environs de Tournai. L'armée dont il pouvait disposer ne dépassait pas le chiffre de 4 à 5000 guerriers. Les cinq premières années de son règne sont restées dans une obscurité que son âge explique. A vingt ans, il proposa une expédition de guerre à ses Francs, y entraîna Ragnachaire, roi de Cambrai, et tous deux, à la tête de 5000 guerriers, défirent, près de l'ancienne abbaye de Nogent, à 12 kilomètres au nord de Soissons, Syagrius, qui s'enfuit chez les Visigoths ; il fut plus tard livré par eux à Clovis et mis à mort.

12. Le vase de Soissons. — Le butin fait après la victoire fut considérable. Saint Rémi, évêque de Reims, qui semble avoir entretenu de bonne heure d'amicales relations avec Clovis, réclama du roi un vase précieux qui avait été enlevé d'une de ses églises. Quand tout le butin eut été mis en commun, le roi avant le partage dit : « Je vous prie, mes fidèles, de me donner ce vase hors part. » Tous y consentirent, excepté un soldat qui, frappant le vase d'un coup de hache, s'écria : « Tu n'auras que ce que le sort t'accordera. » Les autres, néanmoins, consentirent à la volonté du roi, qui prit le vase et le renvoya à l'évêque. L'année suivante, à l'assemblée qui se tenait chaque année au mois de mars, Clovis, faisant la revue de l'armée, arriva devant ce même soldat ; il lui reprocha de tenir ses armes en mauvais état, les lui arracha et les jeta par terre. Comme il se baissait pour les ramasser, le roi lui fendit la tête d'un coup de sa francisque en disant : « Il te sera fait ainsi que tu as fait au vase, l'an passé, dans Soissons. » Et Grégoire de Tours ajoute : « Il parvint de la sorte à inspirer à tous une grande crainte. »

possible les paroles mêmes, écrit *Chlodovechs*; le *ch*, dans ce nom, représente l'aspiration gutturale des Allemands ; c'est donc le même nom que *Hlodoveus* ou *Louis*. Le vrai nom allemand était *Hlodowich*, célèbre guerrier. *Merowich* signifie de même éminent guerrier, *Hilderich* (Childéric), brave au combat, etc.

On doit remarquer ici les droits à la fois illimités et restreints de cette royauté barbare. Clovis n'a que sa part de butin, comme un de ses soldats, et c'est le sort qui la lui donne; en même temps, il frappe à mort, sans jugement, pour venger une injure personnelle, et nul ne murmure. Évidemment deux idées contraires se heurtent dans ces têtes barbares : le caractère sacré de la royauté et le sentiment invincible de l'égalité, idées qui ne se retrouvent pas à cette époque seulement de notre histoire.

13. Mariage de Clovis et de Clotilde (493). — Les années qui suivirent la bataille de Soissons se passèrent à négocier et à combattre avec les villes d'entre Somme et Loire. Clovis était désireux surtout de mettre la main sur Paris. Il le harcela longtemps; mais une sainte fille, dont le souvenir est resté populaire dans cette ville où la popularité dure si peu, sainte Geneviève, était dans ses murs et soutenait la constance des habitants. Une guerre avec les Thuringiens qui appela Clovis au-delà du Rhin, puis son mariage avec Clotilde, nièce de Gondebaud, roi des Burgundes, donnèrent un autre cours aux événements. Clotilde était catholique et elle obtint que son premier-né « fût consacré au Christ par le baptême. » C'étaient là des faits de la plus haute importance. Les évêques du nord de la Gaule, qui avaient sans doute préparé cette union, espérèrent une conversion prochaine du roi lui-même, et les cités d'Amiens, de Beauvais, de Paris, de Rouen, ouvrirent leurs portes à l'homme qui avait épousé une femme de leur foi.

14. Guerre contre les Alamans; conversion de Clovis (496). — Les Alamans dont le gros de la nation était établi dans la Souabe, avaient longtemps assailli la Gaule, comme les Francs; mais ils n'en occupaient que quelques cantons le long des Vosges, terres depuis longtemps dévastées où il n'y avait plus rien à prendre. En voyant les Francs mettre la main sur tant de riches cités romaines, le désir leur vint de les forcer à partager avec eux, et ils passèrent le Rhin en grand nombre. Les

Francs accoururent, Clovis en tête. Le choc fut terrible; Clovis se crut un moment vaincu, et, dans sa détresse, invoqua le Dieu de Clotilde. Un plus violent effort fit changer le destin de la bataille. Les Alamans, rejetés au-delà du Rhin, furent poursuivis jusqu'en Souabe, et la population de ce pays ainsi que les Bavarois qui habitaient la région voisine reconnurent la suprématie des Francs.

Plus le succès était grand, plus Clovis se crut obligé à tenir parole. Saint Rémi lui donna le baptême, et 3000 de ses soldats le reçurent avec lui. En répandant l'eau sainte sur la tête du nouveau néophyte, l'archevêque lui dit : « Baisse la tête, Sicambre adouci; adore ce que tu as brûlé, brûle ce que tu as adoré. » Puis, renouvelant la coutume du sacre des rois juifs, il l'oignit du saint chrême.

Ce baptême, ce sacre changèrent peu, comme on le verra, les mœurs de Clovis: au lieu d'Odin, il invoqua le Christ et resta le même. Mais, par un singulier hasard, il se trouva alors, en Gaule et dans tout le monde chrétien, le seul prince orthodoxe. La population gallo-romaine, opprimée par les Burgundes et par les Visigoths ariens, tourna désormais vers le chef converti des Francs ses regards et ses espérances. Il eut pour lui tout l'épiscopat des Gaules. Avitus, évêque de Vienne, lui écrivait: « Votre foi est notre victoire, désormais où vous combattez nous triomphons; » et le pape Anastase : « Le siége apostolique se réjouit de ce que Dieu a pourvu au salut de l'Eglise en élevant un si grand prince pour la protéger. »

15. Les Burgundes rendus tributaires (500). La conversion de Clovis avait éloigné de lui quelques-uns de ses leudes. Ses succès, surtout le butin qu'on pouvait faire sous un chef habile, les ramenèrent. Le pays entre la Loire et la Somme était soumis, et l'Armorique gagnée à son alliance. Ce ne fut qu'après s'être ainsi bien affermi au nord, avec une prudence qui n'était pas ordinaire à ces Barbares, que Clovis songea à étendre vers le sud ses conquêtes. Il attaqua d'abord les Burgundes. Clotilde poussait son époux à cette guerre pour venger la mort de son père, assassiné par Gondebaud. Le roi Gondioc, mort en 463, avait en effet laissé quatre fils entre lesquels son royaume avait été partagé. Un d'eux, Gondebaud, pour avoir tout l'héritage, avait tué de sa main Chilpéric, le père de Clotilde, et avait fait mourir un autre de ses frères dans les flammes; le quatrième, Godesigèle, gardait encore sa part, mais redoutait un sort pareil et appelait secrètement Clovis. Gondebaud, vaincu près de Dijon (500), s'enfuit jusqu'à Avignon. Clovis l'y suivit et l'obligea à se reconnaître tributaire. Le roi des Francs s'était à peine éloigné, que Gondebaud surprenait son frère dans Vienne et le poignardait dans une église où il s'était réfugié.

16. Défaite des Visigoths à Vouillé (507); conquête de leur pays. — Syagrius, après sa défaite, s'était réfugié chez les Visigoths. Ceux-ci, par crainte d'une guerre avec les Francs, avaient livré le fugitif. Plus tard, Clovis et Alaric II eurent une entrevue près d'Amboise. « Ils avaient, dit Grégoire de Tours, conversé, mangé et bu ensemble, et, après s'être promis amitié, ils s'étaient retirés en paix. Mais beaucoup de gens dans toutes les Gaules désiraient alors extrêmement être soumis à la domination des Francs. Ainsi, à Rodez, une querelle s'étant élevée entre l'évêque Quintianus et les citoyens, les Goths qui habitaient cette ville eurent de violents soupçons, car ces citoyens reprochaient à Quintianus de vouloir les soumettre aux Francs. Les Goths tinrent conseil et résolurent de le tuer. L'homme de Dieu, instruit de ce dessein, se leva pendant la nuit avec ses plus fidèles ministres, sortit de la ville de Rodez et se retira en Auvergne. »

Nous ignorons si les évêques du Midi ainsi persécutés n'invoquèrent pas la protection de Clovis : mais un jour le roi dit à ses soldats : « Je supporte avec grand chagrin que ces ariens possèdent une partie des Gaules. Marchons avec l'aide de Dieu et, après les avoir vaincus, réduisons leur pays en notre pouvoir. » Ce discours plut à tous les guerriers ; on s'arma, et les Francs se dirigèrent vers Poitiers, respectant religieusement sur leur passage, par l'ordre exprès du roi, les biens des églises. Aussi les légendes marquaient la route par des miracles. Sur les bords de la Vienne, une biche d'une merveilleuse grandeur sort tout à coup d'un bois et indique un gué que le roi cherchait. Pour éclairer sa marche pendant la nuit, un globe de feu s'allume et brille au sommet de l'église de Saint-Hilaire de Poitiers.

Ce fut près de cette ville, à Vouillé, que les deux armées se rencontrèrent. Le roi des Visigoths resta sur le champ de bataille avec ses meilleurs soldats (507). Poitiers, Saintes, Bordeaux ouvrirent leurs portes au vainqueur ; l'année suivante il entra dans Toulouse. Les Visigoths eussent perdu toutes leurs possessions au nord des Pyrénées sans l'assistance du grand Théodose, roi des Ostrogoths d'Italie. Une armée qu'il envoya en Gaule vainquit près d'Arles les Francs et les Burgundes réunis pour la conquête de la Provence. De l'autre côté du Rhône, Carcassonne fit une énergique résistance. La Septimanie, c'est-à-dire toute la côte depuis le Rhône jusqu'aux Pyrénées, demeura aux Goths de l'Ouest, et le pays au sud de la Durance, aux Goths de l'Est.

17. Clovis maître de la plus grande partie de la Gaule. — Sauf cette bande étroite du littoral de la Gaule sur la Méditerranée, Clovis possédait tout le reste du pays, du Rhin aux Pyrénées, par lui-même ou par les Burgundes, ses tributaires, et par les Armoricains, ses alliés. Un grand royaume barbare se formait donc dans cette Gaule si bien disposée pour une seule domination. Lorsque Clovis rentra à Tours, il y trouva les envoyés de l'empereur d'Orient Anastase, lequel, charmé de voir s'élever au-delà des Alpes un rival du grand prince des Ostrogoths d'Italie, envoyait au roi des Francs les titres de consul et de patrice avec la tunique de pourpre et la chlamyde. « Alors Clovis posa la couronne sur sa tête et, étant monté à cheval, jeta de l'or et de l'argent au peuple assemblé. Depuis ce jour il fut appelé consul ou auguste. » Le souvenir de l'empire romain était vivant encore. Ces titres, conférés par l'empereur, semblaient donner le droit à celui qui n'avait que la force. Clovis, aux yeux des Gallo-Romains, n'était plus le conquérant barbare et païen, mais le prince orthodoxe et le consul de Rome.

Malheureusement le consulat comme l'orthodoxie n'étaient qu'affaire de costume; sous la chlamyde comme sous la robe du catéchumène il y avait toujours le Barbare.

L'ancienne Lutèce.

18. Clovis fixe à Paris sa résidence; meurtre des rois francs. — Clovis fixa sa résidence à Paris. « Pendant son séjour dans cette ville, il envoya en secret au fils de Sigebert un messager qui lui dit: « Voilà que ton père « est âgé, il boite de son pied malade; s'il venait à mou« rir, son royaume t'appartiendrait. » Cette parole enflamma l'ambition de Chlodéric, et il forma le projet de tuer son père. Un jour Sigebert sortit de sa ville de Cologne, passa le Rhin, et, après s'être promené dans la forêt de Buconia, s'endormit à midi dans sa tente ; son fils dépêcha contre lui des assassins qui le tuèrent. Alors il fit dire au roi Clovis : « Mon père est mort, et j'ai en « mon pouvoir ses trésors et son royaume : envoie-moi « quelques-uns des tiens, et je leur remettrai ceux des « trésors qui te plairont. » Clovis répondit : « Je rends « grâce au ciel de ta bonne volonté et je te prie de mon- « trer tes trésors à mes messagers ; ensuite, tu les pos- « séderas tous. » Chlodéric montra aux envoyés les tré- sors de son père. Pendant qu'ils les examinaient, le prince dit : « C'est dans ce coffre que mon père avait « coutume d'amasser ses pièces d'or. » Ils lui dirent : « Plongez votre main jusqu'au fond pour voir tout ce « qu'il y a. » Il le fit, et, comme il était baissé, un des envoyés leva sa francisque et lui brisa le crâne. Ainsi cet indigne fils subit la mort dont il avait frappé son père.

Lorsque Clovis sut que Sigebert et son fils étaient morts, il vint dans cette même ville, y convoqua tout le peuple, et lui dit : « Ecoutez ce qui est arrivé pendant que j'étais à naviguer sur le fleuve de l'Escaut. Chlodé- ric, fils de mon parent, tourmentait son père en lui di- sant que je voulais le tuer. Comme Sigebert fuyait dans la forêt de Buconia, il a envoyé des meurtriers qui l'ont mis à mort. Lui-même a été assassiné je ne sais par qui au moment où il ouvrait les trésors de son père. Je ne suis nullement complice de ces choses ; je ne puis répandre le sang de mes parents, car cela est défendu ; mais, puisque ces choses sont arrivées, je vous donne un conseil ; s'il vous est agréable, acceptez-le : Ayez recours à moi, mettez-vous sous ma protection. » Le peuple ré- pondit à ces paroles par des applaudissements de mains et de bouche, et, l'ayant élevé sur un bouclier, ils le créèrent leur roi.

Dans la guerre contre Syagrius, Clovis avait appelé à son secours le roi Chararic, mais celui-ci se tint à l'é- cart, attendant l'issue du combat, pour faire alliance avec le vainqueur. Clovis se souvint de ce calcul et marcha contre lui; il l'entoura de piéges, le fit prisonnier avec son fils et les fit tondre tous deux, enjoignant que Chararic fût ordonné prêtre, et son fils diacre. Comme Chararic s'affligeait de son abaissement et pleurait, on rapporte que son fils lui dit : « Ces branches ont été coupées d'un arbre vert et vivant, il ne séchera point, et en poussera rapidement de nouvelles. Plaise à Dieu que celui qui a fait ces choses ne tarde pas à mourir ! » Ces paroles furent rapportées à Clovis; il crut qu'ils le menaçaient de laisser croître leur chevelure et ensuite de le tuer; il ordonna qu'on leur tranchât la tête à tous deux. Après leur mort, il s'empara de leur royaume, de leurs trésors et de leurs sujets.

« Il y avait encore à Cambrai un roi nommé Ragnachaire, si effréné dans ses débauches, qu'il épargnait à peine ses proches parents. Clovis fit faire des bracelets et des baudriers de faux or, car c'était seulement du cuivre doré, et les donna aux leudes de Ragnachaire pour les exciter contre lui. Il marcha ensuite, avec son armée, contre ce chef et le battit. Les propres soldats de Ragnachaire l'amenèrent au vainqueur avec son frère Richaire, tous deux les mains liées derrière le dos. Quand il fut en présence de Clovis, celui-ci lui dit: « Pourquoi as-tu fait honte à notre famille en te laissant « enchaîner? il te valait mieux mourir; » et, ayant levé sa hache, il la lui rabattit sur la tête. Ensuite il se tourna vers son frère, et lui dit: « Si tu avais porté secours à « ton frère, il n'aurait pas été enchaîné, » et il le frappa de même de sa hache. Après leur mort, ceux qui les avaient trahis reconnurent que l'or que leur avait donné le roi était faux. Ils le dirent au roi; on rapporte qu'il leur répondit : « Celui qui de sa propre volonté traîne « son maître à la mort mérite un pareil or, » ajoutant qu'ils devaient être contents qu'on leur laissât la vie. Ces rois dont nous venons de parler étaient les parents de Clovis. Rignomer fut tué encore par son ordre dans la ville du Mans. Après leur mort, Clovis recueillit leurs royaumes et tous leurs trésors.

19. Clovis seul chef de toutes les tribus franques; sa mort à Paris (510). — « Ayant tué de même beaucoup d'autres rois, ses proches parents, dans la crainte qu'ils ne lui enlevassent l'empire, il étendit son pouvoir dans toute la Gaule. On rapporte qu'un jour il assembla ses sujets et parla ainsi de ses proches qu'il avait fait périr : « Malheur à moi, qui suis resté comme un « voyageur parmi des étrangers, n'ayant pas de parents « qui puissent me secourir, si l'adversité venait ! » Mais ce n'était pas qu'il s'affligeât de leur mort ; il parlait ainsi par ruse et pour découvrir s'il avait encore quelque parent, afin de le faire tuer.

« Toutes ces choses s'étant passées ainsi, Clovis mourut à Paris, où il fut enterré dans la basilique des Saints-Apôtres (Sainte-Geneviève), qu'il avait lui-même fait construire avec la reine Clotilde. Son règne avait duré trente ans et sa vie quarante-cinq. » (Grégoire de Tours.)

CHAPITRE V.

BRUNEHAUT; DAGOBERT; CONQUÊTE EN GERMANIE[1].

1. Partage de la monarchie franque entre les quatre fils de Clovis. — 2. Conquête de la Thuringe (530). — 3. Conquête du pays des Burgundes (534). — 4. Guerre contre les Visigoths et les Ostrogoths; expéditions au-delà des Alpes (539) et des Pyrénées (542).— 5. Mort violente de presque tous les princes francs (524-558). — 6. Clotaire Ier, seul roi des Francs (558-561). — 7. Sainte Radegonde. — 8. Nouveau partage en 561. — 9. Opposition de la Neustrie et de l'Austrasie; Frédégonde et Brunehaut. — 10. Invasion des Avares et des Lombards (562-576). — 11. Meurtre de Galswinthe (568). — 12. Meurtre de Sigebert (575).— 13. Meurtre de Chilpéric et de deux de ses fils (584). — 14. Le roi Gontran. — 15. Traité d'Andelot (587). — 16. Pouvoir de Brunehaut en Austrasie, puis en Bourgogne. — 17. Conspiration des grands contre Brunehaut; sa mort (613). — 18. Clotaire II, seul roi (613-628). — 19. Constitution perpétuelle de 615. — 20. Obscurité du règne de Clotaire II. — 21. Dagobert, roi d'Austrasie (622). — 22. Dagobert, seul roi (628-638); apogée de la grandeur des Francs mérovingiens. — 23. Symptômes d'une décadence prochaine

1. Partage de la monarchie franque entre les quatre fils de Clovis. — A la mort de Clovis, l'État qu'il avait fondé comprenait toute la Gaule, moins la Gascogne, où aucune troupe franque ne s'était montrée, et la Bretagne, que surveillaient des comtes ou chefs militaires établis à Nantes, à Vannes et à Rennes. Les Alamans, dans la Lorraine, l'Alsace et la Souabe, étaient plutôt associés à la fortune des Francs que soumis à l'autorité de leur roi. Les Burgundes, après avoir un instant payé tribut, comptaient bien s'y refuser à l'avenir; et les villes de l'Aquitaine, faiblement contenues

---

1. Ouvrages cités, et plus particulièrement, Aug. Thierry, *Lettres sur l'histoire de France et Récits mérovingiens.*

par les garnisons franques laissées à Bordeaux et à Saintes, étaient restées presque indépendantes.

Quant à la nation victorieuse, unie seulement pour la conquête et le pillage, elle s'était contentée de chasser les Visigoths de l'Aquitaine sans les y remplacer : la guerre terminée, les Francs avaient regagné, avec le butin, leurs anciennes demeures dans le nord. Clovis lui-même s'était fixé à Paris, position centrale entre le Rhin et la Loire, d'où il pouvait plus facilement surveiller la Bretagne, l'Aquitaine, les Burgundes et les tribus franques de la Belgique.

Les quatre fils de Clovis firent quatre parts de son héritage et de ses *leudes* ou fidèles, de manière que chacun d'eux eut une portion à peu près égale du territoire au nord de la Loire, où la nation franque s'était établie, et aussi une partie des cités romaines de l'Aquitaine qui payaient de riches tributs. Childebert fut roi de Paris avec Poitiers, Périgueux, Saintes et Bordeaux; Clotaire, roi de Soissons avec Limoges; Clodomir, roi d'Orléans avec Bourges; Thierry, roi de Metz avec Cahors et l'Auvergne.

Ces divisions singulières préparaient des contestations qui bientôt éclatèrent, et comme, par suite de ces partages, toutes les provinces étaient devenues des provinces frontières, il n'y en eut pas une qui échappât au pillage et à la dévastation. Les vieilles inimitiés des cités gauloises furent aussi par là réveillées, et leurs milices se livrèrent plus d'une fois de sanglants combats, à la faveur des querelles de leurs maîtres.

2. Conquête de la Thuringe (530). — Pendant quelques années, l'impulsion donnée par Clovis continua. Thierry repoussa victorieusement les Danois qui étaient descendus aux bouches de la Meuse, et en 530 il fit la conquête de la Thuringe Ce pays avait trois rois, trois frères : Baderic, Hermanfried et Berthaire. Hermanfried avait une femme méchante qui semait la guerre civile entre les frères. Poussé par elle, il tua Berthaire, mais il n'osa attaquer Baderic. Un jour, au moment du repas, il trouva la moitié seulement de sa table couverte; et comme il demandait ce que cela signifiait. « Il convient, dit sa femme, que celui qui se contente de la moitié d'un royaume n'ait que la moitié d'une table. » Hermanfried, excité par ces paroles et par d'autres semblables, envoya secrètement des messagers à Thierry pour l'engager à attaquer son frère, lui disant : « Si tu le mets à mort, nous partagerons son pays. » Baderic, en effet, tomba sous le glaive; mais Hermanfried ne tint pas au roi Thierry ce qu'il avait promis, de sorte qu'il s'éleva entre eux une grande inimitié.

« Or un jour, ayant rassemblé les Francs, le roi Thierry leur dit : « Rappelez-vous, je vous prie, que les Thu« ringiens sont venus attaquer vos pères, qu'ils leur « enlevèrent tout ce qu'ils possédaient, suspendirent « les enfants aux arbres par le nerf de la cuisse, firent « périr d'une mort cruelle deux cents jeunes filles, les « liant par les bras au cou des chevaux qu'on forçait à « coups d'aiguillons acérés de s'écarter chacun de son « côté, en sorte qu'elles furent mises en pièces. D'autres « furent étendues sur les ornières des chemins et clouées « en terre avec des pieux, puis on faisait passer sur elles « des chariots chargés, et, leurs os ainsi brisés, ils les « laissaient pour servir de pâture aux chiens et aux oi« seaux. » A ces paroles, les Francs demandèrent d'une voix unanime à marcher contre les Thuringiens. Thierry prit avec lui pour le seconder son frère Clotaire et son fils Théodebert, fit un grand massacre des Thuringiens et réduisit leur pays en sa puissance.

« Tandis que les rois francs étaient en Thuringe, Thierry voulut tuer son frère. Il fit tendre dans sa maison une toile d'un mur à l'autre, cacha par derrière des hommes armés, et manda son frère comme pour conférer avec lui sur quelque importante affaire. Mais la toile étant trop courte les pieds des hommes passaient par-dessous; Clotaire les vit avant d'entrer dans la maison. Il garda ses armes et se fit bien accompagner. Thierry comprit que son projet était connu et inventa une fable. On parla de choses et d'autres, et, ne sachant pas de quoi s'aviser pour expliquer le motif qui lui avait fait appeler son frère, il lui donna un grand plat d'argent. Clotaire partit après l'avoir remercié de son présent. Pendant qu'il retournait à son logis, Thierry se plaignit aux siens d'avoir perdu son plat sans aucun profit; enfin il dit à son fils Théodebert : « Va trouver ton oncle et prie-le « de te céder le présent que je lui ai fait. » L'enfant y alla et obtint ce qu'il demandait. Thierry était très-habile en de telles ruses.

« Lorsqu'il fut revenu de chez lui, il engagea Hermanfried à venir le trouver, en lui donnant sa foi qu'il ne courrait aucun danger; et il l'enrichit de présents très-honorables. Mais un jour qu'ils causaient sur les murs de la ville de Tolbiac, Hermanfried, poussé par je ne sais qui, tomba du haut du mur et rendit l'esprit. »

3. Conquête du pays des Burgundes (534). — Clovis avait rendu les Burgundes tributaires; mais Clotilde n'était pas satisfaite; la mort de Gondebaud en 517 ne put encore apaiser sa haine, et un jour elle dit à Clodomir et à ses autres fils : « Que je n'aie pas à me repentir, mes très-chers enfants, de vous avoir nourris avec tendresse; soyez, je vous prie, indignés de mon injure : vengez la mort de mon père et de ma mère. » Ils marchèrent en effet contre les deux rois des Burgundes, Gondemar et Sigismond. Le dernier avait récemment fait étrangler son fils pendant son sommeil. Les Burgundes furent défaits, et Sigismond fut pris; Clodomir le fit jeter dans un puits avec sa femme et son autre fils. Mais un jour qu'il poursuivait trop vivement l'ennemi, il fut lui-même entouré et tué à Véseronce, près de Vienne (524).

La conquête de la Bourgogne fut ajournée par cette mort; mais en 532 Clotaire et Childebert préparèrent une nouvelle expédition et invitèrent leur frère Thierry à marcher avec eux. Le roi d'Austrasie refusa. « Si tu ne veux pas aller en Bourgogne avec tes frères, lui dirent ses leudes, nous te quitterons et les suivrons à ta place. »

Thierry avait une autre expédition en vue : les gens de l'Auvergne avaient essayé de se soustraire à sa domination, puis de se donner à Childebert; il comptait les en punir. « Suivez-moi en Auvergne, dit-il à ses fidèles, et je vous conduirai dans un pays où vous prendrez de l'or et de l'argent autant que vous en pourrez désirer, d'où vous enlèverez des troupeaux, des esclaves et des vêtements en abondance. Seulement ne suivez pas mes frères. » Clotaire et Childebert marchèrent donc seuls en Bourgogne; ils assiégèrent Autun, et, ayant mis en fuite Gondemar, occupèrent tout le pays (534).

Pendant ce temps-là, Thierry tenait parole à ses leudes; il leur abandonnait l'Auvergne, qui fut effroyablement dévastée.

4. Guerre entre les Visigoths et les Ostrogoths; expéditions au-delà des Alpes (539) et des Pyrénées (542). — Le roi des Ostrogoths, le puissant maître de l'Italie, Théodoric, qui avait déjà arrêté les succès de Clovis, enleva en 523 le Valais aux Burgundes, et le Rouergue, le Vivarais et le Velay aux Francs. Mais il mourut en 526, et les Francs, prenant alors l'offensive, ravagèrent toute la Septimanie (531). Cette province resta néanmoins aux Visigoths, qui la garderont deux siècles, et ce sera par cette porte des Pyrénées que les Arabes entreront sur les terres des Francs. En 533, les Australiens reprirent le Rouergue, le Velay et le Gévaudan; trois ans après, Vitigès, roi des Ostrogoths, céda aux Francs la Provence, pour obtenir leur alliance contre les Grecs. Théodebert en effet, qui succéda en 534 à Thierry, son père, dans la royauté d'Austrasie, conduisit une nombreuse armée en Italie, battit les Goths qui l'avaient appelé, les Grecs qui comptaient sur lui, puis pilla le pays tout à l'aise (539).

La maladie décima son armée; mais les Barbares ne comptaient pas les morts, ils ne comptaient que le butin. Celui que Théodebert rapporta fut si considérable, que Childebert et Clotaire, pour garder leurs leudes, durent leur en promettre un aussi riche en Espagne.

Ils passèrent les Pyrénées et prirent Pampelune. Saragosse les arrêta. Ils furent battus dans la retraite (542).

5. Mort violente de presque tous les princes francs (524-558). — En ce temps-là les princes ne vieillissaient guère ; les excès les tuaient jeunes, quand la main de leurs proches les épargnait. Des quatre fils de Clovis, Clodomir, roi d'Orléans, avait été tué le premier en 524. Il laissa trois fils que Clotilde, leur aïeule, recueillit. « Or un jour Childebert envoya secrètement vers son frère Clotaire et lui fit dire : « Notre mère garde « avec elle les fils de notre frère et veut leur donner le « royaume ; il faut que tu viennes promptement à Paris, « pour que nous décidions si on leur coupera les cheveux, « comme au reste du peuple, ou si nous les tuerons « pour partager ensuite le royaume de notre frère. » Fort réjoui de ces paroles, Clotaire vint à Paris. Childebert avait déjà répandu dans le peuple que les deux rois étaient d'accord pour élever ces enfants au trône. Ils dépêchèrent donc à la reine des messagers qui lui dirent : « Remets-nous les enfants, que nous les élevions au « trône. » Elle, remplie de joie, et ne sachant pas leur artifice, après avoir fait boire et manger les enfants, les envoya en disant : « Je croirai n'avoir pas perdu mon « fils, si je vous vois succéder à son royaume. » Les enfants, étant allés, furent pris aussitôt et séparés de leurs serviteurs. Alors Childebert et Clotaire envoyèrent à la reine Arcadius, portant des ciseaux et une épée nue. Quand il fut arrivé près de la reine, il les lui montra en disant : « Tes fils, nos seigneurs, ô très-« glorieuse reine, attendent que tu leur fasses savoir ta « volonté sur la manière dont il faut traiter ces enfants ; « ordonne qu'ils vivent les cheveux coupés, ou qu'ils « soient égorgés. »

« Consternée à ce message, et en même temps émue d'une grande colère, en voyant cette épée nue et ces ciseaux, elle se laissa transporter par son indignation, et, ne sachant dans sa douleur ce qu'elle disait, elle répondit imprudemment : « Si on ne les élève pas sur le

« trône, j'aime mieux les voir morts que tondus. » Arcadius s'inquiéta peu de sa douleur et ne chercha pas à pénétrer ce qu'elle penserait ensuite ; il revint en diligence près de ceux qui l'avaient envoyé et leur dit : « Vous pouvez continuer ce que vous avez commencé. » Aussitôt Clotaire prit par le bras l'aîné des enfants, le jeta à terre, et lui enfonça son couteau sous l'aisselle, ce qui le tua cruellement. L'autre, aux cris de son frère, se prosterna aux pieds de Childebert et le supplia avec beaucoup de larmes : « Secourez-moi, mon très-bon père, « afin que je ne meure pas comme mon frère. » Childe-« bert, touché, dit : « Je te prie, mon très-cher frère, aie « la générosité de m'accorder sa vie ; si tu veux ne pas le « tuer, je te donnerai pour le racheter ce que tu deman-« deras. » Mais Clotaire, après l'avoir accablé d'injures, lui dit : « Repousse-le loin de toi, ou tu mourras cer-« tainement à sa place ; c'est toi qui m'as excité à cette « affaire, et tu es si prompt à reprendre ta foi ! » Childebert, à ces paroles, repoussa l'enfant et le jeta à Clotaire, qui lui enfonça son couteau dans le côté et le tua, comme il avait fait à son frère. Ils tuèrent ensuite les serviteurs et les gouverneurs, et, après qu'ils furent morts, Clotaire, montant à cheval, s'en alla, sans se troubler aucunement du meurtre de ses neveux, et se rendit avec Childebert dans les faubourgs. La reine fit emporter les corps de ses petits-fils sur un brancard et les conduisit avec beaucoup de chants pieux et une immense douleur à l'église Saint-Pierre, où on les enterra tous deux de la même manière. L'un avait dix ans, l'autre sept.

« Ils ne purent prendre le troisième, Clodoald, qui fut sauvé par le secours de braves guerriers. Dédaignant un royaume terrestre, il se consacra à Dieu, se coupa les cheveux de sa propre main et fut clerc. Il persista dans les bonnes œuvres et mourut prêtre. »

A la mort de Thierry en 534 Clotaire et Childebert auraient bien traité son fils Théodebert comme ils avaient traité les enfants de Clodomir ; mais Théodebert, déjà en âge d'homme, d'ailleurs plein de bravoure et aimé de ses leudes, était en état de se défendre. Ce fut le prince mérovingien le plus actif et le plus brillant. Après sa singulière expédition d'Italie, il en méditait une autre contre Constantinople, et on ne sait trop ce qui fût arrivé, si, faisant tourner tête à l'invasion qui depuis un siècle et demi allait de l'est à l'ouest, il l'eût ramenée du fond de l'Occident, et eût jeté sur la seconde Rome la masse désordonnée et puissante des nations germaniques : mais il périt à la chasse. Quelque temps auparavant, sa femme Deuterie, jalouse de la beauté de sa propre fille, l'avait mise dans un chariot attelé de taureaux sauvages qui la précipitèrent du haut d'un pont, de sorte qu'elle périt dans le fleuve.

Théodebert était mort en 547 ; Théodebald, son fils, âgé de quatorze ans, mourut en 553. Clotaire s'empara de son héritage. Le nouveau roi d'Austrasie eut presque aussitôt à empêcher une défection des Saxons qui refusaient de payer leur tribut de 500 vaches. Comme il s'avançait contre eux avec une armée, ils vinrent lui apporter des paroles de soumission ; mais ses soldats l'obligèrent à les chasser sans réponse. Ils revinrent encore, offrant la moitié de tout ce qu'ils possédaient, et Clotaire disait à ses leudes : « Renoncez, je vous prie, à votre projet, car le droit n'est pas de notre côté. Si vous voulez aller absolument à ce combat, je ne vous suivrai point. » Eux alors irrités se jetèrent sur lui, déchirèrent sa tente, l'accablèrent d'injures, et, l'entraînant de force, voulaient le tuer. Il les suivit donc, mais ils furent battus.

On doit se bien représenter ces mœurs et cet esprit indompté des guerriers francs, pour comprendre l'abaissement où tomberont successivement les deux royautés mérovingienne et carlovingienne.

6. Clotaire Ier**, seul roi des Francs (558-561).** — En 558 le roi de Paris, Childebert, mourut. Clotaire recueillit encore cet héritage, et se trouva seul roi des Francs. Il ne régna que trois ans sur toute la monarchie de Clovis. Ce temps lui suffit pour de nouveaux crimes. Chrame, son fils, avait formé quelque complot contre lui avec Childebert. Son oncle mort, il courut se réfugier en Bretagne; son père l'y poursuivit, battit les Bretons qui voulaient le défendre, et, l'ayant pris, le fit attacher avec sa femme et ses enfants dans la cabane d'un paysan, à laquelle on mit le feu.

Il ne survécut lui-même qu'une année à son fils, et mourut dans sa *villa* de Compiègne[1], où il venait souvent faire, dans l'immense forêt qui l'enveloppe, ces grandes chasses qui plaisaient tant aux premiers Mérovingiens. A l'approche de la mort, sous le coup de la douleur, ce Barbare se sentit enfin vaincu : « Quel est, s'écria-t-il, ce roi du ciel qui fait ainsi périr les plus grands rois de la terre? »

7. Sainte Radegonde. — Au nombre des femmes de Clotaire, il s'en trouva une dont l'histoire peut nous reposer de tant de scènes sanglantes. Radegonde était fille de ce Berthaire, roi de Thuringe, qui était tombé sous les coups de son frère, et elle-même avait fait partie du butin de Clotaire. Ce prince, frappé de sa beauté précoce, la fit élever avec soin, et plus tard la prit pour épouse. Radegonde avait vu avec horreur cet hymen

---

[1]. Les rois Francs n'habitaient guère les cités. Ils allaient d'une de leurs villas à l'autre, consommant en chacune les provisions qui y avaient été amassées. Voici la description que donne M. Augustin Thierry de la *villa* de Braine: « C'était une de ces immenses fermes où les rois des Francs tenaient leur cour et qu'ils préféraient aux plus belles villes de la Gaule. L'habitation royale n'avait rien de l'aspect militaire des châteaux du moyen âge : c'était un vaste bâtiment entouré de portiques d'architecture romaine, quelquefois construit en bois poli avec soin et orné de sculptures qui ne manquaient pas d'élégance. Autour du principal corps de logis se trouvaient disposés par ordre les logements des officiers du palais soit barbares, soit romains d'origine. D'autres maisons de moindre apparence étaient occupées par un grand nombre de familles qui exerçaient, hommes et femmes, toutes sortes de métiers, depuis l'orfévrerie et la fabrique des armes jusqu'à l'état de tisserand et de corroyeur; depuis la broderie en soie et en or jusqu'à la plus grossière préparation de la laine et du lin. La plupart de ces familles étaient gauloises, nées sur la portion du sol que le roi s'était adjugée comme part de conquête, ou transportées violemment de quelque ville voisine pour coloniser le domaine royal, des bâtiments d'exploitation agricole, des haras, des étables, des bergeries et des granges. Les maisons des cultivateurs et les masures des serfs du domaine complétaient le village royal qui ressemblait parfaitement, quoique sur une plus grande échelle, aux villages de l'ancienne Germanie. » (Aug. Thierry, *Récits des temps mérovingiens*, t. I, p. 163.)

qui lui donnait le titre de reine. Ses souvenirs la reportaient sans cesse au milieu de sa famille égorgée, et elle ne les oubliait qu'en se dérobant aux honneurs de son rôle officiel pour vivre au milieu des pauvres, subvenir à leurs besoins, soigner leurs plaies les plus rebutantes, ou bien écouter un clerc lettré, et causer longuement, avec quelque évêque, des saintes Écritures. « C'est une nonne, disait brutalement Clotaire, et non une reine. » Le cloître, en effet, était l'asile où cette âme délicate et aimante voulait fuir les passions grossières qui l'entouraient. Un jour que le roi fit tuer le dernier frère qui lui restait, elle courut à Noyon et trouva l'évêque saint Médard à l'autel : « Je t'en supplie, très saint-père, lui dit-elle, consacremoi au Seigneur. » Il y avait à craindre toute la colère du roi ; l'évêque hésita, car l'église était pleine de guerriers francs qui le menaçaient. Mais la reine revêtant

Tombeau de sainte Radegonde.

aussitôt un habit de recluse, le somma de donner à Dieu celle qui voulait rompre sans retour avec le siècle ; et il la consacra diaconesse par l'imposition des mains.

Clotaire se montra d'abord fort irrité. Vaincu cependant à la longue par la patiente résistance des évêques, il permit à la fille des rois thuringiens de fonder un monastère de femmes à Poitiers, dont elle est devenue la patronne. Elle s'y renferma en 550 pour n'en sortir que morte en 587. Durant cette longue reclusion, elle mêla toujours aux bonnes œuvres et à l'austérité des exercices religieux la culture des lettres ; toujours aussi elle garda ses chers souvenirs du foyer domestique, et nous les retrouvons dans les mauvais vers du plus grand poëte de ce temps, Fortunatus, qui se fit ordonner prêtre pour ne la point quitter.

Ainsi la nature humaine ne perd jamais ses droits ; au milieu du plus furieux déchaînement des passions mauvaises, il reste encore des sentiments purs et délicats. Au sixième siècle, c'était l'Eglise qui offrait un refuge à ces âmes tendres ou élevées que la barbarie croissante épouvantait : le cloître pour ceux qui cherchaient le recueillement et la solitude ; le clergé régulier pour les vertus plus actives, pour ceux qui ne craignaient pas d'aller porter à ces hommes de sang des paroles de paix, de justice et d'amour. Voilà pourquoi les plus mauvais siècles du moyen âge restent supérieurs en moralité aux plus beaux siècles du paganisme, et comment l'humanité avance, alors même qu'on la croit précipitée dans les abîmes.

8. Nouveau partage en 561. — Après la mort de Clotaire I*er* (561), la monarchie fut de nouveau divisée en quatre royaumes : ceux de Paris, de Soissons, de Metz et de Bourgogne. La mort prématurée du roi de Paris, Charibert, les réduisit à trois en 567. Ce dernier partage eut plus de durée que les précédents, parce qu'il répondait à des divisions réelles, à des nationalités distinctes. Gontran commanda aux Bourguignons, Sigebert aux Francs austrasiens ou orientaux, et Chilpéric à cette population mêlée de Francs et de Gallo-Romains qu'on appela Neustriens ou Occidentaux. Quant à l'Aquitaine, elle resta divisée entre les trois rois, chacun voulant sa part de ces belles contrées du Midi et des riches cités dont les tributs rempliraient son trésor. Mais Paris avait déjà assez d'importance pour qu'aucun d'eux ne voulût consentir à le laisser à un de ses frères. Il fut décidé qu'il appartiendrait à tous les trois, et que chacun n'y pourrait entrer qu'avec la permission des deux autres.

De ces trois personnages, Gontran eut le rôle le moins éclatant, mais l'existence la plus longue; il put voir les sanglantes catastrophes dont les deux autres royaumes furent le théâtre.

Un chroniqueur du septième siècle, Frédégaire, fait le récit suivant, qui, en ce temps-là, courait parmi le peuple : « Une nuit que Childéric, père de Clovis, reposait près de sa femme Basine, celle-ci lui dit : « O roi, lève-toi, et ce que tu verras dans la cour du « logis, tu viendras le dire à ta servante. » Childéric se leva et vit passer des bêtes qui ressemblaient à des lions, à des licornes et à des léopards. Il revint vers sa femme et lui dit ce qu'il avait vu, et sa femme lui dit : « Maître, va derechef, et ce que tu verras, tu le racon- « teras à ta servante. » Childéric sortit de nouveau et vit passer des bêtes semblables à des ours et à des loups. Ayant raconté cela à sa femme, elle le fit sortir une troisième fois. Il vit alors des chiens et d'autres animaux inférieurs qui se roulaient et se déchiraient les uns les autres. Alors Basine dit à Childéric : « Ce « que tu as vu de tes yeux arrivera en vérité : il nous « naîtra un fils qui sera un lion par son courage; les « fils de notre fils ressembleront aux léopards et aux li- « cornes; mais ils engendreront à leur tour des enfants « semblables aux ours et aux loups par leur voracité. « Ceux qui ont passé les derniers viendront pour la « fin et la ruine du royaume. »

Cette fois encore l'imagination populaire avait rencontré juste. On avait vu d'abord les lions et les léopards, et voici qu'arrivent les ours et les loups dévorants. Sous les fils de Clovis, l'esprit de conquête animait encore les Francs; maintenant il n'y aura plus, pendant un siècle et demi, que l'esprit de discorde, de rapine et de meurtre.

9. Opposition de la Neustrie et de l'Austrasie; Frédégonde et Brunehaut. — Dans l'Austrasie (Belgique et Lorraine), plus rapprochée du Rhin par où les Barbares étaient venus, et couverte d'une plus nombreuse population franque, les coutumes germaniques dominaient, et une foule de petits chefs formaient une aristocratie puissante et guerrière, jalouse de ses rois. La Neustrie (Ile-de-France, Normandie, etc.), plus romaine, parce qu'elle renfermait moins de Barbares et plus d'anciennes cités, accordait davantage à l'autorité de ses rois et conservait quelques souvenirs, quelques usages de l'administration impériale. Cette différence de mœurs et de situation amena entre la Neustrie et l'Austrasie une opposition politique qui éclata d'abord dans la rivalité de Frédégonde et de Brunehaut, l'une, épouse de Chilpéric, l'autre, épouse de Sigebert; plus tard, dans celle d'Ebroïn et des maires d'Austrasie.

10. Invasion des Avares et des Lombards (562-576). — Un nouveau peuple, arrivé de l'Asie par la route des Huns, avait pénétré dans la vallée du Danube, et, la remontant, se heurta contre l'empire franc. Sigebert, chargé, comme roi d'Austrasie, de défendre les frontières orientales, battit une première fois les Avares en 562. Mais six ans plus tard ils pénétrèrent jusqu'en Bavière et en Franconie, vainquirent Sigebert et le tinrent captif. Il faut cependant que leur victoire n'ait pas été bien décisive, car ils relâchèrent leur prisonnier et rentrèrent dans la Pannonie. Dans le même temps, les Lombards, depuis peu maîtres de l'Italie, envahissaient les Etats de Gontran. A trois reprises différentes, ils pénétrèrent jusqu'aux bords du Rhône (570-576). Mais l'empire franc était trop près encore de son origine pour se laisser déjà entamer. Les Lombards furent rejetés au-delà des Alpes, comme les Avares l'avaient été au-delà des pays germains.

11. Meurtre de Galswinthe (568). — Pendant que le roi d'Austrasie combattait pour la cause commune, ses frères profitaient de son absence pour piller ses provinces occidentales. A cette injure, Chilpéric en ajouta une autre : il fit étrangler sa femme Galswinthe, sœur de Brunehaut. Toutes deux étaient filles du roi des Visigoths, Athanagilde, qui avait cru acheter, par cette double union, l'amitié des Francs. Si Brunehaut, femme d'un cœur viril, avait accepté sans répugnance l'hymen avec un de ces chefs qui, aux yeux des Goths, amollis par le doux climat d'Espagne, étaient des Barbares, Galswinthe, moins ambitieuse de la puissance, avait vu avec terreur arriver le jour où il lui avait fallu quitter sa mère, pour aller chercher bien loin vers le nord un époux inconnu. Notre plus habile historien[1] a raconté, d'après un poëte du temps, Fortunat, cette touchante histoire et peint cette douce figure qui se détache si bien sur ce fond de barbarie. « Quand les ambassadeurs francs se présentèrent pour saluer la fiancée de leur roi, ils la trouvèrent sanglotante sur le sein de sa mère. Tout durs qu'ils étaient, ils furent émus et n'osèrent parler de voyage. Ils laissèrent passer deux jours, et le troisième ils vinrent se présenter devant la reine en lui annonçant cette fois qu'ils avaient hâte de partir, lui parlant de l'impatience de Chilpéric et de la longueur du chemin. La reine pleura et demanda encore pour sa fille un jour de délai. « Un seul jour encore et je ne « demanderai plus rien ; savez-vous que là où vous em-« menez ma fille il n'y aura plus de mère pour elle? » Mais tous les retards possibles étaient épuisés; Athanagilde interposa son autorité de roi et de père, et, malgré les larmes de sa mère, Galswinthe fut remise entre les mains de ceux qui avaient mission de la conduire à son futur époux.

« Une longue file de cavaliers, de voitures, de chariots et de bagages, traversa les rues de Tolède et se dirigea vers la porte du Nord. Le roi suivit le cortége de sa fille jusqu'à un pont jeté sur le Tage, à quelque distance de la ville; mais la reine ne put se résoudre à retourner si vite, et voulut aller au-delà. Quittant son propre char, elle s'assit auprès de Galswinthe, et d'étape en

---

1. M. Aug. Thierry dans ses beaux *Récits mérovingiens*.

étape, elle se laissa entraîner jusqu'à 100 milles de distance. Chaque jour elle disait : « C'est jusque-là que je « veux aller, » et, parvenue à ce terme, elle passait outre. A l'approche des montagnes, les chemins devinrent difficiles ; elle ne s'en aperçut pas et voulut encore aller plus loin. Mais, comme les gens qui la suivaient grossissaient beaucoup le cortége, augmentaient les embarras et les dangers du voyage, les seigneurs goths résolurent de ne pas permettre que leur reine fît un mille de plus. Il fallut se résigner à une séparation inévitable, et de nouvelles scènes de tendresse, mais plus calmes, eurent lieu entre la mère et la fille. La reine exprima en paroles douces sa tristesse et ses craintes maternelles ; « Sois heureuse, dit-elle, mais j'ai peur pour toi ; prends « garde, ma fille, prends bien garde. » A ces mots, qui s'accordaient trop bien avec ses propres pressentiments, Galswinthe pleura : « Dieu le veut, il faut que je me « soumette. » Et la triste séparation s'accomplit.

« Un partage se fit dans ce nombreux cortége. Cavaliers et chariots se divisèrent, les uns continuant à marcher en avant, les autres retournant vers Tolède. Avant de monter sur le char qui devait la ramener en arrière, la reine des Goths s'arrêta au bord de la route, et, fixant ses yeux sur le chariot de sa fille, elle ne cessa de le regarder, debout, immobile, jusqu'à ce qu'il disparut dans l'éloignement et dans les détours des chemins. Galswinthe, triste, mais résignée, continua sa route vers le nord. Son escorte, composée de seigneurs et de guerriers des deux nations, Goths et Francs, traversa les Pyrénées, puis les villes de Narbonne et de Carcassonne, sans sortir du royaume des Goths qui s'étendaient jusque-là ; ensuite elle se dirigea, par la route de Poitiers et de Tours, vers la cité de Rouen où devait avoir lieu la célébration du mariage. Aux portes de chaque grande ville, le cortége faisait halte, et tout se disposait pour une entrée solennelle : les cavaliers jetaient bas leurs manteaux de route, découvraient les harnais de leurs chevaux, et s'armaient de leurs boucliers suspendus à l'arçon de la selle; la fiancée du roi de Neustrie quittait son lourd chariot de voyage pour un char de parade, en forme de tour et tout couvert de plaques d'argent....

« Les noces de Galswinthe furent célébrées avec autant de magnificence et d'appareil que celles de sa sœur Brunehaut. Il y eut même cette fois, pour la mariée, des honneurs extraordinaires; et tous les Francs de la Neustrie, seigneurs et simples guerriers, lui jurèrent fidélité comme à un roi. Rangés en demi-cercle, ils tirèrent tous à la fois leurs épées, et les brandirent en l'air en prononçant une vieille formule païenne qui dévouait au tranchant du glaive celui qui violerait son serment. Ensuite le roi renouvela solennellement sa promesse de constance et de foi conjugale; posant sa main sur une châsse qui contenait des reliques, il jura de ne jamais répudier la fille du roi des Goths, et, tant qu'elle vivrait, de ne prendre aucune autre femme. »

Il tint sa promesse quelques mois. Avant d'arriver, Galswinthe avait une rivale, Frédégonde, dont le nom seul rappelle tout ce qu'il y a jamais eu de sécheresse et d'implacable cruauté dans le cœur d'une femme. Repoussée un instant dans l'ombre, d'où elle était sortie, par l'arrivée de la fille du roi des Goths, elle reprit bientôt sur Chilpéric l'ascendant qu'elle avait exercé déjà. Galswinthe osa se plaindre, puis demanda à retourner dans son pays. Chilpéric craignit de perdre les trésors qu'elle avait apportés. Une nuit un serviteur affidé fut introduit dans sa chambre, et l'étrangla pendant qu'elle dormait.

12. Meurtre de Sigebert (575). — Brunehaut voulut la venger; elle poussa son époux à la guerre. Mais Gontran s'interposa. On remit l'affaire au jugement du peuple assemblé, et la sentence obligea Chilpéric à livrer à Brunehaut cinq villes d'Aquitaine qu'il avait constituées comme douaire à Galswinthe le lendemain des noces. Il essaya de revenir sur cette donation et envahit les domaines de Sigebert en Aquitaine (573). Le roi d'Austrasie accourut, traînant à sa suite une immense armée venue d'outre-Rhin, et qui semblait une invasion nouvelle. Chilpéric, épouvanté, céda encore ; mais, à peine Sigebert avait-il renvoyé ses bandes sauvages, que de nouvelles provocations le ramenèrent en Neustrie. Cette fois ce fut pour en finir avec son frère. Rien ne put l'arrêter. Il entra dans Paris et fut reconnu roi par les Neustriens. Chilpéric ne conservait que Tournai : Sigebert voulut le lui enlever. Au moment de partir il vit arriver un pieux personnage, saint Germain, évêque de Paris, qui s'efforça d'arracher de son cœur la pensée mauvaise que le roi de Metz y avait laissée entrer. « Roi Sigebert, lui dit l'évêque, si tu pars sans l'intention de mettre ton frère à mort, tu reviendras vivant et victorieux ; mais si tu as une autre pensée, tu mourras ; car le Seigneur a dit : « La fosse que tu pré« pares afin que ton frère y tombe te fera tomber toi« même. » Sigebert ne répondit rien et alla recevoir à Vitry, sur la Scarpe, les acclamations des Neustriens qui le proclamaient roi, puis il marcha contre Tournai. Mais Frédégonde veillait sur son époux et sur elle-même : deux soldats, fanatisés par elle, se rendirent à Vitry, où ils demandèrent à saluer Sigebert et à l'entretenir en secret. Comme il les écoutait, ayant chacun d'eux à ses côtés, ils le frappèrent à la fois dans le flanc avec de longs couteaux empoisonnés : il ne poussa qu'un cri et tomba mort (575). Chilpéric était délivré.

13. Meurtre de Chilpéric et de deux de ses fils (584). — Brunehaut, alors à Paris avec ses trésors et son tout jeune fils qui fut Childebert II, était à la merci de Chilpéric. Le roi de Neustrie prit les trésors et s'occupa peu de l'enfant. Un des fidèles de Sigebert pénétra dans le palais où il était gardé, le cacha dans une grande corbeille, et, se laissant, à l'aide d'une corde, glisser du haut des murs, le conduisit à Metz par des chemins détournés. Il n'avait que cinq ans ; les leudes le proclamèrent néanmoins roi et lui donnèrent un maire du palais pour gouverner à sa place. Cette minorité était favorable à leurs désirs d'indépendance.

Cependant Frédégonde épouvantait la Neustrie de ses assassinats. Son mari avait deux fils d'un premier mariage, Mérovée et Clovis, dont les droits devaient primer ceux de Clotaire, fils de Frédégonde. Mérovée commit l'imprudence d'épouser Brunehaut; la marâtre saisit ce prétexte pour lui aliéner son père et le poursuivit avec un tel acharnement, que le malheureux se fit tuer par un des siens ou tomba sous les coups d'un affidé de la reine. Ses amis périrent dans d'atroces supplices. L'évêque de Rouen, qui avait béni ce mariage, fut lui-même égorgé, dans son église, sur les marches de l'autel, pendant qu'il offrait le sacrifice de la messe. Clovis tomba après, puis une de ses sœurs et Audowère, leur mère.

Ainsi se vérifiaient les paroles d'un évêque : « Après le synode qui s'était tenu à Paris, raconte Grégoire de Tours, j'avais déjà dit adieu au roi et me préparais à m'en retourner chez moi ; mais ne voulant pas m'en aller sans avoir dit adieu à l'évêque d'Alby, j'allai le chercher, et le trouvai dans la cour de la maison de Braine ; nous en étant éloignés un peu pour causer, il me dit : « Ne vois-tu pas au-dessus de ce toit ce que j'y « aperçois? — J'y vois, lui dis-je, un second petit bâti- « ment que le roi a dernièrement fait élever au-dessus. » Il reprit : « N'y vois-tu pas autre chose? — Non, » dis-je ; et, supposant qu'il parlait ainsi par manière de jeu, j'ajoutai : « Si tu vois quelque chose de plus, montre- « le-moi. » Alors, poussant un profond soupir, il me dit : « Je vois le glaive de la colère divine tiré et suspendu « sur cette maison. » Et véritablement les paroles de l'évêque ne furent pas menteuses. »

Chilpéric lui-même fut peut-être une des victimes de Frédégonde. Un soir qu'il revenait de la chasse à sa villa royale de Chelles, comme il descendait de cheval, la main appuyée sur l'épaule d'un de ses leudes, il fut poignardé par Leudéric, un des serviteurs de la reine (584) ; d'autres, il est vrai, accusent Brunehaut.

Ce prince, que Grégoire de Tours appelle un Néron,

un Hérode, avait pourtant, au milieu de tous ses vices et de sa barbarie, des instincts d'administration et quelque curiosité littéraire. Il faisait des vers, fort mauvais assurément, mais d'où je conclus qu'il lisait des poëtes, et il trouvait bien beau l'ordre qu'avaient établi les empereurs. Il est vrai que ce qu'il prisait surtout, c'était leur système financier. « Le roi Chilpéric, dit Grégoire de Tours fit faire dans son royaume des rôles d'impositions nouvelles et très-pesantes, ce qui fut cause que beaucoup quittèrent leurs cités et abandonnèrent leurs propriétés.... Il avait été ordonné que chaque propriétaire de terre payerait une amphore de vin par demi-arpent. On avait imposé sur les autres terres et sur les esclaves beaucoup d'autres contributions ou prestations qu'il était impossible de supporter. » Les peuples protestaient par de fréquentes révoltes contre le retour de cette fiscalité dévorante qui avait entraîné la ruine du vieil empire. Mais il fallut des malheurs domestiques, la mort de plusieurs enfants, pour persuader au roi et à Frédégonde que la colère du ciel était sur leur maison, à cause de ces tributs ; ils firent alors brûler les rôles.

14. Le roi Gontran. — Tant de meurtres effrayèrent le débonnaire Gontran. « Pour faire cesser cette mauvaise coutume de tuer les rois, il se rendit un jour à l'église où tout le peuple était assemblé pour la messe, fit faire silence par un diacre et dit : « Je vous conjure, « hommes et femmes qui êtes ici présents, gardez-moi « une fidélité inviolable, et ne me tuez pas comme vous « avez tué dernièrement mes frères. Que je puisse au « moins pendant trois ans élever mes neveux, de peur « qu'il n'arrive après ma mort que vous périssiez avec « ces petits enfants, puisqu'il ne resterait de notre fa- « mille aucun homme fort pour vous défendre. » A ces mots, tout le peuple adressa des prières au Seigneur. » (Grégoire de Tours.)

Entre Frédégonde et Brunehaut, il y avait en effet de quoi trembler pour un pacifique. Cependant Frédégonde avait déféré à Gontran la tutelle de son fils, le jeune Clotaire II ; mais il se sentait de tous côtés entouré de périls. Il craignait Frédégonde, il craignait Brunehaut, rentrée en Austrasie, où elle avait pris un grand ascendant sur son fils ; il craignait les leudes qui, de jour en jour, voulaient moins s'assujettir à la royauté ; et un vaste complot venait de s'organiser dans le Midi. L'Aquitaine, restée toute romaine, avait essayé de se séparer des contrées barbares du Nord en se donnant un roi particulier, Gondowald. Cet aventurier, qui se disait fils de Clotaire Ier, périt, mais après avoir été sur le point de réussir (585).

15. Traité d'Andelot (587). — Un autre complot plus formidable fut secrètement formé en 587 parmi les leudes d'Austrasie et de Bourgogne. Il s'agissait d'assassiner les deux rois et de se partager ensuite le pays. Un des assassins, arrêté au moment où il levait le couteau sur Gontran, avoua tout. Les conjurés périrent, et parmi eux nombre de ducs et de comtes. Childebert et Gontran effrayés eurent une entrevue à Andelot (dans la Haute-Marne, à 20 kilomètres nord-est de Chaumont), pour régler tous leurs différends. Il fut décidé que l'héritage de celui des deux qui mourrait sans enfants passerait au survivant ; que les leudes ne pourraient plus, selon leur caprice, porter d'un roi à l'autre leur fidélité ; mais en retour on leur garantit la possession des terres qui leur avaient été concédées.

16. Pouvoir de Brunehaut en Austrasie, puis en Bourgogne. — Gontran mourut en 593 ; Childebert II réunit les deux royaumes et essaya de prendre celui de son cousin Clotaire II, le fils de Frédégonde ; ses troupes furent battues à Droissy, près de Soissons, et il n'eut pas le temps de réparer cet échec, une maladie l'ayant enlevé en 598. L'aîné de ses fils, Théodebert, eut l'Austrasie ; l'autre, Thierry II, la Bourgogne. Brunehaut espéra régner en Austrasie sous son petit-fils, comme elle avait régné sous son fils. Mais elle irrita les Austrasiens en essayant de ramener un peu d'ordre dans l'État et de soumettre les leudes à plus d'obéissance. Se sentant haïe des grands, elle chercha à maintenir son pouvoir sur son petit-fils en le jetant dans tous les désordres. Elle fut punie de cet odieux calcul. Les compagnons de débauche du jeune roi la chassèrent (599).

Retirée en Bourgogne auprès de son autre petit-fils, elle y porta le même besoin de pouvoir, mêlant, il faut le dire, à son ambition impérieuse, des vues plus hautes que n'en avaient les princes de ce temps. Elle goûtait les arts et les lettres; elle pensait, ce que ne pensaient guère tous ces Mérovingiens, que les rois n'ont pas seulement à jouir des tributs payés par les peuples, mais qu'ils leur doivent en échange de l'ordre et des travaux d'utilité publique; elle bâtissait des églises, faisait construire des routes et se souvenait de l'administration romaine qu'elle eût voulu restaurer. Malheureusement tous les moyens lui étaient bons, surtout le grand moyen de ce temps, celui qui semblait signifier tout, l'assassinat. Ainsi fit-elle lapider saint Didier, évêque de Vienne, qui voulait arracher son petit-fils aux vices qu'elle nourrissait en lui. Elle n'osa pourtant pas porter la main sur saint Colomban, moine irlandais, d'une éloquence égale à son courage, et qui parcourait la Gaule en rappelant les moines à la discipline et quelquefois les princes à l'humanité. Comme il reprochait vivement à Thierry II ses déréglements, Brunehaut le chassa du monastère qu'il venait de fonder à Luxeuil, au milieu des solitudes des Vosges, et le fit embarquer sur la Loire pour le renvoyer en son pays.

Au milieu de ces intrigues de cour, il y avait des guerres de peuples. Deux fois les Neustriens avaient été vainqueurs des Austrasiens, près de Soissons, à Droissy (593), et non loin de Moret, à Latofao (596); mais ils furent mis en pleine déroute à Dormeilles, en Gâtinais (600), et près d'Etampes (604), par les Bourguignons : Paris fut pris. C'en était fait de Clotaire II, si le roi d'Austrasie ne l'eût sauvé en traitant avec lui. Brunehaut, furieuse de voir lui échapper une vengeance poursuivie pendant trente années, s'en prit à Théodebert. Elle décida son frère Thierry à l'attaquer, mais les leudes s'y refusèrent. En 610 ils allèrent d'eux-mêmes à cette guerre. Théodebert, vaincu, fut mis à mort avec ses enfants. Son frère ne lui survécut guère (613).

17. Conspiration des grands contre Brunehaut : sa mort (615). — Il n'y avait plus d'hommes pour régner en Austrasie et en Bourgogne, mais quatre enfants et leur aïeule Brunehaut. Les grands frémirent à la pensée qu'ils allaient se trouver à la merci de cette femme impérieuse, et un complot s'ourdit secrètement contre elle. Elle faisait marcher les armées de ses deux royaumes contre Clotaire II, et comptait sur une victoire certaine ; elle fut livrée par ses propres soldats au fils de son implacable ennemie. Il lui reprocha la mort de dix rois, l'abandonna pendant trois jours aux insultes de son armée, puis la fit attacher à la queue d'un cheval indompté. Les quatre fils de Thierry II avaient été déjà égorgés ; Clotaire II se trouva comme son aïeul Clotaire Ier, seul roi des Francs (613). L'horrible Frédégonde, sa mère, était morte « pleine de jours » en 597.

18. Clotaire II, seul roi (613-628). — Par la mort de Brunehaut et des enfants de Thierry II, le fils de Frédégonde était enfin seul roi ; l'héritage de Clovis était encore une fois réuni. Il le semblait du moins. Les maires du palais de Bourgogne et d'Austrasie venaient de faire jurer au roi qu'il ne les dépouillerait pas de leurs fonctions et qu'il n'interviendrait pas dans l'élection à cette charge, exclusivement réservée aux leudes.

19. Constitution perpétuelle de 615. — Il y eut cependant un effort considérable fait en 615 pour organiser cette société. Soixante-dix-neuf évêques se réunirent à Paris avec les leudes des trois royaumes, et le roi sanctionna par un édit, ou constitution perpétuelle, les décisions de cette assemblée. L'élection des évêques était réservée au clergé et au peuple des diocèses, le roi n'ayant que le droit de confirmer l'élection, après quoi le métropolitain consacrait l'élu; le clerc n'était justiciable que de son évêque; les impôts directs établis par Chilpéric, Frédégonde et Brunehaut, étaient abolis: mais les péages sur les routes et les droits à l'entrée des villes subsistaient; les juges des comtés devaient toujours être pris parmi les propriétaires du pays : mesure extrêmement favorable à l'aristocratie, car les grands propriétaires se trouvaient par là investis du pouvoir judiciaire, qui alors semblait réunir tous les autres.

Bien des articles de cette constitution étaient dirigés contre la royauté au profit de la double aristocratie ecclésiastique et militaire qui se formait : « Le roi, y était-il dit, n'établira aucun nouvel impôt. Il n'envahira pas la succession de ceux qui meurent intestats et la laissera revenir à leurs légitimes héritiers. Il n'accordera plus d'autorisation pour enlever des monastères les riches veuves et les religieuses dont on voudrait s'approprier les biens par le mariage. Il restituera aux leudes tout ce qu'ils pourraient avoir perdu pendant les derniers troubles. Il ne recevra pas les appels des clercs et maintiendra l'entière indépendance des tribunaux ecclésiastiques. »

20. Obscurité du règne de Clotaire II. — Les chroniqueurs ne savent que peu de chose du règne de Clotaire II, qu'ils représentent pourtant comme « doux et bon envers tout le monde, savant dans les lettres, craignant Dieu, magnifique protecteur des églises, des prêtres et des pauvres, se livrant seulement avec trop d'ardeur à la chasse et au plaisir, à cause de quoi il fut blâmé par ses leudes. » Est-ce à dire que le Barbare ait disparu? Les Saxons s'étant révoltés, dit un autre chroniqueur, il les dompta si pleinement par les armes, qu'il fit périr tous les mâles de cette race, dont la taille dépassait la longueur de son épée; il voulait que le souvenir toujours vivant de cette mortelle épée étouffât l'audace de leurs enfants. » Voilà une bien fière conduite. Mais il y a quelque raison de croire que cette épée de Clotaire II n'était pas si terrible.

21. Dagobert, roi d'Austrasie (622). — En 622 Clotaire II donna pour roi aux Austrasiens son fils Dagobert, sous la direction du maire Pépin, dit de Landen ou Pépin le vieux, et de saint Arnulf, évêque de Metz. Ces deux personnages, ancêtres de la maison carlovingienne, étaient rapprochés par le mariage de leurs enfants : Anségise, fils d'Arnulf, avait épousé une fille de Pépin de Landen, et de cette union naquit Pépin dit d'Héristal.

22. Dagobert, seul roi (628-638). Apogée de la grandeur des Francs mérovingiens. — Dagobert, qui succéda à son père en 628, fut le plus puissant et est resté le plus populaire des rois mérovingiens. « Prince terrible, dit son biographe, envers les rebelles et les perfides, tenant fermement le sceptre royal et s'élevant comme un lion contre les factieux. » Sous lui, les Vascons ou Basques, qui habitaient au sud de la Garonne, furent vaincus et promirent une obéissance qui ne sera, il est vrai, qu'illusoire. Judicaël, duc des Bretons, vint à la villa royale de Clichy faire acte de soumission. Au-delà du Rhin, la plus grande partie des Frisons et des Saxons payait le tribut, et les Thuringiens, les Alamans, les Bavarois, recevaient docilement les ordres du roi. L'empire des Francs s'étendait donc du Weser aux Pyrénées, et de l'Océan occidental aux frontières de la Bohême : aussi Dagobert apparaît-il comme le chef de tous les Barbares établis dans les provinces de l'ancien empire d'Occident. Il était l'allié des empereurs de Constantinople, et on le voit intervenir dans les affaires des Visigoths d'Espagne, auxquels il donna un roi ; dans celles des Lombards d'Italie, qu'il força de respecter leur reine Gondeberge, sa parente, et d'attaquer les Vénèdes, ses ennemis. Enfin ce fut sur la terre des Francs que les Bulgares fugitifs vinrent chercher un asile.

A l'intérieur, Dagobert s'appliqua à rendre bonne justice. Il visitait lui-même ses royaumes pour répri-

Abbaye de Saint-Denis.

mer les désordres. « Sa venue, dit Frédégaire, frappait de terreur les évêques et les grands, mais elle comblait les pauvres de joie. » Il fit écrire les lois des peuples barbares, ses sujets, et reprit même aux églises et aux couvents grand nombre de domaines usurpés sur le fisc royal. Néanmoins il était libéral envers le clergé. Il fit abandon à saint Martin de l'impôt dû par la cité de Tours, et au monastère de Wissembourg d'une partie de la basse Alsace, dont les habitants ne payèrent plus le tribut qu'à l'abbé. L'impôt public ira ainsi se transformant de plus en plus en cens privé, et, pendant toute la période féodale, il n'y aura pas d'impositions publiques.

Dagobert fonda l'abbaye de Saint-Denis, où la plupart des rois de France après lui furent enterrés ; il encouragea le peu d'arts qui restaient encore et montra un luxe que n'avaient point connu ses farouches prédécesseurs. Sa mollesse l'a fait surnommer le Salomon des Francs. Le nom de l'orfèvre saint Éloi, son ministre, est resté attaché au sien.

23. Symptômes d'une décadence prochaine. — Le règne de Dagobert fut comme un temps de repos entre la période des conquêtes et celle de la décadence. Il vit cependant commencer les revers. Ce prince fut contraint de céder la plus grande partie de l'Aquitaine à son frère Charibert. Dix mille familles bulgares s'étant réfugiées en Bavière, il ne put s'en débarrasser qu'en les faisant égorger. Les Vénèdes, établis dans la Bohême et la Moravie, avaient pillé des marchands francs et refusaient réparation. Dagobert fit marcher une armée austrasienne contre eux ; elle fut battue, et ils ravagèrent impunément la Thuringe. De son vivant, mais surtout après sa mort, les défections se multiplièrent. Alors les Saxons refusèrent le tribut, les Thuringiens se révoltèrent, les Frisons se donnèrent un duc, les Bavarois et les Alamans ne prêtèrent plus qu'une obéissance purement nominale. Dans l'intérieur même de la Gaule la domination franque reculera jusqu'à la Loire. Les descendants de Charibert règneront dans le bassin de la Garonne, où leur postérité sera perpétuée par les ducs de Gascogne ou d'Aquitaine et par les comtes d'Armagnac. La Bourgogne méridionale se donnera également des chefs nationaux, et, dans les provinces qui leur resteront fidèles, les rois trouveront à côté d'eux des officiers tout-puissants qui les dépouilleront de leur autorité.

CHAPITRE VI.

GOUVERNEMENT ET INSTITUTIONS ; LA LOI SALIQUE ; PÉPIN D'HÉRISTAL ; CHARLES MARTEL ET PÉPIN LE BREF.

1. État de la Gaule au sixième siècle ; désordres et ténèbres de ce temps. — 2. Trois sociétés en Gaule. — 3. Le clergé ; importance du rôle des évêques. — 4. Les monastères. — 5. Les Gallo-Romains ; la prépondérance passe des villes aux campagnes. — 6. Les Barbares ; condition des terres et des personnes ; le wergeld. — 7. Désorganisation de l'esclavage. — 8. Lois barbares. — 9. Loi salique. — 10. Gouvernement : caractère de la royauté franque ; comtes et ducs ; assemblées nationales. — 11. Aristocratie militaire ; maires du palais. — 12. Les fils de Dagobert (638-656). — 13. Le maire du palais Ébroïn (659-681) ; sa lutte contre les grands ; saint Léger. — 14. Bataille de Testry (687) ; prépondérance des Francs austrasiens.

1. État de la Gaule au sixième siècle ; désordres et ténèbres de ce temps. — L'humanité a traversé peu d'époques aussi malheureuses que le sixième et le septième siècle de notre ère. L'indiscipline, les brutales violences des Barbares, l'absence de tout ordre, le réveil des antiques rivalités de canton à canton et de ville à ville, partout enfin une sorte de retour à l'état de nature, voilà ce que montrent les historiens de cette triste époque. On avait toujours à craindre le pillage, l'incendie, ou quelque attaque soudaine. De sorte que, en outre du mal que faisait la violence présente, il y avait encore les perpétuelles inquiétudes que causait la pensée des violences futures, les Barbares s'embarrassant peu de violer la liberté qu'ils laissaient aux vaincus. Ainsi, lorsque Chilpéric envoya sa fille en Espagne pour la marier au roi des Goths, il fit enlever à Paris un grand nombre de familles romaines qui durent, bon gré mal gré, quitter leur patrie pour lui faire cortége. Chaque année ces rois barbares se faisaient la guerre, et chaque année aussi faisaient la paix. Alors ils se livraient mutuellement des otages : c'étaient toujours des fils de riches Gallo-Romains, qui, à la première rupture, étaient des deux côtés réduits en servitude.

Ajoutons, pour achever le tableau de ces temps déplorables, que toute culture de l'esprit s'arrête ; que la langue latine se déforme dans ces bouches grossières ; que, rois et chefs, nul, hors de l'Église et des administrations municipales, ne s'inquiète même plus de savoir lire et écrire. La civilisation recule et semble sur le point de disparaître sous les ruines amoncelées par les Barbares.

Frédégaire, le continuateur de Grégoire de Tours, reconnaît avec tristesse le progrès croissant de la barbarie. Le pieux évêque était lui-même bien inculte, et demandait déjà grâce pour les fautes de son style ; du moins l'esprit vivait en lui. « J'aurais souhaité, dit Frédégaire, qu'il me fût échu en partage une pareille faconde et que je pusse quelque peu lui ressembler : mais l'on puise difficilement à une source dont les eaux se tarissent. Le monde se fait vieux, la pointe de la sagacité s'émousse ; aucun homme de ce temps ne peut ressembler aux orateurs des âges précédents ; aucun n'oserait y prétendre. »

2 Trois sociétés en Gaule. — Quand l'invasion eut passé sur la Gaule, brisant les liens antiques et apportant de nouvelles mœurs, comme elle avait amené de nouveaux peuples, trois sociétés se trouvèrent en présence, dont l'une servit de lien aux deux autres : les Gallo-Romains, les Barbares, et, entre eux, se recrutant des deux côtés, l'Église.

3. Le clergé : importance du rôle des évêques. — L'Église était allée au-devant des Barbares ; elle conquit ses vainqueurs, les amena au pied de ses autels, leur fit courber la tête sous sa parole et sous sa main. Mais, au contact de cette barbarie, elle prit elle-même quelque rudesse. Des Germains, des Francs, aspirèrent aux honneurs de l'épiscopat et portèrent dans les basiliques des mœurs qu'elles ne connaissaient point. Le grand mouvement intellectuel qui animait naguère la société religieuse se ralentit, puis s'arrêta ; les ténèbres descendirent sur l'Église même. Cependant le clergé conserva quelque tradition de la culture ancienne, quelque teinture des lettres ; sa science diminua sans doute, mais son influence s'accrut : dans les villes, où l'évêque fut le chef véritable ; auprès des rois, qui trouvaient dans ses rangs d'habiles conseillers ; auprès des grands, qui payaient ses prières par de riches aumônes, préférant faire pénitence avec des terres données à l'Église plutôt qu'avec de bons exemples donnés à leurs fidèles. Armés de l'excommunication, les évêques inspiraient aux plus violents de ces hommes, même aux rois, une crainte salutaire, et ils ajoutèrent à leur autorité morale un pouvoir réel en obtenant de Clotaire Ier ou de Clotaire II le droit de recevoir, concurremment avec le comte ou gouverneur de la cité, la dénonciation des crimes de vol, de sédition et d'incendie.

Cette ingérence du clergé dans les affaires du siècle était heureuse, car il y avait plus de lumières, d'impartialité et de douceur dans ses tribunaux que dans ceux des Barbares. Il était alors à l'avant-garde de la société ; et les quatre-vingt-trois conciles tenus en Gaule du sixième au milieu du huitième siècle n'attestent pas seulement son activité politique et la ferveur de son zèle, mais aussi ses constants efforts pour rendre les mœurs meilleures et mettre dans l'organisation sociale plus de justice et moins d'inégalité. Si le concile de Mâcon (585) imposait l'obligation de payer la dîme ou le dixième de tous les produits de la terre aux ministres de l'Église sous peine d'excommunication perpétuelle, c'est que l'Église était seule en ce temps-là à songer aux pauvres. Le concile de Lyon (583) avait décrété qu'il y aurait dans toutes les villes un logement séparé pour les lépreux, lesquels seraient nourris et entretenus aux frais de l'Église. Le concile de Châlons (664) défendait de vendre des esclaves chrétiens hors du royaume ; et les Pères ajoutaient : « La religion réclame que les chrétiens soient rachetés entièrement des liens de la servitude. » L'assemblée d'Orléans en 511 avait accordé aux églises le droit d'asile ; ce droit, mauvais en des temps de paix, d'ordre et de justice, était précieux à une époque où le faible était la proie du fort. L'Église prenait donc courageusement les affligés sous sa protection. Elle appelait à elle la veuve, l'orphelin, le pauvre, le proscrit, et c'est parce qu'elle avait avec elle tous les faibles qu'elle fut si forte, car les faibles et les opprimés, c'était alors à peu près tout le monde.

4. **Les monastères.** — A côté des églises s'élevaient les monastères. Saint Martin avait introduit en Occident la vie cénobitique que saint Antoine avait, le premier, au troisième siècle, pratiquée en Orient dans les déserts de la Thébaïde. Il avait fondé en 360 le monastère de Ligugé, à 8 kilomètres de Poitiers, et plus tard celui de Marmoutiers, près de Tours. Vers le même temps fut bâti celui de l'île Barbe, au-dessus de Lyon, et, au commencement du cinquième siècle, celui de Saint-Victor, à Marseille, qui furent tous deux longtemps célèbres. Dès lors les couvents se multiplièrent rapidement ; au sixième siècle il y en avait déjà 238. Ces cénobites vivaient sans règle générale, et quelques-uns, livrés aux excès d'une piété plus bizarre qu'édifiante, comme ce *stylite* qui se tenait debout et pieds nus, hiver comme été, sur la cime d'une colonne d'où les évêques du voisinage eurent grand'peine à le faire descendre. Mais vers 530 saint Benoît de Nursia rédigea, pour les moines du Mont-Cassin, des statuts qui furent promptement adoptés dans toute la Gaule. Cette sage règle rejetait les macérations inutiles, et partageait le temps des moines entre la prière, le travail des bras et celui de l'esprit ; elle leur faisait défricher le sol, mais aussi elle leur imposait la lecture et la copie des manuscrits. « On perce le diable d'autant de coups, disait

un abbé, qu'on trace de lettres sur le papier. » Un peu de vie littéraire se conserva donc au fond des monastères, et c'est de là qu'elle sortira pour se répandre sur la société, quand cette société aura retrouvé assez de sécurité et de loisir pour se remettre à penser.

« Une abbaye n'était pas seulement un lieu de prière et de méditation, c'était encore un asile ouvert contre l'envahissement de la barbarie sous toutes ses formes.

Abbaye de Saint-Victor de Marseille.

Ce refuge des livres et du savoir abritait des ateliers de tout genre, et ses dépendances formaient ce que nous appelons aujourd'hui une ferme modèle; il y avait là des exemples d'industrie et d'activité pour le laboureur, l'ouvrier, le propriétaire. Ce fut, selon toute apparence, l'école où s'instruisirent ceux des conquérants à qui l'intérêt bien entendu fit faire sur leurs domaines de grandes entreprises de culture ou de colonisation, deux choses dont la première indiquait alors la seconde. »

5. Les Gallo-Romains; la prépondérance passe des villes aux campagnes. — Les Barbares avaient renversé l'administration impériale, mais non l'organisation intérieure des cités. Cependant un comte franc était venu s'y établir pour représenter le roi, percevoir l'impôt, et rendre la justice. Les vaincus gardèrent l'usage de la loi romaine, et le souvenir des anciennes institutions municipales a, dans un grand nombre de villes, persisté pendant tout le moyen âge. Mais la présence permanente de ce comte franc, investi de tous les pouvoirs du roi, porta gravement atteinte aux libertés municipales, qui presque partout furent peu à peu étouffées. La société gallo-romaine présentait trois conditions principales : les hommes libres propriétaires, les colons attachés au sol qu'ils cultivaient, les esclaves domestiques ou agricoles. Dans le système de pénalité des Francs, la vie d'un Gallo-Romain n'était estimée que la moitié de celle d'un Barbare. Les Gallo-Romains libres vivaient généralement dans les cités, suivant les habitudes de la société grecque et romaine, les riches de leurs revenus, les pauvres du peu d'industrie et de commerce qui subsistait encore. Les Barbares, au contraire, dédaignaient le séjour des villes, pour rester comme de l'autre côté du Rhin, à l'air libre, sous les grands arbres, à portée des terrains de chasse. Les grands propriétaires gallo-romains suivirent peu à peu l'exemple des maîtres du pays. Ils quittèrent le triclinium et les couronnes de fleurs, les bains parfumés et les moelleux tapis de l'Orient, le poëte et le parasite qui égayaient leurs repas, les jeux du cirque et les discussions de la curie qui occupaient leurs loisirs, pour les longues chasses, les bruyantes orgies et la fière indépendance des Barbares. Alors une importante révolution fut accomplie. La prépondérance, qui appartenait aux villes dans l'antiquité, passa aux campagnes, où le clergé avait aussi ses principaux intérêts à titre de grand propriétaire, et le moyen âge aura, en place de la vie municipale qui développe la civilisation et la liberté, le règne des châteaux et cette aristocratie terrienne qui partout a montré de brillantes qualités militaires, mais partout aussi a tenu, pendant des siècles, le paysan courbé sur son sillon, l'artisan sur son métier, dans la misère, l'ignorance et la servitude.

6. Les Barbares; condition des terres et des personnes; le wergeld. — Après la conquête, les Francs ne dépossédèrent pas les propriétaires du sol. Ils se contentèrent de se partager les terres appartenant aux fisc impérial. Toutes les donations faites par les rois mérovingiens jusqu'au huitième siècle paraissent avoir été des concessions de terre en pleine propriété et avoir constitué ce qu'on appelait des *alleux* (*all od*, terre pleinement possédée). Nous voyons la possession de ces terres confirmée aux *leudes* par le traité d'Andelot (587). Ce n'est qu'au huitième siècle que les rois accordèrent des concessions temporaires limitées soit à un nombre fixe d'années, soit plus fréquemment à la vie du donataire ou du donateur. Ces concessions, faites à l'imitation des précaires ecclésiastiques (usufruits de cinq années au plus), auxquelles étaient parfois attachées certaines conditions et redevances pécuniaires, furent appelées *bénéfices*, et l'usage s'en étendit des rois aux particuliers ainsi qu'aux églises. Les *terres tributaires*, soumises à un tribut en argent ou en nature, avaient été d'ordinaire concédées à des hommes d'une condition inférieure avoisinant la servitude.

Pour les personnes, on distinguait :

1° Les *hommes libres*, qui ne devaient rien à personne, mais étaient obligés, vis-à-vis du roi, à quelques dons et au service militaire dans les guerres nationales; on les appelait aussi *leudes* lorsqu'ils accompagnaient le roi, et ce nom fut peu à peu employé pour désigner les plus riches et les plus nobles parmi les hommes libres. Le roi choisissait parmi eux les ducs et les comtes qu'il envoyait commander les armées, les provinces ou les villes. Ces leudes royaux, qui, vivant dans l'intimité du roi, en obtenaient des domaines considérables, et les chefs qui avaient eu assez de terres pour en distribuer à leurs fidèles formaient une aristocratie dont la force et les prétentions iront chaque jour en croissant;

2° Le *lite*, qui, de même que le colon romain, ne pouvait être capricieusement arraché du domaine qu'il cultivait comme fermier, et pour lequel il payait au propriétaire une redevance fixe;

3° L'*esclave*, à qui l'on ne reconnaissait plus la liberté personnelle, que le lite et le colon gardaient encore.

Dans le système de pénalité des lois barbares, où tout, le meurtre comme le vol, se compensait avec de l'or (*vergeld*[1]), la vie d'un Gallo-Romain est toujours estimée la moitié du prix de la vie d'un Franc.

Voici quelques exemples de cette curieuse hiérarchie sociale marquée par le prix du sang, sorte d'appréciation qui, à force d'être appliquée dans cette société livrée à toutes les passions brutales, était devenue la règle.

Pour le meurtre du Barbare libre, compagnon ou leude du roi, tué dans sa maison par une bande armée, chez les Saliens....................................	1 800 sols.
Le duc chez les Bavarois, l'évêque chez les Alamans......................................	960
L'évêque chez les Ripuaires, le Romain, leude du roi, chez les Saliens................	900
Les parents du duc chez les Bavarois..	640
Tout leude du roi, un comte, un prêtre né libre, un juge libre.....................	600
Un diacre chez les Ripuaires, 500; chez les Alamans et les Saliens.	400
Le Salien ou le Ripuaire libre........	200
Le Barbare libre des autres tribus....	160

1. La *composition* ou *vergeld* (argent de la défense) était la somme que le meurtrier devait payer à la famille du mort.

Une constitution de Childebert, publiée en 595 sous l'inspiration de Brunehaut bouleversa toute cette pénalité et remplaça, suivant la loi romaine, le *wergeld* par la punition corporelle. Ainsi tout meurtrier volontaire devait être puni de mort sans pouvoir se racheter. Mais cet édit tomba avec l'influence qui l'avait fait rendre. M. Guérard évalue le sou d'or à 9 fr. 28 cent., valeur réelle, et à 99 fr. 53 cent., valeur actuelle.

L'esclave bon ouvrier en or..........	150 sols.
Le Romain propriétaire, le lite germanique, l'esclave ouvrier en argent.......	100
L'affranchi........................	80
L'esclave barbare.................	55
L'esclave forgeron................	·50
Le serf de l'église du roi et le Romain tributaire........................	45
Le gardien de porcs...............	30
L'esclave chez les Bavarois..........	25

7. Désorganisation de l'esclavage. — On voit que dans cette législation la vie d'un esclave coûte quelque chose. Par le progrès croissant des doctrines philosophiques et morales, l'esclavage antique avait déjà beaucoup perdu de sa rigueur, quand l'Église, en prêchant le dogme de la fraternité humaine et de la commune rédemption, lui porta le plus rude coup. Les affranchissements se multiplièrent et l'esclave fut moins à la discrétion du maître. L'invasion, qui désorganisa tout, désorganisa aussi l'esclavage, d'autant plus que cet état contre nature a besoin pour se maintenir de la législation la plus sévère. Le Barbare, vainqueur impérieux, ne distinguait pas toujours la toge de la tunique, le maître de l'esclave. Dans le commun malheur, l'intervalle qui séparait ceux-ci diminua. Le luxe disparaissant et les mœurs germaines prenant le dessus, les esclaves domestiques furent moins nombreux. Relégués aux champs, ils se rapprochèrent de la condition du colon, et la plupart devinrent serfs de la glèbe, c'est-à-dire attachés au sol et ne devant qu'un travail réglé au lieu d'un service arbitraire. Cette classe nouvelle s'accrut par en bas et par en haut. Les esclaves s'y élevèrent, les colons et les hommes libres ruinés y tombèrent. Au neuvième et au dixième siècle cette transformation sera opérée; alors il n'y aura plus guère d'esclaves, seulement des serfs : mais il faudra huit siècles pour détruire cette seconde servitude.

8. Lois barbares. — Chaque tribu germanique avait

sa loi. Celles des Visigoths et des Burgundes se rapprochent beaucoup de la loi romaine, sous laquelle vivaient le clergé et les Gallo-Romains. Nous avons encore les lois des Alamans, des Bavarois, des Ripuaires et des Saliens. Trois caractères principaux les distinguent de la loi romaine : d'abord elles ne forment qu'une législation pénale, c'est-à-dire qu'elles ne s'occupent que des délits, ce qui accuse une société singulièrement violente; en second lieu elles permettent de racheter toute blessure à prix d'argent par une amende ou composition (*wergeld*) dont le prix diffère principalement d'après la condition de l'offensé; enfin elles admettent la preuve des faits par le témoignage d'un certain nombre de parents ou d'amis soit de l'accusé, soit de l'accusateur. Le juge peut ordonner cependant le combat, ou *duel judiciaire*, et les épreuves par l'eau froide, par l'eau bouillante et par le fer rouge. Dans le premier cas, l'accusé, jeté pieds et poings liés dans une cuve pleine d'eau, était regardé comme coupable s'il surnageait, l'eau qui avait été religieusement consacrée ne pouvant, disait-on, rien conserver d'impur; dans le second, il plongeait sa main au fond d'un vase rempli d'eau en ébullition, pour y prendre un anneau que le juge y avait jeté : s'il la retirait sans qu'il y eût trace de brûlure, il était acquitté. C'était le jugement de Dieu. L'épreuve par le fer rouge était analogue : il fallait prendre et porter quelques pas une barre de fer rougie au feu; si, trois jours après, la main était sans blessure ou la blessure d'un certain aspect, l'accusé était innocent. Les tortures et les supplices étaient réservés pour l'esclave et le serf convaincus d'un crime. L'homme libre n'était habituellement soumis qu'au wergeld.

9. Loi salique. — Cette loi, rédigée en latin sur la rive gauche du Rhin avant le baptême de Clovis[1], est précédée d'un prologue écrit postérieurement par quel-

---

1. C'est ce qui résulte des travaux de M. Pardessus, qui a retrouvé et publié le texte le plus ancien de la loi salique.

que clerc d'origine franque, et où se montre à nu tout ce qu'il y avait de sauvage encore dans ce peuple, même dans ses lettrés, et aussi de sincère dévotion envers l'Eglise : « Vive le Christ qui aime les Francs ! qu'il garde leur royaume et remplisse leur chef de la lumière de sa grâce ; qu'il protége l'armée, qu'il leur accorde des signes qui attestent leur foi, les joies de la paix et la félicité ; que le Seigneur Jésus dirige dans la voie de la piété les règnes de ceux qui gouvernent ; car cette nation est celle qui, petite en nombre, mais brave et forte, secoua le dur joug des Romains, et qui, après avoir reconnu la sainteté du baptême, orna somptueusement d'or et de pierreries précieuses les corps des saints martyrs que les Romains avaient brûlés par le feu, massacrés, mutilés par le fer ou fait déchirer par les bêtes. »

Un article fameux de la loi salique décrétait qu'une femme ne pouvait hériter de la terre salique ou patrimoniale. Plus tard on assimila le royaume à la terre salique, et les femmes en France ont été toujours exclues du trône : disposition malheureuse qui, dans une certaine mesure, nous a valu la guerre de Cent ans et la rivalité des maisons de France et d'Autriche, tandis que la disposition contraire faisait la fortune de l'Espagne, le repos de l'Angleterre et la grandeur de la maison de Habsbourg.

10. Gouvernement : caractère de la royauté franque ; comtes et ducs ; assemblées nationales. — La royauté était à la fois élective et héréditaire, c'est-à-dire que le roi était élu, mais toujours choisi dans la famille des Mérovingiens. Ces rois sont quelquefois appelés les princes chevelus. Les raser, c'était les déposer. « On dépouillait un roi franc de sa chevelure, dit Chateaubriand, comme un empereur de son diadème. Les Germains, dans leur simplicité, avaient attaché le signe de la puissance à la couronne naturelle de l'homme. » Au-delà du Rhin, les rois n'avaient eu qu'une autorité fort restreinte. Après la conquête, les Gallo-Romains, surtout les évêques, cherchèrent à donner à ces princes quelques idées d'ordre et d'administration. Le territoire fut divisé en comtés, et les comtés en centuries. Dans chacune des anciennes cités gallo-romaines, un officier du roi, un comte, vint rendre la justice concurremment avec l'évêque, à qui certaines causes furent réservées. Francs, Gallo-Romains, Burgundes, Visigoths, étaient jugés dans des tribunaux présidés par lui, mais d'après leur loi particulière et leurs coutumes. Il percevait les revenus publics, convoquait le ban des hommes libres et les conduisait à l'armée. On réunit quelquefois plusieurs cités sous la surveillance supérieure d'un duc, lequel eut alors sous ses ordres plusieurs comtes. Ainsi les rois francs respectaient moins l'indépendance des cités que ne l'avaient fait les empereurs. Ils essayèrent même de faire payer par les Francs les tributs que devaient les Gallo-Romains; mais cette tentative, comme toutes celles que firent quelques-uns des rois mérovingiens ou de leurs ministres pour mettre un peu d'ordre dans cette société, irrita profondément les grands, surtout ceux d'Austrasie, plus étrangers aux coutumes romaines.

Les Francs avaient en effet apporté de la Germanie une idée qu'on ne connaissait plus dans l'empire, celle de la souveraineté de la nation. Pour les questions importantes, le roi était obligé, dans les premiers temps, de réunir l'assemblée générale, à laquelle tous les hommes libres étaient tenus d'assister (*champ de mars*). C'est là aussi qu'en souvenir de l'ancienne fraternité d'armes qui avait existé en Germanie, les Francs venaient offrir au prince leurs dons annuels. Dans chaque comté, dans chaque centurie, les hommes libres formaient la cour du comte ou du centenier, pour rendre la justice. Ces habitudes de liberté et d'égalité s'alliaient mal avec les allures despotiques du régime impérial. Tous ceux qui en souhaitèrent le retour, Chilpéric, Brunehaut, Ébroïn, périrent à la peine.

11. Aristocratie militaire; les maires du palais. — Mais cette victoire ne profita qu'aux grands, qui peu à peu formèrent, au milieu de la nation, une noblesse puissante, d'autant plus redoutable qu'elle s'organisa et se donna un chef dans le maire du palais. Le roi vivant entouré d'une foule nombreuse de leudes, il y avait toujours autour de lui beaucoup de bruit et de tumulte. Pour mettre un peu d'ordre dans ce chaos, on institua de bonne heure un maire du palais, juge de toutes les querelles qui s'élevaient dans la demeure royale. Peu à peu cet officier, qui n'avait que la police du palais et le commandement des leudes, sous les ordres du roi, prit pouvoir.

En 613, quand les grands livrèrent Brunehaut au fils de Frédégonde, les maires du palais eurent soin de stipuler pour eux-mêmes. « Varnachaire, dit le chroniqueur de ce temps (Frédégaire), fut institué maire du palais de Bourgogne et reçut du roi le serment de n'être jamais dégradé. Radon dans l'Austrasie et Gondebaud en Neustrie eurent la même charge. » Non-seulement la mairie devint un office viager, mais elle va devenir de fait, en Austrasie au moins, héréditaire, de sorte que les fonctions de la royauté seront, d'un côté, entre les mains du maire, et le titre, de l'autre, entre celles du roi. C'est à la mort de Dagobert que commence cette période des rois dits fainéants, princes qui l'étaient un peu par nature, beaucoup par nécessité, leurs maires du palais les contraignant à ce rôle. (Pour l'opposition de la Neustrie et de l'Austrasie, voyez p. 66.)

12. Les fils de Dagobert (638-656). — Quand Dagobert mourut (638), ses deux fils étaient encore enfants ; l'un, Sigebert II, régna en Austrasie sous la tutelle du maire Pépin de Landen ; l'autre, Clovis II, sous celle d'Erkinoald, en Neustrie, et de Flaochat, en Bourgogne. Sigebert mourut en 656, et Grimoald, fils de Pépin et son successeur dans la mairie d'Austrasie, se crut assez assuré de l'appui des grands pour faire roi son propre fils. Il fit transporter en Irlande, où on l'enferma dans un monastère, l'enfant de trois ans, Dagobert, qui eût dû recueillir l'héritage de Sigebert II, et produisit un prétendu testament par lequel le roi mort adoptait pour fils et instituait comme héritier du royaume le fils de Grimoald. Le sang des Mérovingiens était encore respecté. Clovis II renversa l'usurpateur et réunit toute la monarchie (656); mais il mourut la même année.

Une légende s'attache à son nom, celle des *énervés de*

Abbaye de Jumiéges.

Jumiéges. Clovis II, dit-elle, vainqueur de ses deux fils révoltés contre lui, les énerva « en leur faisant brûler les jarrets. » Ce supplice ne les tua pas; mais dès lors, étiolés, sans force, ils languirent sous les yeux de leur père, que les remords et la honte saisirent. Un jour il les fit placer en un bateau sur la Seine et les abandonna au courant, remettant à Dieu de les conduire. Le courant les porta jusqu'à la presqu'île où saint Philibert venait de fonder le monastère de Jumiéges. Les moines recueillirent les énervés et montrèrent longtemps leur tombeau. C'est le symbole de cette race mérovingienne, caduque avant l'âge, que l'Eglise va recevoir et garder.

13. Le maire du palais Ébroïn (659-684); sa lutte contre les grands; saint Leger. — Le plus âgé des trois fils de Clovis II avait quatre ans. Le maire Erkinoald laissa la royauté indivise entre eux. Clotaire III, l'aîné, parut régner sous la tutelle de sa mère, la reine Bathilde, esclave anglo-saxonne que des pirates étaient venus vendre sur les côtes du pays des Francs. Bathilde n'oublia pas son origine, et, durant les dix années de son pouvoir, elle s'efforça d'adoucir la condition des esclaves et des pauvres. Mais les grands se lassèrent de cette autorité d'une femme qu'ils trouvaient toujours entourée d'évêques. En 664, ils égorgèrent son principal conseiller, l'évêque de Paris, et Bathilde se retira dans le monastère de Chelles qu'elle avait bâti.

Erkinoald était mort en 659 ; Ebroïn avait eu sa place. C'était un ambitieux plein de talents qui se proposa de relever la royauté dont il disposait, puisqu'il n'y avait alors que des enfants sur le trône : Clotaire III en Neustrie et en Bourgogne, et, depuis 660, Childéric II en Austrasie. Les leudes avaient ce qu'ils désiraient : des rois sans pouvoir. L'aristocratie, c'est-à-dire l'anarchie, triomphait. Ebroïn entreprit de mettre un terme à cette turbulence des grands : il exila les uns, dépouilla les autres, en fit périr beaucoup, et, avec un remarquable esprit de gouvernement, refusa de donner les charges de ducs et de comtes à ceux qui possédaient de grands biens dans les provinces dont ils demandaient le commandement.

A la mort de Clotaire III, en 670, au lieu de convoquer au moins les principaux de la nation pour proclamer un nouveau roi, il plaça sur le trône, de sa seule autorité, un troisième fils de Clovis II, Thierry III. Ainsi la charge de maire du palais, que les grands avaient portée si haut, pour s'en faire au besoin une arme contre la royauté, se tournait contre eux, et Ébroïn reprenait les desseins de Brunehaut contre l'aristocratie franque. Celle-ci n'était pas disposée à descendre du rang où elle s'était placée. Dans les trois royaumes, leudes et évêques s'armèrent contre Ebroïn sous la direction de saint Léger, évêque d'Autun. Ebroïn, surpris par une agression habilement concertée, n'eut le temps ni de se défendre ni de fuir. Le maire et le roi furent arrêtés, tonsurés, enfermés, Thierry à Saint-Denis, Ébroïn au monastère de Luxeuil; Childéric II fut seul roi (670).

Mais la querelle recommença bientôt entre les leudes et leur nouveau roi; saint Léger, accusé de trop de complaisance pour les grands, fut enfermé au même lieu qui servait de prison à Ebroïn. Les deux ennemis se réconcilièrent pour un moment. La mort de Childéric II, tué avec sa femme et son fils par un noble neustrien qu'il avait fait battre de verges, leur ouvrit les portes du cloître de Luxeuil (673). Il y eut alors une telle confusion « qu'on crut que la venue de l'Antechrist était proche ». Ebroïn, comme le plus habile, réussit le premier à dégager de ce chaos son pouvoir. Il recommença la lutte au nom d'un fils supposé de Clotaire III; Clovis battit les leudes, fit crever les yeux à saint Léger, plus tard le fit décapiter (678), puis, abandonnant son faux roi, reprit Thierry III.

Ebroïn avait dompté l'aristocratie en Neustrie et en Bourgogne. Mais celle d'Austrasie n'était pas si facile à abattre. On a déjà vu (p. 66) le caractère différent de ces deux parties de la Gaule franque et combien l'autorité royale était faible sur les bords du Rhin. Après la mort violente de Dagobert II, assassiné en 679, les grands d'Austrasie, renonçant à des rois qui ne savaient pas les défendre ou qui les opprimaient, donnèrent à leur maire Martin et à son cousin Pépin d'Héristal, tous deux petits-fils de Pépin de Landen et de l'évêque Arnulf, le titre de ducs des Francs. Nombre de leudes neustriens avaient fui en Austrasie. Une armée sortit, en 680, de ce pays pour attaquer Ebroïn, mais elle fut défaite à Latofao, en Laonnais, et Martin, attiré à une conférence, fut tué en trahison par Ebroïn. Le maire du palais de Neustrie périt lui-même assassiné l'année suivante, et avec lui tomba le dernier défenseur de la royauté mérovingienne.

14. Bataille de Testry (789) : prépondérance des Francs austrasiens. — Berthaire, qui voulut continuer l'œuvre d'Ebroïn, n'avait ni son énergie ni ses talents. Quand Pépin lui demanda le rappel des leudes neustriens réfugiés en Austrasie, il répondit bien qu'il irait les chercher lui-même, et il entraîna à sa suite une armée nombreuse, mais la *France romaine*, comme on commençait à appeler la Neustrie, fut vaincue à Testry (près de Péronne) par la *France teutonique*. Cette bataille mit réellement fin à la première dynastie des rois francs : car si les rois mérovingiens portèrent encore ce titre jusqu'en 752, ce fut sans y joindre même une ombre du pouvoir. Dans cet espace de soixante-cinq ans, aucune réclamation ne s'élève en faveur de cette race abâtardie, qui semble même avoir peine à vivre. Presque tous meurent adolescents. Ceux qui atteignent trente ans sont des vieillards, et l'on s'étonne de les voir arriver à ce grand âge.

CHAPITRE VII.

JUSTINIEN; SES GUERRES; SON ŒUVRE LÉGISLATIVE.

1. L'empire d'Orient. — 2. Théodose II, Marcien, Léon Ier, Zénon, Anastase, Justin Ier (408-527). — 3. Justinien Ier (527-565). — 4. Guerres contre les Perses (528-533 et 540-562). — 5. Prompte décadence des royaumes barbares. — 6. Conquête de l'Afrique sur les Vandales (534). — 7. Conquête de l'Italie sur les Ostrogoths (535-553). — 8. Succès en Espagne (552). — 9. Invasion des Bulgares (559). — 10. Travaux législatifs de Justinien. — 11. Constructions de Justinien. — 12. Troubles intérieurs. — 13. Justin II, Tibère II, Maurice, Phocas (565-610). — 14. Heraclius (610-641). — 15. Décadence profonde de l'empire grec. — 16. Lombards (568-794). — 17. L'aristocratie lombarde, Autharis. — 18. Conversion des Lombards (602). — 19. Rotharis et les derniers rois.

1. L'empire d'Orient. — Tandis que le débordement des nations barbares couvrait l'Europe occidentale, l'empire grec demeurait intact; il continuait de vivre d'une vie généralement misérable, cependant, à quelques moments, plus glorieuse qu'on ne l'aurait attendu d'une société aussi amollie. Il put même, sous Justinien et sous Héraclius, reprendre l'offensive sur les envahisseurs, reconquérir l'Italie sur les Ostrogoths, l'Afrique sur les Vandales, une partie de l'Espagne sur les Visigoths, en même temps repousser les Bulgares et les Avares derrière le Danube, les Perses derrière l'Euphrate et étendre son protectorat sur tous les chrétiens de l'Asie. Mais, épuisé par ce dernier effort, il fut incapable de défendre et de sauver ses provinces méridionales quand arrivèrent les envahisseurs du Midi, les Arabes.

2. Théodose II, Marcien, Léon Ier, Zénon, Anastase, Justin Ier (408-527). — Le plus souvent cet empire fut gouverné par des femmes et des eunuques qui dirigeaient à leur gré des empereurs abâtardis. Ainsi Théodose II, successeur d'Arcadius (408-450), se laissa conduire pendant tout son règne par sa sœur Pulchérie, qui s'attacha à le tenir dans une longue enfance et fit de lui un moine plutôt qu'un empereur. Quand l'empire fut attaqué sous ce prince, il paya tribut; à l'orient, cependant, il partagea l'Arménie avec le roi de Perse; mais il faut ajouter que celui-ci se fit la part du lion. Sous Théodose une nouvelle hérésie se montre, celle de Nestorius, qu'il avait nommé évêque de Constantinople; elle troubla longtemps l'empire. En 438 fut publié le *Code Théodosien*, le premier corps de lois, depuis l'édit perpétuel d'Hadrien, qui eût été rédigé par ordre impérial. Ce code eut une grande popularité, surtout dans l'Occident, en Gaule et chez les Goths d'Italie et d'Espagne.

Marcien (450-457), que Pulchérie épousa pour son courage, montra plus de fermeté que Théodose II en face d'Attila; mais après lui éclatèrent toutes les misères de Constantinople. Le Thrace Léon Ier (457-474) reçut la pourpre de la main d'un Barbare; Zénon (474-491) la dut à la révolte de la garde isaurienne, qui, à l'image des anciennes gardes prétoriennes, asservissait tout à ses caprices violents. Un compétiteur, Basiliscus, troubla l'empire, et les querelles religieuses, maladie chronique à Constantinople, mirent aux prises les catholiques et les partisans d'Eutychès avec une violence que Zénon s'efforça sans succès de calmer par son *Henoticon* ou *Édit d'union* (482). Anastase (491-518) allait prendre possession du siège patriarcal d'Antioche, quand une intrigue de femme le fit empereur. Pour protéger Constantinople, il éleva du Pont-Euxin à la Propontide un mur de 70 kilomètres fortifié de tours et qui porta son nom; il se mêla aux querelles religieuses et ne fit que les envenimer : le sang coula dans les émeutes. Pourtant il débarrassa Constantinople des Isauriens, abolit encore le chrysargyre, impôt détesté qui frappait les commerçants, et défendit rigoureusement les

Anastase en costume consulaire, c'est-à-dire avec la toge brochée d'or.

combats d'hommes et de bêtes féroces dans le cirque. Ces empereurs ne manquèrent généralement pas de connaissances, d'humanité, même de bonnes intentions; mais ils étaient faibles et petits. La dignité et la force du caractère, l'élévation de l'âme et de l'esprit leur faisaient défaut, comme à toute la nation, bien plus que l'intelligence.

Anastase fit contre la Perse (502-505) une guerre malheureuse qui coûta à l'empire la Colchide. A sa mort (518), une dynastie commença dans la personne du Thrace Justin Ier, qui avait acheté la pourpre aux gardes impériales. C'était un préfet du prétoire qui avait été d'abord berger et soldat. Il ne savait pas lire et signait ses édits au moyen d'une tablette de bois où étaient gravées à jour les quatre premières lettres de son nom. Pourtant il ne fut pas sans mérite et régna jusqu'en 527.

3. Justinien Ier (527-565). — A cette époque monta sur le trône son neveu Justinien, qui s'en était frayé le chemin en flattant tous les vices dont l'empire de Constantinople était travaillé, corrompant les soldats, prodiguant l'or pour les jeux du cirque, qui passionnaient ce peuple dégénéré à l'égal des plus graves intérêts. Si son règne fut grand, ce ne fut point par la moralité, mais par les guerres, par les travaux législatifs, par les monuments.

4. Guerres contre les Perses (528-533 et 540-562).
— Justinien fit la guerre de quatre côtés : à l'est, avec les Perses; au sud-ouest, avec les Vandales; à l'ouest, avec les Ostrogoths; au nord, avec les Bulgares.

La guerre contre les Perses, plusieurs fois suspendue, commença la première, dès 528, et finit la dernière, en 562. Elle n'avait pas le même caractère que les autres : ce n'étaient point des pays conquis par les Barbares à recouvrer sur eux, comme l'Italie et l'Afrique, ni une invasion à repousser, comme sur le Danube; c'était une lutte séculaire à soutenir, une frontière à défendre contre les attaques régulières d'un peuple établi, mûr comme l'empire lui-même, qui ne se précipitait pas en masse, mais qui envoyait des armées, ce qui constitue la différence entre les invasions des Barbares et les guerres ordinaires.

Après cent ans de bonne intelligence, les vieilles hostilités entre l'empire romain et la Perse s'étaient rallumées sous Anastase et Justin. Le roi Cobad avait déjà soumis l'Arménie, cet éternel objet de la convoitise des deux empires. Un an après l'avénement de Justinien (528), il engagea des hostilités ouvertes en dispersant les ouvriers qui fortifiaient en Mésopotamie la ville de Dara. La défense des provinces d'Asie fut confiée à Bélisaire, dont le nom est devenu inséparable de celui de Justinien et immortel par ses grandes actions et ses malheurs. Un fait qui peint bien l'empire grec, c'est qu'ils furent associés par la débauche avant de l'être par la gloire. D'abord vainqueur dans deux combats, puis vaincu à Callinique, Bélisaire sauva pourtant, par ses habiles manœuvres, les provinces asiatiques de l'empire grec, et le successeur de Cobad, Khosroès-Noushirwan, qui voulait s'affermir par la paix avant d'entreprendre l'exécution des vastes desseins dont sa tête était pleine, consentit à traiter. Justinien paya 11 000 livres d'or (533), et on se jura une amitié perpétuelle : elle ne dura pas huit ans.

En 540 Khosroès, à l'instigation du roi des Ostrogoths, Vitigès, envahit la Syrie et prit Antioche. Bélisaire l'arrêta encore ; il ne put toutefois reconquérir l'Arménie. En 544 une trêve fut signée après le siége inutile d'Edesse par les Perses. Dix ans plus tard la guerre recommença dans la Colchide, dont la population était en grande partie chrétienne. Le traité de 562 assura cette province à l'empire. Justinien obtint en même temps la liberté de conscience pour les chrétiens de la Perse, mais consentit à payer un tribut de 3000 pièces d'or, de sorte qu'à l'orient son règne était marqué à la fois par une humiliation matérielle et par l'honneur d'exercer, dans l'empire même de son ennemi, un protectorat et une influence morale. Des trois autres côtés, sa gloire militaire était moins contestable.

5. Prompte décadence des royaumes barbares. — La victoire avait été fatale aux Barbares. Ces hommes du Nord, transportés soudainement des forêts humides et sombres de la Germanie dans les plaines brûlantes de l'Italie, de l'Espagne et de l'Afrique, avaient deux ennemis qui les tuaient sûrement, le soleil et l'orgie. Il leur arrivait ce qui arrive aux soldats anglais dans l'Inde. Le climat les énervait et les habitudes d'intempérance, inoffensives aux bords de l'Elbe, devenaient meurtrières au pied de l'Atlas [1]. Ajoutez leur petit nombre, leurs guerres intestines, la haine des populations pour des maîtres sauvages et hérétiques, enfin ce contact soudain de la civilisation qui est si souvent mortel aux Barbares [2], et vous comprendrez qu'au bout de deux ou trois générations il ne restât plus rien d'une puissance qui semblait d'abord irrésistible. Ainsi en fut-il plus tard des croisés établis en Palestine. En voyant cette prompte décadence, la pensée vint naturellement d'en profiter. Justinien commença par les Vandales.

6. Conquête de l'Afrique sur les Vandales (534). — Ce fut après la première guerre de Perse qu'eut lieu l'expédition contre les Vandales. Gélimer venait d'assassiner le prince Hildéric, qui avait dans les veines du sang de l'empereur Théodose Ier par sa mère. Sous prétexte de le venger, Justinien résolut d'attaquer ce peuple énervé et que déchiraient encore des discordes religieuses. Bélisaire partit pour l'Afrique avec une flotte de six cents vaisseaux qui portaient 20 000 matelots et 15 000 hommes de débarquement. Le départ de Constantinople se fit avec une solennité qui rappela celle de la

---

1. L'homme du Nord a besoin d'une nourriture abondante, l'Arabe vit d'un peu de farine délayée dans l'eau. Une erreur de régime a tué plus de nos soldats en Afrique que les balles des Arabes.
2. Les Indiens de l'Amérique du Nord n'y résistent pas : ils disparaissent peu à peu. Dans l'immense etendue des États-Unis, les anciens maîtres du pays étaient encore 420 000 il y a vingt ans; on n'en compte plus (au recensement de 1870) que 313 712. Il y a des tribus qui, en un demi-siècle, ont diminué de moitié. Nos Arabes d'Algérie diminuent aussi rapidement.

flotte athénienne mettant sous voile pour aller conquérir la Sicile. Les succès de Bélisaire répondirent du moins à l'importance des préparatifs. Trois mois après son débarquement, il gagna la bataille décisive de Tricaméron et prit possession de l'Afrique, de la Sardaigne et des îles Baléares (534). Gélimer, prisonnier, fit demander à Bélisaire du pain, parce qu'il n'en avait pas vu depuis trois mois, une éponge pour laver ses yeux malades, un luth pour chanter ses malheurs. Amené devant lui, il éclata de rire; et, quand on le présenta à l'empereur : « Vanité des vanités ! s'écria-t-il avec l'Ecclésiaste, tout n'est que vanité. » On lui donna dans la Galatie des domaines où il acheva tranquillement sa vie.

A peine Bélisaire avait-il triomphé à Constantinople pour la conquête de l'Afrique, qu'il fut envoyé en Italie.

7. Conquête de l'Italie sur les Ostrogoths (535-553). — En Italie, les Ostrogoths conservaient plus de force, parce qu'ils y étaient en plus grand nombre et depuis moins longtemps. Théodoric les avait tenus séparés des Italiens. Amalasonte, qui régnait pour Atalaric, voulut les polir. Les Goths, qui tenaient à leur rudesse barbare, la forcèrent à nommer roi son cousin Théodat, et bientôt après Théodat l'assassina. Justinien se porta le vengeur d'Amalasonte en Italie, comme de Hildéric en Afrique. Bélisaire soumit la Sicile (535), prit Naples et Rome (536). Vitigès, nouveau roi des Goths, réunit toutes les forces de la nation ranimée par son courage, et, un moment, enferma Bélisaire dans Rome; mais lui-même fut réduit à se réfugier dans Ravenne, où il eut le sort de Gélimer (540). Contraint de se rendre, il fut déporté à Constantinople. Cependant l'envie fit rappeler Bélisaire; les Goths, sous Totila, reprirent alors l'avantage et remportèrent à Faënza une grande victoire qui leur donna Rome (546). Bélisaire revint, mais avec des forces insuffisantes, et ne put que rentrer dans l'ancienne capitale du monde. Ce que la cour lui refusait, elle le donna à l'eunuque Narsès. Il amena une armée où dominaient les Barbares, Huns, Perses, Hérules, Lombards, Slaves, et battit à Lentagio, dans l'Apennin, le roi Totila, qui mourut de ses blessures (552). Teïas eut, après Totila, un sort semblable ; en lui finit la monarchie ostrogothique. Les bandes de Francs appelés à la fois par les Goths et les Grecs ne servirent aucun des deux partis. Ce qui restait de guerriers ostrogoths en Italie obtint la permission de se retirer avec ses richesses, en promettant par serment de ne plus revenir.

8. Succès en Espagne (552). — Ainsi l'empire grec semblait avoir vengé l'empire d'Occident. Lorsqu'il eut encore occupé en Espagne Valence et la Bétique orientale (552), qu'Athanagilde céda à Justinien pour obtenir des secours contre Agila, son compétiteur, il parut avoir recouvré la domination des deux bassins de la Méditerranée. Mais cette extension de puissance, excessive pour sa faiblesse, dura peu de temps.

9. Invasion des Bulgares (559). — Au nord, une invasion nouvelle était repoussée dans le même temps. Les Bulgares, qu'on croit être des Tartares, tirent leur nom du Volga, d'où ils partirent vers cette époque. Ils s'établirent dans la Dacie, et, tandis que les armées impériales combattaient en Asie, en Italie, en Espagne, ils franchirent le Danube sur la glace et vinrent se montrer jusque sous Constantinople. La capitale de l'empire fut sauvée par Bélisaire, qui, avec les gardes du palais et les habitants de la ville, repoussa les envahisseurs et les rejeta au-delà du Danube (559). Un autre peuple tartare, les Avares, débris d'une grande nation détruite en Asie par les Turcs et les Chinois, s'approcha aussi du Danube. Justinien les engagea à s'arrêter dans la Dacie. Il espérait en faire des défenseurs de l'empire : ils en seront les plus terribles ennemis

10. Travaux législatifs de Justinien. — Le principal titre de Justinien au souvenir de la postérité est moins dans ces victoires éphémères que dans les travaux législatifs auxquels son nom reste attaché. Ils furent dirigés par le jurisconsulte Tribonien, homme d'une science universelle, mais vénal et sans conscience, si l'on en croit Procope : « Il trafiqua des lois, qu'il fit et défit selon qu'on le lui demandait. » Associé à neuf autres jurisconsultes, Tribonien fit en quatorze mois (527-528) un recueil en douze livres des constitutions et édits impériaux : c'est le *Code*. Justinien en publia presque aussitôt une nouvelle édition (534), où entrèrent deux cents lois et cinquante décisions rendues par lui-même pour concilier les contradictions ou combler les lacunes des constitutions antérieures. En l'année 533 parurent à la fois les *Institutes*, résumé des principes de la jurisprudence romaine, qui était destiné aux écoles de Constantinople, de Béryte et de Rome, et le *Digeste*, dont le nom grec est *Pandectes* (recueil général) : c'est une immense compilation faite en trois ans par dix-sept jurisconsultes, quoique Justinien leur eût accordé dix ans pour ce travail. Deux mille traités de jurisprudence, contenant environ trois cent mille lignes, furent dépouillés et réduits à neuf mille passages. Il fut défendu d'y faire des commentaires, pour éviter une confusion nouvelle, et même d'interpréter ou de citer les lois anciennes; on devait, en cas de doute, demander une interprétation à l'empereur lui-même. Enfin le quatrième monument comprend, sous le nom de *Novelles* ou *Authentiques*, les lois rendues par Justinien depuis la publication du Code (534-565). Toute cette législation fut comme le testament de la jurisprudence romaine, mais animé des principes nouveaux, qui s'étaient développés, ceux d'humanité dans la loi civile et de despotisme dans le gouvernement.

11. Constructions de Justinien. — Pour la défense de l'empire, Justinien construisit ou restaura quatre-vingts forteresses le long du Danube et six cents dans la Dacie, l'Epire, la Thessalie, la Macédoine, la Thrace; il releva la muraille d'Anastase, qui, renversée par un tremblement de terre, avait laissé passer les Bulgares; il fortilia de même tous les isthmes de l'empire, et hérissa de forts la frontière de l'Euphrate comme celle du Danube. Les autres constructions eurent pour objet l'ornement de la capitale, par exemple la magnifique basilique de Sainte-Sophie qui est aujourd'hui une mosquée. Il faut encore mentionner sous son règne l'importation des vers à soie par deux moines nestoriens venus de la Chine.

12. Troubles intérieurs. — Sous tous les aspects que nous venons de présenter, le règne de Justinien est digne d'éloges. Il est méprisable, si nous considérons les factions intérieures, les querelles sanglantes des *verts* et des *bleus* (couleurs des cochers du cirque), et cette sédition *Nika* qui livra pendant cinq jours Constantinople aux ravages, aux meurtres et à l'incendie. Le danger fut tel, dans cette émeute, pour l'empereur lui-même, qu'il fut sur le point de partir sur un vaisseau qu'on lui tenait tout préparé, quand Théodora, sa femme, l'arrêta : « Je reste, dit-elle, et j'adopte cette pensée des anciens que le trône est un glorieux tombeau! » Bélisaire, avec 3000 vétérans, cerna les séditieux dans le cirque et en tua, dit-on, 30 000. Cette courageuse Théodora n'était pourtant qu'une ancienne comédienne, fille du gardien des ours de l'amphithéâtre, fameuse par toutes sortes de désordres, avant que Justinien l'eût épousée. On ne voyait plus nulle part la vertu, sans laquelle la force est faible et qui seule donne aux Etats comme aux individus une salutaire confiance en eux-mêmes. Ces forteresses innombrables n'attestaient même pas autre chose, chez les Romains du Bas-Empire, que le sentiment de leur propre impuissance et la vive appréhension d'une ruine qu'ils se sentaient incapables de conjurer.

Justinien mourut en 565, après avoir disgracié Bélisaire[1].

---

[1]. La tradition que le roman de Marmontel et le tableau de David ont popularisée de Bélisaire rendu aveugle par l'ordre de Justinien et mendiant son pain ne remonte pas plus haut que Tzetzès, auteur peu digne de foi du treizième siècle.

Sainte-Sophie.

13. Justin II, Tibère II, Maurice, Phocas (565-610). Trois empereurs, les deux derniers d'un beau caractère, lui succédèrent et firent exception à la dégradation générale : d'abord son neveu Justin II (565), puis Tibère II (578), et Maurice (582). L'adoption porta ces deux derniers sur le trône, et mérita alors presque aussi bien de l'empire que lorsqu'elle lui avait donné les Antonins. L'éclat du règne de Justinien se prolongea sous ces trois empereurs. Si l'Italie fut conquise par les Lombards (568), les Avares furent détournés de l'Orient par la courageuse attitude de Justin. La guerre de Perse se fit avec succès sous Tibère II, et, sous Maurice, l'empire grec devint le protecteur de Khosroès II, chassé de ses États par la révolte de Bahram (591). Malheureusement, à la fin de ce règne, les Avares, commandés par leur khan, le terrible Baïam, portèrent à 100 000 pièces d'or le tribut annuel, prirent Sirmium, Singidunum, et ravagèrent tout depuis Belgrade jusqu'à la mer Noire. A ces bandes redoutables Maurice n'avait à opposer qu'une armée dégénérée, sensible seulement à l'appât de l'or, et des généraux de la force de ce Commentiolus, qui tombait toujours malade quand les Barbares arrivaient et qui ne perdit jamais de sang que par la lancette de son chirurgien. Maurice voulut réformer la discipline : cela lui coûta la vie. La révolte éclata dans les camps d'Europe et d'Asie, et Phocas, proclamé empereur, le fit égorger avec tous ses enfants (602). Heureusement l'horrible tyrannie de Phocas s'abrégea elle-même par ses excès : on appela pour le renverser Héraclius, fils de l'exarque d'Afrique (610).

14. Héraclius (610-641). — Le règne d'Héraclius fut une lutte admirable de courage et de génie contre les Perses et contre les Avares. On n'avait pas vu depuis longtemps la guerre faite avec autant de grandeur qu'il la fit en Asie. La détresse extrême à laquelle l'empire fut d'abord réduit ne fit que rendre plus merveilleux les succès qui suivirent. Les Avares envahissaient le Nord et poursuivirent l'empereur jusque dans les faubourgs de

Constantinople (616). Les Perses, sous le satrape Saïn, envahissaient la Syrie (611), la Palestine, l'Égypte, même la Cyrénaïque dont ils détruisirent les villes grecques, et, revenus en Asie Mineure (613), ils poussèrent jusqu'à Chalcédoine où ils s'installèrent pour dix ans, en face de Constantinople, affamée par la perte de l'Egypte. L'empire était donc réduit à peu près aux murs de sa capitale, et déjà Héraclius songeait à en transporter le siége à Carthage, lorsque le patriarche Sergius le retint et mit à sa disposition les richesses de l'Église. C'était presque une guerre religieuse qui se faisait : Khosroès avait égorgé les prêtres chrétiens dans Jérusalem et juré de ne point accorder la paix à Héraclius tant qu'il ne « renoncerait pas à son Dieu crucifié, pour embrasser le culte du Soleil ».

Héraclius renvoya la guerre chez ses ennemis. Il attaqua d'abord l'Asie Mineure par le sud (622), débarqua en Cilicie et gagna une bataille à Issus. Il l'attaqua ensuite par le nord (623), débarqua à Trébizonde, accrut son armée de nombreux auxiliaires recueillis parmi les tribus du Caucase, entraîna l'Arménie dans son alliance, pénétra dans l'Aderbaïdjan, et détruisit la ville d'Ourmiagh, regardée comme la patrie de Zoroastre, le législateur religieux des Perses. Cette audacieuse entreprise délivra l'Asie Mineure et l'Égypte, comme autrefois celle de Scipion, en Afrique, avait délivré l'Italie. Les armées persanes furent rappelées derrière l'Euphrate. Les Perses s'alliant avec les Avares, Héraclius s'allia avec les Turcs khasars du Volga, qui étaient pour la Perse ce que les Barbares du Danube étaient pour l'empire grec. Tandis que les Avares échouaient dans une grande attaque contre Constantinople (626), Héraclius, soutenu de 40 000 Turcs, alla si loin, que le roi de Perse trembla à son tour pour sa capitale (627). L'empereur, vainqueur à Mossoul, sur les ruines de Ninive, pilla les villes et les palais de la Perse, pénétra jusqu'à Ctésiphon, dont il n'osa pourtant faire le siége, et reconquit trois cents drapeaux romains. Ces victoires amenèrent la chute de Khosroès, détrôné et mis à mort par son propre fils Siroès ; puis un traité rendit aux deux empires leurs anciennes limites et aux chrétiens le bois de la vraie croix qu'Héraclius rapporta en triomphe à Jérusalem (628).

Ici se termine la période heureuse du règne d'Héraclius et la prospérité passagère de l'empire grec. Epuisé par les attaques des Perses et par ses victoires mêmes, accablé d'impôts, ruiné dans son commerce et son industrie, cet empire, qui eût eu besoin de repos après de tels désastres et de tels efforts, vit tout à coup s'élancer du fond de l'Arabie un peuple bien autrement redoutable que les Perses, un véritable torrent qui renversa tout devant lui. Dix ans étaient à peine écoulés qu'Héraclius, après de nouveaux et inutiles efforts, déliait du serment de fidélité ses sujets syriens et s'embarquait en s'écriant : « Adieu, Syrie, adieu pour toujours ! » (638). Il vit encore avant de mourir la perte de l'Egypte et la prise d'Alexandrie (640).

15. Décadence profonde de l'empire grec. — Sa dynastie régna soixante-dix ans, pour le malheur de l'empire. Du sang, de la démence, un raffinement inouï de basse cruauté, donnent à cette période un caractère hideux. Constant II (641) fait périr son frère et croit le voir dans ses rêves lui offrir une coupe de sang et lui dire : « Bois, mon frère, bois. » Constantin III Pogonat (668) fait couper le nez à ses deux frères, que les troupes d'Anatolie (Asie Mineure) voulaient le forcer d'associer à l'empire, parce que, disaient-elles, « de même qu'il y avait trois personnes égales dans le ciel, il était raisonnable qu'il y eût trois personnes égales sur la terre ». Justinien II (685) a pour favoris un eunuque et un moine : le premier donnait des coups de fouet à la mère de l'empereur ; le second faisait pendre la tête en bas et brûler à petit feu les débiteurs insolvables. Tibère III, souillé de sang et le dernier de cette affreuse lignée, fut d'abord mutilé, puis décapité (705).

Alors les Grecs du Bas-Empire tombèrent dans ces ténèbres de corruption, de folie et de bassesse sanglante

Mossoul.

qui les font citer comme un des types de peuple les plus déplorables que l'histoire puisse présenter.

16. Lombards (568-774). — Deux peuples sont les héritiers de l'empire restauré par Justinien : les Arabes à l'orient et au sud, les Lombards dans l'occident. Les premiers méritent une attention particulière et seront l'objet d'un chapitre spécial; une courte mention suffit pour les seconds. Les Lombards ou Longobards, peuple originaire des bords de l'Oder, avaient erré longtemps sur la rive droite du Danube, entre la Theiss et la Morava, et s'étaient enfin établis, sur l'invitation de Justinien, dans la Pannonie et le Norique. Renforcés par une armée d'Avares venus de l'Asie, ils anéantirent, sous la conduite d'Alboin, le royaume des Gépides, et la belle Rosamunde, fille du roi Cunimond, tué dans la bataille, fut forcée d'épouser le vainqueur (566). Deux ans après, appelé par Narsès, Alboin franchit les Alpes juliennes, conquit sans combat toute la vallée du Pô et se fit proclamer roi d'Italie dans Milan. Pavie, où il n'était entré qu'après un long siége, devint sa capitale. Il pénétra dans l'Ombrie et établit un duc lombard dans Spolète; mais Ravenne et Rome lui échappèrent, ainsi que les côtes de la Ligurie et de la Vénétie, tout le sud de la péninsule et les îles. L'empire grec les garda et les fit gouverner par un *exarque* qui, de Ravenne, surveilla les ducs établis dans Rome, Gaëte, Naples, Tarente, Syracuse et Cagliari.

17. L'aristocratie lombarde, Autharis. — Alboin mourut en 573, assassiné par Helmichis, son porte-bouclier, à l'instigation de Rosamunde qu'il avait contrainte, au milieu d'un festin, à boire dans le crâne de son père. Kleph, son successeur, porta la domination lombarde dans le midi de la péninsule; il prit Bénévent, mais ne prit pas Naples, Gaëte, Amalfi, ni la Calabre, ni le Bruttium, qui restèrent aux Grecs, et il tomba en 575 sous les coups d'un de ses leudes. Alboin avait partagé le pays entre trente-six *ducs* qui commandaient chacun dans une grande cité et dans son territoire. Au-dessous des ducs étaient les *gastalds* ou comtes; plus bas, les *scultètes* ou juges de districts. Suivant la coutume germanique, la nation se réunissait en assemblée générale, et le roi même était alors soumis à ses décisions. Ainsi les Lombards avaient développé plus vite, ou du moins plus régulièrement, que les autres Barbares établis dans l'empire les éléments de féodalité que toute tribu germaine portait avec elle.

Après la mort de Kleph, les trente-six ducs laissèrent le trône vacant, et chacun régna sur ses terres. Ces divisions encouragèrent les ennemis des Lombards, qui, attaqués par les Grecs, par les Francs, rétablirent en 584 la royauté. Autharis, fils de Kleph, reprit les provinces perdues, soumit Bénévent, qui devint le siége d'un puissant duché, et affermit la conquête lombarde en la régularisant : il fixa les conditions de la propriété, les droits des vainqueurs et des vaincus. Ceux-ci descendirent à la condition de non-libres, et durent fournir à leurs nouveaux maîtres le tiers du produit des champs qu'ils avaient gardés. Il astreignit les ducs à livrer au roi la moitié de leurs revenus, mais s'engagea à ne point les priver de leurs terres, à moins de félonie.

18. Conversion des Lombards (602). — Les Lombards étaient païens au début de la conquête; convertis ensuite à l'arianisme, ils ne devinrent catholiques que sous Agilulfe, grâce aux efforts du pape saint Grégoire et de la reine Théodelinde.

19. Rotharis et les derniers rois. — Ils n'avaient pas de lois écrites : Rotharis leur en donna. Dans une diète tenue à Pavie en 643 par « le peuple fidèle et l'armée fortunée des Lombards » fut publiée la loi qui porte son nom, et qui, à la différence des autres lois barbares, fut territoriale et non personnelle. Les seuls de ses successeurs qui méritent d'être tirés de l'oubli sont : Grimoald (662), un des rois lombards les plus énergiques, et Luitprand (712), qui fut sur le point de réunir la péninsule entière sous ses lois. C'est alors que le pape Grégoire III envoya à Charles Martel une lettre suppliante et commença cette politique du saint-siége, qui, pour sauver son indépendance, implora si souvent contre les maîtres de l'Italie le secours des étrangers. Quand Charlemagne prit, en 774, la couronne des Lombards, leur race, maîtresse depuis deux cent six années d'une partie considérable de l'Italie, y avait fait prévaloir les coutumes d'où sortit la féodalité italienne. La Cisalpine a même gardé leur nom.

CHAPITRE VIII.

MAHOMET; CONQUÊTES DES ARABES[1].

1. L'Arabie. — 2. Mahomet. — 3. Ses premières conversions. — 4. L'hégire (622). — 5. Lutte contre les Koréishites (624). — 6. Conversion de l'Arabie. — 7. Le *Koran*. — 8. Les premiers khalifes : conquête de la Syrie (632-638). — 9. Conquête de la Perse (632-642). — 10. Conquête de l'Égypte (639-640). — 11. Révolution dans le khalifat. Dynastie héréditaire des Ommiades (661-750). — 12. Seconde période de conquêtes (707-732); soumission des provinces de la haute Asie (707). — 13. Tentatives sur Constantinople.

1. L'Arabie. — Il faut passer des forêts et des fleuves du nord de l'Europe aux sables et aux déserts du sud de l'Asie; du pays des nuages, des pluies, des végétations humides, à celui du soleil brûlant, du simoun qui consume et asphyxie, des plantes sèches et aromatiques. Les hommes aussi sont différents. Un peuple sobre de corps et d'esprit, d'un tempérament sec et ardent, ne voyant que le but et y courant tout droit, habitué à sillonner le désert avec la rapidité de la flèche, parce qu'on ne s'arrête pas impunément dans le désert, et qu'entre le point de départ et le point d'arrivée rien ne s'y offre dont l'attrait puisse retenir le voyageur; un peuple fait, par la nature même du sol qu'il habite, pour l'action prompte ou pour le repos absolu : c'est le peuple arabe, et dans son histoire on reconnaîtra les traits de ce caractère que la géographie explique si bien.

L'empire romain avait les Germains au nord, les Arabes au sud. Les premiers avaient attaqué surtout l'empire d'Occident et l'avaient renversé par une inva-

---

1. Sédilot, *Histoire des Arabes*, dans la collection de l'*Histoire universelle*.

sion commencée dès longtemps; les seconds, sortis soudainement de leurs déserts, attaquèrent surtout l'empire d'Orient et, sans le renverser, en emportèrent, pour ainsi dire, d'un seul coup de cimeterre, une large pièce. L'empire de Constantinople survécut donc à ces deux attaques en sens opposé, comme une île au milieu d'une inondation.

2. Mahomet. — Mahomet naquit en 570, dans une des premières familles de l'Arabie, celle d'Hashem. Il était fils du Koréishite Abdallah, fils d'Abd-el-Motalleb, qui avait défendu la Mecque contre les Abyssins. Privé de son père à l'âge de deux mois, et de sa mère à six ans, il fut recueilli par son aïeul et soumis ensuite à la tutelle de son oncle Abou-Taleb. Sans fortune, il se fit conducteur de chameaux, voyagea beaucoup, notamment en Syrie, où il se lia avec un moine de Bostra et un rabbin juif qui lui firent connaître leurs livres sacrés, l'Ancien et le Nouveau Testament. Il combattit avec valeur dans une guerre de tribus, et mérita par ses qualités aimables l'affection de tous, par sa probité le surnom de *Al-Almin* (l'homme sûr). Une riche et noble veuve, Kadidjah, le prit à son service pour diriger ses affaires de commerce, et il servit si bien ses intérêts, que par reconnaissance elle l'épousa. Dès lors il fut à la tête d'une fortune qui lui permit de se livrer à ses pensées et d'exercer l'influence que donne la richesse. Pourtant, jusqu'à quarante ans, on ne lui voit rien faire de considérable; seulement tous les ans il se retirait avec sa famille sur la montagne de Hirâ, et là, dans le silence de la solitude, il passait des nuits entières plongé dans une profonde méditation.

3. Ses premières conversions. — En 611 il s'ouvrit de ses grands projets à Kadidjah, à son cousin Ali, à son affranchi Zeid, à son ami Abou-Bekre, et leur déclara la nécessité de rendre au culte d'Abraham sa pureté primitive. Il leur dit qu'il recevait les ordres de Dieu par Gabriel, et il désigna sa religion nouvelle sous le nom d'*islam*, qui indique un entier abandon à la volonté de Dieu. Ils crurent en lui. Quand le nombre croissant des prosélytes eut fait transpirer son entreprise, il les rassembla et leur dit : « Qui de vous veut être mon frère, mon lieutenant, mon vicaire? » On se taisait. Ali s'écria avec la force d'un ardent disciple et la férocité d'un Arabe du désert : « C'est moi qui serai cet homme; apôtre de Dieu, je te seconderai, et si quelqu'un te résiste, je lui briserai les dents, je lui arracherai les yeux, je lui fendrai le ventre et je lui casserai les jambes. » On engageait une lutte bien dangereuse. Abou-Taleb trembla pour son neveu et le supplia d'abandonner son dessein. « Quand on viendrait à moi, répondit Mahomet, le soleil dans une main et la lune dans l'autre, je ne reculerais pas. »

Les Koréishites le persécutèrent : il ne pouvait venir dans la Kaaba, ou temple de la Mecque, sans être accablé d'outrages. Un soir il rentra chez lui après avoir prêché tout le jour, au milieu des affronts : abattu, il s'enveloppa dans son manteau et se jeta sur sa natte; mais bientôt le courage rentra en lui, et il dicta cette belle surate où l'ange Gabriel est censé lui dire : « O toi qui es enveloppé d'un manteau, lève-toi et prêche.... » Ses partisans effrayés fuyaient en Abyssinie; lui-même, de 616 à 619, se retira dans les montagnes voisines de la Mecque.

Ces surates ou chapitres du Koran (*al-Koran*, le livre), qu'il dictait selon les impressions et les besoins du moment et que son secrétaire écrivait sur des feuilles de palmier et des os de mouton, n'étaient assurément que des impostures en ce qui concerne la prétendue inspiration de l'ange Gabriel; mais, pleines de pensées élevées, écrites dans une langue forte, pure, harmonieuse, elles ravissaient les Arabes, habitués par les *luttes de gloire*[1] à bien sentir un pareil mérite, et qui, las peut-être d'une poésie qui avait traité tous les vieux

---

1. C'étaient des tournois de poésie où le vainqueur voyait son œuvre écrite en lettres d'or sur des toiles précieuses qu'on suspendait dans la Kaaba.

sujets, trouvèrent un attrait puissant dans cette éloquence vive, pénétrante, pratique et pourtant riche encore du coloris de la poésie, quoiqu'elle en eût dépouillé le rhythme. Omar était un de ces guerriers farouches, un de ces hommes du glaive, qui ne souffrent point qu'on croie autrement qu'eux-mêmes. Il courait l'épée à la main pour tuer Mahomet; un de ses parents l'arrête et lui dit qu'il ferait mieux d'abord de purger sa maison, car sa sœur Fatime lit les versets du prétendu prophète : il retourne chez elle, la surprend lisant avec son beau-frère : « Que cachez-vous sous vos vêtements? » s'écrie-t-il, et il la blesse de son épée. Toutefois, à la vue du sang de sa sœur, il s'arrête, prend les versets, y jette les yeux, admire, se récrie, et vole chez le prophète pour se déclarer son disciple. Il porta dès lors dans les conseils de l'islamisme son esprit décisif et violent; peut-être faut-il attribuer à son influence ce caractère de propagande guerrière et de conquête par le glaive que prit la religion de Mahomet, d'abord plus pacifique et plus douce.

4. L'hégire (622). — Mahomet avait perdu en 619 son protecteur Abou-Taleb; il avait perdu aussi Kadidjah, à laquelle il conserva toujours un fidèle et reconnaissant souvenir. Privé de ces appuis, il en chercha au dehors. Les habitants de Yathrib, depuis longtemps rivaux de ceux de la Mecque, lui offrirent un asile; il se rendit dans cette ville en 622 pour échapper aux persécutions des Koréishites. Cette année est fameuse, parce qu'elle est la première de l'ère des musulmans; on l'appelle l'année de l'*hégire* ou de la fuite. Quant à Yathrib, elle prit dès lors le nom de Ville du prophète, *Medinet-e'-Nebi*.

5. Lutte contre les Koréishites (624). — Mahomet, qui avait tant pratiqué les hommes dans sa jeunesse, se conduisit avec une grande habileté pour se créer un parti dans sa nouvelle cité et se mettre en état de soutenir une lutte ouverte. Lui-même l'engagea, sans doute pour ne pas laisser s'endormir dans l'inaction la foi de ses nouveaux prosélytes. Avec 314 hommes, il partit pour surprendre une caravane de la Mecque. 1000 Koréishites vinrent à sa rencontre. On combattit à Beder (624). Les musulmans fléchissaient : de son trône de bois, d'où il contemplait l'action, Mahomet s'élança sur un cheval, et jetant dans les airs une poignée de sable : « Que la face de nos ennemis, s'écrie-t-il, soit couverte de confusion ! » Ses troupes se ranimnent et remportent une victoire qui fut d'un grand effet pour sa cause.

Il fut cependant vaincu quelque temps après au mont Ohud (626), et la guerre prit alors un caractère atroce. Il se tourna contre les tribus juives du voisinage, pour les forcer à entrer dans son parti. Elles se coalisèrent, et, avec l'assistance des Koréishites, vinrent l'assiéger dans Médine : c'est la *guerre des Nations* ou *du Fossé* (627). Mahomet avait fait creuser un fossé devant la ville ; lui-même un jour saisit la pioche, et comme le fer faisait jaillir du roc des étincelles : « La première de ces étincelles, dit-il, m'apprend la soumission de l'Yémen ; la seconde, la conquête de la Syrie et de l'Occident ; la troisième, la conquête de l'Orient. » Il réussit à éloigner les assiégeants en jetant la division parmi eux, et cet avantage fut assez notable pour qu'il pût obtenir des Koréishites une trêve de dix ans. Il en profita pour soumettre les juifs de Khaïbar, à 5 lieues de Médine (628).

6. Conversion de l'Arabie. — L'année suivante (629) il va en pèlerinage à la Mecque et y fait de nombreuses conversions ; en 630, cette ville ayant rompu la trêve, il y entre avec 10 000 hommes, marche vers le temple et y détruit toutes les idoles en disant : « La vérité est venue, que le mensonge disparaisse. » Dès lors il fut redouté comme le grand chef religieux de l'Arabie, et déjà il entrait en relations avec les Etats du dehors ; Khosroès déchira ses lettres : « Qu'ainsi son royaume soit déchiré ! » s'écria le prophète. Héraclius reçut mieux son message ; pourtant la guerre éclata avec les Grecs de

Syrie qui avaient égorgé l'envoyé du prophète; elle dura peu, mais on vit déjà cette valeur fanatique des musulmans : Djafar, fils d'Abou-Taleb, ayant eu les deux mains coupées, serra encore entre ses bras mutilés l'étendard de l'islamisme et reçut par devant cinquante-deux blessures. Mahomet crut un instant qu'il allait avoir à soutenir une guerre générale : vêtu de sa robe verte, dont la couleur est restée celle de ses descendants, et monté sur sa mule blanche, il partit à la tête de 10 000 cavaliers, 20 000 fantassins, 12 000 chameaux. Mais l'ennemi ne se présenta pas.

La réunion de l'Arabie s'opérait cependant par l'adhésion de l'Yémen et du Mahrah, des princes de l'Hadramaut, de l'Oman, de Bareïn, etc. Le caractère de ces adhésions fut sans doute en général plutôt politique que religieux, et ces tribus lointaines n'avaient guère eu le temps de s'enquérir en détail des nouvelles doctrines. La religion de Mahomet n'avait pas, comme la religion chrétienne, de prédicateurs portant au loin l'enseignement de son dogme et de sa morale. Mais, dans l'indifférence religieuse où presque toute l'Arabie était plongée, ces Arabes éloignés ouïrent parler d'un chef puissant qui s'élevait dans l'Hedjaz et qui paraissait promettre à l'Arabie un brillant avenir, et ils accoururent au partage de ses destinées. Ces conversions se firent à peu près aussi sommairement que celle des Francs de Clovis, et il est certain que dans les premières armées conquérantes qui sortirent de l'Arabie beaucoup de soldats connaissaient à peine le Koran. Au reste, s'il y eut des adhésions, il y eut aussi des contradictions, des antagonismes, des apparitions de faux prophètes, qui attristèrent les derniers moments de Mahomet. Malade depuis quelques mois, il se rendit dans les lieux saints, suivi de 114 000 musulmans, pour y accomplir le grand pèlerinage *el-Haddj*. De retour à Médine, quand il vit venir sa fin, il se transporta à la mosquée, récita la prière publique et demanda à haute voix devant la foule s'il avait outragé quelqu'un, s'il devait quelque chose. Une vieille femme réclama 3 drachmes; il les lui fit donner et la remercia de lui avoir rappelé sa dette plutôt ici-bas que dans le ciel. Il mourut le 8 juin 632.

7. Le Koran. — Le Koran est la réunion de tous les versets tombés, selon l'occasion, de la bouche du prophète, et recueillis dans une première édition par les ordres du khalife Abou-Bekre, et dans une seconde par ceux du khalife Othman. L'incohérence et de nombreuses contradictions indiquent le mode de sa formation. Il se compose de 714 chapitres ou *surates*, subdivisés en versets. Ces versets, qui contiennent tous les préceptes de la morale islamite, sont inscrits par les musulmans sur les murs de leurs mosquées, sur leurs bannières, leurs monuments.

Ce qui caractérise le Koran, c'est une simplicité générale et même une certaine stérilité d'imagination. On y retrouve bien la chaude hyperbole et l'image forte de l'Orient, mais par traits rares et rapides. Cela se voit dans le fond même du dogme, qui est tout dans ces mots : « Dieu seul est Dieu, et Mahomet est son prophète. » A côté d'*Allah*, Dieu unique, tout-puissant, créateur, le Koran n'admet aucune divinité inférieure; dans Allah, il n'admet point la pluralité des personnes, et il rejette toute idée d'un Dieu fait homme. Il enseigne seulement que Dieu s'est révélé aux hommes par une série de prophètes dont Mahomet est le dernier et le plus complet : ceux qui l'ont précédé sont Adam, Noé, Abraham, Moïse et le Christ. Il admet aussi les anges, messagers de Dieu auprès des prophètes. Mahomet reconnaissait que le Christ avait eu le don des miracles, avouait ne l'avoir pas reçu. Les infidèles disent : « Nous ne te croirons pas à moins que tu ne fasses jaillir de la terre une source d'eau vive, qu'un fragment du ciel ne tombe sur nous ou que tu n'amènes Dieu et les anges comme garants de ta parole..... Réponds-leur : Louanges à Dieu, suis-je donc autre chose qu'un homme et un apôtre ? »

Le Koran admet l'immortalité de l'âme sans oser décider quelle est sa nature : « L'âme est une chose dont la connaissance est réservée à Dieu. Il n'est accordé à l'homme de posséder qu'une bien faible part de science. » Il admet aussi la résurrection des corps et la participation de cette portion de notre être aux joies et aux souffrances d'une vie future. Mounkir et Nebir, anges noirs aux yeux bleus, interrogent les morts; Gabriel pèse leurs actions dans une balance assez vaste pour contenir le ciel et la terre. Les ressuscités sont conduits vers le pont *Al-Sirat*, plus étroit qu'un cheveu, plus effilé que le tranchant d'une épée. Les coupables ne le peuvent franchir; ils tombent dans l'enfer, qui s'étend au-dessous, et où les moins criminels ont aux pieds des souliers de feu, qui font bouillir leurs crânes comme des chaudières. Pour les vrais croyants, ils traversent l'abîme aussi vite que l'éclair, et vont habiter les jardins du septième ciel ou le paradis. Là ils trouvent des bosquets éternellement verts et pleins de fraîcheur, des pavillons de nacre, de rubis, d'hyacinthe, des eaux limpides coulant dans l'ambre jaune, les diamants et les émeraudes, de riches tapis de soie, des fleurs, des parfums, des repas exquis, des nymphes immortelles aux yeux noirs. Tel est le paradis sensuel que Mahomet proposait à la masse des fidèles musulmans : mais il mettait au-dessus les joies spirituelles : « Le plus favorisé de Dieu sera celui qui verra sa face soir et matin, félicité qui surpassera tous les plaisirs des sens, comme l'Océan l'emporte sur une perle de rosée. »

Cette doctrine des peines et des récompenses dans la vie future suppose la liberté morale de l'homme, puisque Dieu ne peut récompenser ou punir que ceux qui ont été libres de choisir entre le bien et le mal. Mahomet cependant enseigna le dogme contraire de la prédestination, qui anéantit cette liberté, en déclarant l'homme prédestiné de toute éternité au bien ou au mal. Mais cette croyance lui était un puissant auxiliaire. Pourquoi éviter les périls de la mort, si tout est écrit d'avance, si le sort de chacun est réglé par une volonté immuable? Alors le musulman, poussé par sa passion, qu'il appelait l'esprit de Dieu, courait à l'ennemi, à la victoire, à la conquête du monde, comme aujourd'hui, qu'il a perdu son enthousiasme guerrier, il s'assoit, calme et résigné, en face de l'incendie qui dévore ses villes, de la peste qui décime son peuple, et de la civilisation chrétienne qui ébranle et ferait crouler son empire si elle n'avait intérêt à le conserver.

La loi religieuse des Arabes, comme celle des Juifs, est aussi une loi civile, et le Koran est en même temps le livre sacré et le code des musulmans. Mahomet modifia l'état de la famille arabe. Il releva la condition de la femme. Les filles n'héritaient pas : il leur assigna la moitié de la part de leur frère. Tout en maintenant l'autorité de l'époux, il lui ordonna d'être pour la femme un protecteur plein d'égards. S'il laissa subsister la polygamie, pour ne pas trop heurter les mœurs de l'Orient, il conseilla comme un acte louable de se borner à une seule épouse. La femme est encore relevée comme mère : « Un fils gagne le paradis aux pieds de sa mère. » L'enfant est protégé, et le Koran proscrit l'affreuse coutume qui permettait aux parents d'enterrer leurs filles vivantes. S'il ne prononce pas l'abolition de l'esclavage, du moins il règle les obligations des maîtres à l'égard de leurs esclaves, et leur présente l'affranchissement comme un acte agréable à Dieu.

Le Koran porte des peines sévères contre le vol, l'usure, la fraude, le faux témoignage, et prescrit les aumônes.

Il règle avec sévérité les pratiques du culte : le jeûne du Rhamadan; l'observation des quatre mois sacrés, coutume ancienne qui suspendait, par une sorte de trêve de Dieu, les hostilités des fidèles entre eux; le grand pèlerinage annuel à la Mecque, où Mahomet avait installé le siège du nouveau culte, afin de ne point faire une révolution dans les habitudes des Arabes et de les tourner, au contraire, au profit de l'islamisme; les cinq prières par jour, obligation assez pénible pour que le faux prophète Moscilama ait pu s'attirer beaucoup de sectateurs par l'exemption d'une de ces prières. Les ablutions soit avec l'eau, soit avec le sable fin du désert si l'eau manquait, la circoncision, la privation du vin, de la chair de porc, mesures d'hygiène, sont aussi des prescriptions du Koran.

« Les croyants sont tous frères, » dit-il encore. Mais aussi tous ceux qui ne croient pas sont ennemis. Il y a cependant une distinction capitale établie entre les chrétiens, les juifs, tous les infidèles enfin qui croient en un seul Dieu et au jugement dernier, et les idolâtres, les apostats, les schismatiques. Les premiers, il suffit de ne point s'allier avec eux par le sang, et l'on ne doit les combattre que s'ils provoquent. Quant aux autres, c'est le devoir de tout bon musulman de les attaquer, de les poursuivre, de les tuer, s'ils n'embrassent pas la religion du prophète. « O croyants, ne vous liez point avec les chrétiens et les juifs! — Malheur au musulman qui reste à son foyer plutôt que d'aller combattre! il n'évitera pas la mort, car le terme de sa vie est fixé. » Redouterait-il la chaleur brûlante dans les combats? « L'enfer est plus brûlant que les feux de l'été. » Songerait-il à fuir? « Le paradis est devant vous, et derrière vous les peines de l'enfer. »

Ces préceptes, ces espérances, ces menaces, furent des ressorts puissants qui lancèrent les Arabes, le sabre à la main, dans toutes les directions.

8. Les premiers khalifes (632-664); conquête de la Syrie. — Mahomet n'avait réglé ni la forme du pouvoir, ni l'ordre de succession. Le khalife était à la fois le chef religieux, civil et militaire. Abou-Bekre, que Mahomet avait chargé de dire la prière à sa place, fut reconnu (632), et ensuite désigna Omar (634), qui à son tour chargea de ce choix une commission de six personnages importants; elle nomma Othman (644), dont la faiblesse amena des désordres, au milieu desquels Ali se saisit du pouvoir (656). Ali, époux de Fatime, fille de Mahomet, avait été, dès la mort de son beau-père, un des prétendants et le chef du parti des fatimites. Ces rivalités se perpétuèrent dans deux sectes musulmanes : celle des *schiites* ou séparatistes, qui regardent Ali et sa postérité comme injustement dépossédés, et celle des *sunnites* ou partisans de la tradition, qui reconnaissent comme légitimes Abou-Bekre, Omar et Othman. De longues et sanglantes guerres sortirent de là. Aujourd'hui encore les Persans sont schiites, les Turcs sont sunnites. Après Ali (661), le régime héréditaire commence avec les Ommiades.

Cette période (632-661) est celle des plus rapides et des plus étonnantes conquêtes des Arabes.

« Allez, dit Abou-Bekre aux guerriers arabes, combattez bravement et loyalement; ne mutilez pas les vaincus; ne tuez ni les vieillards, ni les enfants, ni les femmes; ne détruisez pas les palmiers, ne brûlez pas les moissons, ne coupez pas les arbres fruitiers.... » Les uns allèrent soumettre au cœur de l'Arabie les faux prophètes et les peuples qui refusaient de reconnaître l'islamisme; les autres marchèrent sur la Syrie; d'autres encore vers l'Euphrate et la Perse.

Les premiers, en soumettant l'intérieur de la péninsule, donnèrent l'unité à toute la nation arabe.

Les seconds firent en six ans la conquête de la Syrie. Ils prirent d'abord Bostra qui en était la clef, puis mirent le siège devant Damas. Il fut interrompu par la bataille d'Aïznadin, dans laquelle fut détruite une armée de 70 000 hommes envoyée par Héraclius. Damas se rendit par capitulation au général Abou-Obeïdah qui laissa les habitants libres de s'éloigner. Mais le fougueux Khaled, qui, dans le même temps, entrait vainqueur par une autre porte, partit, au bout de trois jours de trêve, de toute la vitesse de ses chevaux arabes, atteignit les fugitifs, les extermina et revint avec leurs dépouilles (634). Une seconde victoire remportée sur les bords de l'Yermouk, dans la Palestine, acheva la conquête de la Syrie (636). Une armée grecque considérable était venue au-devant des musulmans; trois fois ils plièrent, et trois fois leurs femmes, qui se tenaient à cheval l'arc à la main, au dernier rang de l'armée, les ramenèrent au combat. Les historiens arabes parlent avec exagération de 150 000 ennemis tués et 40 000 prisonniers. Jérusalem ouvrit ses portes au khalife Omar, qui vint en personne en prendre possession ; il était monté simplement sur un chameau de poil roux, portant sur le devant de la selle, un sac de blé, un sac de dattes et une bouteille de cuir pleine d'eau, et il offrait de son frugal repas à ceux qu'il rencontrait. Il resta dix jours à Jérusalem pour y régler les affaires du pays, et y fit bâtir une mosquée, tout en accordant aux chrétiens le libre exercice de leur culte. Après Jérusalem, Alep, Antioche enfin, cette puissante capitale de la Syrie, se rendirent, et Héraclius abandonna pour jamais cette contrée (638).

9. Conquête de la Perse (632-642). — L'armée envoyée vers l'Euphrate n'avait pas fait moins de merveilles. Khaled, qui la commanda d'abord, prit Anbar et Hira. Son passage en Syrie ne ralentit point les succès. La Perse, en décadence, opposa en vain 150 000 de ses soldats à 30 000 Arabes. Elle fut vaincue dans la grande bataille de Kadesia qui dura trois jours (636). Le fameux étendard des Sassanides, le tablier de cuir qui rappelait leur origine, tomba au pouvoir des musulmans. Les vainqueurs, laissant sur les bords du Shatt-el-Arab les colonies de Bassora et de Koufa, coururent sur Ctésiphon, qu'ils prirent. La victoire de Jalula, celle de Nehavend ou *victoire des victoires*, au sud d'Ecbatane (642), leur soumirent la Perse : Ispahan fut conquis, Persépolis saccagé, et le roi de Perse, Yezdegerd, faillit être pris au milieu de son palais croulant. En vain alla-t-il chercher des secours jusqu'en Chine, il périt assassiné sur les bords de l'Oxus (652), et le Khôraçân fut soumis aux Arabes.

10. Conquête de l'Égypte (639-640). — Pendant que le trône du grand roi était brisé, l'Egypte était soumise. Là, comme en Syrie, c'est l'empire grec qu'ils

Mosquée d'Omar à Jérusalem.

attaquaient. Amrou, leur chef, profita habilement de la haine que les coptes ou indigènes portaient aux Grecs qu'ils regardaient comme des étrangers et des hérétiques. Arrêté devant Alexandrie, il ne la prit qu'au bout de quatorze mois, mais ne put en brûler la précieuse bibliothèque qui avait été détruite en 390, dans une émeute. Amrou organisa sagement le pays; il substitua la capitation des impôts plus justes, en réserva le tiers pour l'entretien des digues et des canaux et reprit l'ancien projet des pharaons, des Ptolémées et des Césars, pour faire communiquer le Nil et la mer Rouge. Ce projet fut plus tard abandonné : on craignit d'ouvrir aux infidèles un chemin vers les villes saintes.

L'Afrique était entamée; les Arabes coururent le long de ses bords, et dès l'année 648 enlevèrent aux Grecs Tripoli.

11. Révolution dans le khalifat. Dynastie héréditaire des Ommiades (661-750). — Les discordes intestines qui remplirent et suivirent le khalifat d'Ali causèrent une halte dans les conquêtes des Arabes. Ali, représentant principal des Hashémites et de Mahomet, vit se produire contre lui une réaction koréishite qui avait déjà percé par l'élection d'Othman. Moawiah en était le chef : il gouvernait la Syrie, où ce parti avait le plus de force, tandis qu'Ali s'était établi à Koufa dans l'Irâk-Arabi (la Babylonie), pays dévoué à sa cause. Après des luttes sanglantes, Moawiah fit assassiner le khalife par trois fanatiques, et commença la dynastie héréditaire des *Ommiades* qui régna quatre-vingt-dix ans (661-750). Avec lui, Damas devint la capitale de l'empire; dès lors le caractère du gouvernement changea : il fut plus despotique, ayant d'ailleurs affaire à des peuples bien différents des Arabes de l'Hedjaz. Une décomposition s'opéra dans les institutions et la foi des mahométans; les uns s'abandonnèrent au luxe et violèrent les préceptes; les autres, par une réaction ordinaire, formèrent ces sectes fanatiques et sombres des kharégites, des motazélites, des kadoniens, etc., puritains de l'islamisme, qui luttèrent avec une indomptable énergie contre les Ommiades. Ce n'est que par des flots de sang versé que ceux-ci s'affermirent, surtout par les victoires du vaillant Hégiage (691) ; Abd-el-Melek régnait alors. Sous lui une seconde et dernière période de conquêtes commença.

12. Seconde période de conquêtes (707-732); soumission des provinces de la haute Asie (707). — Dans l'Orient, la conquête de la Transoxiane, de l'ancienne Sogdiane et des bords de l'Indus (707), fit arriver la domination musulmane jusqu'aux limites où Alexandre avait porté la sienne. Les Arabes trouvèrent, à cette extrémité de leur empire, à Bokhara, à Samarkand (707), les germes de civilisation déposés là par le conquérant grec et qui y avaient fructifiés. Ils ne les laissèrent pas dépérir, et, sous eux, cette prospérité s'accrut encore.

13. Tentatives sur Constantinople. — Ils n'avaient jusqu'ici combattu que sur terre. La dynastie quasi syrienne des Ommiades leur donna une puissance maritime, dont ils trouvaient les éléments dans la Phénicie et la Cilicie conquises par eux. Dès 672 ils commencèrent une série d'attaques contre Constantinople elle-même, et les poursuivirent pendant sept années; mais ils furent repoussés par le feu grégeois, qu'un Syrien venait d'inventer et qui avait la terrible propriété de brûler dans l'eau. Cette audacieuse tentative, qui menaçait de détruire ce qui restait encore de l'empire romain, fut renouvelée en 717 sous le khalife Soliman. Une armée de 120 000 hommes traversa l'Asie Mineure et l'Hellespont, et vint se placer en face de Constantinople, qu'une flotte de 1800 voiles assiégeait. Cette fois encore le feu grégeois fit échouer l'entreprise, et l'invasion arabe s'arrêta de ce côté; cette retraite décida que l'empire grec vivrait encore des siècles.

En Afrique, les indigènes, accablés de tributs par les Grecs, appelèrent les Arabes : Akbah courut jusqu'à l'Atlantique et poussa son cheval dans les flots, en prenant Dieu à témoin que c'était la terre qui lui manquait et non pas le courage. Il fonda (670) Kaïroan au sud de Tunis, à 12 milles de la côte ; les Arabes redoutaient les flottes grecques et ne redoutaient pas le désert, leur domaine. Akbah succomba sous les attaques des Maures. Mais Hassan, sous le khalife Abd-el-Melek (692-698) assit la domination arabe tout le long du littoral africain par la conquête de Carthage, qui fut livrée aux flammes et ne s'est pas relevée de cette ruine. Une dernière insurrection des Maures, conduits par leur reine Kahina, fut comprimée (709), et les Arabes jetèrent leurs regards au-delà du détroit des colonnes d'Hercule.

Tarik le franchit en 711 : de lui vint le nom de Gibraltar (*Djebel-Tarik*, montagne de Tarik). Les Arabes se trouvaient pour la première fois en présence des Barbares du Nord, mais de Barbares affaiblis par les discordes et laissant tomber en ruines les murs de leurs places fortes : c'était le puissant comte Julien, gouverneur de Ceuta, qui, par haine de l'archevêque de Séville, les avait appelés. Les Visigoths furent vaincus à Xérès, sur les bords du Guadalete, et Rodéric périt, en fuyant, dans les eaux du Guadalquivir (711). Cette bataille de trois jours mit par terre le royaume des Visigoths, mais il fallut huit années aux Arabes pour soumettre la péninsule jusqu'aux montagnes des Asturies, où un chef Goth, Pélage, se maintint indépendant. En 720, ils occupèrent la Septimanie. Ils avaient donc franchi les Pyrénées : encore une grande barrière abaissée. La Gaule s'ouvrait devant eux. Allaient-ils la conquérir, comme l'Asie, l'Afrique, l'Espagne, et détruire du même coup les Etats germaniques et la religion chrétienne ? Déjà le Berbère Munuza, établi en Septimanie, épousait la fille du duc d'Aquitaine, et des coureurs arabes arrivaient jusqu'à la Loire, jusqu'à la Seine. Ce fut un moment solennel dans l'histoire du monde. La question se décida dans ces plaines fameuses entre Tours et Poitiers, où Charles Martel opposa sa puissante infanterie austrasienne, comme une muraille de fer, aux cavaliers impétueux de l'Arabie, de la Syrie et du Magreb (732).

Ainsi l'invasion arabe trouvait son terme aux bords de l'Indus, à l'entrée de l'Asie Mineure et aux Pyrénées. Comme les peuplades germaines, les tribus arabes allaient s'asseoir dans les pays conquis, et donner naissance à une civilisation orientale et musulmane qui éclipsera quelque temps la civilisation occidentale et chrétienne. Echappé aux deux torrents qui grondaient sur chacun de ses flancs, l'empire byzantin, grâce à sa position et aux murailles de sa capitale, représentait entre ces deux mondes nouveaux comme une pâle image de l'ancien monde romain.

CHAPITRE IX.

ÉCLAT DE LA CIVILISATION ARABE

1. Etendue et fragilité de l'empire des Arabes. — 2. Les Arabes passent des travaux de la conquête à ceux de la civilisation. — 3. Avénement des Abbassides (750). — 4. Fondation du khalifat de Cordoue (755). — 5. Asie : khalifat de Baghdâd (755-1058). — 6. Al-Manzor, Haroun-al-Rashid, Al-Mamoun. — 7. Création de la garde turque. Décadence et démembrement du khalifat de Baghdâd. — 8. Turcs seldjoukides (1058); chute du khalifat de Baghdâd. — — 9. Afrique : khalifes fatimites (968). — 10. Espagne : khalifat de Cordoue. — 11. Création de la garde africaine : démembrement du khalifat de Cordoue. — 12. Civilisation des Arabes. — 13. Littérature. — 14. Philosophie. — 15. Sciences exactes. — 16. Médecine. — 17. Géographie. — 18. Histoire. — 19. Architecture. — 20. Agriculture, industrie, commerce.

1. Étendue et fragilité de l'empire des Arabes. — En 732, quand Charles Martel fit rebrousser chemin à l'invasion arabe, il y avait juste un siècle que Mahomet n'était plus : en cent ans les Arabes s'étaient étendus, comme un géant qui ouvre les bras, de l'Indus aux Pyrénées. Pour fixer des limites plus exactes, leur empire atteignait : à l'est, l'Indus et la vallée de Kashmîr ; — au nord, les steppes du Turkestân, la Caspienne, le Caucase, que l'islamisme franchissait même déjà, puis une ligne oblique tirée de la pointe orientale de la mer Noire jusqu'à Tarse, et au-delà de laquelle étaient tributaires le Pont et la Cappadoce; la Méditerranée où ils occupaient Rhodes, Chypre et les Baléares ; enfin les Cévennes méridionales et les Pyrénées, sauf le petit royaume de Pélage ; — à l'ouest, l'océan Atlantique; — au sud, les déserts de l'Afrique, l'Ethiopie et la mer des Indes jusqu'aux bouches de l'Indus.

Dix-sept à dix-huit cents lieues de long! Aucun empire de l'antiquité n'avait atteint une si grande étendue. Aussi cette zone immense fut-elle bientôt coupée en trois parties par les Abbassides en Asie, les Ommiades en Espagne, les Fatimites en Afrique, et, tandis que l'invasion germanique, multiple et successive, faite sans plan ni unité de direction, avait passé, sous Charlemagne, de la diversité à l'unité, l'invasion arabe, issue tout entière d'une seule et même pensée, faite d'un seul coup et sous une même impulsion, passa de l'unité à la diversité.

Non-seulement l'empire des Arabes fut très-fragile, à considérer le territoire, il fut très-fragile aussi, à considérer les institutions et les dynasties. On avait vu une période purement arabe sous les quatre premiers successeurs de Mahomet, et une période syrienne sous les Ommiades : on vit une période persane sous les Abbassides et après eux une période turque, chacun des peuples soumis réclamant son tour de prépondérance, ce qui arrive toujours au sein des grands empires formés par la conquête. Il en avait été de même dans l'empire romain.

2 Les Arabes passent des travaux de la conquête à ceux de la civilisation. — Les Ommiades de Damas avaient commencé à réveiller une certaine civilisation dans cette Syrie imprégnée de toutes les civilisations antiques, témoin la mosquée célèbre, une des merveilles du monde, que Valid Ier avait fait construire à Damas, et que Tamerlan renversa ; cependant la conquête avait été le caractère principal de cette période. Au contraire les travaux pacifiques, l'industrie, la culture des sciences, caractérisèrent celle qui suivit.

3. Avénement des Abbassides (750). — Les Ommiades, musulmans pervertis qui buvaient du vin, n'étaient bien vus ni des Arabes demeurés dans la péninsule natale, ni de ceux qui s'étaient établis en grand nombre dans l'Irâk. L'Irâk (ancienne Babylonie) était une petite Arabie : là se perpétuaient plus purs le culte de l'islamisme et l'attachement à la famille du prophète. C'est là que les descendants d'Ali conservaient, avec leurs prétentions, un grand ascendant sur les tribus. Mais les Alides, avec des vertus et de beaux caractères, n'eurent pas généralement les talents nécessaires pour faire valoir leurs droits. Une famille de leur parti, et qui prétendait se rattacher à eux par le sang, l'entreprit pour son propre compte : c'était celle d'Abbas. Les Abbassides, à la faveur des troubles au milieu desquels Merwan II monta sur le trône (746), soulevèrent le Khôraçân, où régnait leur influence, et l'Irâk, où les Alides, quoique leurs rivaux, les accueillirent par haine contre les Ommiades. Ils prirent la couleur noire, parce que le blanc était celle des Ommiades, et l'on désigna par ces couleurs contraires les deux partis opposés. Merwan, vaincu et pris sur les bords du Zâb, affluent du Tigre, eut la tête coupée (750), et d'horribles vengeances signalèrent le triomphe des Abbassides. Les Ommiades et leurs adhérents furent poignardés par milliers. Un jour quatre-vingt-dix de leurs chefs sont invités à un festin sous couleur de réconciliation. Au milieu des joies de la table, le poëte paraît, non plus un Antar chantant les combats, l'amour, l'hospitalité, la gloire, mais un poëte sombre et terrible : « Abdallah, dit-il à l'oncle d'Abbas qui présidait le festin, souviens-toi d'Al-Husein, souviens-toi de Zaïdi. Husein fut assassiné, et les chevaux foulèrent aux pieds son cadavre, traîné dans les places de Damas. Zaïdi, fils d'Husein, vaincu par l'Ommiade Hesham, fut égorgé sous ses yeux, et son corps resta exposé comme celui d'un vil scélérat. Souviens-toi de tes amis, souviens-toi de tes frères. Hâte-toi : voici le moment des justes vengeances! » Il finissait de parler, un bourreau paraît derrière chacun des Ommiades : ils tombent assommés; puis on recouvre de planches et de tapis leurs corps palpitants et, sur cette estrade sanglante, le festin continue (750). Les tombeaux des khalifes de Damas furent ouverts, leurs ossements brûlés et les cendres jetées aux vents.

4. Fondation du khalifat de Cordoue (755). — Un Ommiade pourtant s'échappa ; le jeune Abd-er-Rhaman se cacha successivement en Egypte, chez les Bédouins de Barcah et chez les Zénètes du Maroc jusqu'aux jours où les Arabes d'Espagne l'appelèrent.

Les armées de l'islamisme étaient composées d'éléments fort divers : dans celle qui avait envahi l'Espagne, il se trouvait sans doute beaucoup d'Arabes purs, mais aussi des Syriens, des Égyptiens, des Berbères, et ces troupes distinctes se fixèrent séparément sur le territoire conquis : ce qui amènera le démembrement du khalifat de Cordoue. A Cordoue s'était établie la légion royale de Damas. Ce furent ces Arabes syriens, fidèles à la famille syrienne des Ommiades, qui livrèrent l'Espagne à Abd-er-Rhaman (755). Il prit le titre d'émir-al-moumenin (chef des croyants), et fonda le khalifat d'Occident.

5. Asie : khalifat de Baghdâd (750-1058). — Cette révolution privait les Abbassides de l'extrémité occidentale de leur empire, mais il leur restait l'Asie et l'Afrique : celle-ci pour cinquante années seulement.

6. Al-Manzor, Haroun-al-Rashid, Al-Mamoun. — Abou-Djafar-al-Manzor, ou le Victorieux, frère d'Aboul-Abbas, lui succéda (754-775). Il eut à combattre son oncle Abdallah, le fit prisonnier, et, comme il lui avait juré de ne le faire périr ni par le fer ni par le poison, il l'écrasa sous la chute d'un plancher. Après cette perfidie, qui le rendit seul maître, il régna sagement. C'est lui qui donna à l'empire des Arabes sa troisième et célèbre capitale, Baghdâd (762), aux bords du Tigre, près de l'ancienne Séleucie, autour d'une colline que dominait le pavillon des khalifes ; une enceinte en briques, défendue par cent soixante-trois tours, la protégeait contre les attaques du dehors. Des sommes immenses furent consacrées à l'embellir. Dans ces lieux qui ont toujours vu le despotisme et où semblait errer l'ombre des *grands rois* de Perse et d'Assyrie, les khalifes commencèrent à se faire considérer comme l'image de la divinité sur la terre, suivant la coutume orientale de l'adoration du souverain. Une cour pompeuse, des officiers de toutes sortes, un premier ministre appelé *vizir* (porteur de fardeaux), déchargèrent le souverain du souci de gouverner et de rendre la justice, mais aussi le séparèrent de ses sujets. Il s'éloigna de la simplicité primitive par un luxe que lui enseignaient les magnifiques palais de la Perse. Il amassa des trésors immenses, toujours à la manière des rois persans : celui d'Al-Manzor s'élevait, dit-on, à 750 millions de notre monnaie. Son fils Mahadi dépensa 6 millions de dinars (le dinar valait environ 10 francs) dans un seul pèlerinage à la Mecque. Qu'était devenu Omar avec son sac de dattes et son outre de cuir pleine d'eau ?

Le plus célèbre des khalifes de Baghdâd est Haroun-al-Rashid (le Juste) surnommé encore le Victorieux (786-809). Il est populaire, même dans nos pays en quelque sorte, ainsi que son fidèle vizir, Djafar. On connaît déjà ses relations avec Charlemagne. Du côté de l'empire grec, il fit huit invasions, vainquit successivement Irène et l'usurpateur Nicéphore, défendit aux Grecs de jamais relever la ville d'Héraclée du Pont, qu'il avait détruite, et leur imposa un tribut qu'il les obligea de payer avec une monnaie marquée à son effigie. Mais tout en leur faisant la guerre, il prenait leurs sciences, leurs livres, et les popularisait chez ses Arabes par la protection accordée aux savants.

Ce genre de mérite appartient plus spécialement encore à son fils Al-Mamoun (813-833), qui fonda des écoles nombreuses, une académie, et fit de prodigieuses dépenses en faveur des sciences et des lettres.

7. Création de la garde turque. Décadence et démembrement du khalifat de Baghdâd. — Al-Manzor, Haroun-al-Rashid, Al-Mamoun, sont les trois grands princes du khalifat d'Orient. Après eux, Motassem (833-842), tout en conservant l'avantage dans les guerres qu'il eut à soutenir contre l'empire grec, prépara la décadence des Abbassides par la formation d'une garde de

Mosquée Iman-Moussa à Baghdâd.

50 000 esclaves turcs, achetés en Tartarie. C'était acheter des maîtres et des maîtres violents. Cette soldatesque disposa du trône, renversa à son gré les khalifes, qui toujours entourés de complots et de menaces, devinrent singulièrement cruels. Motawakkel (847) est le type de ces tyrans farouches ; il fit brûler vif dans un fourneau garni de pointes de fer un vizir qui l'avait offensé ; invita à un festin tous les officiers de sa cour et les fit massacrer pour prévenir un complot de leur part ; laissa librement circuler dans son palais des bêtes féroces et venimeuses dont les courtisans n'eurent pas le droit d'éviter l'atteinte, et mourut assassiné par son fils Mostanser (861). Son successeur fut empoisonné ; un autre fut assommé. Le palais des khalifes devint le théâtre de tragédies sanglantes que ne releva aucun sentiment généreux. C'est l'éternelle histoire des despotes qui s'entourent d'une milice spéciale et permanente chargée de les garder ; cette milice bientôt fait la loi avec le glaive : prétoriens à Rome, isauriens à Constantinople, strélitz à Moscou, etc.

Au milieu de cette anarchie, le khalifat de Baghdâd tomba en lambeaux. Dès le temps d'Haroun-al-Rashid, l'Afrique s'en était détachée. Dans l'Asie même, des dynasties indépendantes, la plupart fondées par des Turcs devenus gouverneurs de provinces, s'élevèrent de tous côtés : dans l'Egypte et la Syrie, les *Thoulonides*, et les *Ishkidites*, qui durèrent peu (868-905) ; dans le Khôraçân, les *Tahérites* (814-873), auxquels succédèrent les *Soffarides* (873-902), remplacés eux-mêmes par les *Samanides*, hordes tartares nouvellement converties au Koran ; dans la Mésopotamie, les *Hamanides* (892-1001) ; dans la Perse, les *Bouides* (933-1055), peuplade tartare qui s'étendit de la Caspienne à la mer des Indes et domina dans Baghdâd même.

C'est ainsi que les Turcs s'introduisaient peu à peu dans l'Asie, galvanisée plutôt que ressuscitée par le courant électrique de l'invasion arabe. On a vu à la fin de l'empire romain les Barbares le gouverner véritablement, tout en paraissant être à son service, puis, renonçant à ces apparences mensongères, s'en emparer ouvertement par l'invasion, et s'en déclarer les maîtres : de même on vit les Turcs prendre pied d'abord dans le khalifat en se faisant les soldats des khalifes ; quand ils les eurent dominés au point de disposer de leur trône et de leur vie, ils les dégradèrent et se substituèrent à eux définitivement.

8. Turcs seldjoukides (1058); chute du khalifat de Baghdâd. — C'est de la province de Ghazna que sortit la dynastie des *Ghaznévides* (997). Le fils de son fondateur, Mahmoud, prit le titre nouveau de *sultan*, soumit le Khôraçân, le Khowarcsm, imposa un tribut aux peuples de la Géorgie, fit douze expéditions terribles entre l'Indus et le Gange, conquit Dehli, Lahore et, chez les peuples de l'Hindoustân devenus ses tributaires, porta avec ses armes la religion du Koran qui y subsiste encore. Cette vaste domination fut recueillie après lui par une nouvelle horde venue du Nord. Il avait introduit, à l'orient de la Perse, les Turcomans. Ceux-ci, à sa mort, se révoltèrent sous la conduite de l'esclave Seldjouk, qui vainquit son fils Masoud et établit la dynastie *seldjoukide* au milieu même de l'empire des khalifes. Togrul-Beg, petit-fils de Seldjouk, consomma la révolution par laquelle la race arabe fut dépouillée de la domination de l'Orient (1058). Menacé par lui, le khalife Kaïem, qui régnait à Baghdâd, se mit sous sa protection et lui délégua la puissance temporelle sur tous les Etats de l'islamisme, ne gardant pour lui-même que l'autorité spirituelle. Il plaça sur sa tête deux couronnes, emblèmes du pouvoir dont il l'investissait sur l'Arabie et la Perse, et lui ceignit une épée magnifique. On revêtit successivement le prince de sept robes d'honneur et le khalife lui donna sept esclaves nés dans les sept contrées de l'empire, pendant que les hérauts proclamaient le Seldjoukide souverain de l'Orient et de l'Occident.

9. Afrique : khalifes fatimites (968). — L'Afrique,

avons-nous dit, s'était détachée d'assez bonne heure du khalifat de Baghdâd. Les *Aglabites* de Kaïroan (800-909) dominèrent sur la Méditerranée au neuvième et au dixième siècle, s'établirent en Corse, en Sardaigne, en Sicile, et attaquèrent plusieurs fois l'Italie. Contre eux, le pape Léon IV entoura d'un rempart le faubourg du Vatican (cité Léonine). A l'ouest des Aglabites, les *Édrissites* se rendirent indépendants à Fez (789-919).

Mais la plus considérable des dynasties musulmanes en Afrique fut celle des *Fatimites*, qui absorba les deux autres. Depuis que les Abbasides avaient enlevé le khalifat aux Alides, ceux-ci avaient cherché fortune en Afrique. Une famille qui prétendait descendre d'Ali et de Fatime se substitua aux Aglabites en 900, à Kaïroan, et, sous son chef, Moez Ledinillah, s'installa en Egypte (968). « De quelle branche de la famille d'Ali êtes-vous ? lui demandait on. — Voici mes ancêtres, répondit-il en montrant son cimeterre, et voici mes enfants, » ajouta-t-il en jetant de l'or à ses soldats. Ce n'était pas seulement un schisme politique, c'était aussi un schisme religieux, qu'opéraient les Fatimites. Ils prirent le titre de khalifes et établirent leur résidence au Caire, qu'ils bâtirent. De là leur domination s'étendit sur toute l'Afrique septentrionale, sur la Syrie, et même un instant sur Baghdâd, vers le temps de l'invasion de Togrul-Beg. En tous ces pays les noms d'Ali et des successeurs de Moez furent seuls invoqués dans les mosquées. Le schisme fut même poussé si loin, que le khalife fatimite Hakem, tyran cruel, dénatura la religion mahométane jusqu'à se faire adorer comme une incarnation de Dieu. Chassé du Caire, il alla porter sa divinité en Syrie, où sa doctrine, dite religion unitaire, est encore pratiquée aujourd'hui par les Druses. Les Fatimites firent prospérer l'Égypte, qui leur donnait de grandes richesses ; ils construisirent de superbes mosquées, y fondèrent des écoles, le Caire devint un centre littéraire, comme l'étaient Baghdâd à l'orient, Cordoue à l'occident.

ÉCLAT DE LA CIVILISATION ARABE.

10. Espagne : khalifat de Cordoue. — Le troisième fragment de la domination arabe, le khalifat de Cordoue, brilla d'un éclat aussi grand, mais aussi éphémère.

La conquête de l'Espagne avait été faite avec beaucoup de modération. Les chrétiens avaient partout conservé la liberté du culte, leurs lois et leurs juges : des conciles furent même tenus par eux avec l'autorisation des khalifes de Cordoue. Le tribut exigé n'avait rien d'accablant. Les juifs surtout, traités avec une rigueur extrême par les Visigoths, respirèrent et furent en faveur. Aussi, à part quelques révoltes, dont les plus redoutables furent celles de Tolède, qui regrettait son titre de capitale, les vaincus se fondirent sur beaucoup de points avec les vainqueurs et formèrent une population mixte, les *Mozarabes*. Les khalifes de Cordoue eurent donc rarement à lutter pour leur domination sur les peuples de l'Espagne centrale et méridionale, de sorte qu'ils purent, de bonne heure, déployer en paix les brillantes qualités dont la plupart d'entre eux se trouvèrent doués. Abd-er-Rhaman Ier (755), Hesham Ier (787), Abd-er-Rhaman II (822), Alhaken II (961), furent des souverains habiles, préoccupés du bonheur de leur peuple, protecteurs des lettres, riches des trésors que leur prodiguait le sol fertile et bien cultivé de l'Espagne. Abd-er-Rhaman Ier pleurait à la vue d'un palmier de Syrie qu'il avait fait transporter en Espagne et qui lui rappelait le pays natal qu'il avait été réduit à fuir. Un autre s'imposait l'obligation de travailler de ses mains tous les jours pendant une heure.

Cependant, sous ces règnes, l'empire arabe fut resserré au nord par les chrétiens. Pépin le Bref lui enleva la Septimanie (759); Charlemagne établit, au sud des Pyrénées jusqu'à l'Èbre, sa domination (812) d'où sortirent ensuite les petits États chrétiens de Barcelone et de Navarre, tandis que les chrétiens des Asturies se maintenaient et s'agrandissaient insensiblement : ainsi, dans tout le nord de la péninsule s'étendit une zone de peuples chrétiens indépendants, qui devaient un jour chasser les musulmans.

Déjà, d'ailleurs, sous Mohammed Ier (852), les walis ou gouverneurs de provinces cherchaient à se rendre indépendants et y réussirent quelque temps, tandis que les *Beni-Hafsoun*, bandits berbères et juifs, cachés dans les montagnes de l'Aragon, commençaient une insurrection qui ne fut apaisée qu'au bout de quatre-vingts ans. Abd-er-Rhaman III (912-961), qui eut le règne le plus brillant du khalifat de Cordoue, rétablit la prépondérance des Arabes par la répression des Beni-Hafsoun et par d'éclatantes victoires sur les chrétiens des Asturies. Cette puissance se soutint jusque sous Hesham II par le génie de l'*hadjeb* ou principal ministre, Al-Manzor, qui refoula les chrétiens au-delà du Douro et de l'Èbre, qu'ils avaient franchis. Mais Al-Manzor entraîna dans sa tombe la puissance des khalifes (998).

11. Création de la garde africaine ; démembrement du khalifat de Cordoue. — Au onzième siècle, le khalifat d'Occident est en proie à une anarchie confuse, où la garde africaine des khalifes, comme la garde turque à Baghdâd, joue un grand rôle, et dont les walis profitent pour s'affranchir. En 1010, Murcie, Badajoz, Grenade, Saragosse, Valence, Séville, Tolède, Carmona, Algéziras, sont autant de principautés indépendantes. En 1031, Hesham, dernier descendant des Ommiades, est déposé et se retire avec joie dans l'obscurité ; en 1060, le titre même de khalife disparaît.

Tel fut le sort de l'empire des Arabes dans les trois parties du monde, Asie, Afrique, Europe : une soudaine et irrésistible expansion, puis un morcellement et un affaiblissement général au bout de peu de siècles. L'édifice avait été élevé trop vite pour être de ceux qui durent longtemps. Comme leurs poëtes improvisaient des poésies brillantes, ils improvisèrent une domination gigantesque. Périt-elle entièrement ? qui pourrait le prétendre en voyant la religion, la langue, les lois du Koran régner encore sur la plupart des pays qu'elle comprit ?

En outre, elle transmit à l'Europe du moyen âge des découvertes, des industries, des sciences, empruntées sans doute pour la plupart à d'autres peuples, mais dont il est glorieux pour les Arabes d'avoir été du moins les propagateurs.

12. Civilisation des Arabes. — En effet, tandis que l'Europe était plongée dans des ténèbres de barbarie que perçaient à peine quelques faibles lueurs, une vive lumière de littérature, de philosophie, de science, d'arts, d'industrie, inondait toutes les capitales de l'islamisme. Baghdâd, Bassora, Samarkand, Damas, le Caire, Kaïroan, Fez, Grenade, Cordoue, étaient autant de grands centres intellectuels.

13. Littérature. — Avant que les Arabes fussent sortis de leur péninsule, ils avaient déjà une littérature poétique qui s'exprimait en deux dialectes distincts, l'homérite ou himyarite dans l'Yémen, le koréish dans l'Hedjaz. Ce dernier, fixé par Mahomet, devint prépondérant, et il s'est conservé dans sa pureté jusqu'à nos jours comme langue savante et religieuse, ou *arabe littéral*, au milieu des altérations nombreuses qu'a subies l'*arabe vulgaire* par l'influence des peuples divers soumis à l'islamisme et par celles des siècles écoulés. La richesse de cette langue était déjà prodigieuse à certains égards. Pour exprimer, sous tous leurs aspects, dans toutes leurs situations diverses, les objets que la vie du désert offrait sans cesse à leurs yeux ou à leur usage, une inépuisable synonymie ouvrait ses trésors aux poëtes arabes. Ils se vantent d'avoir quatre-vingts termes différents pour exprimer le miel, deux cents pour le serpent, cinq cents pour le lion, mille pour le chameau, autant pour le glaive, et jusqu'à quatre mille pour rendre l'idée du malheur. Une prodigieuse mémoire pouvait seule leur permettre de tirer parti de cette multitude de mots. Aussi était-elle grande chez les *rawia* ou rapsodes arabes : un d'eux, Hammad, offrit un jour au khalife Walid de lui réciter de suite cent *cassidè* (poëme de vingt à cent vers) sur chaque rime formée par une lettre de l'alphabet, et 'illustre auditeur fut plus vite lassé que le récitateur infatigable.

14. Philosophie. — Bornés d'abord à cette littérature lyrique, les Arabes agrandirent l'horizon de leur esprit après leurs conquêtes, lorsqu'ils se furent mêlés aux peuples qui les avaient précédés dans la civilisation. Ils reçurent des Grecs Aristote, et commentèrent avec ardeur ses ouvrages. Malheureusement ils ne connurent pas les écrits du philosophe grec par le texte même, mais par des versions syriaques, qu'ils traduisirent. Aussi, lorsque Averroës les transmit à l'Europe chrétienne du moyen âge, au douzième siècle, elle les reçut d'autant plus altérés, qu'elle fut obligée de les traduire à son tour de l'arabe.

15. Sciences exactes. — Les Arabes réussirent mieux dans les sciences exactes, grâce aux savants que les khalifes attirèrent de Constantinople. Dès la première moitié du neuvième siècle, deux astronomes de Baghdâd, mesuraient, dans la plaine de Sennaar, un degré du méridien. Bientôt Euclide commenté, les tables de Ptolémée corrigées, l'obliquité de l'écliptique calculée plus exactement, la précession des équinoxes, la différence de l'année solaire et de l'année sidérale, mieux déterminées, de nouveaux instruments de précision inventés, attestèrent l'aptitude scientifique des Arabes au moins pour les mathématiques, et Samarkand eut, bien avant l'Europe, un admirable observatoire. Toutefois c'est par erreur qu'on leur attribue vulgairement l'invention de l'algèbre et des chiffres, dits *arabes*, dont nous faisons usage : pour ces deux instruments puissants de nos mathématiques, comme pour la philosophie d'Aristote, ils ne firent que transmettre à l'Europe ce qu'ils trouvèrent dans la savante école d'Alexandrie. Peut-être tenons-nous d'eux, au même titre, la boussole et la poudre à canon qu'ils empruntèrent aux Chinois. L'Europe leur doit aussi le papier de linge, invention qui fit d'abord baisser le prix des manuscrits et qui rendit plus sensibles et plus prompts les bienfaits de l'imprimerie, quand cette admirable découverte eut été faite.

16. Médecine. — Ils excellèrent dans la médecine : là encore ils étudiaient les Grecs, témoin les nombreux traités d'Averroës sur Galien. Plusieurs de leurs grands philosophes furent en même temps de grands médecins, comme Avicenne (mort en 1037) et celui que nous venons de citer, Averroès. La réputation des médecins arabes était telle, qu'un roi de Castille, atteint d'hydropisie, désira se faire soigner à Cordoue, et obtint de la courtoisie du khalife la permission de venir recouvrer la santé chez ses ennemis. Ils nous enseignèrent la distillation, l'usage de la rhubarbe, trouvèrent l'alcool, plusieurs remèdes et médicaments nouveaux, l'usage de la manne, du séné, du camphre, du mercure, des sirops, etc.

17. Géographie. — Une des sciences qui doivent le plus aux Arabes est la géographie : leurs vastes conquêtes, leur goût pour les voyages aventureux, la nécessité des pèlerinages, leur procurèrent la connaissance exacte de bien des pays lointains que les Européens n'avaient jamais visités ou qu'ils avaient oubliés. En première ligne se distinguent Aboulféda, Masoudi, Edrisi surtout, qui, appelé à la cour de Roger, roi de Sicile, y composa son curieux ouvrage intitulé : *Délassements de l'homme désireux de connaître à fond les diverses contrées du monde.*

18. Histoire. — On cite les annales de Masoudi, de Makrisi et d'Aboulféda, seuls monuments historiques de leurs compatriotes ; mais, peu portés à la critique et à l'analyse, les historiens arabes s'éloignèrent rarement de la sécheresse des chroniques.

19. Architecture. — Dans les arts, ils ne cultivèrent que l'architecture, leur loi religieuse leur interdisant la représentation de la forme humaine, c'est-à-dire la sculpture et la peinture. De cette interdiction même résulta pour leur architecture un caractère particulier, quoiqu'ils n'y aient pas montré beaucoup d'invention, puisque leur cintre plus qu'hémicirculaire et porté par des colonnes, qui en est l'élément principal, est un emprunt fait à l'architecture byzantine. Ce qui leur est propre, ce sont leurs *arabesques* par lesquelles ils suppléaient pour l'ornementation à l'absence de figures peintes ou sculptées. C'étaient, dans l'origine, des inscriptions ayant un sens ; plus tard, le sens disparut et ce furent de simples combinaisons de lignes empruntées aux lettres arabes, qui se prêtaient merveilleusement à former ces riches dessins que nous admirons sur les tapis et les étoffes de l'Orient. Quant à la prétendue origine arabe de l'architecture ogivale, on sait aujourd'hui que rien n'est plus faux. Ce qui caractérisait l'architecture arabe, c'étaient la magnificence et le luxe intérieur des édifices, cette profusion de bassins, de fontaines, d'or et de pierres précieuses, qu'ils tiraient de l'Orient ou des mines de l'Espagne méridionale. Un des plus magnifiques monuments en ce genre était la fameuse mosquée bâtie à Cordoue par Abd-er-Rhaman Ier, avec ses 1093 colonnes de marbre et ses 4700 lampes ; un autre, non moins splendide, était le palais Al-Zehra (*la Fleur*) qu'Abd-er-Rhaman III fit construire sur les bords du Guadalquivir pour une de ses favorites, et où jaillissait une gerbe de mercure qui retombait dans une conque de porphyre. On peut admirer encore à Grenade l'Alhambra, à la fois palais et forteresse, dont plusieurs parties, surtout la cour dite des Lions, sont des modèles d'élégance et de richesse architecturale.

20. Agriculture, industrie, commerce. — Les Arabes ont dans tous les temps fait volontiers le commerce. Quand leur domination s'étendit des Pyrénées à l'Himâlaya, ils se trouvèrent naturellement les plus grands négociants du monde. Nul ne sait comme ces habitants du désert ménager l'eau dans la culture, sous leur brûlant soleil. Le système d'irrigation qu'ils pratiquèrent et que l'on suit encore dans la plaine de Valence, ce jardin de l'Espagne, pourrait servir de leçon

Mosquée de Cordoue.

à nos agriculteurs. Enfin, transportés dans les grandes villes romaines, ils s'y initièrent aux travaux de l'industrie et devinrent les plus habiles des artisans. La réputation des armes de Tolède, des soies de Grenade, des draps bleus et verts de Cuença, des harnais, des selles et des cuirs de Cordoue, était répandue dans toute l'Europe, qui achetait au plus haut prix ces produits de l'industrie des infidèles. C'est surtout l'Espagne, moins agitée que l'Orient, dans les premiers siècles du khalifat, qui prospéra avec cet éclat. Sa population était considérable. Cordoue seule comptait 200 000 maisons, 600 mosquées, 50 hospices, 80 écoles publiques, 900 bains publics et 1,000,000 d'habitants.

Voilà un court tableau de la civilisation que les Arabes répandirent des bords du Tage à ceux de l'Indus, civilisation éblouissante, mais fragile, tandis que celle de l'Europe, plus lente à se développer, a eu, après bien des bouleversements et bien des éclipses, la longue durée qui est réservée à toute croissance laborieuse.

CHAPITRE X.

PÉPIN D'HÉRISTAL, CHARLES MARTEL, PÉPIN LE BREF.

1. Origine des Carlovingiens. — 2. Pépin d'Héristal (687-714). — 3. Insurrections à la mort de Pepin (714). — 4. Charles Martel (715-743). — 5. Victoire de Poitiers sur les Arabes (732). — 6. Conquête de la Bourgogne et de la Provence (733-739). — 7. Préparatifs d'une expédition en Italie. — 8. Mairie de Pépin le Bref (741-752). — 9. Victoires sur les Bavarois, les Alamans et les Aquitains. — 10. Situation des derniers Mérovingiens. — 11. Rapports des Carlovingiens avec Rome pour la conversion des Frisons et des Saxons. — 12. Childéric III est enfermé dans un monastère (752). — 13. Expéditions de Pépin le Bref en Allemagne. — 14. Expédition de Pépin en Italie (755-756); donation au saint-siége. — 15. Conquête de la Septimanie (752-759). — 16. Conquête de l'Aquitaine (759-768). — 17. Mort de Pépin (768).

1. Origine des Carlovingiens. — L'empire des Mérovingiens, arrivé à son apogée sous Dagobert, s'était après lui lentement dissous entre les mains incapables des rois fainéants. Mais, au milieu des Francs ripuaires, qui avaient conservé sur les bords du Rhin l'énergie guerrière des premiers conquérants, s'était élevée une famille qu réunissait toutes les conditions requises alors pour exercer une grande influence. Elle avait des biens très-considérables, car on a compté jusqu'à cent-vingt-trois domaines qui lui appartenaient, et elle avait, par conséquent, une nombreuse clientèle, c'est-à-dire beaucoup de guerriers attachés à sa fortune. Si tous ses membres attiraient sur eux l'attention par leurs richesses et par leur courage, quelques-uns s'étaient signalés par leur sainteté. Trois d'entre eux, Arnulf, Chrodulf et Drogon, occupèrent successivement le siége épiscopal de Metz. Pépin de Landen fut maire d'Austrasie sous Clotaire II.

« Dans tous ses jugements, dit son biographe, Pépin s'étudiait à conformer ses arrêts aux règles de la divine justice; chose attestée non-seulement par le témoignage de tout le peuple, mais aussi et plus encore par le soin qu'il prit d'associer à tous ses conseils et à toutes ses affaires le bienheureux Arnulf, évêque de Metz, qu'il savait être éminemment dans la crainte et dans l'amour de Dieu. Car s'il arrivait que, par ignorance des lettres, il fût moins en état de juger des choses, celui-ci, fidèle interprète de la divine volonté, la lui faisait connaître avec exactitude. Arnulf était homme, en effet, à expliquer le sens des saintes Écritures, et, avant d'être évêque, il avait exercé sans reproche les fonctions de maire du palais. Soutenu d'un pareil appui, Pépin imposait au roi lui-même le frein de l'équité, lorsque, négligeant la justice, il voulait abuser de la puissance royale. Après la mort d'Arnulf, il fut attentif à s'adjoindre dans l'administration des affaires le bienheureux Chunibert, évêque de Cologne, également illustre par la renommée de sa sainteté. On peut juger de quelle ardeur d'équité était enflammé celui qui donnait à sa conduite des surveillants si diligents et de si incorruptibles arbitres. Ainsi, ennemi de toute méchanceté, il vécut soigneusement appliqué à la pratique du juste et de l'honnête, et, par les conseils des hommes pieux, demeura constant dans l'exercice des saintes œuvres. »

La femme de Pépin de Landen, Itta, sa fille Gertrude, « l'épouse choisie du roi des anges, » comme dit le vieux chroniqueur, moururent en odeur de sainteté, et Pépin lui-même passa plus tard pour un saint. Arnulf l'était déjà; son petit-fils fut, d'après la légende, saint Wandrille.

Il n'y a donc point à s'étonner qu'une si sainte et si puissante maison se fût placée au-dessus de tous les grands d'Austrasie. Ses chefs avaient possédé héréditairement la mairie de ce royaume pendant le septième siècle ; d'abord Pépin de Landen et Arnulf, ensuite Grimoald, qui s'était cru assez fort pour mettre son propre fils sur le trône ; enfin Pépin d'Héristal[1], petit-fils d'Arnulf par son père Anségise, et de Pépin le Vieux par sa mère Begga.

Sous la conduite de cette famille, qui doit son nom au plus illustre de ses membres, Charlemagne, la nation allait rentrer, après un siècle et demi de guerres civiles, dans la voie des conquêtes. La domination franque croulait de toutes parts, ils la relevèrent ; l'autorité royale n'était plus qu'un titre, ils lui rendirent sa force et son activité. En quelques années ils auront élevé un nouvel empire presque aussi vaste que l'avait été l'empire d'Occident.

La période de deux siècles que cette maison remplit se présente avec trois caractères :

D'abord ce sont les efforts des premiers Carlovingiens pour replacer sous le joug les peuples déjà émancipés (687-768) ;

Puis les conquêtes et les essais d'organisation de Charlemagne (768-814) ;

Enfin, après ce grand prince, la révolte des peuples, les usurpations des leudes (814-887), et l'avortement de l'œuvre tentée par les Carlovingiens.

2. Pépin d'Héristal (687-714). — Après sa victoire sur les Neustriens à Testry, Pépin, dit un chroniqueur, prit le roi Thierry III avec ses trésors, et s'en retourna en Austrasie : toute la révolution est dans ces paroles. La royauté ne fut pas supprimée ; mais le duc des Francs ne conserva un roi qu'afin de pouvoir montrer de loin en loin, au peuple assemblé, un prince du sang de Clovis. On a appelé ces princes les rois fainéants ; ils n'ont pu être autre chose : leurs noms ne méritent pas d'être tirés de l'obscurité où, de leur vivant même, ils étaient tombés.

Pépin avait deux choses à faire : reconstruire l'empire des Francs qui s'en allait en pièces, reconstruire l'auto-

---

1. Landen est un bourg, et Héristal une petite ville de Belgique, aux environs de Liége.

rité royale qui était en ruines. De ces deux choses, la seconde était plus difficile à accomplir que la première. L'aristocratie austrasienne consentit bien, en effet, à remettre sous le joug les populations du sud de la Gaule et les tribus germaniques qui s'étaient affranchies de la domination des Francs ; mais elle entendait que ce fût à son profit, non à son détriment. Or il arriva, ce qui s'est vu souvent, qu'en aidant son chef à prendre la liberté des autres, elle lui donna la tentation et la force de prendre aussi la sienne. Cela ne se fit pas sous Pépin ; mais cela était presque fait sous Charlemagne.

Tout en flattant les grands, Pépin rétablit l'antique usage des champs de mars ; il se donnait par là un appui contre l'aristocratie, dans la masse des hommes libres ; et ce fut cette assemblée qu'il consulta chaque année sur la paix et la guerre.

Les Neustriens ne cherchaient pas à se relever de leur défaite ; il essaya de les rattacher à sa cause en faisant épouser à son fils Drogon la veuve de leur dernier maire, Berthaire.

L'Aquitaine s'organisait sous des chefs nationaux, mais n'était point menaçante, et les tribus germaniques le devenaient. Il se tourna contre celles-ci. « Il fit beaucoup de guerres, disent les chroniques, contre Radbod, duc païen des Frisons, et d'autres princes, contre les Suèves et plusieurs autres nations. Dans ces guerres il fut toujours vainqueur. »

De précieux auxiliaires l'aidèrent dans cette lutte : les missionnaires, qui cherchaient à gagner à l'Évangile ceux que Pépin tâchait de gagner à la paix en les enfermant dans un grand empire. Saint Willibrod, nommé par le pape archevêque des Frisons en 676, convertit Radbod.

3. Insurrections à la mort de Pépin (714). — Pépin mourut en 714. Drogon, son fils aîné, était mort avant lui, et son second fils, Grimoald, avait été assassiné à Liége pendant qu'il priait à l'église. Il laissait un enfant en bas âge, Théobald, que Pépin institua maire de Neustrie et d'Austrasie, sous la tutelle de son aïeule Plectrude. Mais ceux qu'avait contenus à peine la forte main de Pépin refusèrent d'obéir à une femme et à un enfant. Les Neustriens prirent un maire de leur choix, Raginfred, et se jetèrent sur l'Austrasie par l'ouest, tandis que les Frisons et les Saxons l'attaquaient par l'est. Les Austrasiens ainsi pressés laissèrent là Plectrude avec l'enfant qu'on leur donnait pour chef, et tirèrent un vrai fils de Pépin, Charles, né d'une concubine, de la prison où son père l'avait jeté, le soupçonnant de complicité dans le meurtre de Grimoald:

4. Charles Martel (715-741). — Charles avait vingt-cinq ans. C'était un vrai Barbare, un rude soldat. « Guerrier herculéen, dit une vieille chronique, chef très-victorieux, qui, dépassant les limites où s'étaient arrêtés ses pères et ajoutant aux victoires paternelles de plus nobles victoires, triompha avec honneur des chefs et des rois, des peuples et des nations barbares, tellement que, depuis les Esclavons jusqu'aux Frisons, jusqu'aux Espagnols et aux Sarrasins, nul de ceux qui s'étaient levés contre lui ne sortit de ses mains que prosterné sous son empire et accablé sous son pouvoir. »

Charles, à qui l'histoire donna le surnom de Marteau ou Martel, qu'il avait mérité par son courage et sa force dans les batailles, eut d'abord le dessous. Les Neustriens et les Frisons entrèrent à la fois dans l'Austrasie et pénétrèrent jusqu'à Cologne. Charles se retira dans l'impénétrable pays d'Ardennes, observant tout du haut de ces collines boisées, et attendant une occasion favorable. Un jour, avec 500 cavaliers seulement, il surprit près d'Amblef l'armée neustrienne, qui se laissa saisir d'une telle épouvante, qu'elle se mit à fuir de tous côtés. Une partie des fuyards se réfugia dans l'église d'Amblef. Un d'eux franchissait le seuil en courant, quand un Austrasien, lançant un dernier coup de sabre, lui abattit le pied qui dépassait encore la porte. Le droit d'asile du saint lieu avait-il été violé? Les Neustriens disaient oui; l'Austrasien répondit qu'il avait respecté tout ce qui était en dedans du seuil sacré et frappé seulement ce qui était dehors. On trouva qu'il avait raison.

Une action plus sérieuse s'engagea l'année suivante à Vincy, près de Cambrai ; les Neustriens y éprouvèrent une sanglante défaite (717). Les Aquitains étant venus à leur aide, il les battit tous ensemble une seconde fois près de Soissons (719). Il laissa aux Neustriens le fantôme de roi que Raginfred leur avait donné, Chilpéric II, mais gouverna sous son nom. Des expéditions répétées contraignirent les Alamans, les Bavarois, les Thuringiens, à reconnaître la vieille suprématie des Francs. Les Frisons furent menacés, et six fois Charles pénétra sur les terres des Saxons.

5. Victoire de Poitiers sur les Arabes (732). — Mais sa plus grande gloire fut d'avoir sauvé la France de l'invasion musulmane que l'Afrique et l'Espagne venaient de subir. Maîtres de la péninsule (711) après une bataille de trois jours, les Arabes ne s'étaient pas laissé arrêter par la haute barrière des Pyrénées, ils avaient pénétré en Gaule par la Septimanie, pris Narbonne, Carcassone et Nîmes, assiégé Toulouse, presque détruit Bordeaux. Ils allèrent plus loin encore, jusqu'en Poitou, jusqu'en Bourgogne; Autun fut saccagé, et ils brûlèrent en 731 l'église Saint-Hilaire de Poitiers.

Le chef qui régnait à Toulouse sous le titre de duc d'Aquitaine, Eudes, vaincu par eux sur les bords de la Garonne, se décida à recourir au puissant duc des Francs, et les représentants des deux grandes invasions germanique et musulmane, qui s'étaient partagé l'empire romain, se rencontrèrent aux environs de Poitiers. Le choc fut terrible. Les peuples en gardèrent le souvenir comme celui de la plus terrible bataille du moyen âge. Il y allait en effet du salut de la chrétienté. 300 000 Sarrasins, disent les vieux chroniqueurs avec leur exagération ordinaire, tombèrent sous l'épée. Le reste s'enfuit jusque sous les murs de Narbonne, et de toutes leurs conquêtes sur la terre des Francs, les Arabes ne conservèrent que la Septimanie ou la côte qui s'étend du Rhône aux Pyrénées. Après cette victoire, le duc d'Aquitaine prêta serment d'obéissance au glorieux maire du palais d'Austrasie.

6. Conquête de la Bourgogne et de la Provence (733-739). — Les Bourguignons avaient refusé de se soumettre aux indignes successeurs de Dagobert; Charles tourna ses armes contre eux. Lyon, Vienne, Valence, Avignon, reçurent garnison franque. Maître ainsi de la

Arènes de Nimes.

vallée du Rhône, il alla, quatre ans plus tard, chercher au-delà du grand fleuve les vaincus de Poitiers; il pénétra dans la Septimanie, démantela Nîmes, brûla ses *Arènes*, sur lesquelles on voit encore les traces de l'incendie qu'il alluma, et détruisit les villes maritimes de Maguelone et d'Agde. En 739 il acheva, par la prise des deux puissantes cités d'Arles et de Marseille, la soumission de la Provence; la réduction du reste de la Septimanie était réservée à son fils Pépin.

7. Préparatifs d'une expédition en Italie. — Pour

récompenser ses glorieux soldats, Charles leur distribua des terres ou bénéfices qu'il prit sur les immenses domaines de l'Eglise. Le clergé lui en garda rancune et maudit sa mémoire. Cependant il allait, quand la mort le surprit, passer les Alpes pour défendre le pape qui l'appelait contre les Lombards (741).

8. Mairie de Pépin le Bref (741-752). — Des deux fils aînés de Charles Martel, l'un, Carloman, reçut l'Austrasie et les pays d'outre-Rhin ; l'autre, Pépin, eut la Neustrie et la Bourgogne. Depuis la mort de Thierry IV en 737, Charles Martel avait laissé le trône vacant. Carloman fit comme lui. Il n'avait pas besoin, au milieu de ses leudes germains, de cacher son pouvoir sous le nom d'un roi et n'en reconnut pas. Pépin le Bref, maître des régions occidentales, voulut gagner les Neustriens en flattant leur vieil attachement pour la race royale de Mérovée : il proclama Chilpéric III.

9. Victoires sur les Bavarois, les Alamans et les Aquitains. — Les ducs des Bavarois, des Aquitains et des Alamans refusèrent l'obéissance aux nouveaux chefs des Francs. Mais les deux frères étaient unis : ils triomphèrent. Odilon, duc des Bavarois, se soumit ; celui des Alamans fut dépouillé ; Hunald, chef des Aquitains, se retira dans un couvent. Carloman fit comme lui : il s'enferma en 747 au monastère du Mont-Cassin. Il avait deux fils. Pépin s'empara de l'héritage de son frère sans s'inquiéter des droits de ses neveux, et, maître de tout l'empire, songea à mettre un terme à la situation étrange qui durait depuis la bataille de Testry, car il y avait maintenant assez de gloire dans sa maison pour qu'il ne craignît pas de recommencer la tentative qui avait si mal réussi à Grimoald un siècle auparavant.

10. Situation des derniers Mérovingiens. — « La famille des Mérovingiens, dit Éginhard, ne faisait depuis longtemps preuve d'aucune vertu et ne montrait rien d'illustre que son titre de roi. Le prince se contentait d'avoir les cheveux flottants et la barbe longue, de s'asseoir sur le trône et de représenter le monarque. Il donnait audience aux ambassadeurs et leur faisait les réponses qui lui étaient enseignées ou plutôt commandées. A l'exception d'une pension alimentaire, mal assurée et que lui réglait le préfet du palais, selon son bon plaisir, il ne possédait en propre qu'une seule villa d'un fort modique revenu, et c'est là qu'il tenait sa cour, composée d'un très-petit nombre de domestiques. S'il était nécessaire qu'il allât quelque part, il voyageait monté sur un chariot traîné par des bœufs, qu'un bouvier conduisait à la manière des paysans. C'est ainsi qu'il avait coutume de se rendre à l'assemblée générale de la nation qui se réunissait une fois chaque année pour les affaires du royaume. »

11. Rapports des Carlovingiens avec Rome pour la conversion des Frisons et des Saxons. — Il ne fallait pas de bien grands efforts pour enfermer au fond d'un monastère cette royauté inutile et oubliée. Pépin toutefois voulut mettre les apparences du droit de son côté. Le pape, menacé jusque dans Rome par les Lombards, avait besoin d'un secours étranger pour sauver son indépendance, et ce secours il ne pouvait le trouver que dans le chef des Francs. Depuis longtemps le pontife était en relations avec ce peuple : car, depuis Grégoire le Grand, l'Eglise de Rome avait repris avec énergie la conversion des infidèles. L'Angleterre avait été conquise par ses missionnaires, puis la Germanie attaquée. Saint Colomban et saint Gall soumirent l'Helvétie à la foi; d'autres répandirent l'Evangile dans la vallée du Danube; Willibrod le porta dans la Frise, Winfried dans la Saxe. Or tous ces missionnaires partaient, pour leur périlleuse mission, de la terre des Francs. C'est de là qu'ils se préparaient à assaillir l'idolâtrie; là qu'ils trouvaient de pieuses recrues pour les aider au combat, ou un refuge en cas de revers. De leur côté, les rois ou ducs francs comprenaient bien que la conquête spirituelle des pays germaniques frayait les voies à la conquête temporelle. Aussi ils encourageaient, ils soutenaient les missionnaires : leur chef, l'Anglo-Saxon Winfried, devenu célèbre sous le nom de saint Boniface, était un des conseillers de Carloman, et les deux princes venaient, aux conciles de Leptines[1] (743) et de Soissons (745), de montrer, pour les vrais intérêts de l'Église, pour la réforme des mœurs et de la discipline, un zèle pieux et éclairé.

Pépin fut donc naturellement conduit à demander au pape, qui implorait son secours, de donner le titre à celui qui avait le pouvoir. « L'an 751, dit Éginhard, Burkhard, évêque de Würzburg, et Fulrad, prêtre chapelain, furent envoyés à Rome, au pape Zacharie, afin de consulter le pontife touchant les rois qui étaient alors en France, et qui n'en possédaient que le nom sans en avoir en aucune façon la puissance. Le pape répondit, par un message, qu'il valait mieux que celui qui possédait déjà l'autorité de roi le fût en effet, et, donnant son plein assentiment, il enjoignit que Pépin fût fait roi.

12. Childéric III est enfermé dans un monastère (752). — « Dans cette année (752), d'après la sanction du pontife romain, Pépin fut appelé roi des Francs, oint, pour cette haute dignité, de l'onction sacrée par la sainte main de Boniface, archevêque et martyr d'heureuse mémoire, et élevé sur le trône, selon la coutume des Francs, dans la ville de Soissons. Quant à Childéric, qui se parait du faux nom de roi, Pépin le fit mettre dans un monastère. » C'était celui de Sithiu ou de Saint-Bertin, près de Saint-Omer. Il y mourut trois ans après.

---

[1]. Le concile de Leptines interdit notamment aux évêques de paraître dans les armées, autorisa l'introduction dans les monastères de la règle austère de saint Benoît et régularisa la situation des biens ecclésiastiques que les princes avaient donnés à leurs guerriers à titre de précaires, pour subvenir aux frais des guerres extérieures et récompenser ceux qui combattaient les Sarrasins, les Bretons et les Saxons. Le concile de Soissons appliqua à la Neustrie les réformes décrétées à Leptines pour l'Austrasie. Les grands assistèrent à ce concile. Les conciles deviendront de plus en plus des assemblées mi-parties d'évêques et de laïques, où seront discutés les intérêts spirituels et les intérêts temporels de la société. Ce caractère d'assemblées mixtes se continuera, pour les conciles provinciaux, jusqu'à leur cessation dans le treizième siècle ; pour les conciles nationaux, jusqu'à celui de Bourges, en 1438.

La fin de cette première dynastie de nos rois n'excita pas un regret et ne laissa pas un souvenir. Les contemporains ne s'en aperçurent que pour voir dans cet événement le juste châtiment du mépris trop souvent marqué par les Mérovingiens pour l'Église. « L'homme de Dieu, dit le biographe de saint Colomban, étant allé trouver le roi de Bourgogne, Théodebert, lui reprocha son arrogance et lui conseilla d'entrer dans le sein de l'Église pour y faire pénitence, de peur que, après avoir perdu son royaume temporel, il ne perdît encore la vie éternelle. » Les rois de la première race avaient conservé, au milieu même de leur dégradation, un dernier reste de la fierté barbare qu'on ne verra plus dans les princes de la seconde. En entendant les paroles du moine, continue le chroniqueur, Théodebert et tous les assistants se prirent à rire, disant qu'ils n'avaient jamais ouï raconter qu'un Mérovingien fût devenu clerc volontairement. « Il dédaigne l'honneur d'être clerc! s'écria le saint; eh bien! il le sera malgré lui. » Pépin s'était chargé d'accomplir la prophétie.

13. Expédition de Pépin le Bref en Allemagne. — Lorsque saint Boniface avait renouvelé pour le fils de Charles Martel la cérémonie hébraïque du sacre par l'huile sainte, Pépin avait voulu, en demandant à l'Église cette consécration inusitée, donner à sa royauté nouvelle une sorte d'inviolabilité religieuse. Cependant il n'était pas certain que cette révolution ne parût pas à quelques scrupuleux partisans de la légitimité des Mérovingiens une usurpation : aussi se hâta-t-il de la justifier par des services. Il s'occupa peu du pays auquel nous donnerons désormais son nom moderne d'Allemagne. Il ne fit que deux expéditions contre les Saxons, qui promirent un tribut de 300 chevaux et la libre entrée de leur pays aux prêtres chrétiens. De ce côté, il semble n'avoir pas voulu troubler par les armes l'œuvre de civilisation que les missionnaires y accomplissaient. Toute son attention et toutes ses forces furent tournées vers les contrées du Midi, vers l'Italie, l'Aquitaine et la Gaule méridionale.

14. Expédition de Pépin en Italie (755-756); donation au saint-siege. — En 753 le pape Etienne II vint lui-même en France implorer contre les Lombards sa protection; il lui apportait pour lui et ses successeurs le titre de patrice de Rome, ce qui le constituait souverain politique de la ville éternelle. Pépin se fit sacrer une seconde fois par le pontife, força le passage des Alpes, que les maîtres si promptement dégénérés de l'Italie ne surent pas défendre, et assiégea leur roi dans Pavie. Astolphe promit de restituer les terres enlevées à l'Eglise de Rome, mais il n'en fit rien. Pépin reparut l'année suivante en Italie, se fit livrer Ravenne avec tout l'exarchat qui appartenait à l'empire grec, et, ne voulant ni les garder, comme possessions trop lointaines, ni les rendre aux schismatiques de Constantinople, il les donna à saint Pierre. Cette donation fut l'origine de la puissance temporelle des papes (756).

15. Conquête de la Septimanie (752-759). — Cette guerre d'Italie, très-importante par ses conséquences, n'offrait ni danger ni difficulté; celle d'Aquitaine présenta l'un et l'autre. Des ducs indépendants régnaient à Toulouse, adoptés par les Aquitains comme leurs princes indigènes, de sorte que ce fut entre eux et les Francs une guerre nationale acharnée. Elle commença du côté de la Septimanie (bas Languedoc). Les Goths de ce pays, s'étant soulevés contre les Arabes, appelèrent les Francs à leur aide. Nîmes, Agde, Béziers, ouvrirent leurs portes, mais Narbonne résista sept ans; quand elle se rendit, en 759, l'empire des Francs toucha pour la première fois aux Pyrénées orientales.

16. Conquête de l'Aquitaine (759-768). — Enveloppant alors l'Aquitaine par le nord et l'est, Pépin somma son duc Waïfre de lui livrer des leudes austrasiens fugitifs et de restituer le bien ravi aux églises. C'était donc au nom de l'Eglise que de ce côté encore il allait combattre. Waïfre refusa. Pépin repassa aussitôt la Loire, et depuis ce jour l'Aquitaine devint chaque année comme le pays de grande chasse des Francs; elle fut soumise à une dévastation méthodique. De la Loire à la Garonne les maisons étaient brûlées, les arbres coupés. Chaque année la dévastation s'étendait : ce fut d'abord Bourges et les environs, puis l'Auvergne, le Limousin, enfin le Quercy. Waïfre, avec une poignée d'hommes intrépides, reculait toujours; ses villes tombaient l'une après l'autre; tous les siens étaient captifs ou tués : il combattait encore. On n'en eut raison qu'en l'assassinant (768). L'indépendance de l'Aquitaine succomba avec lui; mais, dans cette race gallo-romaine, le sentiment de la liberté était si vif, la haine contre les Francs si profonde, que nous verrons encore bien des fois ce pays s'isoler pour vivre à l'écart.

17. Mort de Pépin (768). — Pépin mourut à Paris, au retour de l'expédition de l'an 768, « et, dit Eginhard, ses fils, Charles et Carloman, furent faits rois par le consentement des Francs. » Une tradition postérieure l'appela Pépin le Bref. Il aurait été de petite taille, mais très-vigoureux, s'il faut en croire la très-douteuse anecdote qui le montre abattant d'un seul coup la tête d'un lion que personne n'osait affronter. Sous lui, les assemblées générales avaient été transportées du mois de mars au mois de mai, et il les tint très-régulièrement chaque année, y convoquant les évêques en même temps que les grands. En 757 Constantin Copronyme, empereur de Constantinople, lui avait envoyé les premières orgues à plusieurs jeux qu'on ait vues en France. Elles furent placées dans l'église de Saint-Corneille, à Compiègne.

CHAPITRE XI.

CHARLEMAGNE ; SES GUERRES ET SON GOUVERNEMENT ; RÉTABLISSEMENT DE L'EMPIRE.

1. Charlemagne et Carloman (768-771). — 2. Charlemagne seul roi (771). — 3. Guerre contre les Lombards ; conquête de la moitié de l'Italie (773-774). — 4. Guerre de Saxe (772-804). — 5. Guerre entre l'Elbe et l'Oder (789). — 6. Guerre contre les Avares (787-796). — 7. Guerre d'Espagne (778-812). — 8. Charlemagne, empereur d'Occident (800). — 9. Résultats des guerres de Charlemagne. — 10. Apparition des Northmans. — 11. Gouvernement de l'empire ; le comte. — 12. Le centenier ou vicaire. — 13. Les envoyés royaux. — 14. Assemblées générales. — 15. Capitulaires. — 16. Impôts. — 17. Travaux publics et écoles. — 18. Première renaissance littéraire. — 19. Alcuin et Éginhard. — 20. Grandeur et renommée de Charlemagne : relations avec Haroun et avec l'empire grec. — 21. Mort de Charlemagne.

1. Charlemagne et Carloman (768-771). — L'empire ne resta partagé que trois ans, et ces trois années furent employées à achever l'œuvre de Pépin en Aquitaine. A la nouvelle de la mort de son fils, Hunald était sorti de son couvent et avait repris l'épée. Battu, il fut livré par les Vascons, s'échappa et alla porter chez les Lombards sa haine contre les Francs et son courage. Pour tenir en bride cette turbulente population de l'Aquitaine, Pépin avait déjà bâti le château de Turenne ; Charlemagne fonda celui de Fronsac sur la Dordogne ; et, dans la capitale même de la province, à Bordeaux, il plaça sur le portail de Sainte-Croix la statue de son père, signe de triomphe et menace permanente contre grande cité ;

Carloman avait mal soutenu son frère dans cette guerre, et la mésintelligence entre les deux princes annonçait des discordes civiles, lorsque Carloman mourut.

Il laissait des fils. Les Austrasiens, pouvant choisir entre ces enfants et un vaillant prince qui s'était déjà montré le digne successeur de Pépin, n'hésitèrent pas à le proclamer leur roi. L'oncle n'eut pas plus de scrupule à dépouiller ses neveux. N'oublions pas que les idées de succession n'étaient pas alors arrêtées comme elles le sont aujourd'hui, et qu'au-dessus du droit des fils à hériter de leur père, il y avait le vieux droit des peuples germaniques à élire eux-mêmes leur chef.

2. Charlemagne seul roi (771). — Charlemagne, pour le nommer comme la postérité, en réunissant à son nom de Charles celui de Grand (*magnus*), que ses victoires lui valurent, régna quarante-quatre ans. Il faut faire deux parts de ce long règne : les conquêtes et l'administration. Les premières eurent pour résultat de porter les limites du nouvel empire des Francs, à l'est, jusqu'à l'Elbe, à la Theiss et à la Bosna; au sud, jusqu'au Garigliano, en Italie, et jusque vers l'Èbre, en Espagne. L'Etat de Pépin se trouva doublé. On n'en a pas moins voulu faire de Charlemagne un sage couronné, un prince pacifique qui ne s'était armé que pour se défendre. Rendons-lui sa vraie et rude figure. Il n'avait nulle invasion à craindre. Les Arabes étaient divisés, les Avares affaiblis et les Saxons impuissants à faire une guerre sérieuse hors de leurs forêts et de leurs marécages. S'il a conduit les Francs au-delà de leurs frontières, c'est qu'il a eu, comme tant d'autres, l'ambition de commander à plus de peuples et de laisser un nom retentissant dans la mémoire des hommes.

3. Guerre contre les Lombards; conquête de la moitié de l'Italie (773-774). — Les fils de Carloman s'étaient réfugiés auprès de Didier, roi des Lombards, qui avait déjà donné asile à Hunald, l'implacable ennemi des Francs. Charlemagne avait récemment outragé ce prince en lui renvoyant sa fille, après une année de mariage. Didier, poussé par son ressentiment et par les conseils d'Hunald, voulut que le pape sacrât rois les fils de Carloman. Adrien en avertit Charlemagne, qui fit décréter une expédition au-delà des Alpes. Les passages ne furent pas mieux défendus qu'au temps de Pépin; les seules villes de Pavie et de Vérone résistèrent. Charles, laissant une armée devant ces deux places, alla à Rome recevoir le titre de patrice, avec le serment de fidélité des Romains, et confirmer au pape la donation de Pépin. A Pavie, Hunald fut lapidé par le peuple, qu'il voulait contraindre à se défendre encore. Didier et ses enfants furent enfermés dans un monastère, et Charles prit le titre de roi d'Italie (774). Ce fut le commencement des malheurs de ce pays. Depuis ce temps, il a cessé durant des siècles de s'appartenir, et c'est à titre d'héritiers de Charlemagne que les empereurs d'Alemagne ont régné sur la vallée du Pô. Les Lombards conservèrent toutefois ce qu'ils possédaient dans le sud de la péninsule. La domination franque s'arrêta au Garigliano, et, si les ducs de Bénévent se reconnurent tributaires, le plus souvent ils ne payèrent le tribut que quand une armée vint le leur demander.

4. Guerre de Saxe (772-801). — Cette guerre fut bien autrement difficile et périlleuse que celle d'Italie, car les Saxons, race énergique et brave, défendirent héroïquement leur liberté. Il est fâcheux que nous n'ayons de cette grande lutte que le récit sec et partial d'Eginhard. Les nations qui succombent racontent bien rarement leurs misères; voilà pourquoi l'histoire, trompée par les dépositions des vainqueurs, dit si souvent, comme le brenn gaulois, *væ victis!* malheur aux vaincus!

La religion fut le prétexte de la guerre. Les Saxons brûlèrent l'église de Deventer et menacèrent de mort les missionnaires qui étaient venus au milieu d'eux. Aussitôt Charles entra dans leur pays, dévasta tout par le fer et le feu, prit le château d'Ehresbourg et renversa l'idole Irminsul, patriotique souvenir d'Hermann, le libérateur de la Germanie contre les Romains. En 774, pendant que Charles était en Italie, les Saxons essayèrent de brûler l'église de Fritzlar; il revint et commença une guerre d'extermination dont les principaux incidents furent les victoires de Buckholz, de Detmold, d Osnabrück, le massacre de 4500 Saxons, décapités à Verden, la translation d'une partie de ce peuple dans d'autres provinces et la conversion forcée des habitants. Le héros de la résistance fut Witikind. Il combattit jusqu'en 785, se soumit alors et reçut le baptême à Attigny. La dernière prise d'armes fut de l'an 803.

Dès l'année 787 Charles avait promulgué, pour l'organisation de la Saxe, un capitulaire où la peine de mort se retrouve presque à chaque article, non-seulement pour les crimes que toutes les lois punissent ainsi, mais pour de simples infractions aux ordonnances de l'Église, pour avoir rompu le jeûne quadragésimal, refusé le baptême, noué des intrigues avec les païens, ou brûlé, comme eux, le corps d'un homme mort.

Charlemagne ayant pu poursuivre cette œuvre pendant quarante ans, ces moyens, bien qu'atroces, réussirent. La Saxe sortit de ses mains domptée, mais chrétienne, partagée en huit évêchés, couverte de cités nouvelles et d'abbayes qui furent des foyers de civilisation, et ce pays, jusqu'alors barbare et païen, entra en communion avec le reste de l'empire.

5. Guerre entre l'Elbe et l'Oder (789). — Les conquérants sont condamnés à étendre sans cesse leurs conquêtes. Derrière les Saxons, par delà l'Elbe, Charlemagne trouva les Wiltzes ; pour arrêter leurs incursions en Saxe, il les rendit tributaires (789). Quand il les eut soumis au tribut, il fallut qu'il se chargeât de leurs guerres contre leurs voisins du Nord ; et les Francs, après avoir passé le Weser, franchi l'Elbe, limite de la Saxe, et pénétré jusqu'à l'Oder, durent aller sur les bords de l'Eyder fermer aux Danois l'entrée de l'Allemagne. Toutefois, les pays entre l'Elbe et l'Oder ne reçurent pas l'organisation donnée au reste de l'empire.

Ces pays touchent à la Bohême d'où l'Elbe sort et qu'enveloppe un losange de montagnes ; les armées de

Charles y pénétrèrent, mais sans en rapporter la soumission des habitants.

6. Guerre contre les Avares (787-796). — Il y avait en Bavière une vieille race ducale qui se croyait aussi noble que les Carlovingiens, et dont le chef, Tassillon, gendre de Didier, l'ancien roi des Lombards, subissait avec douleur la domination franque. En 787 un vaste complot se forma : Tassillon, aidé des Avares qui occupaient, à l'est de la Bavière, la Pannonie, devait attaquer l'Austrasie, tandis que les Grecs, unis au duc de Bénévent, se jetteraient sur l'Italie. Averti du péril par le pape Adrien, Charles le prévint par d'habiles et énergiques mesures. Tassillon fut enveloppé par trois armées, et bientôt parut en suppliant devant Charles. L'assemblée des Francs le condamna à mort; on l'enferma avec son fils dans un monastère, et son duché de Bavière, divisé en comtés, fut administré par des comtes francs. Les conjurés d'Italie n'avaient pas eu le temps d'agir. Les Avares arrivèrent trop tard. Ils attaquèrent à la fois le Frioul et la Bavière (788). Refoulés dans la Pannonie, ils y furent suivis par les Francs. Cette guerre ne finit qu'en 796 par la prise du ring ou camp des Avares. Les Francs y trouvèrent tant de trésors, fruit du pillage de l'empire grec, qu'ils devinrent riches, dit Éginhard, de pauvres qu'ils étaient auparavant, en comparaison. La lutte avait été très-meurtrière pour les Avares, car ce peuple, jadis redouté dans toute la vallée du Danube, s'en trouva si affaibli, qu'il fut réduit, pour se soustraire aux attaques des Slaves, à demander un asile à Charlemagne en Bavière. Une partie de leur pays forma la marche Orientale et fut organisée comme la Saxe : on y fonda des villes, des évêchés. L'Autriche est sortie de là, comme la Prusse sortira de la marche Saxonne.

7. Guerre d'Espagne (778-812). — Charlemagne était à Paderborn, occupé à faire baptiser les Saxons, lorsqu'un Sarrasin, qui ne voulait pas reconnaître le khalife de Cordoue, vint lui offrir de mettre les Francs en possession des villes qu'il tenait au sud des Pyrénées. Charles accepta, et, avec une nombreuse armée, traversa la Gascogne, dont le duc, Loup, fut contraint de lui prêter serment de fidélité. Il prit Pampelune et Saragosse. Mais ses alliés, lui offrant peu de secours, il rentra en France par les gorges des Pyrénées. L'armée défilait sur une ligne étroite et longue, dans la vallée de Roncevaux, quand les Vascons, embusqués dans les bois, se précipitèrent sur l'arrière-garde, y portèrent le désordre et tuèrent plusieurs comtes. Là périt Roland, commandant des marches de Bretagne. L'histoire ne sait de lui rien de plus que ce que nous venons d'en dire. Mais les poëmes du moyen âge en savaient bien davantage; ils célébrèrent longuement ses exploits héroïques, son cor enchanté dont :

> Bruient li mont et li vauls resona;
> Bien quize lieues li oïes en ala,

et sa Durandal, qui fendait roc et granit. Guillaume le Conquérant, allant à la conquête de l'Angleterre, fit chanter la *Chanson de Roland* à la tête de son armée, et le paysan basque montre encore dans les Pyrénées le cirque immense qui s'appelle la brèche de Roland[1].

Les Francs firent six autres expéditions au-delà des Pyrénées. Elles furent conduites par le fils de Charles et eurent pour résultat la formation de la marche d'Espagne ou comté de Barcelone, et de la marche de Gascogne, qui fut plus tard le royaume de Navarre. L'empire, de ce côté, n'arriva pourtant pas jusqu'à l'Èbre. Huesca et Saragosse restèrent aux Arabes.

Pour mettre les côtes à l'abri des pirateries des Sarrasins, une flotte, dirigée sur la Corse, la Sardaigne et les Baléares, chassa de ces îles les infidèles (799).

8. Charlemagne, empereur d'Occident (800). — Toutes ces guerres étaient à peu près achevées en

---

1. La *Chanson de Roland* est la plus ancienne et la plus réellement épique des chansons de geste. Nous en avons une rédaction qui date du onzième siècle.

l'an 800. Charles se trouvait alors maître de la France, de l'Allemagne, des trois quarts de l'Italie et d'une partie de l'Espagne ; il avait augmenté de plus d'un tiers l'étendue des pays que son père lui avait laissés. Ces vastes possessions n'étaient plus un royaume, mais un empire. Il crut avoir assez fait pour être autorisé à s'asseoir sur le trône des empereurs d'Occident, et, comme son père avait demandé au pape sa couronne de roi, ce fut au pape qu'il demanda sa couronne d'empereur.

Au milieu de l'année 800, Charles se rendit en Italie pour diriger une expédition qu'il envoyait sous les ordres de son fils Pépin, contre les Lombards de Bénévent. « Il arriva à Rome le 24 novembre, dit Eginhard ; on accusait le pape de beaucoup de choses ; le roi commença l'examen de ces accusations ; mais, personne ne voulant entreprendre de les prouver, le pape monta en chaire en présence de tout le peuple, dans la basilique de l'apôtre saint Pierre, prit l'Evangile dans sa main, invoqua le nom de la sainte Trinité, et se purgea par serment des crimes qui lui étaient imputés. Le même jour, le prêtre Zacharie, que Charles avait envoyé à Jérusalem, arriva à Rome avec deux prêtres qui venaient trouver le roi par ordre du patriarche ; ils lui apportaient sa bénédiction, les clefs du saint sépulcre et du Calvaire, ainsi qu'un étendard. Le roi les reçut gracieusement, les retint quelques jours près de lui, les récompensa et leur donna audience lorsqu'ils voulurent s'en retourner. Le saint jour de la naissance du Seigneur, tandis que le roi priait devant l'autel du bienheureux apôtre Pierre, le pape lui posa une couronne sur la tête, et tout le peuple romain s'écria : « A Charles Auguste, couronné par Dieu, grand « et pacifique empereur des Romains, vie et victoire ! » Après *Laudes*, il fut adoré par le pontife, suivant la coutume des anciens princes, et, quittant le nom de patrice, il fut appelé empereur et auguste. »

C'était un grand événement que cette cérémonie qui avait lieu dans l'église de Saint-Pierre, au jour de Noël de l'an 800. Le titre d'empereur de l'Occident,

Charlemagne d'après la mosaïque de Saint-Jean de Latran.

resté enseveli sous les ruines faites par les Barbares, en était tiré par le pontife de Rome et était montré aux nations dispersées et ennemies comme un signe de ralliement. Un droit nouveau était créé pour ceux qui hériteront de cette couronne, le droit de commander aux peuples italiens, allemands, français, qui se trouvaient alors réunis sous la main de l'empereur franc. Quand des circonstances de famille et le temps auront fait passer ce titre aux rois allemands, la France se trouvera assez forte pour repousser la domination d'un César étranger, mais non l'Italie. De là la moitié des maux que la péninsule aura à souffrir.

Un autre personnage acquit ce jour-là une prérogative importante. En couronnant Charlemagne, le pape Léon III avait rempli une fonction religieuse, comme saint Remi en sacrant Clovis. Ses successeurs en feront un droit politique et les pontifes se regarderont comme les dispensateurs des couronnes. Pendant tout le moyen âge, la consécration impériale ne pourra être donnée qu'à Rome même et par les mains du saint-père. Plus d'une guerre sortira de ce droit nouveau.

9. Résultats des guerres de Charlemagne. — Dans les conquêtes de Charlemagne, il y en a de durables, il y en a d'éphémères; les unes sont utiles, les autres ne le sont pas. Tout ce qu'il tenta au-delà des Pyrénées avorta. Le comté de Barcelone, qu'il rattacha à la France, ne nous est pas resté, et de la marche de Gascogne il ne nous est revenu que ce que la nature elle-même nous donnait sur le versant septentrional des Pyrénées. Mieux eût valu qu'il eût dompté les Bretons, de manière à les faire entrer plus tôt dans la vie et dans la nationalité françaises, au lieu de se contenter d'une soumission précaire. La conquête du royaume des Lombards ne profita ni à la France ni à l'Italie, mais au pape, dont elle releva la position politique et dont elle assura pour l'avenir le pouvoir temporel. Le pays pour lequel ces longues guerres eurent le plus heureux résultat fut celui qui en souffrit le plus, l'Allemagne.

Avant Charlemagne, l'Allemagne était encore la Germanie, c'est-à-dire un chaos informe de tribus païennes ou chrétiennes, mais toutes barbares, ennemies les unes des autres, sans lien qui les unît. Il y avait des Francs, des Saxons, des Thuringiens, des Bavarois. Après lui, il y eut un peuple allemand, et il y aura un royaume d'Allemagne. C'est une grande gloire que d'avoir créé un peuple; cette gloire, peu de conquérants l'ont su trouver, car ils détruisent bien plus qu'ils ne fondent; Charlemagne l'a pleinement obtenue.

10. Apparition des Northmans. — Charlemagne, en portant jusqu'à l'Eyder les avant-postes de son empire, pensait avoir fermé l'Allemagne aux hommes du Nord (*Northmans*); mais, excités peut-être par les fugitifs de la Saxe, les Northmans montèrent sur leurs barques, et vinrent pirater tout le long des côtes de l'empire. S'il en fallait croire le moine de Saint-Gall, ils auraient, du vivant même de Charlemagne, pénétré dans la Méditerranée. « Ils entrèrent, dit le chroniqueur, dans le port d'une ville où l'empereur se trouvait; on les en chassa, mais Charles, s'étant levé de table, se mit à la fenêtre qui regardait l'orient et demeura longtemps le visage inondé de larmes. Comme personne n'osait l'interroger, il dit aux grands qui l'entouraient : « Savez-« vous, mes fidèles, pourquoi je pleure amèrement? « Certes je ne crains pas qu'ils me nuisent par ces mi-« sérables pirateries; mais je m'afflige de ce que, moi « vivant, ils ont touché ce rivage, et je suis tourmenté « d'une vive douleur, quand je prévois ce qu'ils feront « de maux à mes petits-neveux et à leurs peuples. » La scène est belle, mais le fait est faux; on doit y renoncer. L'apparition des Northmans, sous Charlemagne, reste pourtant certaine, car on le voit prendre contre eux des mesures de défense : deux flottes furent rassemblées à Boulogne et près de Gand, deux autres sur la Garonne et sur le Rhône, la dernière, sans doute, contre les écumeurs de mer qui commençaient à se montrer dans la Méditerranée.

11. Gouvernement de l'empire; le comte. — L'empire se divisait en comtés dont la circonscription reproduisait assez bien les anciennes limites des cités romaines. Les comtes, agents habituels et résidents de l'administration générale, réunissaient toutes les attributions civiles, judiciaires et militaires. En les instituant dans leur office, le roi disait : « Ayant éprouvé votre foi et vos services, nous vous donnons les pouvoirs de comte dans ce territoire. Gardez-nous la foi jurée, et que tous les peuples habitant ce pays soient traités avec modération. Régissez-les avec droiture, selon leur foi et leur coutume. Soyez le défenseur des veuves et des orphelins. Réprimez sévèrement les voleurs et les malfaiteurs, afin que les peuples, vivant en prospérité sous votre gouvernement, restent en joie et en paix. Veillez à ce que tout ce qui appartient légitimement à notre fisc soit chaque année versé à notre trésor. »

12. Le centenier ou vicaire. — A côté du comte sera plus tard le vicomte; sous les premiers Carlovingiens il y avait le centenier, nommé aussi viguier ou vicaire, qui commandait dans un district, originairement occupé par cent familles. Le vicaire tenait dans son district trois plaids par an; assisté des *scabins* ou juges royaux, que le comte désignait, et d'hommes libres du pays, il jugeait toutes les causes, excepté celles qui entraînaient la mort, la confiscation ou la perte de la liberté, lesquelles ne pouvaient être portées que devant la cour du comte.

13. Les envoyés royaux. — Les envoyés royaux ou *missi dominici*, ordinairement un comte et un évêque, parcouraient quatre fois l'an les comtés soumis à leur surveillance, afin de pouvoir tenir l'empereur au courant des vœux publics. Ils écoutaient les plaintes des sujets, réformaient les abus, recevaient les appels des sentences rendues par les comtes. « Si un comte ne fait pas justice à ses administrés, dit une loi de Charlemagne (779), que nos envoyés s'établissent dans sa maison et vivent à ses dépens jusqu'à ce que justice soit rendue. »

11. Assemblées générales. — « C'était l'usage de ce temps, dit l'archevêque de Reims, Hincmar, de tenir chaque année deux assemblées, au printemps et à l'automne. Dans l'une et dans l'autre on soumettait aux grands les articles de loi, nommés *capitula*, que le roi lui-même avait rédigés par l'inspiration de Dieu, ou dont la nécessité lui avait été manifestée dans l'intervalle des réunions. Après avoir reçu ces communications, ils en délibéraient un, deux ou trois jours au plus, selon l'importance des affaires. Des messagers recevaient leurs questions et rapportaient les réponses. Aucun étranger n'approchait du lieu de l'assemblée, jusqu'à ce que le résultat des délibérations eût été mis sous les yeux du grand prince, qui alors avec la sagesse qu'il avait reçue de Dieu adoptait une résolution à laquelle tous obéissaient. Les choses se passaient ainsi pour un, deux capitulaires, ou pour un plus grand nombre, jusqu'à ce que, avec l'aide de Dieu, on eût pourvu à toutes les nécessités du temps.

« Pendant que ces affaires se traitaient de la sorte, hors de la présence du roi, le prince lui-même, au milieu de la multitude venue à l'assemblée générale, était occupé à recevoir des présents, saluant les hommes les plus considérables, soit ecclésiastiques, soit laïques, s'entretenant avec ceux qu'il voyait rarement, témoignant aux plus âgés un intérêt affectueux, ou s'égayant avec les plus jeunes. Si ceux qui délibéraient sur les affaires publiques en manifestaient le désir, le roi se rendait auprès d'eux ; alors ils lui rapportaient, avec une entière familiarité, ce qu'ils pensaient de toutes choses, et quelles étaient les discussions amicales qui s'étaient élevées entre eux.

« Je ne dois pas oublier de dire que si le temps était beau, tout cela se passait en plein air, sinon, dans plusieurs bâtiments distincts. Ceux qui avaient à délibérer sur les propositions du roi étaient séparés de la multitude des personnes venues à l'assemblée, où les hommes les moins considérables ne pouvaient entrer.

« Les lieux destinés à ces assemblées des grands étaient divisés en deux parties, de telle sorte que les évêques, les abbés et les clercs élevés en dignité, pussent se réunir sans aucun mélange de laïques. De même les comtes et les autres principaux de l'État se séparaient, dès le matin, du reste de la multitude. Alors les seigneurs ci-dessus désignés, les clercs d'un côté, les laïques de l'autre, se rendaient dans la salle qui leur était assignée, et où on avait fait honorablement préparer des sièges. Ils pouvaient siéger ensemble ou séparément, selon la nature des affaires qu'ils avaient à traiter, ecclésiastiques, séculières ou mixtes ; de même, s'ils voulaient faire venir quelqu'un soit pour demander des aliments, soit pour faire quelque question, et le renvoyer après en avoir reçu ce dont ils avaient besoin, ils en étaient les maîtres.

« La seconde occupation du roi était de demander à chacun ce qu'il avait à lui apprendre sur la partie du royaume d'où il venait. Car il leur était étroitement recommandé à tous de s'enquérir, dans l'intervalle des assemblées, de ce qui se passait au dedans et au dehors du royaume ; et ils devaient chercher à le savoir des étrangers comme des nationaux, des ennemis comme des amis. Le roi voulait savoir si, dans quelque coin du pays, le peuple murmurait ou était agité, et quelle était la cause de son agitation, s'il était survenu quelque désordre dont il fût nécessaire d'occuper l'assemblée, et autres détails semblables. Il cherchait aussi à connaître si quelqu'une des nations soumises voulait se révolter, si quelqu'une de celles qui s'étaient révoltées semblait disposée à se soumettre, si celles qui étaient encore indépendantes menaçaient le royaume de quelque attaque. »

Ces assemblées ne ressemblaient donc plus aux anciens champs de mars des Francs, où tout homme libre prenait part à la délibération. Comme le temps de l'assemblée est aussi celui de la revue de l'armée, et qu'elle précède l'entrée en campagne, a lieu au retour, les hommes libres s'y trouvent encore; mais ils laissent les grands délibérer à l'écart. Les ducs, les évêques, les comtes, les abbés sont seuls appelés par Charlemagne à l'aider de leurs conseils. Cependant, en souvenir de l'ancien droit, les lois portent, en signe de sanction nationale : « Et tout cela a été approuvé du peuple, *De his omnes consenserunt.* »

15. Capitulaires. — Nous avons 65 de ces capitulaires; ils comprennent 1151 articles. La diversité des affaires dont ils traitent prouve la sérieuse activité du prince, son ardent désir de mettre de l'ordre dans l'État. On l'y voit porter son attention sur toutes choses. En même temps qu'il présidait des conciles et discutait avec les évêques sur le culte des images ou l'hérésie de Félix d'Urgel, il réglait dans les plus petits détails l'administration de ses fermes.[1], et ordonnait qu'on prît garde qu'aucun de ses esclaves ne mourût de faim, « autant que cela se peut faire avec l'aide de Dieu. » Il combattait une des tendances les plus générales de son temps, l'usurpation des terres du domaine royal, et il prémunissait le peuple par ses avis et ses conseils contre les imposteurs et les faussaires. Il voulait éteindre la mendicité en obligeant chacun de ses fidèles à nourrir sur son bénéfice les mendiants qui s'y trouvaient; et, s'il imposait à chaque paroissien l'obligation de donner à son église la dîme ou dixième partie de produits de sa terre, c'était en la partageant en trois parties : la première pour l'entretien et l'ornement de l'église, la deuxième à l'usage des pauvres et des voyageurs, la

---

[1]. « Il ordonnait, dit Montesquieu, qu'on vendît les œufs des basses-cours de ses domaines et les herbes inutiles de ses jardins, et il avait distribué à ses peuples toutes les richesses des Lombards et les immenses trésors de ces Huns qui avaient dépouillé l'univers. » Ces diverses instructions ont été réunies à tort en un seul capitulaire, au reste fort curieux et intitulé : *De Villis.* Il y a 70 articles. On y lit à l'article 19 : « Il y aura dans les basses-cours de nos villes au moins de 100 poules et au moins 30 oies; dans les simples manoirs, au moins 50 poules et 12 oies. » Ces préoccupations économiques étaient nécessaires, puisque le roi n'avait pas d'autres revenus que ceux de ses domaines.

troisième seulement pour les prêtres. L'introduction du chant grégorien dans les églises fut une de ses grandes affaires ; une autre fut la réformation des monastères qu'opéra saint Benoît d'Aniane : car, depuis les concessions de biens d'Église faites par Charles Martel à ses leudes, on trouvait beaucoup de *clercs séculiers* portant la lance et l'épée, ne songeant qu'à la chasse et à la guerre.

Il accrut la juridiction de l'Église de manière à l'affranchir de la juridiction royale, et il essaya d'astreindre les marchands à l'égalité des poids et mesures ; il leur fixa même un maximum, c'est-à-dire le prix le plus fort auquel ils pouvaient vendre leurs denrées.

Il régla le service militaire : tout homme libre possédant quatre métairies doit aller à la guerre. Ceux qui ne possèdent pas quatre métairies se réunissent : un d'eux part, les autres lui fournissent les armes, les chevaux et les provisions nécessaires.

Il chercha à réprimer le vol par la sévérité des peines qu'il décréta : la première fois, la perte d'un œil ; la seconde, celle du nez ; la troisième, la mort.

16. Impôts. — Il n'y avait plus, depuis le commencement du septième siècle, d'impôts publics. Le roi ne recevait que ce qui lui était dû comme propriétaire par ses nombreux colons, les fruits et les revenus de ses domaines particuliers, les services personnels et réels des comtes et des bénéficiers royaux, les dons gratuits des grands et les tributs des pays conquis. Les propriétaires étaient obligés de fournir aux moyens de transport et à la subsistance du prince ou de ses agents, lorsqu'ils passaient sur leurs terres ; ils étaient chargés en outre de l'entretien des routes et des ponts. L'armée s'équipait elle-même et vivait à ses frais et sans solde : la terre ou bénéfice que le soldat avait reçu en tenait lieu.

17. Travaux publics et écoles. — On a vu qu'afin de civiliser la Saxe et la Pannonie, il avait fondé des évêchés qui donnèrent chacun naissance à une ville importante. Il commença un ouvrage qui n'a été accompli

que de nos jours, un canal entre le Rhin et le Danube ;
il construisit un pont à Mayence, une basilique à Aix-la-Chapelle, deux palais à Nimègue et à Ingelheim ;

Église d'Aix-la-Chapelle.

mais il fut réduit, pour les décorer, à piller l'Italie et à dépouiller Ravenne de ses marbres les plus précieux.

Il releva nombre d'églises, exigea des prêtres qu'ils fussent non-seulement pieux, mais lettrés, et créa des écoles dans les évêchés, dans les monastères, jusque dans son palais. Il assistait aux leçons, récompensait les plus habiles, et faisait honte aux fils des grands quand ils se laissaient devancer par les fils des pauvres. « Vous comptez, leur disait-il avec colère, sur les services de vos pères ; mais sachez qu'ils ont été récompensés et que l'État ne doit rien qu'à celui qui mérite par lui-même. » Et aux évêques, aux moines : « C'est plaire à Dieu que de bien vivre, mais c'est lui plaire encore que de bien parler. » Alcuin l'entendait s'écrier un jour : « Ah ! si j'avais seulement autour de moi douze clercs instruits dans toutes les sciences comme l'étaient Jérôme et Augustin ! »

18. Première renaissance littéraire. — Il se donna lui-même beaucoup de peine pour apprendre des choses dont son père ou son aïeul ne pensaient guère qu'un roi et un guerrier eussent besoin. « Ne se bornant pas à l'étude de sa langue maternelle, il voulut connaître les langues étrangères, et apprit si bien le latin qu'il s'en servait comme de sa propre langue. Quant au grec, il le comprenait mieux qu'il ne le parlait[1]. La fécondité de sa conversation était telle, au surplus, qu'il paraissait trop aimer à causer. Passionné pour les arts libéraux, il respectait les hommes qui s'y distinguaient et les comblait d'honneurs. Le diacre Pierre, vieillard natif de Pise, lui apprit la grammaire ; dans les autres sciences il eut pour maître Alcuin, l'homme le plus savant de son temps. Sous sa direction, Charles consacra beaucoup de temps et de travail à l'étude de la rhétorique, de la dialectique et de l'astronomie, apprenant l'art de calculer la marche des astres, et suivant leur cours avec une attention scrupuleuse et une étonnante sagacité. Il essaya même d'écrire, et avait habituellement sous le chevet de son lit des tablettes et des exemples pour s'exercer à former des lettres quand il trouvait quelques instants de liberté; mais il réussit peu dans cette étude commencée trop tard et à un âge

---

[1]. Ainsi, le grec n'était pas tout à fait oublié en Occident. Sous Charles le Chauve, Jean Scot Érigène traduira encore les livres du pseudo-Denys, mais après lui, et pendant cinq siècles, les plus savants hommes ignorèrent cette langue.

peu convenable[1]. Toutes les nations soumises à son pouvoir n'avaient point eu jusqu'alors de loi écrite ; il ordonna de rédiger leurs coutumes. Il fit de même écrire les poëmes barbares qui célébraient les exploits des anciens chefs, et les conserva de cette manière à la postérité. Il fit aussi commencer une grammaire de la langue nationale. » Dans un de ses capitulaires, il se glorifie « d'avoir corrigé les livres de l'ancienne et de la nouvelle alliance, corrompus par l'ignorance des copistes. »

19. Alcuin et Éginhard. — Au septième et au commencement du huitième siècle, la France était en arrière des autres pays de l'Europe. Charlemagne fut obligé de chercher hors de ses provinces les hommes qui pouvaient répondre à sa pensée. Tous les maîtres de l'école du palais furent des étrangers : à leur tête était l'Anglo-Saxon Alcuin, que Charlemagne eut grand'-peine à retenir auprès de lui ; ensuite venaient l'Irlandais Clément, Pierre de Pise, le Lombard Paul Diacre, qui a laissé une histoire de sa nation, le Goth Théodulfe, originaire d'Espagne ou de la Septimanie et le meilleur poëte du temps : aussi l'appelait-on Pindare dans l'école du palais. Il est vrai qu'Alcuin, pour de mauvais vers, avait pris le nom d'Horace, et Angilbert celui d'Homère. Cependant un Franconien les éclipsa tous, Éginhard, qu'une gracieuse légende voudrait faire gendre de Charlemagne. Il fut son secrétaire et, après la mort de ce prince, fut mêlé aux plus grandes affaires de l'empire. Sa *Vie de Charlemagne* n'est pas seulement un recueil précieux de faits authentiques, mais un livre d'histoire, une véritable composition littéraire imitée de Suétone. On sait que Charlemagne siégeait lui-même dans cette sorte d'académie où il portait le nom de David. Les discussions qu'on y soutenait montrent que la science y était bien puérile. Il n'en faut pas moins tenir un grand compte des efforts de ces hommes pour sortir de la bar-

---

1. L'écriture à cette époque était un art difficile, surtout pour des mains fatiguées par l'épée.

barie. Charlemagne apprenant à écrire et y réussissant mal, ou s'oubliant à écouter la pédantesque *disputatio* d'Alcuin et de Pépin que nous avons encore, restera toujours ce qu'il a véritablement été, le promoteur d'une renaissance littéraire qui s'est bien lentement développée sans doute, mais qui, du moins, ne s'arrêtera pas. Depuis Charlemagne il n'y eut plus sur le monde de ces ténèbres palpables comme le septième et le huitième siècle en avaient vu [1].

20. Grandeur et renommée de Charlemagne; relations avec Haroun et avec l'empire grec. — Ainsi les héritiers des rois fainéants pouvaient maintenant rendre bon compte de leur usurpation. L'empire des Francs, qui tombait, était relevé, agrandi, et l'autorité, qui se perdait, était retrouvée et fortifiée. Ce n'est pas un vain titre que Charles avait pris à Rome; il était bien l'empereur de l'Occident. Eginhard nous le montre dans son palais d'Aix-la-Chapelle, sans cesse entouré de rois ou d'ambassadeurs, venus des plus lointains pays. Egbert, roi des Anglo-Saxons de Sussex, Eardulf, roi du Northumberland, venaient à sa cour. Le roi des Asturies, celui d'Ecosse, ne s'appelaient jamais, en lui écrivant, que ses fidèles; le premier lui rendait compte de toutes ses guerres et lui offrait une part du butin. Le maître brillant et redouté de l'Asie occidentale, le khalife Haroun-al-Rashid, rechercha son amitié et lui envoya des présents, parmi lesquels un éléphant, animal que les Francs n'avaient jamais vu, et une horloge sonnante;

---

[1]. Alcuin, né dans le Yorkshire, en 727, mort en 804, fonda, par ordre de Charlemagne, des écoles à Paris, à Tours, à Aix-la-Chapelle, et dirigea l'école palatine. Ses œuvres ont été recueillies en deux volumes in-folio; elles sont peu remarquables. Mais il a plus de droits à notre estime par ce qu'il a fait comme promoteur de la renaissance littéraire, que par ce qu'il a écrit. Il faut aussi lui savoir gré du soin qu'il obligea ses moines d'avoir dans la transcription des manuscrits. Ses lettres offrent d'intéressants détails. Eginhard mourut vers 839 dans un monastère. Nous avons de lui : *Vita et gesta Caroli Magni et soixante-deux lettres*. On lui attribue aussi des *Annales* de 741-829. Un des plus célèbres élèves d'Alcuin, à Tours, fut Rhabanus Maurus (776-865), abbé de Fulde et évêque de Mayence, dont il nous reste trois volumes in-folio d'ouvrages divers et de poésie. Leidrade, archevêque de Lyon, Smaragde, abbé de Saint-Mihiel, qui écrivit une grammaire latine, aidèrent aussi l'empereur dans son œuvre de civilisation.

enfin les empereurs de Constantinople firent un traité avec lui, suivant ce proverbe grec qui subsiste encore, dit Eginhard : « Ayez le Franc pour ami, non pour voisin. » Il fut même, à en croire un écrivain de Byzance, sur le point d'épouser l'impératrice Irène et d'unir ainsi les deux empires.

Un récit du moine de Saint-Gall montre l'idée qu'avaient de sa puissance, sinon les contemporains, du moins la génération qui leur succéda[1]. Charlemagne arrive par delà les Alpes pour combattre le roi des Lombards. Didier est sur les murs de Pavie avec le comte Ogger, qui a fui pour éviter le châtiment de quelque faute, et il contemple avec effroi l'armée des Francs qui s'approche. « D'abord il ne voit qu'un épais nuage de poussière ; ce sont les machines de guerre qui vont battre les murs de sa cité royale. « Voilà Charles, s'écrie « Didier, avec cette grande armée. — Non, » dit Ogger. Alors apparaît la troupe immense des simples soldats. « Assurément, Charles s'avance triomphant au milieu de « cette foule. — Pas encore, » répond Ogger. Cependant on découvre le corps des gardes, vieux guerriers qui ne connaissaient jamais de repos. « Pour le coup c'est Char- « les, s'écrie Didier, plein d'effroi. — Non, reprend « Ogger, pas encore. » A la suite viennent les évêques, les abbés, les clercs de la chapelle et les comtes. Alors Didier crie en sanglotant : « Descendons et cachons- « nous dans les entrailles de la terre, loin de la face d'un « si terrible ennemi. — Quand vous verrez la moisson « s'agiter d'horreur dans les champs, dit Ogger, alors « vous pourrez croire à l'arrivée de Charles. » Il n'avait pas fini ces paroles, qu'on commença de voir au couchant comme un nuage ténébreux soulevé par le vent du nord-ouest qui convertit le jour en ténèbres. Mais l'empereur approchant un peu plus, l'éclat des armes fit luire sur Pavie un jour plus sombre que toute nuit. Alors parut Charles lui-même, tout couvert d'une ar-

---

1. Le moine de Saint-Gall écrivit, en 884, à la demande de l'empereur Charles le Gros, les *Faits et gestes de Charlemagne*.

mure de fer, la main gauche armée d'une lance, la droite étendue sur son invincible épée ; Ogger le reconnaît, et, frappé d'épouvante, il chancelle et tombe en disant : « Le voici ! »

21. Mort de Charlemagne. — Ce fut le 28 janvier de l'année 814 que ce grand homme mourut. Son règne se résume en un immense et glorieux effort pour fondre ensemble le monde barbare et ce qui survivait de la civilisation romaine ; pour mettre un terme au chaos né de l'invasion, et fonder une autorité régulière où l'autorité du pape et celle de l'empereur, étroitement unies, maintiendraient l'ordre dans l'Eglise, comme dans l'État. Problème bien difficile, qu'il fut donné à Charlemagne de résoudre, mais dont, après lui, toutes les difficultés parurent. Son œuvre, en effet, ne dura pas : on verra tout à l'heure pourquoi et comment son empire tomba. Le nom de ce génie puissant, quoique rude encore, n'en est pas moins entouré d'une gloire immortelle, et il est resté dans la mémoire des nations avec celui des trois ou quatre grands hommes qui ont fait, sinon toujours le plus de bien, au moins le plus de bruit dans le monde. Pour Charlemagne, la somme du bien accompli dépasse de beaucoup ce qui n'est que vaine renommée et ambition stérile. Il créa l'Allemagne moderne ; et, si ce lien des nations qu'il avait voulu nouer se brisa, sa grande image plana au-dessus des temps féodaux comme le génie de l'ordre, invitant sans cesse les peuples à sortir du chaos, pour chercher l'union et la paix sous un chef glorieux et fort. Combien le souvenir du grand empereur n'a-t-il pas aidé les rois à reconstituer leur pouvoir et l'État [1] ?

---

[1]. FAITS DIVERS. — L'usage de compter les années à partir de la naissance de Jésus-Christ s'introduisit en France sous ce prince et sous son prédécesseur. Mais longtemps on fit commencer l'année au 1ᵉʳ mars, au 1ᵉʳ janvier, à Noël (25 décembre), ou à l'Annonciation (25 mars), enfin à Pâques. Ce dernier usage prévalut de Hugues Capet à Charles IX. Un capitulaire de 802 défend de se servir d'avocat : « Que chacun rende raison de sa propre cause et que personne ne pratique l'usage de discuter pour autrui. » Un autre consacra le *jugement de Dieu* par toutes les espèces d'épreuves.

CHAPITRE XII.

GÉOGRAPHIE DE L'EMPIRE DE CHARLEMAGNE.

1. Limites géographiques de l'empire de Charlemagne. — 2. Zone des peuples tributaires. — 3. Divisions : légations et comtés. — 4. Royaumes. — 5. Marches. — 6. Royaume d'Italie, avec la marche de Carinthie et le patrimoine de Saint-Pierre. — 7. Royaume d'Aquitaine. — 8. Duché et marche de Gascogne. — 9. Marche d'Espagne. — 10. Septimanie. — 11. Royaume des Francs (Neustrie, Austrasie, Thuringe, Bavière, Alamannie).

1. Limites géographiques de l'empire de Charlemagne. — Ses frontières étaient : au nord et à l'ouest, l'Océan, depuis l'embouchure de l'Elbe jusqu'à la rive espagnole du golfe de Gascogne, moins la péninsule armoricaine, qui n'était que tributaire ; au sud, les Pyrénées et, en Espagne, le cours inférieur de l'Èbre ; en Italie, le Garigliano et la Pescara, moins Gaëte et Venise, qui reconnaissaient la souveraineté plus nominale que réelle des empereurs de Constantinople ; enfin, en Illyrie, la Cettina ou la Narenta, moins les villes maritimes de Trau, Zara et Spalatro, restées aux Grecs. A l'est, la frontière était marquée : en Illyrie, par la Bosna et la Save ; en Germanie, par la Theiss, d'où la frontière tournait à l'ouest à travers la Moravie jusqu'aux montagnes de la Bohême, qu'elle laissait à l'est, pour regagner au nord la Saale, puis l'Elbe. Le pays situé au nord de l'embouchure de l'Elbe, jusqu'à l'Eyder, reconnaissait encore la domination directe de Charlemagne.

2. Zone des peuples tributaires. — Mais, au-delà de ces frontières, se trouvaient des peuples placés dans une dépendance plus ou moins grande de l'empire. Les Navarrais, dans les Pyrénées occidentales, et le duc de Bénévent, dans l'Italie méridionale, payaient le tribut quand une armée venait le chercher. La Bretagne et la Bohême avaient été ravagées, non conquises. Entre l'Elbe et l'Oder, les Obotrites étaient alliés plutôt que sujets, et il fallait entretenir leur amitié par de fréquentes concessions et une protection onéreuse. Quant aux Wiltzes, vaincus souvent, ils ne déposèrent jamais les armes. Ajoutons à ces provinces continentales les îles Baléares, la Corse et peut-être aussi la Sardaigne, possessions précaires que se disputaient les Francs, les Grecs et les Sarrasins.

3. Divisions : légations et comtés. — La division administrative de l'empire avait deux degrés principaux : les *comtés* et les *légations* (*missatica*), qui reproduisaient assez généralement, dans les contrées autrefois possédées par Rome, l'ancienne division en cités et en provinces. Il y avait autrefois des cités dont le territoire avait formé plusieurs comtés, et le nombre des comtés renfermés dans la circonscription d'un *missaticum* changeait au gré du prince ou des circonstances. Il semble pourtant que ces légations aient été l'origine des duchés. Sous les successeurs immédiats de Charlemagne, la Neustrie, l'Austrasie et la Bourgogne en renfermaient dix, l'Italie, treize, etc.

4. Royaumes. — Au-dessus de ces divisions particulières, Charles en établit une autre plus générale lorsqu'il constitua les royaumes d'*Aquitaine* et d'*Italie*, pour ses fils Louis et Pépin, en se réservant l'administration directe de l'Austrasie; mais les nouveaux royaumes ne furent, à vrai dire, que de grandes légations dont les fils de Charlemagne furent investis avec une autorité plus étendue et plus durable que celle des autres envoyés royaux. C'était aussi une satisfaction donnée à l'orgueil national des Francs austrasiens, aux Gallo-Romains d'Aquitaine et aux Italiens. Par cette division, Charles crut rendre la surveillance plus facile : au nord, contre les Saxons et les Danois; au sud, contre les Arabes et les Bénéventins; à l'est, contre les Grecs et les Slaves du Danube.

5. Marches. — Quelques provinces situées sur les frontières portaient aussi le nom particulier de *marches;* c'étaient la *marche Orientale* (Autriche), la *marche de Carinthie* ou duché de Frioul, la *marche d'Espagne* (comté de Barcelone), la *marche de Gascogne*, des sources de la Garonne à celles de la Bidassoa. Les comtes de Rennes, de Nantes et d'Angers, sur la frontière de la Bretagne, portaient le nom de *margraves*, ou comtes de la marche (marquis).

6. Royaume d'Italie, avec la marche de Carinthie et le patrimoine de Saint-Pierre. — Les villes les plus importantes de l'Italie carlovingienne étaient Pavie, ancienne capitale des Lombards, Milan, Vérone, Trévise, Florence et Rome. Après la chute du royaume des Goths, Rome, avec son territoire composé de la Sabine et de l'ancien Latium, avait formé un duché gouverné par un délégué de l'empereur de Constantinople. Le pape, comme tous les autres évêques, n'y avait alors d'autre administration temporelle que celle des biens cédés à son Eglise par la piété des empereurs et des fidèles. Mais lorsque l'édit de Léon l'Isaurien contre les images fit révolter toutes les villes grecques de l'Italie, Rome s'organisa en république, et confia à son évêque la suprême magistrature du nouvel Etat qui s'étendait de Viterbe à Terracine, et de Narni à l'embouchure du Tibre. Pépin et Charlemagne ne changèrent rien à l'organisation intérieure de la république romaine; mais l'exerchat (Ravenne, Bologne, Imola, Faenza, Ferrare, Forli, Césène) et la pentapole (Ancône, Rimini, Pesaro, Fano et Sinigaglia) furent par eux donnés au pape, et ajoutés au *patrimoine de Saint-Pierre*. Cette donation des rois francs, patrices de Rome et par conséquent chefs politiques sur son territoire et ses dépendances, eut le seul caractère qu'elle pût avoir en ce temps-là, celui d'un domaine accordé par un suzerain à *son fidèle*. Le titre d'empereur pris par Charlemagne précisa plus encore cette situation respective du prince et du pontife.

Au nord-est de l'Italie, Charlemagne avait établi la marche de Carinthie ou duché de Frioul, duquel dépendaient tous les pays situés au sud de la Drave, ainsi que l'Istrie, la Liburnie et la Dalmatie; mais toutes les villes maritimes de cette côte et les îles illyriennes appartenaient à l'empire grec.

Au sud du Garigliano et de la Pescara s'étendait le duché de Bénévent, tantôt tributaire, tantôt indépendant des Francs; villes principales : Bénévent et Capoue.

7. Royaume d'Aquitaine. — Pour maintenir dans l'obéissance ces peuples habitués à la domination mérovingienne, Charlemagne avait établi des comtes dans quinze de leurs principales cités. Ces villes étaient, au nord : Bourges et Poitiers; à l'ouest : Saintes et Angoulême, sur la Charente; au sud : Bordeaux, Agen et Toulouse, sur la Garonne; Alby, sur le Tarn; à l'est : Rodez, sur l'Aveyron; Mende, sur le Lot; le Puy en Velay, près de la Loire; Clermont en Auvergne; enfin, au centre : Limoges, sur la Vienne; Périgueux, sur l'Isle, et Cahors, sur le Lot. Les châteaux forts de Fronsac, sur la Dordogne; de Turenne, au sud du Limousin; de Peyrusse, au nord-ouest de Rodez, etc., dominaient le pays.

8. Duché et marche de Gascogne. — Toute la contrée au sud-ouest de la Garonne formait le duché de Gascogne, dont les chefs, qui se disaient d'origine mérovingienne, étaient en révolte presque continuelle contre les anciens maires du palais, devenus rois. C'est dans la partie des Pyrénées qui s'étend au sud-est de Bayonne que se trouvait la vallée de Roncevaux. Au-delà des montagnes de la Navarre, les Francs avaient pris et démantelé Pampelune; mais leur domination, dans cette partie de l'Espagne, était plus précaire encore que sur aucune autre de leurs frontières. Cependant Charles y avait établi une *marche* dont le chef-lieu paraît avoir été Jacca.

9. Marche d'Espagne. — A l'est au contraire, les comtes francs, établis à Barcelone, capitale de toute la

Anciennes murailles de Carcassonne.

marché, à Ampurias, à Girone, à Urgel, entre la Méditerranée et la Sègre, gardaient le grand passage des Pyrénées orientales. Tarragone avait été brûlée par Louis le Débonnaire; mais Tortose, à l'embouchure de l'Èbre, enlevée par lui en 811, avait été reprise par les Arabes deux ans plus tard.

10. Septimanie. — Des comtes francs administraient ses sept villes principales : Agde, Narbonne, Béziers, Maguelone, Nîmes, Lodève et Carcassonne, qui nous montre encore ses vieux remparts romains et visigoths.

Les îles Baléares, la Corse et la Sardaigne, étaient des dépendances plutôt nominales que réelles des rois d'Aquitaine.

11. Royaume des Francs (Neustrie, Bourgogne, Austrasie, Saxe, Thuringe, Bavière, Alamannie). — On pourrait comprendre sous le nom de *royaume des Francs* le reste des provinces dont Charlemagne s'était réservé l'administration directe, savoir :

La *Neustrie*, qui s'étendait de la Loire à l'Escaut, et de l'Océan à la frontière de la Bourgogne, entre Langres et Auxerre. De ses anciennes villes romaines, bien peu avaient conservé une véritable importance; Reims, Paris, où Charlemagne ne vint qu'une fois; Soissons, Rouen, Orléans, où Pépin tint le champ de mai de 766; Noyon, où Charlemagne fut proclamé; Troyes, où Pépin réunit sa première armée contre Waïfre, etc., étaient sans doute encore des cités peuplées, mais elles ne jouaient aucun rôle politique, ne prenaient part à aucun événement, et c'était dans les *villas* royales que les traités étaient signés et les ambassades admises; c'était là que Charles rassemblait ses troupes et convoquait les grands. Dans la Neustrie, ces résidences étaient nombreuses; mais elles furent moins fréquemment visitées par Charlemagne qu'elles ne l'avaient été par les princes mérovingiens; les principales étaient : Attigny, sur l'Aisne; Kiersy et Compiègne, sur l'Oise; Verberie, près de la même rivière : Laon, Selles, sur la Loire, etc. A Boulogne, sur le détroit du Pas-de-Calais, et à Gand, au confluent de l'Escaut et de la Lys, Charlemagne avait établi des arsenaux maritimes pour la construction de flottilles destinées à protéger les côtes contre les Northmans. La péninsule armoricaine, à l'ouest de la Rance, de l'Ille et de la Vilaine, peut être considérée comme une dépendance de la Neustrie, bien qu'elle conservât ses chefs nationaux. Elle avait un grand nombre de petites forteresses situées au milieu des marais ou dans des positions d'un accès difficile.

La *Bourgogne* dont les principales villes étaient : Arles, Vienne, Lyon, Genève, le long du Rhône, et Chalon, sur la Saône. Luxeuil, au pied des Vosges, et Saint-Maurice, dans le Valais, étaient célèbres par leurs monastères.

L'*Austrasie* s'étendait sur les deux rives du Rhin, de l'Escaut à la Saale. La partie située sur la rive droite du Rhin a même gardé le nom de Franconie. Cette province, centre de l'empire carlovingien, renfermait des villes importantes, dont plusieurs étaient d'origine romaine, et qui restèrent, en souvenir de Charlemagne, les capitales de l'empire germanique. C'étaient, sur la rive gauche, le long du Rhin : Spire, Worms, Mayence, où Charlemagne jeta sur le fleuve un pont de bois reposant sur des piles en pierre, dont on voit encore aujourd'hui les restes; Ingelheim, à l'ouest de Mayence; Coblentz, où se tint un concile en 806; Nimègue, où il fit construire un palais qui rivalisa avec celui d'Ingelheim; et, sur la Moselle, Metz et Trèves, si riches en ruines romaines. A la droite du Rhin se trouvaient : Francfort, où le fils de Charlemagne bâtit un palais qui existe encore, le Saalhof, et Würzburg, sur le Mein. Quant aux *villas* royales, les plus importantes étaient : Aix-la-Chapelle, qu'il avait choisie, à cause de ses eaux thermales, pour sa résidence ordinaire et qui est la seule ville que l'on puisse considérer comme la capitale de son empire; Héristal, au nord-est d'Aix-la-Chapelle, et l'un des plus anciens domaines de la maison carlovingienne; Duren, à l'est d'Aix-la-Chapelle; Thionville, au nord de Metz; Valenciennes; Andernach, sur le Rhin; Tribur, au sud-est de Mayence.

La *Saxe*, entre l'Elbe et le Rhin, serait devenue une solitude, si le vainqueur n'avait pris soin d'y élever des villes nouvelles. Lippspring, aux sources de la Lippe; Paderborn; Herstell, sur le Weser; Halle, sur la Saale; Magdebourg, sur l'Elbe; Hambourg; Essenfeld et plusieurs forteresses bâties à l'embouchure du même fleuve,

Trèves : porte romaine.

renfermèrent de nombreuses garnisons qui protégèrent les travaux apostoliques des évêques établis à Minden; à Brême, sur le Weser; à Verden, sur l'Aller; à Osnabrück, à Munster; à Paderborn, près de la Lippe, à Hildesheim et à Halberstadt. La Frise peut être considérée comme une dépendance de la Saxe; nous y nommerons seulement Deventer, sur l'Yssel, et Rustringen, près des bouches du Weser, où fut massacré en 793 tout un corps de Francs.

GÉOGRAPHIE DE L'EMPIRE DE CHARLEMAGNE.

La *Thuringe*, séparée de la Saxe par l'Unstrut, n'avait pas de cités, mais seulement la *villa* royale d'Ingolstadt, sur le Danube.

L'ancien duché de *Bavière* avait perdu ce qu'il possédait au nord du Danube. Ses principales villes étaient : Ratisbonne et Passau, sur ce fleuve; Freising, sur l'Isar, et Salzbourg, sur la Salza. A l'est de la Bavière, sur les deux rives du Danube, s'étendait la *marche Orientale* (Autriche), où s'élevaient les deux nouveaux évêchés de Faviana, sur le Danube (à l'ouest de Vienne), et de Nitra (Neitra), en Hongrie, à l'est de Presbourg. Au-delà du Raab, jusqu'à la Theiss, habitaient les débris de la nation avare, sous des princes indigènes qui s'étaient engagés à payer tribut et à recevoir le baptême.

L'*Alamannie*, en comprenant dans cette province la Rhétie et l'Alsace, où les Alamans s'étaient établis et où leur langue subsiste encore, s'étendait du Lech jusqu'aux Vosges. Villes principales : Coire, sur le Rhin supérieur; Saint-Gall, au sud-est du lac de Constance; Constance, sur le lac même; Augsbourg, sur le Lech; Bâle, au coude du Rhin; Strasbourg, sur le même fleuve, en Alsace.

CHAPITRE XIII.

LOUIS LE DÉBONNAIRE[1]; TRAITÉ DE VERDUN.

1. Fragilité de l'empire carlovingien. — 2. Louis le Débonnaire (814-840). — 3. Partage fait entre les fils de l'empereur (817). — 4. Révolte et mort de Bernard (817). — 5. Répression des mouvements insurrectionnels. — 6. Pénitence publique de Louis (822). — 7. Première déposition et rétablissement de Louis (830). — 8. Seconde déposition de Louis (833). — 9. Second rétablissement de Louis (834). — 10. Nouvelles fautes; nouvelles guerres; mort de Louis (840) — 11. Bataille de Fontanet (841). — 12. Le serment de Strasbourg (841). — 13. Traité de Verdun; l'empire de Charlemagne est partagé en trois royaumes (843).

1. Fragilité de l'empire carlovingien. — Charlemagne avait bien pu fonder un vaste empire; il était au-dessus de ses forces de donner à ces peuples, différents d'origine, de langue et de coutumes, des intérêts et des sentiments communs, c'est-à-dire un même désir de rester unis dans une seule et grande famille politique. Il y avait unité matérielle, il n'y avait pas unité morale et celle-là seulement est bonne et forte. « La supériorité de gloire dont brillait Charles, dit le moine de Saint-Gall, avait engagé les Gaulois, les Aquitains, les Burgundes, les Alamans et les Bavarois, à se glorifier d'être confondus sous le nom de Francs. » Quand Charlemagne eut disparu, tout ce qui colorait d'une apparence d'honneur leur asservissement fut effacé; chacun ne songea plus qu'à soi et tira de son côté. Les ambitions privées des princes de la famille impériale aidèrent le démembrement en nations, celles des grands proprié-

---

1. *De la vie et des actions de Louis le Débonnaire*, par Thégan; *Vie de Louis le Débonnaire*, par l'anonyme dit l'Astronome; *Des Faits et Gestes de Louis le Pieux*, poëme par Ermold le Noir; *Histoire des dissensions des fils de Louis le Débonnaire*, par Nithard.

taires et des officiers impériaux favorisèrent le morcellement en fiefs.

Charlemagne avait reconnu lui-même le besoin de donner satisfaction aux nationalités les plus fortement accusées, et il avait déterminé en 806 de quelle manière son empire devrait être partagé entre ses trois fils. Pépin devait avoir l'Italie et la Bavière, Louis, l'Aquitaine et la vallée du Rhône, Charles, tout le reste. Charles et Pépin moururent avant leur père et ce partage fut annulé; mais Charlemagne assura plus tard l'Italie à Bernard, fils de Pépin. Quand la forte main qui tenait réuni ce faisceau de peuples fut glacée par la mort, il se rompit : les nations voulurent des rois; les rois de l'indépendance. Pour comprimer ces ambitieux désirs, il eût fallu une volonté énergique, et c'était le plus faible des hommes qui recueillait le lourd héritage du puissant maître de l'Occident.

2. **Louis le Débonnaire (814-840).** — Louis avait alors trente-six ans. Il était pieux et intègre, mais sa piété était d'un moine, non d'un roi, et sa justice dégénérait aisément en faiblesse ou en cruauté. Il commença par des actes de réparation qui pouvaient paraître aux vieux conseillers de Charlemagne un abandon imprudent des droits de l'empire. Il rendit la liberté et leurs biens à une foule d'hommes qui en avaient été dépouillés; il restitua aux Frisons et aux Saxons les terres qui leur avaient été enlevées, et laissa les Romains instituer un nouveau pape en 816, sans attendre la confirmation impériale. Lorsque Étienne IV vint ensuite le sacrer en France, il lui permit de prononcer ces paroles qui montraient le désir du saint-siège de s'approprier le droit de disposer de la couronne impériale : « Pierre se glorifie de te faire ce présent, parce que tu lui assures la jouissance de ses libres droits. »

Sous Charlemagne vieillissant, des désordres s'étaient montrés à la cour, Louis les punit sévèrement; dans la pensée de diminuer le pouvoir de l'aristocratie et de rappeler à la vie politique les hommes libres de plus en plus dominés par les grands propriétaires, il exigea que tous les hommes de condition libre lui prêtassent directement serment de fidélité. Il irrita ainsi beaucoup de monde, sans faire beaucoup de bien; puis, pour calmer le mécontentement, il prodigua les bénéfices, les donnant en possession perpétuelle, système qui ne fut que trop suivi par ses successeurs, et qui les réduisit à la mendicité. Car, comme depuis deux siècles il n'y avait plus d'impôts publics, le prince n'avait d'autres ressources que celles qu'il tirait de ses domaines, de sorte qu'en aliénant ses domaines, il aliénait aussi ses revenus.

3. Partage fait entre les fils de l'empereur (817). — A l'assemblée ou concile d'Aix-la-Chapelle en 817, on essaya d'établir l'uniformité dans l'ordre monastique qui fut soumis universellement à la règle de Saint-Benoît, et l'empereur fit un partage de ses États : Pépin eut l'Aquitaine; Louis, la Bavière, l'aîné, Lothaire, fut associé à l'empire. Ses frères ne pouvaient sans son autorisation faire la guerre, conclure un traité, ou céder une ville.

4. Révolte et mort de Bernard (817) — Bernard, que son aïeul avait fait roi d'Italie et qui aspirait à mieux, comme héritier du fils aîné de Charlemagne, se prétendit lésé par ce partage. Les peuples, les cités d'au-delà des monts qui aspiraient déjà à se débarrasser des *Barbares*, pour commencer une vie libre et nationale, s'associèrent à son ressentiment. « L'empereur revenait de la grande chasse dans la forêt des Vosges, pour passer l'hiver à Aix-la-Chapelle, lorsqu'il apprit que son neveu Bernard, cédant follement aux conseils d'hommes pervers, s'était révolté; que déjà les princes et les cités de l'Italie lui avaient prêté serment; qu'enfin tous les passages par où l'on doit pénétrer dans ce royaume étaient fermés et défendus. Cette triste nouvelle étant confirmée par de fidèles témoins, l'empereur tira des troupes de la Gaule, de la Germanie, de tous côtés, et vint jusqu'à Châlons avec une armée très-nombreuse. Bernard, se reconnaissant trop faible contre de telles forces, se remit entre les mains de l'empereur, déposa les armes et se prosterna à ses pieds, confessant sa faute. Son exemple fut suivi par les seigneurs de son royaume; une foule de clercs et de laïques avaient trempé dans ce crime. Ceux que la tempête enveloppa furent les évêques de Milan, de Crémone et d'Orléans. Quand les chefs de la conspiration eurent été arrêtés, l'empereur fit grâce à Bernard et à ses complices de la peine capitale qui devait les frapper selon la loi des Francs, mais leur fit arracher les yeux. Bernard mourut quelques jours après de ce supplice. Les évêques furent déposés et renfermés dans des monastères; pour le reste des coupables, ils furent ou bannis ou rasés. Au nombre des derniers étaient trois jeunes frères de l'empereur. » (L'Astronome.)

5. Répression des mouvements insurrectionnels. — La tentative faite par l'Italie était prématurée. Le peuple des Francs tenait trop encore à cet empire qu'il avait formé pour permettre qu'il tombât déjà en dissolution, et il se portait avec ardeur à toutes les guerres qui pouvaient en assurer la conservation. La mort de Charlemagne avait été comme le signal d'une prise d'armes de toutes les nations tributaires ou ennemies. Les Slaves de l'Elbe avaient envahi la Saxe; les Avares de Pannonie s'étaient soulevés; les Bretons sortaient de leur presqu'île; les Vascons détruisirent une armée franque, et les Arabes d'Espagne envahirent la Septimanie, tandis que les Sarrasins ravageaient les côtes du Sud, et les Northmans celles du Nord et de l'Ouest. Tous les coureurs d'aventures furent repoussés, les rebelles remis sous le joug, et Louis sembla, pendant quelque temps, porter aussi dignement que son père le sceptre impérial.

6. Pénitence publique de Louis (822). — Mais bientôt la désolante faiblesse du prince apparut à tous les yeux. « L'an 822 il convoque une assemblée générale en un lieu nommé Attigny. Ayant appelé dans cette assemblée les évêques, les abbés, les ecclésiastiques, les grands de son royaume, son premier soin fut de se réconcilier avec ses frères, qu'il avait fait raser malgré eux, ensuite avec tous ceux auxquels il croyait avoir fait quelque offense. Après quoi, il fit une confession publique de ses fautes, et il subit, de son gré, une pénitence pour tout ce qu'il avait fait, tant envers son neveu Bernard qu'envers les autres. »

C'est un grand spectacle que celui d'un homme puissant avouant publiquement ses fautes et les rachetant par la pénitence. Ce spectacle, Théodose l'avait offert au monde romain. Mais, après s'être humilié dans la cathédrale de Milan, Théodose s'était relevé plus fort à ses propres yeux et aux yeux de ses peuples, parce que c'était devant Dieu seul et sous le poids des remords de sa conscience qu'il avait courbé la tête. Louis sortit du palais d'Attigny amoindri, dégradé, parce que c'était d'un corps politique, d'une autorité rivale de la sienne qu'il avait reçu son absolution. Chacun sut dès lors tout ce qu'on pouvait oser avec un tel homme.

7. Première déposition et rétablissement de Louis (830). — En 823 il était né à l'empereur, de Judith, sa seconde femme, un fils nommé Charles. La mère voulut que cet enfant eût aussi son royaume, et le père, défaisant en 829 le partage de 817, lui donna l'Alamannie. Aussitôt les aînés ameutent les peuples; une vaste conspiration se forme, et l'empereur, abandonné de tous, tombe aux mains des rebelles. Ils forcent l'impératrice à prendre le voile, font raser ses frères et enferment le Débonnaire avec des moines, pour que ceux-ci lui persuadent d'embrasser de lui-même la vie monastique. Lothaire, le chef de la révolte, espérait ainsi se débarrasser de son père sans violence. Mais les moines comprirent qu'ils avaient plus à gagner à remettre le pénitent sur le trône qu'à le cloîtrer avec eux. Ils se firent les agents d'un autre complot, portèrent à Louis et à Pépin de secrets messages dans lesquels l'empereur promettait d'augmenter leurs royaumes s'ils le rétablissaient. La supériorité de Lothaire leur était déjà odieuse; ils consentirent, et l'assemblée de Nimègue, convoquée au milieu des Francs orientaux qui souhaitaient le maintien de l'empire élevé par eux et à leur profit, rendit à Louis son autorité (830).

8. Seconde déposition de Louis (833). — La leçon fut perdue pour Louis. Remonté sur le trône, il ne sut pas mieux gouverner. Des intrigues recommencèrent. Il déposa Pépin et donna son royaume d'Aquitaine à l'enfant de Judith; ses autres fils virent là une menace pour eux-mêmes; ils se réunirent encore et vinrent attaquer leur père avec trois armées près de Colmar, en Alsace. Le pape Grégoire IV était avec eux. Louis avait des forces considérables, et une bataille semblait imminente. Mais on lui débaucha son armée; le pontife menaça d'excommunication tous ceux qui combattraient contre Lothaire, et l'empereur renvoya lui-même ceux qui lui restaient fidèles, en disant: « Je ne veux pas que personne meure pour moi, allez auprès de mes fils. » Il vint lui-même se remettre entre leurs mains avec Judith et Charles. L'esprit des hommes de ce temps resta pourtant frappé de cette grande trahison, et ce lieu fut appelé le *Champ du mensonge*, Lügenfeld.

Les vainqueurs insultèrent à la vieillesse et à la dignité de leur père en le soumettant à une dégradation publique. On lui fit lire en présence de tout le peuple, dans l'église de Saint-Médard à Soissons, un long récit de ses fautes où il s'accusait d'avoir exposé le peuple à des parjures et l'Etat aux meurtres et aux pillages, en faisant dans l'empire des divisions nouvelles, et en provoquant la guerre civile, après quoi les évêques vinrent solennellement lui enlever son baudrier militaire et lui donner l'habit de pénitent.

9. Second rétablissement de Louis (834). — Cette humiliation de l'empire, dans la personne de l'empereur, rendit à Louis des partisans. Sa pieuse résignation, la révoltante dureté de ses fils excitèrent la compassion des peuples. Les frères d'ailleurs ne s'entendirent pas mieux que la première fois. Si Louis et Pépin ne voulaient pas être dépouillés au profit de Charles, ils ne consentaient pas à obéir à Lothaire, qui se proposait de maintenir l'unité du commandement impérial ; et ils trouvaient dans la répugnance de leurs peuples à rester enfermés dans l'empire un appui sûr et des forces dévouées. Ils vinrent donc tirer Louis du monastère où Lothaire le retenait, et lui rendirent le pouvoir (834) ; mais il ne voulut en reprendre les insignes qu'après en avoir reçu la permission des évêques.

10. Nouvelles fautes ; nouvelles guerres ; mort de Louis (840). — L'empereur, sorti du cloître, pour lequel il était si bien fait, retomba dans les mêmes fautes. Dans sa prédilection aveugle pour son dernier né, il oublia que la cause de tous ses malheurs était le partage qu'il avait fait de son vivant entre ses fils. En 837 il donna à Charles la Bourgogne, la Provence et la Septimanie. Le roi d'Aquitaine, Pépin, étant mort l'année suivante, les enfants qu'il laissait furent dépouillés, et Charles eut encore ce royaume. Alors Louis le Germanique et Lothaire, qui étaient réduits, l'un à la Bavière, l'autre à l'Italie, reprirent les armes. L'empereur, pour n'avoir pas à les combattre tous deux, traita avec Lothaire (839). Il lui abandonna toutes les provinces à l'orient de la Meuse, du Jura et du Rhône, avec le titre d'empereur; les provinces occidentales seraient le lot du fils de Judith, Louis le Germanique ne conservant que la la Bavière. Celui-ci, soutenu de toute l'Allemagne, réclama contre ce partage injuste; et le vieil empereur consuma ses derniers jours dans cette guerre impie. Il mourut sur le Rhin, près de Mayence : « Je lui pardonne, disait-il aux évêques qui l'imploraient pour le rebelle, mais qu'il sache qu'il me fait mourir. » Le moyen âge, plus touché des vertus de l'homme que des défauts du prince, a été plein d'indulgence pour la mémoire de Louis le Débonnaire, ou pour parler plus exactement, *le Pieux*.

11. Bataille de Fontanet (841). — Depuis la mort de Charlemagne, l'empire qu'il avait fondé s'agitait incessamment, comme un grand corps prêt à se dissoudre. Chaque prince voulait un royaume, et chaque grande division de l'empire voulait un roi, pour former un Etat à part. En 817 il y avait eu une première division; d'autres encore en 829, en 837 et en 839. Les peuples, à la fin, lassés de ces déchirements perpétuels, vinrent décider la question à la solennelle bataille de Fontanet, près d'Auxerre. Toutes les tribus de l'Allemagne, sous Louis le Germanique, et les Neustriens, les Aquitains, les Burgundes et les Provençaux, sous Charles le Chauve, combattirent dans les mêmes rangs pour renverser l'ordre politique établi par Charles Martel, Pépin et Charlemagne, au profit des Francs austrasiens. Ceux-ci, c'est-à-dire presque toute la population franque établie entre la Seine et le Rhin, qui ne défendaient que leur propre cause en soutenant celle de l'empire, furent secondés par les Italiens, qui avaient adopté les nouveaux empereurs comme les légitimes héritiers de Marc Aurèle et de Trajan. Lothaire, le fils aîné de Louis le Débonnaire, était leur chef (841). Il portait le titre d'empereur et ne voulait voir dans ses frères que des lieutenants.

Des deux côtés on se prépara à cette bataille avec une sorte de recueillement religieux qui prouve que les peuples étaient venus à cette lutte suprême, comme pour un jugement de Dieu. « Tout espoir de paix étant enlevé, dit Nithard, petit-fils lui-même de Charlemagne, Louis et Charles firent dire à Lothaire que le lendemain, à la deuxième heure du jour, ils en viendraient au jugement de Dieu. Lothaire, selon sa coutume, traita insolemment les envoyés, et répondit qu'on verrait bien ce qu'il savait faire. Au point du jour, Louis et Charles occupèrent avec le tiers de leur armée le sommet d'une hauteur voisine du camp de Lothaire. Alors un rude combat s'engagea, et Lothaire, vaincu, tourna le dos. Après l'action, Louis et Charles, prenant pitié de leur frère et de son peuple, furent d'avis de leur témoigner la miséricorde de Dieu. L'armée y ayant consenti, tous rentrèrent au camp. Le lendemain, qui était un dimanche, après la célébration de la messe, ils enterrèrent également amis et ennemis, et soignèrent tous les blessés, selon leur pouvoir. Ensuite les rois et l'armée, affligés d'en être venus aux mains avec un frère et avec des chrétiens, interrogèrent les évêques sur ce qu'ils devaient faire. « Ceux-ci, réunis en concile, déclarèrent qu'on avait combattu pour la seule justice, que le jugement de Dieu l'avait prouvé manifestement, et qu'ainsi quiconque avait pris part à l'affaire soit par conseil, soit par action, comme instrument de la volonté de Dieu, était exempt de tout reproche. »

J'entre dans ces détails pour montrer l'influence que les évêques avaient prise et le caractère nouveau de ces guerres, où ne se trouve plus la férocité des Francs ; mais cet adoucissement des mœurs amène un affaiblissement du courage. Ces guerriers, au milieu desquels se tiennent des conciles, vont laisser quelques bandes de Northmans ravager impunément leur pays, comme des troupes de loups affamés devant qui tout fuirait.

12. Le serment de Strasbourg (841). — Grâce aux sentiments chrétiens des vainqueurs, ou à la résistance des vaincus, plus grande que ne le dit l'historien, la bataille de Fontanet fut peu décisive, et la guerre continua. Louis et Charles se rencontrèrent à Strasbourg pour resserrer leur union contre Lothaire, et se jurèrent alliance devant leurs soldats, l'un en langue tudesque ou allemande, l'autre en langue romane ou française. Le serment de Strasbourg est le premier monument de notre langue qui provient de la transformation du latin parlé par la population de la Gaule, auquel se sont mêlés quelques rares débris de l'idiome celtique et un petit nombre de mots allemands. Cette alliance fut célébrée par des fêtes militaires où l'on a voulu voir l'origine des tournois, mais qui font plutôt songer aux brillantes fantasias de nos Arabes d'Algérie.

13. Traité de Verdun : l'empire est partagé en trois royaumes (843). — Il était donc bien évident que

Chef franc au neuvième siècle

Louis et Charles avaient la ferme résolution de briser l'empire : Lothaire se décida à traiter. Cent dix commissaires parcoururent toutes les provinces et en dressèrent le tableau, afin qu'on pût en faire un partage équitable. Il fut accompli à Verdun (843). Les trois principaux peuples de l'empire, Germains, Gallo-Francs et Italiens, se séparèrent pour toujours, les premiers sous Louis, les seconds sous Charles, les troisièmes sous Lothaire. Le nom d'empereur, titre sans puissance, resta attaché à la possession de Rome et de l'Italie : seulement, pour rendre moins inégale la part de Lothaire, on lui abandonna une bande de territoire longue et étroite, qui alla de la Meuse au Rhin, de la Saône et du Rhône aux Alpes (Belgique, Lotharingie ou Lorraine, comté de Bourgogne, Dauphiné et Provence). Ce traité réduisait la Gaule d'un tiers et lui enlevait pour la première fois sa limite du Rhin et des Alpes : il pèse encore sur nous depuis mille ans. Les efforts de François Iᵉʳ, de Henri II, de Richelieu, de Louis XIV et de la Révolution n'ont pu le déchirer tout à fait. Nous n'avons repris qu'une partie de la Lorraine, la vallée du Rhône, celle de la Saône et une partie de la Flandre, qu'il nous donnait tout entière. Charles le Chauve, qui signa cette convention fatale, fut donc, à vrai dire, le premier roi de la France moderne, comme Louis le Germanique fut le premier roi d'Allemagne ; pour Lothaire, il continua le royaume d'Italie, qui devait tant de fois encore s'éteindre et renaître.

Ainsi le déchirement était accompli. Quelques hommes d'un esprit élevé portèrent le deuil de cette unité de l'Europe chrétienne que le traité de Verdun venait de dissoudre ; il nous en reste un poétique témoignage dans les vers suivants de Florus, diacre de l'église de Lyon[1].

« Un bel empire florissait sous un brillant diadème : il n'y avait qu'un prince et qu'un peuple ; toutes les villes avaient des juges et des lois. Le zèle des prêtres était

---

1. Flori, *Querela de divisione imperii*, traduction d'Aug. Thierry.

entretenu par des conciles fréquents; les jeunes gens relisaient sans cesse les livres saints, et l'esprit des enfants se formait à l'étude des lettres. L'amour d'un côté, de l'autre la crainte, maintenaient partout le bon accord : aussi la nation franque brillait-elle aux yeux du monde entier. Les royaumes étrangers, les Grecs, les Barbares et le sénat du Latium, lui adressaient des ambassades. La race de Romulus, Rome elle-même, la mère des royaumes, s'était soumise à cette nation. C'était là que son chef, soutenu de l'appui du Christ, avait reçu le diadème par le don apostolique. Heureux s'il eût connu son bonheur, l'empire qui avait Rome pour citadelle et le porte-clef du ciel pour fondateur! Déchue maintenant, cette grande puissance a perdu à la fois son éclat et le nom d'empire; le royaume, naguère si bien uni, est divisé en trois lots, il n'y a plus personne qu'on puisse regarder comme empereur; au lieu de roi, on voit un roitelet, et, au lieu de royaume, un morceau de royaume. Le bien général est annulé, chacun s'occupe de ses intérêts, on songe à tout; Dieu seul est oublié. Les pasteurs du Seigneur ne peuvent plus tenir leurs synodes au milieu d'une telle division. Il n'y a plus d'assemblée du peuple, plus de loi; c'est en vain qu'une ambassade arriverait là où il n'y a point de cour. Que vont devenir les peuples voisins du Danube, du Rhin, du Rhône, de la Loire et du Pô, tout anciennement unis par les liens de la concorde, maintenant que l'alliance est rompue? Ils seront tourmentés par de tristes dissensions. De quelle fin la colère de Dieu fera-t-elle suivre tous ces maux? A peine est-il quelqu'un qui y songe avec effroi, qui médite sur ce qui se passe et s'en afflige. On se réjouit au milieu du déchirement de l'empire, et l'on appelle paix un ordre de choses qui n'offre aucun des biens de la paix. »

CHAPITRE XIV.

CHARLES LE CHAUVE; LES NORTHMANS; DÉMEMBREMENT DE L'EMPIRE EN ROYAUMES ET DE LA FRANCE EN GRANDS FIEFS[1].

1. Royaume de France. — 2. Charles le Chauve (840-877); difficultés de son règne. — 3. Les Northmans. — 4. Faiblesse de la France; édit de Mersen (847). — 5. Associés des Northmans. — 6. Le Northman Hastings. — 7. Robert le Fort. — 8. Opposition des Grands qui fondent des principautés héréditaires.— 9. Édit de Pistes (862). — 10. Guerres étrangères. — 11. Édit de Kiersy (877). — 12. Louis le Bègue (877-879); Louis III et Carloman (879-884). — 13. Charles le Gros, roi et empereur (884-887). — 14. Siége de Paris (885-886). — 15. Déposition de Charles le Gros (887). — 16. Commencement du régime féodal : les grands fiefs et les châteaux.

1. Le royaume de France. — Jusqu'à présent, nous avons fait l'histoire des Gaulois, des Gallo-Romains et des Francs : à partir du traité de Verdun, nous commençons l'histoire des Français. La France, en effet, a reçu maintenant, sauf les Northmans, qui, au reste, se montrent déjà sur les côtes et ne s'y établiront qu'en petit nombre, toutes les races dont sa population s'est formée, et tous les éléments celtique, romain, chrétien, germanique, de la combinaison desquels sortira sa civilisation. Le mélange est même déjà assez avancé pour qu'on ne distingue plus le Gallo-Romain du Franc, le civilisé du barbare. Tous ont mêmes mœurs et à peu près même langue. L'idiome français s'est montré officiellement au traité de Verdun; le droit cesse d'être personnel et devient local : les coutumes remplacent les codes romains

---

1. Les *Annales de Saint-Bertin*; Depping, *Histoire des expéditions maritimes des Normands*.

ou barbares; il n'y a guère d'esclaves, il y a peu d'hommes libres; on ne verra bientôt plus que des serfs et des seigneurs.

Mais cette France n'a plus l'étendue de la Gaule, le traité de Verdun l'a rejetée derrière l'Escaut et la Meuse, derrière la Saône et le Rhône, et les populations établies à l'intérieur de ces étroites limites les trouvent trop vastes encore; elles voudraient vivre à l'écart, pour elles-mêmes, et non plus pour soutenir une vaste domination qui les écrase et qu'elles ne comprennent pas. L'empire de Charlemagne s'est brisé en trois royaumes, la France va se briser en principautés féodales, dont quelques-unes aspireront même à jouer le rôle d'Etats complétement indépendants. Les chefs des Basques et ceux des Bretons prendront le titre de roi.

2. Charles le Chauve (840-877); difficultés de son règne. — Le fils de Judith et de Louis le Débonnaire, Charles le Chauve, roi de France depuis 840, n'était qu'un ambitieux vulgaire. Le temps lui fut largement départi, comme il l'avait été à Charlemagne, car il régna trente-sept ans, et il n'en sut rien faire. Les embarras, il est vrai, étaient grands. L'année même où l'on se battait pour et contre l'empire, à Fontanet, Asnar, comte de Jacca, s'attribuait la souveraineté de la Navarre, et les Northmans brûlaient Rouen; en 843, ils pillaient Nantes, Saintes et Bordeaux. En même temps, les Aquitains se soulevaient pour avoir un roi national; les Bretons avaient trouvé le leur dans Noménoë que Charles faisait bien excommunier par ses évêques, mais qui battait ses lieutenants; la Septimanie avait son chef dans Bernard. Les Sarrasins et les pirates grecs ravageaient le Midi, tandis que les Northmans dévastaient le Nord et l'Ouest; enfin, pour combler la mesure de maux que ce siècle malheureux avait à porter, les Hongrois, successeurs des Huns et des Avares, vont arriver par l'Est.

3. Les Northmans. — Ces pirates redoutés étaient des hommes que la faim, la soif du pillage, l'amour des aventures, chassaient chaque année des stériles régions de la Norvége, de la Suède et du Danemark. En trois ou quatre jours, un vent d'est amenait leurs barques à deux voiles aux bouches de la Seine. Chaque flotte obéissait à un *kuning* ou roi. Mais il n'était roi que sur mer et dans le combat : car, à l'heure du festin, toute la troupe s'asseyait à la même table, et les cornes remplies de bière passaient de main en main, sans qu'il y eût ni premier ni dernier. Le *roi de mer* était partout suivi avec fidélité et toujours obéi avec zèle, parce que toujours il était réputé le plus brave entre les braves, comme celui qui n'avait jamais dormi sous un toit de planches, qui n'avait jamais vidé la coupe auprès d'un foyer abrité.

« Il savait gouverner son vaisseau comme un bon cavalier manie son cheval. A l'ascendant du courage et de l'habileté se joignait pour lui l'empire que donnait la superstition ; il était initié à la science des runes. Il connaissait les caractères mystérieux qui, gravés sur les épées, devaient procurer la victoire, et ceux qui, inscrits à la poupe et sur les rames, devaient enpêcher le naufrage. Egaux sous un pareil chef, supportant légèrement leur soumission volontaire et le poids de leur armure de mailles qu'ils se promettaient d'échanger bientôt pour un égal poids d'or, les pirates danois cheminaient gaiement sur la *route des cygnes*, comme disent les vieilles poésies nationales. Tantôt ils côtoyaient la terre, et guettaient leur ennemi dans les détroits, les baies et les petits mouillages, ce qui leur fit donner le nom de *Wikings* ou *Enfants des anses*, tantôt ils se lançaient à sa poursuite à travers l'Océan. Les violents orages des mer du Nord dispersaient et brisaient leurs faibles navires ; tous ne rejoignaient pas le vaisseau du chef au signal de ralliement ; mais ceux qui survivaient à leurs compagnons naufragés n'en avaient ni moins de confiance ni plus de souci ; ils se riaient des vents et des flots, qui n'avaient pu leur nuire. « La force de la tempête, chantaient-ils, aide

Charles le Chauve.

« les bras de nos rameurs, l'ouragan est à notre ser-
« vice ; il nous jette où nous voulions aller. » (Aug.
Thierry.)

Souvent quelques-uns d'entre eux, au milieu du cli-
quetis des armes et à la vue du sang, entraient dans une
sorte de folie furieuse qui doublait leurs forces et les
rendait insensibles aux blessures, comme s'ils eussent
vu s'ouvrir à leurs yeux le palais de leur dieu Odin
et les salles resplendissantes du Walhalla. D'autres
affectaient dans les tortures une indomptable énergie
et chantaient, au milieu des bourreaux, leur chant de
mort. Ainsi le fameux Lodbrog, plongé dans une fosse
remplie de vipères, jetait fièrement à ses ennemis ces
paroles :

« Nous avons combattu avec l'épée ! J'étais jeune encore quand à l'orient, dans les détroits d'Eirar, nous
avons creusé un fleuve de sang pour les loups et con-
vié l'oiseau aux pieds jaunes à un large banquet de
cadavres ; la mer était rouge comme une blessure qui
vient de s'ouvrir, et les corbeaux nageaient dans le
sang.

« Nous avons combattu avec l'épée ! J'ai vu, près
d'Aienlane (l'Angleterre), d'innombrables cadavres charger le pont des vaisseaux ; nous avons continué la bataille six jours entiers sans que l'ennemi succombât ;
le septième, au lever du soleil, nous célébrâmes la
messe des épées, Valthiof fut forcé de plier sous nos
armes.

« Nous avons combattu avec l'épée ! Des torrents de
sang pleuvaient de nos armes à Partohyrth (Pesth) ; le
vautour n'en trouva plus dans les cadavres ; l'arc réson-
nait et les flèches se plantaient dans les cottes de mailles ;
la sueur coulait sur la lame des épées ; elles versaient
du poison dans les blessures, et moissonnaient les guerriers comme le marteau d'Odin.

« Nous avons combattu avec l'épée ! La mort me saisit, la morsure des vipères a été profonde ; je sens leurs
dents au fond de ma poitrine. Bientôt, j'espère, le glaive

me vengera dans le sang d'Ælla. Mes fils frémiront à la nouvelle de ma mort ; la colère leur rougira le visage ; d'aussi hardis guerriers ne prendront pas de repos avant de m'avoir vengé.

« Il faut finir, voici le Dysir qu'Odin m'envoie pour me conduire à son joyeux palais. Je m'en vais, avec les Ases, boire l'hydromel à la place d'honneur. Les heures de ma vie sont écoulées, et mon sourire brave la mort. »

Le fanatisme religieux se joignait au fanatisme guerrier ; ils aimaient à verser le sang des prêtres, et faisaient coucher leurs chevaux dans les églises. Quand ils avaient ravagé une terre chrétienne : « Nous leur avons chanté, disaient-ils, la messe des lances ; elle a commencé de grand matin, et elle a duré jusqu'à la nuit. » Charlemagne avait vu de loin ces terribles envahisseurs ; sous Louis le Débonnaire ils s'enhardirent. Quelques-uns s'établirent à demeure en 836 dans l'île de Walcheren, et de là allèrent mettre à contribution les pays riverains de la Meuse et du Wahal. A partir de 843 on les voit arriver chaque année. Ils remontaient par l'embouchure des fleuves, par l'Escaut, la Somme, la Seine, la Loire et la Gironde, jusque dans l'intérieur du pays. Nombre de villes, même des plus importantes, comme Orléans et Paris, furent pillées par eux, sans que Charles pût les défendre. Du Rhin à l'Adour, et de l'Océan aux Cévennes et aux Vosges, tout fut ravagé. Ils prirent même l'habitude de ne plus retourner pendant l'hiver dans leur pays. Ils s'établirent à demeure dans l'île d'Oyssel, au-dessus de Rouen ; à Noirmoutiers, à l'embouchure de la Loire, et dans le fleuve même, à l'île Bière, près de Saint-Florent. C'était là qu'ils apportaient leur butin ; de là qu'ils partaient pour des expéditions nouvelles.

4. Faiblesse de la France ; édit de Mersen (847). — Les chroniqueurs, ne comprenant pas cette apathie de la nation des Francs, naguère si brave et qui maintenant se laissait piller par quelques aventuriers, ne purent l'expliquer qu'en supposant un immense massacre à Fontanet.

> La peri de France la flor
> E des baronz tuit li meillor
> Ainsi trovèrent l'aenz terre
> Vuide de gent, bonne à conquerre.

Il y a quelque chose de vrai dans ces paroles. Les cinquante-trois expéditions de Charlemagne avaient usé la race franque; et ses conquêtes, où toujours quelques uns de ses guerriers s'établissaient, l'avaient dispersée sur la surface des trois royaumes. Les dissensions des fils de Louis le Débonnaire l'avaient achevée. Maintenant on ne trouvait plus d'hommes libres, et par la grande consommation que tant de guerres en avaient faite, et parce que, au milieu de l'anarchie croissante, les hommes libres avaient déjà presque tous renoncé à une indépendance qui les laissait dans l'isolement et par conséquent dans le péril, pour se faire les vassaux d'hommes capables de les défendre. L'édit de Mersen, en 847, portait : « Tout homme libre pourra se choisir un seigneur, soit le roi, soit un de ses vassaux, et aucun vassal du roi ne sera obligé de le suivre à la guerre si ce n'est contre l'ennemi étranger. » Ainsi les sujets pouvant marchander l'obéissance, le roi, dans les guerres civiles, restait désarmé, impuissant, et, comme il était aussi incapable de se faire obéir des grands que de protéger les petits, ceux-ci se groupaient autour de ceux-là. Les vassaux du roi diminuaient; ceux des grands augmentaient. De tous côtés on oubliait l'intérêt national pour ne songer qu'au sien propre : Rouen s'inquiétait peu des malheurs de Bordeaux; Saintes de ceux de Paris; et voilà comment, à cette époque, ainsi qu'aux derniers jours de l'empire romain et par la même cause, l'absence d'un sentiment énergique et commun à tous, le patriotisme, des bandes peu nombreuses pouvaient ravager impunément un grand pays. Charles essaya de les renvoyer en leur donnant de l'or : c'était le moyen le plus sûr de les attirer. L'empire romain en avait agi de même avec les Barbares, et on sait le succès que ce moyen avait eu.

5. Associés des Northmans. — Les vrais Northmans ne pouvaient être bien nombreux, car ils venaient de loin et par mer. « Mais, comme dit un chroniqueur du temps, beaucoup d'habitants du pays, oubliant qu'ils avaient été régénérés dans les eaux saintes du baptême, se précipitaient dans les erreurs ténébreuses des païens ; ils mangeaient avec eux la chair des chevaux immolés à Odin et à Thor, puis s'associaient à leurs forfaits. » Et ces renégats étaient les plus à craindre. Ils servaient de guides aux envahisseurs, savaient déjouer les ruses de leurs concitoyens pour tromper l'avidité des Barbares, et avaient encore moins de respect et de pitié que ceux-ci pour le culte et le peuple qu'ils avaient désertés. Parfois même quelques-uns des grands se faisaient payer par ces Northmans pour ne les point inquiéter dans leurs courses, et prélevaient la dîme du pillage de la France.

6. Le Northman Hastings. — Le plus redoutable de ces pirates fut Hastings, qui ravagea les bords de la Loire, de 844 à 850, saccagea Bordeaux, Saintes, menaça Tarbes, qui célèbre encore aujourd'hui, le 21 mai, une victoire sur ces Barbares. On raconte qu'il tourna l'Espagne et, toujours pillant, arriva jusqu'aux côtes d'Italie. Il était attiré par le grand nom et les richesses de la capitale du monde chrétien ; mais il prit Luna pour Rome. Hastings envoya dire au comte et à l'évêque que ses compagnons, vainqueurs des Francs, ne voulaient pas de mal aux peuples d'Italie, qu'ils ne demandaient qu'à réparer leurs barques avariées, et que lui-même, fatigué de cette vie errante, désirait trouver le repos dans le sein de l'Eglise. L'évêque et le comte ne refusèrent rien ; Hastings reçut même le baptême ; mais les portes de la ville restaient fermées. A quelque temps de là, le camp retentit de gémissements : Hastings était dangereusement malade ; des envoyés vinrent le dire et déclarer en même temps que le moribond avait l'intention d'abandonner à l'Eglise tout son butin à condition que son corps fût enseveli en terre sainte. Les cris de douleur des Northmans annoncèrent bientôt la mort de leur chef. On leur permit d'entrer dans la ville pour apporter son cadavre, et les funérailles furent préparées dans l'église même. Mais, au moment où l'on déposait le corps au milieu du chœur, Hastings se dressa tout à coup, abattit l'évêque à ses pieds, pendant que ses compagnons, tirant leurs armes cachées, massacraient prêtres et soldats. Maître de Luna, Hastings reconnut son erreur. On lui fit entendre que Rome était à une grande distance et qu'il ne la prendrait pas aussi facilement, il remit à la voile avec son butin et reparut au bout de quelques mois aux bouches de la Loire.

7. Robert le Fort. — Charles le Chauve avait réuni une partie du pays entre la Seine et la Loire sous le commandement de Robert le Fort, ancêtre des Capétiens, afin d'opposer une résistance plus efficace aux Northmans et aux Bretons, un grand nombre de ceux-ci ayant pris l'habitude de se joindre aux pirates. Robert vainquit deux fois les Bretons et battit un corps de Northmans tout chargés encore du butin de la Brie et de la ville de Meaux. Ce fut ce valeureux chef que Hastings rencontra au retour d'Italie. Il venait de saccager le Mans, quand Robert et le duc d'Aquitaine l'atteignirent à Brissarthe (Pont-sur-Sarthe), près d'Angers. Les païens n'étaient que 400, moitié Northmans, moitié Bretons; à l'approche de Robert, ils se jetèrent dans une église et s'y barricadèrent. C'était le soir. Les Français remirent l'attaque au lendemain. Robert avait déjà ôté son casque et sa cotte de mailles, quand les Northmans, ouvrant soudainement les portes, se précipitent sur sa troupe dispersée. Robert rallie les siens, repousse l'ennemi dans l'église et veut l'y suivre. Mais il combattait tête nue et la poitrine découverte; il fut blessé mortellement sur le seuil même. Le duc Rainulf tomba à côté de celui qu'une chronique du temps appelle le *Mac-*

chabée de la France (866). Hastings, délivré de ce redoutable adversaire, remonta toute la Loire et pénétra jusqu'à Clermont-Ferrand. On ne trouva d'autre moyen d'en débarrasser la France que de lui donner le comté de Chartres. Encore l'abandonna-t-il, à près de soixante-dix ans, pour se remettre à courir les aventures.

8. Opposition des grands qui fondent des principautés héréditaires. — Les Northmans furent le plus grand, mais non le seul embarras de Charles le Chauve : le Breton Noménoë repoussa toutes ses attaques, se fit couronner roi, et laissa son titre à son fils Hérispoë. Les Aquitains avaient élu pour chef le fils de leur ancien roi, Pépin II, que Charles le Chauve avait dépossédé. Chassé à cause de ses vices, Pépin s'allia aux Northmans et aux Sarrasins pour piller ses anciens sujets, fut pris et enfermé dans un cloître. Charles recouvra pour quelque temps l'Aquitaine, la perdit, la recouvra encore et la donna à un de ses fils. Mais les vrais maîtres du pays étaient déjà Raymond, comte de Toulouse, qui dominait aussi sur le Rouergue et le Quercy ; Walgrin, comte d'Angoulême ; Sanche Mitara, duc de Gascogne, avec Bordeaux pour capitale ; Bernard, marquis de Septimanie ; Rainulf, duc d'Aquitaine et comte de Poitiers ; Bernard Plantevelue, comte d'Auvergne, qui tous fondèrent des maisons héréditaires. Au nord de la Loire, Charles avait de même été contraint de constituer : pour Robert le Fort le grand duché de France, d'où la troisième race sortira ; au nord de la Somme, le comté de Flandre, en faveur de son gendre Baudouin Bras de fer, et, entre la Loire et la Saône, le puissant duché de Bourgogne, pour Richard le Justicier. Ainsi, sous le petit-fils de Charlemagne, non-seulement l'empire était divisé en royaumes, mais les royaumes se démembraient déjà en fiefs.

9. Édit de Pistes (862). — Charles faisait de loin en loin un effort pour retenir à son service et à celui de l'État la classe des hommes libres. En 862, l'édit de Pistes ordonna un recensement des hommes obligés au service militaire. Les peines les plus sévères furent prononcées contre ceux qui les priveraient de leurs chevaux et de leurs armes, et contre les ingénus eux-mêmes qui, pour se délivrer de cette charge, se donneraient à l'Eglise.

10. Guerres étrangères. — Ce prince, si faible chez lui, voulut cependant s'agrandir au dehors; ce roi, qui ne pouvait porter sa couronne, entreprit d'en gagner d'autres.

A la mort de l'empereur Lothaire, en 855, son héritage avait été partagé entre ses trois fils. L'aîné eut l'Italie; le second, la Lotharingie; le troisième, la Provence. Celui-ci ne vécut que jusqu'en 863, le roi de Lotharingie, jusqu'en 869, et aucun d'eux ne laissa d'enfant. Charles le Chauve essaya, à leur mort, de mettre la main sur leurs domaines. Il échoua d'abord en 863, mais réussit en 870, et partagea la Lorraine avec son frère Louis le Germanique. Malgré la faiblesse et la honte de son règne, Charles le Chauve refaisait donc, au moins d'un côté, la France, que le traité de Verdun avait mutilée.

11. Édit de Kiersy (877). — Au lieu de continuer dans cette voie, Charles ambitionna encore la couronne impériale, devenue vacante en 875. Il alla se la faire donner à Rome par le pape, prit au retour celle du royaume des Lombards, à Milan, et, son frère Louis le Germanique étant mort, il prétendit ajouter ses États aux siens, l'Allemagne à la France et à l'Italie. A ce même moment les Northmans lui prenaient Rouen. Il fut battu sur le Rhin; l'Italie aussi lui échappait. Pour décider ses vassaux à le soutenir dans cette querelle, il les réunit à la diète de Kiersy-sur-Oise et y signa un capitulaire qui décidait que les fils des comtes succéderaient à leurs pères dans leurs fonctions. Ce capitulaire ne faisait que constater et régulariser une pratique déjà presque constante; mais cette hérédité des fonctions publiques marque la complète dislocation du pouvoir royal et peut être considérée comme la véritable origine de la féodalité (voy. le chap. xv). Charles mourut dans cette expédition d'Italie, au pied du mont Cenis.

12. Louis le Bègue (877-879); Louis III et Carloman (879-884). — Le fils de Charles le Chauve, Louis le Bègue, roi d'Aquitaine depuis 867, lui succéda comme roi de France. Il fut sacré à Compiègne par l'archevêque de Reims, Hincmar, le membre le plus éminent du clergé de France en ce temps-là. Pour se concilier les grands, il leur abandonna une partie des domaines qui restaient encore à la couronne, concession que ses deux fils, Louis III et Carloman, qui régnèrent conjointement après sa mort prématurée, multiplièrent encore. La situation devenait chaque jour plus triste. Le duc Boson se fit proclamer en 879 roi de Provence, et ils ne purent le renverser. Charles le Chauve avait en 870 acquis la moitié de la Lorraine; ils l'abandonnèrent, et ce pays retourna à l'Allemagne, qui ne nous en a rendu qu'une faible partie. Deux victoires sur les Northmans, notamment celle de Saucourt en Vimeu, jetèrent pourtant un peu de gloire sur le nom de ces princes. Mais ces avantages momentanés n'empêchaient pas les brigandages de recommencer aussitôt. En 882 Carloman donna de l'argent aux Northmans pour les renvoyer. « Ils promirent la paix, dit tristement le chroniqueur, pour autant d'années qu'on leur compta de 1000 livres pesant d'argent. » Les deux rois moururent à peu de distance l'un de l'autre par suite d'accidents : Louis en 882, Carloman deux ans plus tard.

13. Charles le Gros, roi et empereur (884-887). — Ils avaient un frère, Charles le Simple; les grands lui préférèrent un petit-fils de Louis le Débonnaire, Charles le Gros, alors empereur et roi de Germanie. Tout l'héritage de Charlemagne se trouva réuni dans ses mains; mais les temps étaient changés : cet homme, chargé de tant de couronnes, ne put même intimider les Northmans.

14. Siège de Paris (885-886). — Il avait déjà cédé la Frise à un de leurs chefs; une flotte en amena une troupe considérable jusque sous les murs de Paris, qu'ils avaient déjà trois fois pillé. Mais Paris venait d'être fortifié ; de grosses tours couvraient les ponts (Petit-Pont et Pont-au-Change), qui réunissaient l'île de la Cité aux faubourgs des deux rives ? la Seine était donc barrée aux sept cents grandes barques que les Northmans voulaient conduire jusqu'en Bourgogne, où ils n'étaient pas encore allés. Les habitants, encouragés par leur évêque Gozlin et par leur comte Eudes, fils de Robert le Fort, résistèrent pendant une année. L'attaque commença le 26 novembre 885. La tour du Grand-Pont, sur la rive droite, n'était pas encore achevée ; les Northmans l'assaillirent. Deux jours durant on s'y battit avec acharnement ; l'évêque Gozlin y fut blessé d'un javelot. Les Northmans, repoussés, s'établirent autour de l'église de Saint-Germain l'Auxerrois, en un camp retranché. Des transfuges leur avaient appris tout ce que l'on connaissait encore de la science militaire des Romains. Ils construisirent d'abord une tour roulante à trois étages ; mais, quand ils voulurent l'approcher des murs, les Parisiens tuèrent, à coups de flèche, ceux qui la faisaient mouvoir. Alors ils s'avancèrent avec des béliers, les uns sous des mantelets mobiles, qu'on avait couverts de cuirs frais pour les mettre à l'abri du feu, les autres firent la tortue avec leurs boucliers. Arrivés au bord du fossé, ils y jetèrent, pour le combler, de la terre, des fascines, des arbres entiers, même les cadavres de leurs captifs, qu'ils égorgeaient sous les yeux des assiégés. Pendant que les plus éloignés écartaient les défenseurs des créneaux par une grêle de traits et de balles de plomb, les plus rapprochés ébranlaient la tour avec les béliers : rien ne réussit. Les Parisiens versaient à longs flots l'huile bouillante, la cire et la poix liquides ; leurs catapultes lançaient des pierres énormes qui brisaient les mantelets et les boucliers peints, ou des crampons de fer les enlevaient et découvraient l'assaillant, qui était aussitôt criblé de traits. Trois bateaux enflammés, lancés contre le pont, furent arrêtés par les piles en pierre qui le portaient et ne purent y mettre le feu.

Cette résistance inespérée durait depuis plus de deux mois, quand une crue subite du fleuve emporta, dans la nuit du 6 février 886, une partie du Petit-Pont. Les Northmans se ruèrent aussitôt sur la tour de la rive gauche, qui était maintenant isolée de la ville. Douze hommes seulement y restaient. Ils se défendirent toute une journée, puis se retirèrent sur les débris du pont et y combattirent encore. Ils se rendirent enfin, sur la promesse qu'ils auraient la vie sauve. Dès que les Barbares tinrent ces braves gens, ils les égorgèrent. Un d'eux, de grande mine, leur parut un chef; ils décidèrent de l'épargner; mais, lui, voulut partager jusqu'au bout le sort de ses compagnons. « Vous n'aurez jamais, leur dit-il, rançon pour ma tête, » et il les força de le tuer.

Cependant on ne parlait par tout le pays que du grand courage des Parisiens, et quelques-uns s'enhardissaient à faire comme eux. Plusieurs bandes de pirates, qui avaient quitté le siége, furent battues, et le conseiller de l'empereur Charles, le duc Heinrich, vint jeter un secours dans la place; mais les païens maintenaient le blocus. La misère devint extrême dans la ville; beaucoup de gens mouraient. L'évêque Gozlin, le comte d'Anjou, « passèrent au Seigneur. » Le brave comte Eudes s'échappa pour presser l'arrivée de l'empereur et, quand il le vit en marche, revint s'enfermer avec les siens. Le secours promis parut enfin; le duc Heinrich le conduisait. Voulant reconnaître lui-même les lieux, il s'avança trop loin; son cheval tomba dans une fosse creusée et cachée par l'ennemi, il y fut tué; ceux qui le suivaient se débandèrent. Paris était donc encore une fois abandonné à lui-même. Les Northmans crurent que le découragement y régnait et qu'ils auraient bon marché d'un peuple épuisé. Ils tentent un assaut général : partout ils sont repoussés. Ils veulent incendier la porte de la grosse tour, et y entassent un immense bûcher; mais les Parisiens font une sortie soudaine et repoussent les assaillants et l'incendie.

Au bout de longs mois, Charles arriva enfin avec une armée sur les hauteurs de Montmartre. Les Parisiens, pleins d'ardeur, attendaient le signal du combat, quand on leur dit que l'empereur achetait encore à prix d'argent la retraite de cet ennemi qu'ils avaient à demi vaincu, et lui permettait d'aller hiverner en Bourgogne, c'est-à-dire ravager cette province. Du moins refusèrent-ils de tremper en rien dans ce honteux traité, et lorsque les barques des Northmans se présentèrent pour franchir les ponts, ils refusèrent de les laisser passer. Il fallut que les pirates traînassent leurs embarcations sur la grève en faisant un détour pour éviter l'héroïque cité (novembre 886).

Cette année-là Paris avait glorieusement conquis son titre de capitale de la France, et son chef, le brave comte Eudes, allait y fonder la première dynastie nationale.

15. Déposition de Charles le Gros (887). — Le contraste entre le courage de cette petite cité et la lâcheté de l'empereur tourna tout le monde contre l'indigne prince. Il fut déposé à la diète de Tribur (887), et, depuis ce jour, l'Allemagne, l'Italie et la France n'ont plus jamais eu un maître commun. L'empire carlovingien était irrévocablement démembré; ses débris avaient servi à former sept royaumes : France, Navarre, Bourgogne cisjurane, Bourgogne transjurane, Lorraine, Italie et Germanie.

16. Commencement du régime féodal : les grands fiefs et les châteaux. — Mais ce n'était pas seulement l'empire qui était démembré, c'était aussi le royaume et la royauté. L'hérédité des fiefs et des bénéfices avait couvert la France d'une multitude de petits rois. Ainsi, en 887, le duc de *Gascogne* possédait presque tout le pays au sud de la Gascogne; les comtes de *Toulouse*, d'*Auvergne*, de *Périgord*, du *Poitou* et du *Berry*, les provinces entre la Garonne et la Loire. A l'est et au nord de ce fleuve, tout appartenait au comte du *Forez*, au duc de *Bourgogne*, au duc de *France* et aux comtes de *Flandre* et de *Bretagne*, qui exerçaient sur leurs terres les droits régaliens. Au roi il restait seulement quelques villes qu'il n'avait pas encore été contraint de donner en fief.

Ce déchirement de l'État continuait dans l'intérieur même des grands fiefs. Les ducs, les comtes, étaient tout aussi impuissants que le roi contre les Northmans ou les Sarrasins, et les populations, que leurs chefs ne savaient plus amener à de communs efforts, prenaient peu à peu l'habitude de ne compter que sur elles-mêmes. Après avoir fui longtemps, à l'approche des païens, dans les bois, au milieu des bêtes fauves, quelques gens de cœur avaient tourné la tête et refusé d'abandonner tout leur avoir sans essayer de le défendre. Çà et là dans les gorges des montagnes, au gué des fleuves, sur la colline qui dominait la plaine, s'étaient élevés des retranchements, des murailles, où les braves et les forts se tenaient. Un édit de 862 ordonna aux comtes et aux vassaux du roi de réparer les anciens châteaux et d'en bâtir de nouveaux. Le pays en fut bientôt couvert, et les envahisseurs se heurtèrent souvent en vain contre eux. Quelques défaites donnèrent de la prudence à ces audacieux ; ils n'osèrent plus s'aventurer si loin, au milieu de ces forteresses qui sortaient de terre de tous côtés, et la nouvelle invasion, gênée alors et rendue difficile au siècle suivant, s'arrêtera. Les maîtres de ces châteaux furent plus tard la terreur des campagnes, mais ils les avaient d'abord sauvées. La féodalité, si oppressive dans son âge de décadence, avait donc eu son temps de légitimité. Toute puissance s'établit par ses services, et tombe par ses abus. (Voy. chap. xv.)

CHAPITRE XV.

DERNIERS CARLOVINGIENS ET DUCS DE FRANCE[1].

1. Faiblesse de la royauté. — 2. Élection d'Eudes, duc de France (887-898). — 3. Sept ou huit rois en France. — 4. Succès d'Eudes contre les Northmans. — 5. Rivalité d'Eudes et de Charles le Simple (893). — 6. Charles le Simple (889-922) ; fondation du duché de Normandie (912). — 7. Élection de Robert, duc de France (922). — 8. Élection de Raoul, duc de Bourgogne ; les Sarrasins et les Hongrois (923-936). — 9. Louis IV d'Outre-Mer (936-954). — 10. Lothaire et Louis V (954-987). — 11. Misère et impuissance politique des derniers Carlovingiens.

1. Faiblesse de la royauté. — Il n'y avait pas trois quarts de siècle que le glorieux fondateur du second empire d'Occident était couché dans les caveaux de sa basilique d'Aix-la-Chapelle, et déjà il n'y avait plus d'empire ni d'empereur. Le roi de France n'avait guère qu'un titre. Ce titre sans pouvoir fut cependant l'objet d'une longue convoitise. Le dixième siècle fut rempli par la querelle des deux maisons qui se disputèrent la chétive couronne des derniers descendants de Charlemagne ; discordes doublement fatales, car elles favorisèrent les invasions de nouveaux barbares et les progrès de la féodalité !

2. Élection d'Eudes, duc de France (887-898). — Après la déposition de Charles le Gros, on élut pour roi le comte Eudes, qui naguère avait si bien défendu Paris contre les Northmans, et qui, en récompense, avait reçu de l'empereur le duché de France, ou avait été confirmé par lui dans la possession de ce grand fief. Il

---

[1]. L'*Histoire de l'Église de Reims* et la *Chronique* de Frodoard ; l'*Histoire du moine Richer*, dont le manuscrit a été retrouvé en 1833 : le premier livre de la *Chronique* de Raoul Glaber, dans la collection de M. Guizot ; les *Lettres sur l'histoire de France*, d'Aug. Thierry.

était fils en effet de ce Robert le Fort, célèbre sous Charles le Chauve par ses services contre les mêmes ennemis, et ancêtre de tous les Capétiens [1] ; mais il ne fut reconnu que par les seigneurs d'entre Loire et Meuse.

3. Sept ou huit rois de France. — Au-delà de la Meuse régnait Arnulf, roi de Germanie, qui en 895 fit de la Lorraine un royaume pour son fils Zwentibold, et, au sud de la Loire, le duc d'Aquitaine, Rainulf, prit le titre de roi. En même temps le royaume de Provence se partageait en deux : la Bourgogne cisjurane (Franche-Comté, Dauphiné, Provence), sous Louis, fils du roi Boson, et la Bourgogne transjurane (la Suisse jusqu'à la Reuss, le Valais et partie de la Savoie), sous Rodolphe, fils du comte d'Auxerre. Ainsi la France avait cinq rois. Elle en aura bientôt un sixième, Charles le Simple, et je ne parle ni des rois de Navarre, qui lui étaient devenus complétement étrangers, ni des rois des Bretons, qui n'entendaient pas se montrer plus dociles, aujourd'hui qu'elle prenait pour chef un parvenu, que quand un petit-fils de Charlemagne leur demandait l'obéissance. Elle avait de plus des hôtes habituels et terribles, les Northmans, qui ne la quittaient plus, et les Sarrasins qui, en 889, s'établirent à Fraxinet, dans les montagnes de Provence.

4. Succès d'Eudes contre les Northmans. — Eudes se tira bravement de tant d'ennemis. Il ne reprit ni la Lorraine ni les deux royaumes de Bourgogne, laissa les Bretons, alors en guerre civile, s'entre-déchirer, oublia la Navarre, qui était bien loin, et consentit à reconnaître une sorte de droit suzerain au Carlovingien Arnulf, roi de Germanie, en qui survivait l'ambition impériale, malgré la grande protestation de 887 ; mais il força le duc d'Aquitaine à renoncer au titre de roi et à lui jurer fidélité, et gagna sur les Northmans deux vic-

---

[1]. Certaines généalogies font descendre les Capétiens de la seconde race, d'autres d'une origine saxonne. Il paraît plus probable qu'ils appartenaient à une famille des bords de la Loire, et qu'ils étaient alliés aux comtes de Tours ou à ceux d'Orléans.

toires : l'une dans la forêt de Montfaucon en Argonne, l'autre, en 892, près de Montpensier dans la Limagne. Bien qu'il ne faille pas accepter sur ces batailles les exagérations du poëte Abbon, c'étaient de brillants succès, mais qui restèrent stériles. Les païens étaient répandus en trop grand nombre par tout le pays pour que la défaite d'une de leurs bandes intimidât les autres. En ce même temps ils prirent et saccagèrent Meaux, Troyes, Toul, Verdun, Evreux, Saint-Lô. « La prédiction du Seigneur, disait le synode de Metz, va s'accomplir : Les étrangers dévoreront votre terre sous vos yeux et en feront un désert. » Le désert en effet s'étendait tous les jours, les vivres étaient à un prix exorbitant ; on manquait de bestiaux, et, en beaucoup d'endroits, on manquait de grains pour ensemencer les terres.

5. Rivalité d'Eudes et de Charles le Simple (893). — Aux maux causés par les nouveaux Barbares vinrent se joindre ceux de la guerre civile. Le comte de Flandre refusa obéissance à Eudes ; un autre seigneur, parent du roi, s'empara de Laon. Eudes reprit la ville, et, pour intimider les factieux, fit couper la tête au rebelle. Il se trouva alors en face d'une autre guerre plus sérieuse. Les partisans de la dynastie carlovingienne mirent en avant un fils posthume de Louis le Bègue, que sa lenteur d'esprit fit surnommer Charles le Simple, et l'archevêque de Reims le sacra (893). Ses partisans, le duc de Bourgogne et les comtes de Vermandois, de Poitiers et d'Auvergne, ne cherchaient qu'à consommer la ruine de la royauté et à s'affermir dans leurs usurpations. Autour d'Eudes se rangeaient ses nombreux vassaux du duché de France, et ceux qui avaient voulu un roi national, au lieu de cette dynastie aventureuse qui s'inquiétait bien moins de sauver la France des païens que de ressaisir quelqu'une des couronnes carlovingiennes. Eudes arriva devant Reims avec de telles forces, que son compétiteur s'enfuit auprès d'Arnulf de Germanie. Celui-ci, oubliant ses conventions avec Eudes, commanda aux comtes et aux évêques de la Lotharingie de rétablir dans le royaume paternel l'homme qui était de sa race ; mais les comtes refusèrent. Zwentibold, devenu leur roi en 895, les entraîna à une guerre qui tourna mal pour lui. Il fut contraint de rentrer en Lorraine, et Eudes termina cette querelle en accordant plusieurs domaines à son compétiteur.

Ce prince actif et brave, fut malheureusement enlevé par une mort prématurée : il n'avait pas quarante ans. Son frère Robert hérita de son duché de France, et Charles le Simple lui succéda comme roi sans opposition.

6. Charles le Simple (898-922) ; fondation du duché de Normandie (911). — Ce prince est célèbre par ses malheurs. En 911 il céda au chef northman, Rollon, la province qui prit le nom de Normandie, et que le nouveau duc rendit florissante par une sage administration. Ce traité, signé à Saint-Clair-sur-Epte, était une convention heureuse, car il mettait fin à des courses dévastatrices qui duraient depuis un siècle. Les nouveaux maîtres du pays se mêlèrent aux anciens habitants, oublièrent leur langue, leur férocité, mais gardèrent un peu de cet esprit d'aventure, de cet amour du gain qui les avait poussés à travers tant de pays, et qui leur feront un jour prendre l'Italie méridionale, et un autre jour l'Angleterre.

Le nouveau duc se fit baptiser à Rouen, et ses compagnons l'imitèrent (912). Il partagea le pays entre eux, au cordeau, et y établit si bonne police, qu'ayant oublié, dit-on, un de ses bracelets aux branches d'un chêne sous lequel il s'était reposé dans une partie de chasse, ce bracelet y resta trois ans sans que personne osât y toucher. La paix et l'ordre ranimèrent la culture dans cette riche province, la servitude de corps y fut de bonne heure abolie, et, par une révolution singulière, ce sont ces ducs normands qui, les premiers, parlèrent la meilleure langue française, et c'est en Normandie que le régime féodal se constitua avec le plus de régularité, que les écoles des couvents furent le plus florissantes, de là enfin que semble être parti l'art nouveau qui allait élever de si magnifiques monuments, l'architecture ogivale.

7. Élection de Robert, duc de France (922). — Cette année 911, où Charles perdait une province, il gagna un royaume. Les Lorrains se donnèrent à lui, mais sa faiblesse, ses complaisances pour ses favoris, irritèrent les grands. En 920 les seigneurs déclarèrent, à l'assemblée de Soissons, qu'ils n'obéiraient plus au roi, si, dans l'espace d'un an, il ne changeait pas de conduite et ne renvoyait pas son ministre Haganon. En même temps les Lorrains lui reprirent la couronne qu'ils lui avaient donnée. L'avertissement fut inutile; mais les grands tinrent parole : en 922 ils couronnèrent Robert, duc de France. Une rencontre eut lieu, l'année suivante, entre les deux princes, près de Soissons. Charles fut battu, mais son rival fut tué. Il n'y gagna rien : le gendre de Robert, Raoul, duc de Bourgogne, le remplaça. Ainsi, ducs de France ou de Bourgogne, c'étaient les chefs du centre de l'ancienne Gaule qui voulaient retenir la couronne; ils y réussiront malgré l'opposition des seigneurs du Nord et du Midi.

8. Élection de Raoul, duc de Bourgogne; les Sarrasins et les Hongrois (923-936). — La Germanie, plus fidèle au sang de Charlemagne, fournit quelque secours à Charles le Simple contre son nouvel adversaire. En reconnaissance, Charles abandonna à Henri l'Oiseleur tous ses droits sur la Lorraine. Il donnait un royaume et ne put recouvrer le sien. Fait prisonnier en trahison par Herbert, comte de Vermandois, il fut enfermé dans le château de Péronne, où il mourut en 929. Raoul régna sept ans encore sans beaucoup d'éclat, malgré une double expédition en Aquitaine et en Provence d'où il rapporta des promesses de fidélité, mais rien de plus. En 926 il avait repoussé une invasion de nouveaux Barbares, les Madgyares ou Hongrois, qui arrivaient par l'Est, comme les Northmans étaient venus par le Nord et par l'Ouest, les Sarrasins par le Sud. L'abandon fait à Rollon de la Normandie, et à d'autres chefs, de Tours, de Chartres, de Blois et de Senlis, avait mis un terme aux courses des pirates du Nord. Quant aux Sarrasins, la Provence seule souffrit beaucoup de leurs ravages. Ils s'y maintinrent pendant quatre-vingt-quatre ans. Leur principal établissement était à Fraxinet (la Garde-Freynet, dans le Var) ; il ne leur fut enlevé qu'en 973. Les Hongrois, plus nombreux et plus terribles que les Sarrasins, ne firent heureusement que de rares apparitions en Lorraine, dans la Bourgogne et jusque dans l'Aquitaine. L'Allemagne se chargea de les arrêter.

9. Louis IV d'Outre-Mer (936-954). — A la mort de Raoul, Hugues le Grand, son beau-frère, duc de France, dédaigna de se faire roi, et rappela d'Angleterre un fils de Charles le Simple, Louis IV, appelé d'Outre-Mer à cause de cette circonstance. L'activité, le courage de ce prince, furent inutiles. Il obtint l'appui de quelques seigneurs jaloux de la puissance du duc de France qui s'était fait donner encore par son protégé le duché de Bourgogne. Mais lorsqu'il voulut, pour se refaire un domaine, dépouiller les fils du comte de Vermandois et plus tard le jeune héritier du duc de Normandie, Hugues s'arma pour arrêter l'essor de cette ambition inattendue, et Louis, fait prisonnier, fut retenu captif une année entière. Hugues ne lui ouvrit les portes de sa prison qu'après s'être fait céder la ville de Laon, la seule qui restât au malheureux roi. Louis se plaignit au pape, au roi de Germanie, et un concile excommunia le duc de France, qui brava toutes les menaces, même une invasion d'Otton le Grand, qui pénétra jusque sous les murs de Rouen, dont le duc s'était allié à Hugues de France (946)[1]. Louis fut réduit à venir dire, en 948, au concile d'Ingelheim, assemblé par ordre d'Otton : « S'il y a quelqu'un qui soutienne que mes

---

[1]. C'est la seconde invasion d'Otton Ier en France ; Louis IV, profitant des troubles de l'Allemagne, avait fait revivre ses droits sur la Lorraine et envahi l'Alsace. Otton, appelé par le duc de France, son beau-frère, et par le comte de Vermandois, reçut leur hommage à Attigny. Cependant il les réconcilia avec Louis, qui épousa une de ses sœurs (940).

malheurs me sont arrivés par ma faute, je suis prêt à accepter la sentence du synode et du roi ici présent, ou à repousser l'accusation par le jugement de Dieu, en un combat singulier. » Aucun champion ne se présenta de la part du duc de France; mais cet appel à un prince étranger, dont Charles le Simple avait déjà donné l'exemple, acheva de rendre nationale, au moins dans la France du Nord, l'opposition faite par la maison capétienne aux derniers rois du sang de Charlemagne.

10. Lothaire et Louis V (954-987). — Louis IV termina en 954, à l'âge de trente-quatre ans, par un accident de chasse, « sa vie pleine d'angoisses et de tribulations. » Hugues le Grand, son beau-frère, ne voulut pas encore de cette couronne de France qu'il eût pu prendre aisément; il la donna à son neveu Lothaire, fils de Louis. Ce prince ne laissa pas de montrer quelque vigueur : les prétentions d'Otton à restaurer l'empire rallièrent autour du roi de France les grands vassaux de plusieurs pays dont toute la tactique visait alors à empêcher soit en France, soit en Germanie, le retour de l'ancienne puissance impériale, qui les eût fait reculer de tout le chemin qu'ils avaient fait depuis Charlemagne dans la voie des usurpations. La Lorraine fut dans ce cas. Les seigneurs de ce pays appelèrent Lothaire pour l'opposer à Otton; Hugues le Grand n'était plus, mais son fils, Hugues Capet, était dévoué à Lothaire, qui avait acheté assez chèrement cette fidélité de la maison de France, en lui donnant la Bourgogne, qu'elle garda, et l'Aquitaine, qu'elle ne put prendre. Lothaire pénétra jusqu'à Aix-la-Chapelle et faillit enlever l'empereur. Otton, à son tour, vint jusqu'à Paris, en ravageant le pays, mais sa retraite fut désastreuse et son arrière-garde périt sur les bords de l'Aisne. C'était beaucoup pour Lothaire d'avoir tenu tête à un aussi puissant monarque; obligé d'abandonner la haute Lorraine (980), il obtint du moins pour son frère Charles le duché de basse Lorraine ou de Brabant. Il mou-

Costume royal au dixième siècle.

rut en 986. Son fils Louis V périt l'année suivante d'une chute de cheval, avant d'avoir rien fait dont l'histoire puisse garder le souvenir, ce que les anciens chroniqueurs expriment en lui donnant le nom de *Fainéant*. Avec lui finit en France la race des Carlovingiens.

11. Misère et impuissance politique des derniers Carlovingiens. — Les derniers descendants de Charlemagne avaient montré plus d'activité et de courage que les derniers descendants de Clovis, et ils méritaient de mieux finir. La cause de leur impuissance fut la misère profonde où ils tombèrent par suite de l'hérédité des fiefs. On a vu qu'ils étaient réduits à ne posséder plus que la petite ville de Laon. Comme ils n'avaient rien pour payer un service : ni terres, car ils n'avaient pas de domaines; ni argent, car ils n'avaient pas d'impôt public; ni fonctions, la féodalité ayant tout pris, ils furent peu à peu abandonnés. Dans leur isolement, ils cherchèrent appui au dehors; ils se firent les amis de l'étranger. Les invasions des Allemands, en leur faveur, achevèrent de ruiner leur cause et préparèrent le paisible avénement, en 987, d'une dynastie nouvelle, plus française, plus nationale, les Capétiens.

CHAPITRE XVI.

LE RÉGIME FÉODAL [1].

1. Exposition du système féodal : trois sociétés différentes. — 2. I. La société féodale ; nouvelle organisation sociale. — 3. Les bénéfices ou fiefs. — 4. Les alleux changés en bénéfices ; la recommandation. — 5. Hérédité des bénéfices. — 6. Hérédité des fonctions publiques ou offices. — 7. Les grands vassaux et le roi. — 8. Hiérarchie féodale. — 9. Hommage, foi, investiture. — 10. Suzerain et vassal. — 11. Obligations des vassaux. — 12. Relations des vassaux entre eux ; pairs ; duel judiciaire ; droit de guerre privée. — 13. Un château féodal. — 14. Le troubadour et le trouvère. — 15. Tournois. — 16. Armes. — 17. II. Les serfs. — 18. Les mainmortables. — 19. Les vilains. — 20. Redevances des sujets. — 21. Anarchie et violences. — 22. Affreuse misère des manants. — 23. Une disette au onzième siècle. — 24. Quelques résultats heureux.

1. Exposition du système féodal ; trois sociétés différentes. — Au sixième siècle, nous avons trouvé trois sociétés en Gaule, les Gallo-Romains, les Barbares et l'Eglise ; il y en a trois encore au onzième siècle, les seigneurs, les clercs et les serfs, chacune avec ses mœurs, son organisation propre, et jusqu'à un certain point sa langue et sa littérature particulières ; les deux premières riches, puissantes et actives, la dernière opprimée et misérable.

2. I. La société féodale ; nouvelle organisation sociale. — On a vu l'édit de Mersen permettre, en 847, à tout homme libre de se choisir un seigneur, et l'édit de Kiersy décréter, en 877, l'hérédité des offices royaux (p. 211 et 216). Ces édits consacraient une révolution

---

1. *Histoire de la civilisation en France*, par M. Guizot, t. IV ; *Histoire du droit français*, par M. Laferrière, t. IV ; *Histoire littéraire de la France au douzième siècle*, par M. Ampère.

commencée depuis longtemps, et qu'il convient d'étudier de plus près, car tout un ordre social nouveau en sortit, qui, après avoir régi souverainement l'Europe pendant plusieurs siècles, n'a pas encore complétement disparu. Dans les pays même où une organisation fondée sur d'autres principes a remplacé la société féodale, le moyen âge a légué des coutumes qui se sont trouvées plus fortes que les nouvelles lois. La noblesse moderne est un reste toujours vivant des temps féodaux.

3. Les bénéfices ou fiefs. — Il y avait eu, depuis les Carlovingiens, deux espèces principales de propriétés : les *alleux*, terres franches d'impôts et de redevances, ne relevant que du soleil, comme disent d'antiques formules ; les *bénéfices*, terres chargées de redevances plus ou moins nombreuses. Celui qui avait reçu un bénéfice ou *fief* était obligé, vis à vis de celui qui l'avait donné, soit à des services personnels, soit à des prestations en nature, en échange desquels il pouvait compter sur la protection du donateur. La plus importante de ces obligations était celle du service militaire.

4. Les alleux changés en bénéfices ; la recommandation. — Au milieu d'une société livrée à toutes les violences, les propriétaires d'alleux, libres de toutes charges, mais isolés, par conséquent très en danger, cherchèrent un appui auprès des grands et se *recommandèrent* à quelque homme puissant du voisinage. La *recommandation* était l'acte par lequel un propriétaire d'alleu faisait une cession fictive de sa terre au protecteur qu'il s'était choisi, pour la reprendre de ses mains, non plus comme *alleu*, mais comme *bénéfice*, avec toutes les charges de service militaire et de redevances en nature dont était frappée la propriété bénéficiaire. Cet usage devint général. Charlemagne lui-même contribua à le rendre tel par l'obligation qu'il imposa à tous les hommes libres de se choisir un seigneur et de lui rester fidèle. Il voulait par là discipliner une société qui avait conservé des goûts d'indépendance barbare, et y mettre de l'ordre, en y mettant de la hiérarchie. Mais il arriva qu'en travaillant pour l'ordre, il travailla contre son propre pouvoir, ou plutôt contre le pouvoir de ses successeurs, car, pour lui, il était inattaquable. Afin de sauvegarder les droits de l'autorité impériale, il avait exigé le serment direct des hommes libres. Louis le Débonnaire prit la même mesure au commencement de son règne ; à la fin, il eût été fort embarrassé de la renouveler ; pour ses fils, ils n'y songèrent même pas. Alors les hommes libres n'eurent plus affaire qu'au seigneur dont ils dépendaient, et ne connurent plus que de nom l'autorité royale, qu'ils ne sentaient jamais.

Comme c'étaient les propriétaires qui se recommandaient entre eux, on considéra bientôt la terre, qui reste, plutôt que l'homme, qui passe et meurt. Ce ne fut plus l'homme faible qui se recommanda à l'homme fort, mais le petit champ au grand domaine, et certaines formalités symbolisèrent cette relation nouvelle : la terre venait en quelque sorte se placer d'elle-même dans la main du grand propriétaire, sous la forme d'une motte de gazon ou d'un rameau d'arbre que le petit propriétaire y déposait. C'est là le germe de la relation féodale. Vers le règne de Charles le Simple, la révolution était accomplie : il n'y avait plus guère que des bénéfices ou fiefs, c'est-à-dire que toute terre dépendait d'une autre terre, tout homme d'un autre homme. La première était le *fief mouvant* tenu par le *vassal*; la seconde était le *fief dominant*, tenu par le *suzerain* ou *seigneur*.

5. Hérédité des bénéfices. — Un jour Charlemagne reprochait à son fils Louis, roi d'Aquitaine, de ne point assez chercher à s'attacher ses sujets par des présents, des concessions de terre : « Vous ne donnez, ajoutait-il, raillant finement la dévotion de son fils, vous ne donnez que votre bénédiction, encore si on vous la demande : ce n'est point assez. » Le roi d'Aquitaine lui répondit qu'il n'avait plus rien à donner, parce que les leudes refusaient de rendre les bénéfices qu'ils avaient une fois reçus et les transmettaient à leurs héritiers. Charlemagne répliqua qu'il ne fallait pas ainsi laisser usurper les domaines royaux, mais les reprendre aux usurpateurs ; toutefois, en souverain prudent et en bon père de famille, il ne voulut pas compromettre la popularité de son fils, et se chargea lui-même d'une tâche dangereuse pour tout autre ; des agents envoyés en son nom firent sortir les bénéficiers des domaines qu'ils détenaient illégalement. Toute l'explication de la révolution de cette époque est là. Les obstacles que Charlemagne pouvaient briser étaient insurmontables pour ses faibles successeurs. Sous eux, l'hérédité des bénéfices acquit la force d'une coutume, d'un droit.

6. Hérédité des fonctions publiques ou offices. — Il en fut de même de l'hérédité des charges publiques et des titres de duc, de comte, etc., auxquels était attaché l'exercice d'une autorité déléguée par le prince, et d'autant plus étendue que les rois, Charlemagne tout le premier, avaient pensé fortifier leur propre pouvoir en donnant à leurs agents des pouvoirs plus larges. Mais, pour les offices, comme pour les bénéfices, Charlemagne avait l'œil ouvert sur les allures trop vives de ses comtes : on le voit à chaque instant, dans ses capitulaires, arrêter leurs tentatives d'empiétement, gourmander leur négligence, et les empêcher d'oublier que le maître, c'est lui. Pour les mieux tenir, il ne confiait jamais qu'un comté au même individu. Ses successeurs n'imitèrent pas cette sage et vigilante conduite, qui d'ailleurs leur eût été impossible. L'argent étant rare et l'impôt public n'existant plus, c'était par des terres, avec des bénéfices, qu'il fallait payer tous les services. Quand ces bénéfices furent devenus héréditaires, les rois ne possédèrent plus qu'un très-petit nombre de domaines échappés à l'avidité de leurs vassaux. Sans argent, sans soldats, sans terres, ils ne purent empêcher leurs officiers de s'attribuer aussi l'hérédité des fonctions dont ils étaient investis, le comte, par exemple, ce qu'on appelait son comté, c'est-à-dire le droit d'exercer, dans une certaine étendue du territoire, les prérogatives de l'autorité royale qui lui avaient été déléguées. Le capitulaire de Kiersy-sur-Oise (voy. p. 216) consacra cette usurpation. On aurait une idée de ce qui se passa alors, en imaginant ce que serait la France si nos préfets, nos magistrats, nos généraux, ne pouvaient plus être privés de leurs fonctions par le gouvernement qui les emploie, et avaient le droit de transmettre à leurs enfants, et au besoin celui de vendre, au même titre que toute autre propriété, l'autorité que l'État leur confie. Encore y aurait-il cette différence que chez nous ces autorités sont divisées, et qu'au neuvième siècle elles étaient réunies, le comte étant à la fois chef politique, militaire et judiciaire dans son comté.

Cette usurpation des droits royaux donnait à tout grand propriétaire ou seigneur les prérogatives du souverain : le droit de guerre, celui de battre monnaie, de faire des lois, de juger et de faire exécuter les sentences, etc. Et, comme cette usurpation avait eu lieu à tous les degrés de l'échelle administrative, par le duc, le comte, le vicomte, le centenier, la *féodalité*, c'est le nom de ce régime, présenta une hiérarchie de propriétaires ayant plus de droits politiques, en proportion de ce qu'ils avaient été primitivement investis par les rois de fonctions plus étendues. Cette explication peut aider à comprendre comment beaucoup de grands tenanciers exerçaient, à l'avènement de Hugues Capet, le droit régulier de battre monnaie et comment tant d'autres guerroyaient à leur guise, légiféraient et jugeaient; mais elle ne suffirait pas à rendre compte de cette transformation des pouvoirs publics en priviléges domaniaux sur la surface entière du territoire. Il faut y ajouter que tout grand propriétaire avait déjà, de temps immémorial, une juridiction domestique sur ses esclaves, ses serviteurs, ses colons et ses tenanciers, et que la justice seigneuriale était, comme l'a dit Montesquieu, une dépendance antique de la grande propriété et du fief. L'usurpation n'était donc pas dans le droit que s'attribuaient les seigneurs de rendre la justice, mais dans celui de juger souverainement en dernier lieu.

Il y avait peu de propriétaires au moyen âge; mais la propriété était alors, on le voit, bien plus fortement constituée qu'aujourd'hui, puisqu'elle donnait ce qu'elle ne donne plus, le pouvoir politique, législatif et judiciaire. « Alors propriété et magistrature étaient tout

Seigneur au dixième siècle.

un. » Et cela caractérise ce temps, qui a été si justement appelé le moyen âge. Le seigneur féodal, à la fois propriétaire et souverain, sert en effet de transition entre l'ancien maître, qui n'avait que des esclaves soumis à sa toute-puissance, et le propriétaire moderne, qui n'a plus que des fermiers et des domestiques dont les relations avec lui sont l'effet de libres conventions.

7. Les grands vassaux et le roi. — On appela grands vassaux les seigneurs qui faisaient personnellement hommage au roi, comme les comtes de Champagne et de Flandre, les ducs de Bourgogne et d'Aquitaine, etc. Ces grands vassaux exerçant sur leurs terres tous les droits de la royauté, y administrant, jugeant, guerroyant, sans souci du roi, celui-ci n'avait plus qu'un titre sans force réelle, à moins que ce titre ne fût réuni à la possession de quelque grand fief, duché ou comté. Ce fut là toute l'importance de la révolution qui substitua les Capétiens aux Carlovingiens. En 987 le domaine royal se bornait à la cité de Laon et à quelques villas ; par l'avénement de Hugues Capet, ce domaine comprit tout le duché de France, et le roi se trouva au moins égal en puissance à ses vassaux, tandis qu'auparavant il était inférieur en force réelle au plus faible d'entre eux.

8. Hiérarchie féodale. — Les propriétaires de fiefs formaient une vaste association, une hiérarchie qui remontait du simple chevalier jusqu'au roi, et où chacun pouvait avoir à la fois le double caractère de suzerain et de vassal : ainsi un comte, vassal d'un duc ou d'un roi, était suzerain de plusieurs vicomtes, barons ou chevaliers. On voit dans un acte que trente-deux chevaliers bannerets devaient l'hommage et le service militaire au vicomte de Thouars, qui lui-même devait l'un et l'autre au comte d'Anjou, vassal du roi de France. Seulement il ne faudrait pas croire qu'un comte fût toujours et partout supérieur à un vicomte et subordonné à un duc : la subordination hiérarchique n'existait que dans l'intérieur de chaque grand fief, et le comte d'Anjou n'avait rien de commun avec le duc de Bourgogne, si ce n'est son titre de vassal de la couronne de France. Quelquefois même un puissant prince était vassal d'un seigneur d'ordre inférieur, parce qu'il tenait une terre de lui : c'était le cas du roi de France vis-à-vis de l'abbé de Saint-Denis, du duc de Bourgogne vis-à-vis de l'évêque de Langres et de bien d'autres. Dans beaucoup de fiefs les vassaux traitèrent leur suzerain comme les grands avaient traité le roi de France. C'était un droit du vassal expressément reconnu, de guerroyer, quand bon lui semblait, contre son seigneur, en lui retirant son hommage, à condition de lui restituer le fief, ce que, habituellement, il se gardait de faire. Il pouvait arriver même qu'on fût à la fois vassal de deux suzerains différents, et requis en même temps par eux du service militaire.

9. **Hommage, foi, Investiture.** — La relation féodale était établie par une cérémonie où trois formalités principales devaient être accomplies. Celui qui recevait une terre d'un autre se plaçait à genoux devant lui, la main dans la main de son futur seigneur, et déclarait qu'il devenait son *homme*, c'est-à-dire qu'il devait défendre sa vie et son honneur, puis il prêtait le serment de *foi* ou de fidélité. Voici la formule de l'hommage lige : « Doit l'homme joindre ses deux mains en nom d'humilité, et les mettre ès deux mains de son seigneur, en signe que tout lui voue, et promet foy ; et le seigneur ainsi le reçoit et aussi luy promet à garder foy et loyauté, et doit l'homme dire ces paroles : « Sire, je « viens à vostre hommage, en vostre foi, et deviens vostre « homme de bouche et de mains, et vous jure et pro- « mets foy et loyauté envers tous et contre tous, et gar- « der vostre droit en mon pouvoir[1]. » Alors le seigneur à son tour lui donnait la terre par l'*investiture*, soit en lui remettant une motte gazonnée, un rameau d'arbre, ou,

[1] Bouteiller, *Somme rurale*, liv. I, tit. LXXXI. — L'*hommage simple* ou *franc* se rendait debout, le vassal tenant la main sur l'Évangile et ayant son épée et ses éperons, qu'il ôtait pour la cérémonie de l'*hommage-lige*. Dans cette dernière cérémonie, le vassal tête nue, mettait un genou en terre et, plaçant ses mains dans celles de son seigneur, lui prêtait serment de fidélité et s'engageait à le servir de sa personne à l'armée, obligation que n'entraînait pas l'hommage simple. Un vassal devait quelquefois l'hommage lige pour un fief et l'hommage simple pour un autre. Ainsi le duc de Bretagne consentait au premier pour le comté de Montfort, mais prétendait ne devoir que le second pour son duché. Il y avait aussi l'hommage de foi et de service, par lequel le vassal s'obligeait à rendre service de son propre corps au seigneur, comme de lui servir de champion et de combattre pour lui en gage de bataille.

pour les grands fiefs, un étendard. « C'est la coutume, dit Otton de Freising, que les royaumes soient livrés par le glaive, les provinces par l'étendard. »

10. Suzerain et vassal. — Cette triple cérémonie achevée, l'un devenait le suzerain, l'autre le vassal, et dès ce moment des devoirs et des droits réciproques les unissaient. Le suzerain devait à son vassal protection et bonne justice, et il ne pouvait lui retirer son fief que pour forfaiture ou trahison.

11. Obligations des vassaux. — La plus importante de toutes les obligations imposées au vassal était celle de suivre le suzerain à la guerre. Les conditions auxquelles les vassaux avaient reçu leur fief déterminaient combien de jours, 60, 40, 30, ou même beaucoup moins, ils devaient faire ce service; et avec combien d'hommes armés. Quelques-uns ne le devaient que dans les limites des terres du suzerain, et pour le défendre, non pour attaquer. Les abbés, les femmes, exempts de service, fournissaient des remplaçants. Quiconque devait le service féodal était réputé noble.

Le vassal était tenu de servir le suzerain dans ses guerres, mais aussi de l'aider de ses conseils, quand il en était requis, et de l'assister dans sa cour de justice. En prenant ainsi part aux jugements, il s'engageait à prêter son bras pour faire exécuter la sentence que sa bouche avait prononcée.

Il y avait en outre les *aides féodales*; le vassal devait aider le suzerain à payer sa rançon, à marier sa fille aînée, à armer son fils aîné chevalier, à s'équiper pour le voyage à la terre sainte.

Ce n'étaient pas les seules occasions où le suzerain tirait de ses vassaux d'utiles redevances. A chaque mutation, le seigneur percevait un droit de *relief*, que payait l'héritier du fief lorsqu'il en recevait l'investiture. C'était une somme d'argent, ou plus souvent, dans l'origine, un cheval de service, un destrier, une selle, des armes, une paire d'éperons dorés.

Si un vassal vendait son fief, une partie du prix d'achat, équivalant d'ordinaire, comme pour le droit de relief, au revenu d'une année, appartenait au suzerain (droit de *rachat*).

Le fief sans héritier ou frappé de confiscation pour forfaiture, c'est-à-dire pour infidélité ou trahison de la part du vassal, revenait au seigneur. De là la fortune des maisons suzeraines qui eurent l'avantage de durer. Une partie des terres de la couronne, sous la troisième race, se composa de fiefs qui, faute d'hoirs, avaient fait échute au domaine royal (droit de *déshérence* ou de *confiscation*).

Le vassal mineur était sous la garde du suzerain, qui percevait les fruits jusqu'à sa majorité (droit de *garde-noble*).

Les filles ne pouvaient prendre pour époux que l'homme qui leur était présenté par le suzerain, à moins de payer une somme quelquefois considérable (droit de *mariage*).

Il y avait encore des obligations morales. Le vassal devait garder les secrets de son suzerain, lui dévoiler les machinations de ses ennemis, partout défendre son honneur; lui donner son cheval dans la bataille, s'il était démonté, ou prendre sa place en captivité; en un mot, n'épargner ni son bien ni sa personne pour le sauver de péril ou de honte.

Ces obligations remplies, le vassal devenait à peu près maître absolu sur son fief, et ne pouvait le perdre qu'en ne satisfaisant pas aux conditions du contrat féodal.

Remarquons que le système féodal, en se développant, fit de toute chose un fief. Toute concession : droit de chasse dans une forêt, de péage sur une rivière, de conduite sur les routes, pour escorter les marchands, de four banal[1] dans une ville, toute propriété utile en-

---

1. On donnait le nom de *banal* aux choses à l'usage desquelles le seigneur du fief était en possession d'assujettir ses vassaux, afin d'en retirer certaines redevances : ainsi le four, le moulin, le pressoir, où les vassaux étaient contraints de venir faire cuire leur pain, faire moudre leur blé et fouler leurs raisins, à charge de laisser au seigneur une portion de ce qu'ils apportaient, en payement du service rendu.

fin, concédée à condition de foi et hommage, devenait un fief. Les seigneurs multiplièrent les concessions de ce genre, afin de multiplier le nombre d'hommes qui leur devaient le service militaire; mais le fief lui-même, auquel des droits de justice étaient attachés, resta en général indivis et passa tout entier à l'aîné.

12. Relations des vassaux entre eux; pairs; duel judiciaire; droit de guerre privée. — Les vassaux d'un même seigneur étaient pairs ou égaux entre eux (*pares*), et ils composaient sa cour de justice, de laquelle il était permis d'appeler à la cour du suzerain supérieur. Les formalités n'y étaient ni longues ni difficiles. Si les parties ne pouvaient s'entendre, le combat judiciaire, ou duel en champ clos, décidait de la justice et de la vérité. Le vaincu était nécessairement le coupable : c'était Dieu qui prononçait. Quand une des parties était une femme, un clerc, un enfant ou un vieillard, elle pouvait se faire remplacer par un champion, mais courait toujours les risques du combat. La défaite du champion était la condamnation de celui qu'il représentait. Cette comparution par-devant la cour du suzerain paraissait même encore trop longue à l'impatience batailleuse de ces hommes. Pour un tort éprouvé, pour une injure reçue, ils recouraient immédiatement aux armes : c'était le droit de guerre privée. Toutefois on y mettait de la loyauté; on avertissait d'avance son ennemi.

Tous les seigneurs n'avaient pas une juridiction égale. Il y avait la haute, la moyenne et la basse justice; certains nobles n'avaient que la dernière ou la seconde. Ces distinctions, qui ne portent pas toujours sur la nature des peines, mais quelquefois sur la qualité des justiciables[1], ne furent régulièrement déterminées que

---

[1]. Ainsi, dans le Dauphiné, la haute justice s'exerçait sur les nobles et les clercs au civil comme au criminel; la moyenne sur les roturiers et les mainmortables pour les causes criminelles et dans les causes civiles pour lesquelles l'amende dépassait 60 sous; la basse pour les mêmes causes, quand l'amende était inférieure à 60 sous. (Salvain de Boisleu, *De l'usage des fiefs en Dauphiné*, édition de 1731.)

dans les siècles suivants. Le droit de haute justice entraînait le droit de rendre des sentences de mort. L[e] pilori et le gibet, qui s'élevaient près du château, e[n] étaient les sinistres emblèmes.

13. Un château féodal. — Tout régime politique pourrait à la rigueur se caractériser par le lieu où il a placé l'exercice du pouvoir. Les républiques anciennes avaient leur *Agora* et leur *Forum*; la grande monarchie de Louis XIV eut son palais de Versailles où tenai[t] tout ce qu'on appelait alors la France; les seigneur[s] féodaux eurent leurs châteaux. C'était, en général, d'é[]normes édifices ronds ou carrés, placés sur des hauteur[s] pour voir de loin, massifs, sans architecture ni orne[]ments, et percés à peine de quelques meurtrières d'où sortaient les flèches, et ayant parfois, comme celui d[e] Montlhéry, plusieurs enceintes se dominant l'une l'au[]tre. « La porte, dit un moderne qui, à force d'érudition s'est presque rendu le contemporain de ces vieux âges, la porte, flanquée de tourelles et couronnée d'un hau[t] corps de garde, se présente toute couverte de têtes d[e] sanglier et de loup. Entrez-vous, trois enceintes, troi[s] fossés, trois ponts-levis à passer; vous vous trouvez dan[s] la grande cour carrée où sont les citernes, et, à droit[e] et à gauche, les écuries, les poulaillers, les colombiers les remises. Les caves, les souterrains, les prisons, son[t] par-dessous; par-dessus, les logements, les magasins, les lardoirs ou saloirs, les arsenaux. Tous les comble[s] sont bordés de mâchicoulis, de parapets, de chemins d[e] rondes, de guérites. Au milieu de la cour est le donjon, qui renferme les archives et le trésor. Il est profondé[]ment fossoyé dans son pourtour, et on n'y entre que par le pont presque toujours levé; bien que les mu[]railles aient, comme celles du château, plus de six pied[s] d'épaisseur, il est vêtu jusqu'à la moitié de sa hauteur, d'un second mur en grosses pierres de taille[1]. »

Le pont-levis couvrait, en se relevant, la porte du

---

[1] Monteil, *Histoire des Français des divers États*, t. I, p. 110. Voy[ez] aussi Cheruel, *Dictionnaire des Instit. de la France*, au mot *Châteaux forts*.

Ancien château de Pierrefonds.

château qui était encore défendu par la *herse*, lourde grille en fer, glissant dans des rainures. Aux angles de la forteresse s'élevaient de grosses tours garnies de *créneaux* qui protégeaient les défenseurs de la place contre les traits lancés du dehors ; et de *mâchicoulis*, sorte de parapet percé à jour dans sa partie inférieure, et d'où l'on pouvait verser sur les assaillants arrivés au pied du mur l'eau bouillante et la poix enflammée.

Le donjon, devant être dans l'endroit le plus difficile d'accès, occuper et dominer toute la place, s'élevait habituellement au milieu, comme on le voit encore à Vincennes ; quelquefois il touchait aux remparts, comme dans le château de Coucy. D'immenses souterrains ouvraient une issue au loin dans la plaine ou la forêt.

14. Le troubadour et le trouvère. — Les hommes qui habitaient une pareille demeure avaient besoin d'échapper à la tristesse et à l'ennui qui tombaient de ces voûtes sombres sous lesquelles n'arrivait jamais un joyeux rayon de soleil. On ne pouvait ni se battre ni chasser toujours. Le pèlerin qui passait venait pour quelques moments distraire les habitants du manoir par de pieux récits et des nouvelles des pays lointains. Mais une bonne fortune, c'était l'arrivée du barde, appelé *trouvère* dans le Nord, *troubadour* dans le Midi, qui, assis au foyer du seigneur, lui chantait, pendant de longues veilles, la tragique aventure de la dame de Fayel et du sire de Coucy, ou les merveilleux exploits des chevaliers du Saint-Graal et de la Table Ronde, de Renaud et de Roland, de Charlemagne et de ses douze pairs, à moins que l'assistance, en veine de s'égayer, ne lui demandât quelque fabliau moqueur ou les bons tours joués à maître Isengrin par son rusé compère, maître Renard :

> Car ils ôtent le noir penser ;
> Deuil et ennui font oublier.

15. Tournois. — Il y avait cependant aussi des jeux et des fêtes ; mais les jeux et les fêtes à l'usage de cette société batailleuse furent des défis et des combats souvent mortels, les joutes et les tournois. Geoffroy de Preuilly, seigneur de Vendômois, mort en 1066, en fut comme le législateur. On n'apportait aux tournois que des armes courtoises, à fer émoussé, c'est-à-dire sans pointe ni taillant; mais, dans les combats *à outrance*, on employait les armes ordinaires. Les juges ou *diseurs* des tournois faisaient prêter serment aux chevaliers de combattre loyalement; et, après avoir mesuré les lances et les épées, vérifié si l'un des adversaires n'était pas attaché à la selle de son cheval, ils donnaient le signal de la lutte. Les combattants couraient l'un contre l'autre; si leurs lances se brisaient contre les boucliers ou contre l'armure de fer, ils se frappaient avec l'épée ou la hache d'armes jusqu'à ce que l'un d'eux tombât vaincu. Celui qui n'observait pas les lois du combat, qui frappait autre part qu'entre les quatre membres, ou plus de coups que les juges n'en avaient permis, etc., perdait ses armes et son cheval. Ordinairement le heaume et l'épée du vaincu appartenaient au vainqueur. Les prix décernés par les juges étaient, au mieux frappant, une épée de tournoi; au mieux défendant, un heaume. C'étaient souvent les dames qui décernaient le prix. Ces fêtes attiraient toujours un grand concours de princes, de seigneurs et de chevaliers, mais toujours aussi quelques-uns étaient emportés de la lice mourants ou morts.

16. Armes. — Jusqu'à Charlemagne, les armes avaient été surtout offensives; au moyen âge elles furent surtout défensives. Du onzième au quatorzième siècle les chevaliers portèrent la cotte de mailles ou *haubert*, qui enveloppait l'homme d'armes de la tête aux pieds et qui était à l'épreuve de l'épée, mais non de la lance. Contre la lance on se garnissait d'une camisolle fortement rembourrée, le *gambeson* ou *hoqueton*, ou d'une plaque de fer appliquée immédiatement sur la peau, et nommée *plate*. Le *heaume*, en fer mince, enveloppait la tête et ne laissait respirer et voir que par d'étroites ouvertures qu'on nommait *visière* ou *ventaille*. Le heaume n'était porté que par les chevaliers, mais tous les hommes d'armes avaient le bonnet de fer qui se rattachait au haubert par plusieurs réseaux de mailles de fer. L'*écu* ou bouclier servait encore d'arme défensive. Les armes offensives étaient alors l'*épée*, la *lance*, la *hache d'armes*, la *masse d'armes*, le *fléau d'armes* et

Armes au onzième siècle.

le *poignard de miséricorde*. Les fantassins n'avaient que le coutil ou couteau et l'arc, ou l'arbalète apportée d'Asie.

17. II. **Les serfs**[1]. — Au onzième siècle, la France était couverte d'une multitude de fiefs qui formaient chacun un État ayant sa vie propre, ses lois, ses coutu-

---

1. Guérard, *Polyptyque d'Irminon et Cartulaire de Saint-Père de Chartres*; Dureau, *Histoire des classes agricoles*.

mes, et son chef, laïque ou ecclésiastique, à peu près indépendant. Ce chef, ce noble, n'avait pas seulement des vassaux, il avait des sujets résidant sur la portion de son fief qu'il n'avait pas inféodée. Et d'abord les *serfs* proprement dits, les *hommes de la terre*, livrés à son entière discrétion. « Le sire, dit Beaumanoir, peut leur prendre tout ce qu'ils ont, et les tenir en prison toutes les fois qu'il lui plaît, soit à tort, soit à droit, et il n'est tenu à en répondre fors à Dieu. »

18. Les mainmortables. — Au-dessus sont les *mainmortables*, « plus débonnairement traités, continue le vieux juriste du Beauvaisis, car le seigneur ne leur peut rien demander, si ils ne meffont, fors leur cens et leurs rentes et leurs redevances qu'ils ont accoustumé à payer pour leurs servitudes. » Mais le mainmortable ne peut se marier sans le consentement du seigneur, et, s'il prend femme franche ou née hors de la seigneurie, il convient qu'il fine (finance) à la volonté du seigneur : c'est le droit de *formariage*. Les enfants seront également partagés entre les deux seigneurs. S'il n'y en a qu'un, il sera au seigneur de la mère. A la mort des mainmortables, tout ce qu'ils possèdent appartient au seigneur. Pour eux, nul moyen d'échapper à la rude main qui les courbe sur le sillon : si loin qu'ils aillent, le droit de *suite* s'attache à leur personne et à leur pécule; le sire hérite partout de son serf.

19. Les vilains. — A un degré supérieur se trouvent les tenanciers libres appelés vilains, manants ou roturiers. Leur condition était moins précaire. Ils avaient sauvé leur liberté, que le serf ne possédait pas, et ils tenaient, à condition d'une rente annuelle et de corvées, les terres censives que le propriétaire domanial leur avait concédées et qu'ils pouvaient transmettre avec tous leurs biens à leurs enfants. Mais, tandis que les tenures bénéficiaires ou fiefs étaient sous la garantie d'un droit public et bien déterminé, les tenures censives étaient dans la juridiction absolue du propriétaire et garanties seulement par des conventions privées[1]. C'est pourquoi les vilains, surtout ceux des campagnes, qu'il n'était pas nécessaire de ménager comme ceux des grandes villes, étaient-ils, eux aussi, soumis à un pouvoir le plus souvent illimité. On lit dans un ancien document, au sujet des seigneurs : « Ils sont seigneurs du ciel à la terre, et ils ont juridiction sur et sous terre..., sur cou et tête, sur eau, vents et prairies. » Le vilain ne pouvait *fausser jugement*, car la loi féodale disait : « Entre toi, seigneur, et toi, vilain, il n'y juge fors Dieu. » — « Nous reconnaissons à notre gracieux seigneur, dit une autre formule, le ban et la convocation; la haute forêt, l'oiseau dans l'air, le poisson dans l'eau qui coule, la bête au buisson, aussi loin que notre gracieux seigneur ou le serviteur de sa grâce pourra la forcer. Pour ce, notre gracieux seigneur prendra sous son appui et protection la veuve et l'orphelin, comme aussi l'homme du pays. » Ainsi abandon de tout droit au seigneur, mais, en échange, il devra défendre le faible : tel est le principe de la société féodale à l'égard des sujets. La royauté ne remplissant plus l'office pour lequel elle est instituée, on demandait aux évêques, aux comtes, aux barons, à tous les puissants, la protection qu'on ne pouvait pas attendre du chef nominal de l'État.

20. Redevances des sujets. — Tout appartenait au seigneur; mais, comme il n'y avait ni industrie, ni commerce, ni luxe, qui permît à un seul de consommer en quelques instants le fruit du travail de beaucoup, les exigences du seigneur ne furent point d'abord oppressives, et, pour les vilains, elles étaient régulièrement déterminées, comme le sont aujourd'hui les droits du propriétaire à l'égard de ses fermiers. Seulement il faut toujours, au moyen âge, faire la part de l'arbitraire et des violences que la loi maintenant ne souffrirait plus.

---

[1]. Le vilain était, comme le serf, soumis aux droits de formariage et de suite. Plus tard le seigneur n'eut qu'un an et un jour pour réclamer le vilain réfugié dans une ville de commune.

Les obligations des vilains étaient donc soit des *redevances en nature*, comme des provisions, du blé, du bétail, de la volaille, les produits de la terre et de la ferme; soit du travail, ou *services de corps*, comme les corvées sur les terres et dans les vignes du seigneur, pour la construction du château ou le curage des fossés, pour la réparation des routes et la confection des meubles et des ustensiles, fers de cheval, socs de charrue, voitures[1], etc. Dans les villes et partout où il y avait un peu de fortune, le seigneur ne se faisait pas faute, bien entendu, d'exiger des redevances en argent et d'imposer des tailles arbitraires. Mais laissons faire au temps. Ecoutons déjà ces paroles d'un clerc : « Le seigneur qui prend des droits injustes de son vilain les prend au péril de son âme. » Si la crainte du ciel ne suffit, voici les communes qui arrivent, et les gens du roi ne tarderont guère.

Il y avait aussi des redevances bizarres pour égayer cette vie si triste du seigneur féodal enfermé tout l'an entre les sombres murailles de son manoir. A Bologne, en Italie, le tenancier des bénédictins de Saint-Procule payait, à titre de redevance, la fumée d'un chapon bouilli. Chaque année il apportait son chapon à l'abbé, entre deux plats, le découvrait, et, la fumée partie, était quitte : il remportait son chapon. Ailleurs les paysans amenaient solennellement au seigneur, sur une voiture traînée par quatre chevaux, un petit oiseau, ou bien c'était un arbre de mai orné de rubans. Le porteur de singes est quitte, d'après une ordonnance de saint Louis, en faisant jouer son singe devant le péager du seigneur; le jongleur ne doit qu'une chanson. Les seigneurs eux mêmes ne se refusent pas quelquefois à jouer un rôle

---

[1]. Il faut ajouter aux revenus du seigneur les droits de mutation sur les terres censives, ceux qu'il percevait sur les mainmortables; le profit des amendes, confiscations, déshérences, épaves et droits d'aubaine; les péages; les droits sur les foires et marchés, les droits de chasse et de pêche, les droits de banalité, payés pour l'usage du moulin, du four, du pressoir, du rouloir, etc., du seigneur. Il y avait encore l'obligation de faire le guet ou la garde dans les châteaux. (Renauldon, *Dictionnaire des droits féodaux*.)

dans ces comédies populaires. Le margrave de Juliers, à son entrée solennelle, devait être monté sur un cheval borgne avec une selle de bois et une bride d'écorce de tilleul, deux éperons d'aubépine et un bâton blanc. Quand l'abbé de Figeac faisait son entrée dans la ville, le seigneur de Montbrun le recevait revêtu d'un costume grotesque et une jambe nue [1].

La féodalité, ennuyée d'elle-même, riait donc quelquefois avec le pauvre peuple, comme faisait aussi l'Eglise, quand elle autorisait la célébration, dans ses basiliques, de la fête de l'Ane. Les puissants, les heureux, en ces temps si tristes et si durs, où la misère était partout, la sécurité nulle part, devaient bien à leurs vilains et manants quelques instants d'oubli et de gaieté.

24. Anarchie et violences. — Ç'a été, en effet, un temps bien dur pour le pauvre peuple que ce moyen âge où, malgré toutes les formules et toutes les conventions, les nobles ne croyaient qu'au droit de l'épée. En théorie, les principes de la relation féodale sont fort beaux, en réalité, ils menaient à l'anarchie, car les institutions judiciaires étaient trop défectueuses pour que le lien vassalitique ne fût pas, à chaque instant, brisé. Là fut le principe de ces interminables guerres qui s'élevèrent sur tous les points de la France et qui furent la grande désolation de cette époque. Chacun pouvant en appeler à son épée d'un tort éprouvé ou d'une sentence qu'il estimait injuste, l'état de guerre fut l'état habituel de cette société. Toute colline devint une forteresse, toute plaine un champ de bataille. Cantonnés dans des châteaux forts, couverts d'armures de fer, entourés d'hommes d'armes, les seigneurs féodaux, les tyrans, comme un moine du onzième siècle les appelle déjà [2], n'aimèrent que les combats et ne connurent d'autre moyen de s'enrichir que le pillage. Plus

---

1. Voy. *Origines du droit français*, de M. Michelet.
2. Richer, II, xxxiii, *tyranni*.

de commerce, car les routes n'étaient pas sûres [1]; plus d'industrie, car les seigneurs, maîtres aussi des villes, rançonnaient les bourgeois dès que ceux-ci laissaient paraître quelque peu d'opulence. Partout les coutumes les plus diverses, puisqu'il n'y avait plus de législation générale, chaque noble étant seul pouvoir législatif sur son fief; partout aussi la plus profonde ignorance, si ce n'est au fond de quelques monastères; et le clergé, gardien des lois morales, réduit non à interdire la violence, mais à la régulariser en établissant la trêve de Dieu, qui défendait de tuer et de voler du mercredi soir au lundi matin (voy. p. 390).

22. Affreuse misère des manants. — Sur qui retombait tout le poids de ces guerres féodales? Elles étaient fort peu meurtrières pour le noble bardé de fer; mais elles l'étaient beaucoup pour le manant, à peu près sans armure défensive. A Brémule, où combattent les deux rois de France et d'Angleterre, 900 chevaliers sont engagés, 3 seulement restent sur la place. A Bouvines, Philippe Auguste est renversé de son cheval et reste quelque temps sans défense aux mains des fantassins ennemis; ils cherchent vainement un défaut dans son armure pour y faire passer la lame d'un poignard, et ils le frappent de masses d'armes qui ne peuvent enfoncer sa cuirasse. Les chevaliers ont tout loisir de venir le délivrer et le remettre en selle. Après quoi il se jette avec eux au milieu de cette ribaudaille, où les longues lances et les pesantes haches ne frappent pas un coup en vain. Le seigneur pris, autre calamité : il faut payer sa rançon. Mais qui payait la chaumière et la moisson brûlées du pauvre diable? qui pansait ses

---

[1]. La diversité des monnaies était aussi pour le commerce un très-grand obstacle. Cent cinquante seigneurs battaient monnaie au douzième siècle, et souvent ne voulaient recevoir que la leur ; de sorte que les marchands étaient obligés de changer d'espèces presque à chaque grand fief qu'ils traversaient. De là des pertes énormes. Il faut ajouter, comme autres entraves au commerce, le *droit d'aubaine*, en vertu duquel l'étranger, qui passait un an et un jour sur un fief, devenait comme le serf du seigneur. Sa succession était dévolue à celui-ci. Le seigneur avait encore le droit de *gîte* ou d'*hébergement* chez ses vassaux, et le droit de *pourvoirie* ou droit de requérir chevaux, voitures, denrées, etc., quand il voyageait.

blessures? qui nourrissait tant de veuves et d'orphelins?

Deux auteurs contemporains, deux historiens des croisades, peignent ainsi ces temps désastreux : « Avant que les chrétiens partissent pour les contrées d'outre-mer, dit Guibert de Nogent, le royaume de France était en proie à des troubles et à des hostilités perpétuels. On n'entendait parler que de brigandages commis sur les voies publiques. Les incendies étaient innombrables, et la guerre sévissait de toutes parts sans autre cause qu'une insatiable cupidité. Bref, des hommes avides ne respectaient aucune propriété et se livraient au pillage avec une audace effrénée. » Et Guillaume, archevêque de Tyr : « Il n'y avait aucune sécurité pour les propriétés ; quelqu'un était-il regardé comme riche, c'était un motif suffisant pour le jeter en prison, le retenir dans les fers et lui faire subir de cruelles tortures. Des brigands ceints du glaive assiégeaient les routes, dressaient des embûches et n'épargnaient ni les étrangers ni les hommes consacrés à Dieu. Les villes et les places fortes n'étaient pas même à l'abri de ces calamités; des sicaires en rendaient les rues et les places dangereuses pour les gens de bien.

23. Une disette au onzième siècle. — Le chroniqueur Raoul Glaber raconte de la manière suivante une famine qui arriva en l'an 1033 et dont il fut témoin. « Des pluies continuelles avaient noyé la terre, la moisson fut perdue, et il fallut, grands et petits, se nourrir de bêtes et d'oiseaux. Cette ressource une fois épuisée, la faim ne se fit pas moins vivement sentir, et, après avoir essayé de se nourrir avec l'écorce des arbres ou l'herbe des ruisseaux, il fallut se résoudre à dévorer des cadavres. Le voyageur, assailli, succombait sous les coups de ses agresseurs; ses membres étaient déchirés, grillés au feu et dévorés. D'autres, fuyant leur pays et croyant fuir la famine, recevaient l'hospitalité sur les chemins, et leurs hôtes les égorgeaient la nuit pour en faire leur nourriture. Quelques-uns présentaient à des enfants un œuf ou une pomme pour les attirer à l'écart, et ils les immolaient à leur faim. Les cadavres furent déterrés en beaucoup d'endroits pour servir à ces tristes repas. Un misérable osa même porter de la chair humaine au marché pour la vendre cuite. Arrêté, il ne chercha pas à nier son crime : on le garrotta et on le jeta dans les flammes. Un autre alla dérober cette chair qu'on avait enterrée, la mangea et fut brûlé de même.

« On trouve à 3 milles de Mâcon, dans la forêt de Châtenay, une église isolée consacrée à saint Jean. Un scélérat s'était construit non loin de là une cabane où il égorgeait tous les passants et les voyageurs qui s'arrêtaient chez lui. Le monstre se nourrissait ensuite de leurs cadavres. Un homme, un jour, vint y demander l'hospitalité avec sa femme, et se reposa quelques instants ; mais, en jetant les yeux sur tous les coins de la cabane, il y vit des têtes d'hommes, de femmes et d'enfants. Aussitôt il se trouble, il pâlit ; il veut sortir. Mais son hôte s'y oppose. La crainte de la mort double la force du voyageur ; il s'échappe avec sa femme et court en toute hâte à la ville communiquer au prince Othon et aux habitants cette affreuse découverte. On envoie à l'instant un grand nombre d'hommes pour vérifier le fait ; ils trouvent, à leur arrivée, cette bête féroce dans son repaire avec quarante-huit têtes d'hommes qu'il avait égorgés et dont il avait mangé la chair. On l'emmène à la ville, on l'attache à une poutre dans un cellier et on le jette dans le feu. Nous avons même assisté à l'exécution.

« On essaya, dans la même province, un moyen dont nous ne croyons pas qu'on se soit jamais avisé ailleurs. Beaucoup de personnes mêlaient une terre blanche semblable à l'argile avec ce qu'elles avaient de son et de farine, et elles en formaient des pains pour satisfaire leur faim cruelle. C'était le seul espoir qui leur restât d'échapper à la mort. Et le succès ne répondit pas à leurs vœux. Tous les visages étaient pâles et décharnés, la peau tendue et enflée, la voix grêle et imitant le cri plaintif des oiseaux expirants. Le grand nombre des morts ne permettait pas de leur donner la sépulture, et les loups, attirés par l'odeur des cadavres, venaient déchirer leur proie. Comme on ne pouvait pas donner à tous les morts une sépulture particulière à cause de leur grand nombre, des hommes pleins de la grâce de Dieu creusèrent dans quelques endroits des fosses nommées charniers, où l'on mettait cinq cents corps et quelquefois plus, quand elles pouvaient en contenir davantage. Ils gisaient là confondus, pêle-mêle, demi-nus, souvent même sans aucun vêtement. Les carrefours, les fossés dans les champs, servaient de cimetières. »

Ce lugubre récit d'un témoin oculaire montre ce que l'absence de commerce et d'administration faisait souffrir au moyen âge. Aujourd'hui l'esprit d'ordre et de prévoyance sait si bien combattre de pareils fléaux, qu'ils laissent en somme peu de misère là où ils ont passé, et, ce qui vaut mieux encore, ils n'ébranlent point la moralité publique. Autrefois rien ne pouvait parer aux intempéries des saisons : toute récolte médiocre amenait la disette, toute disette la famine, et, avec la famine, les crimes et les atrocités qu'on vient de lire. Sur soixante-dix années, de 970 à 1040, il y en eut quarante-huit de famine ou d'épidémie.

24. Quelques résultats heureux. — Cependant la marche générale de la civilisation n'est jamais si complétement suspendue, que trois siècles puissent être complétement stériles pour l'humanité. On verra, au chapitre suivant, la pensée renaître dans l'Église, et l'on a déjà vu, dans la société laïque, la poésie se montrer. Il y eut même progrès dans la moralité, du moins pour la classe dominante. Dans l'isolement où chacun vivait, exposé à tous les périls, l'âme se retrempa pour y faire face. Le sentiment de la dignité de l'homme que le despotisme détruit, fut retrouvé; et cette société, qui versa le sang avec une déplorable facilité, montra souvent une élévation morale qui n'est que de cet âge. Les vices bas, la lâcheté des Romains de la décadence ou des peuples asservis, lui furent inconnus, et il a légué aux temps modernes le sentiment de l'honneur. La noblesse féodale savait mourir : première condition pour savoir bien vivre.

Une autre conséquence heureuse fut la réorganisation de la famille. Dans les cités antiques l'homme vivait hors de sa maison, aux champs ou au forum ; il connaissait à peine sa femme et ses enfants, et avait sur eux droit de vie et de mort. Sous la première race, l'habitude de la polygamie et la facilité des divorces empêchèrent la famille de se constituer sur des bases meilleures. Dans la société féodale, où l'homme vivait dans l'isolement, le père fut rapproché des siens. Quand les combats le laissaient oisif au fond de ce château perché sur la montagne comme un nid d'aigle, il ne trouva pour occuper sa vie et son cœur que la mère de ses enfants. L'Église, qui avait courbé ces rudes soldats aux pieds d'une vierge, qui leur faisait respecter dans la Mère du Sauveur toutes les vertus de la femme, adoucit l'humeur farouche de ces batailleurs, et les prépara à tomber sous le charme de l'esprit plus fin, des sentiments plus délicats que la nature a départis à l'autre sexe. La femme reprit alors son rang dans la famille et dans la société, celui que déjà la loi mosaïque lui donnait. On alla même plus loin : elle devint l'objet d'un culte qui créa des sentiments nouveaux dont la poésie des troubadours et des trouvères s'empara et que la chevalerie mit en action (voy. p. 367). Ainsi dans la belle légende de saint Christophe, le fort est vaincu par le faible, le géant par l'enfant.

Cela se voit dans une institution de ce temps. Robert d'Arbrissel fonda près de Saumur, à Fontevrault, vers l'an 1100, une abbaye qui devint bientôt célèbre et qui réunissait des reclus des deux sexes. Les femmes étaient cloîtrées et priaient, les hommes travaillaient aux champs, desséchaient les marais, défrichaient les landes et restaient les serviteurs perpétuels des femmes. L'abbaye était gouvernée par une abbesse, « parce que, disait la bulle de confirmation, Jésus-Christ en mourant avait donné pour fils à sa mère le disciple bien-aimé. »

Hors de la famille, l'Etat sans doute est bien mal organisé. Il faut pourtant faire attention, malgré tous les faits contraires, à la théorie politique que cette société représente. Si le serf n'y a pas de droits, le vassal en a, et de fort étendus. Le lien féodal n'était formé qu'à des conditions bien connues et acceptées d'avance par lui ; des conditions nouvelles ne pouvaient lui être imposées que de son aveu. De là ces grandes et fortes maximes de droit public qui, à travers mille violations, sont arrivées jusqu'à nous : nulle taxe ne peut être exigée qu'après le consentement des contribuables ; nulle loi n'est valable si elle n'est acceptée par ceux qui lui devront obéissance ; nulle sentence n'est légitime si elle n'est rendue par les pairs de l'accusé. Voilà les droits de la société féodale que les états généraux de 1789 retrouvèrent sous les débris de la monarchie absolue ; et, comme garantie de ces droits, le vassal a la faculté de rompre le lien vassalitique en rendant son fief, ou de répondre par la guerre à un déni de justice de son suzerain. Ce droit de résistance armée, que saint Louis lui-même reconnut, conduisait, il est vrai, à l'anarchie ; il faisait la société faible, mais il faisait l'individu bien fort. Et c'est par là qu'il fallait recommencer. Avant de songer à constituer savamment l'État, il était nécessaire de relever l'individu, la famille : cette double tâche fut, dans une certaine mesure, l'œuvre du moyen âge.

L'Eglise y travailla énergiquement en rétablissant la sainteté du mariage, même pour le serf ; en prêchant l'égalité de tous les hommes devant Dieu, ce qui était une menace contre les grandes inégalités de la terre ; en couronnant enfin de la triple couronne, et en faisant asseoir dans la chaire de saint Pierre, d'où ils avaient le pied sur la tête des rois, un serf, comme Adrien IV, ou le fils d'un pauvre charpentier, comme Grégoire VII. Alors l'Église était en avant de la société civile, et c'est pour cela qu'elle la dominait.

CHAPITRE XVII.

ÉTAT DE L'ÉGLISE AU DIXIÈME SIÈCLE.

1. L'Église, de Constantin à Charlemagne. — 2. Puissance de l'Église. — 3. L'Église dans la société féodale. — 4. Rôle de la papauté. — 5. Les lettres dans l'Église. — 6. Hincmar et Scot Érigène. — 7. Nouvelle décadence à la fin du neuvième siècle. — 8. Seconde renaissance au onzième siècle. — 9. Lanfranc et saint Anselme; Bérenger et Roscelin. — 10. Les arts dans l'Église.

1. L'Église, de Constantin à Charlemagne. — Après sa conversion, Constantin avait autorisé l'Église à recevoir des legs ou donations; lui-même l'avait comblée de biens aux dépens du patrimoine impérial. La libéralité des empereurs et des rois, la piété des fidèles accrurent ces domaines de l'Église, et en beaucoup de lieux les moines prirent possession, par la culture, des solitudes que les Barbares avaient faites[1]. Il en résulta qu'au dixième siècle les terres ecclésiastiques couvraient de vastes espaces sur toute la surface de l'Europe catholique. La sécurité relative dont on y jouissait augmenta la population. Beaucoup d'hommes libres consentaient à devenir mainmortables d'un évêque ou d'un abbé, c'est-à-dire à aliéner une partie de leur liberté, afin de sauver le reste; et beaucoup de petits propriétaires, se *recommandaient*, eux et leur terre, aux églises, pour être protégés par elles. La *dîme*, rendue obligatoire par Charlemagne, assura au clergé d'autres richesses, et la juridiction volontaire que Constantin lui avait reconnue s'étendit de jour en jour aux dépens des tribunaux ordinaires. Aux derniers jours de l'empire romain, les évêques avaient eu une grande situation dans les villes;

---

[1]. Voy. p. 125.

ils avaient été souvent investis de la charge de *defensor civitatis;* plus tard les rois barbares avaient reconnu la supériorité de leurs lumières et les avaient appelés dans leurs conseils : on a vu Charlemagne leur confier la fonction de *missi dominici.*

2. Puissance de l'Église. — Au neuvième siècle, la royauté descendait, la féodalité montait; l'une avait perdu sa force, l'autre n'avait pas encore acquis celle qu'elle aura bientôt; l'Église seule avait toute la sienne. Rien ne lui manquait : supériorité de lumière et de moralité, foi ardente des populations, riches domaines; enfin, alors que tout se divisait et que la société civile et la société politique s'en allaient en miettes, le corps ecclésiastique montrait son unité et la vie qui l'animait dans les cinquante-six conciles réunis en France durant les trente-quatre années du règne de Charles le Chauve. Les évêques, partant du droit de l'Église d'intervenir dans la conduite de tout homme coupable de péché, pour le redresser ou pour le punir, arrivaient logiquement à la prétention de déposer les rois et de disposer des couronnes. Ils n'étaient donc pas seulement les ministres de la religion : ils participaient, dans ce siècle, à l'administration publique. Depuis Charlemagne, qui les avait mêlés au gouvernement de son empire, on les trouve dans toutes les affaires et parlant partout avec autorité. Ce sont eux qui dégradent ou rétablissent le Débonnaire, qui disent à Fontanet de quel côté est la justice. En 859 Charles le Chauve, menacé par quelques évêques d'être déposé, parce qu'il violait les capitulaires, ne trouvait rien à répondre à cette prétention, si ce n'est que, « consacré et oint du saint chrême, il ne pouvait être renversé du trône, ni supplanté par personne qu'après avoir été entendu et jugé par les évêques qui l'avaient sacré roi. » Ce droit, l'archevêque de Reims, Hincmar, le plus illustre personnage de ce temps, l'avait hautement revendiqué.

C'était une chose heureuse que cette puissance de l'Église en de tels siècles : car, lorsque tout était livré au plus fort, elle rappelait qu'au-dessus de la force il y avait la justice ; en face du principe aristocratique de l'organisation féodale, elle posait celui de la fraternité humaine ; au lieu de l'hérédité et du droit d'aînesse, qui prévalaient dans la société civile, elle pratiquait pour elle-même l'élection et proclamait les droits de l'intelligence. Si la prérogative qu'elle revendiquait de déposer les rois était une usurpation sur l'autorité civile, il faut reconnaître que celle-ci n'avait alors d'autre contrepoids que le pouvoir des évêques, et le faible, l'opprimé, d'autre garantie que la protection des églises.

3. **L'Eglise dans la société féodale.** — A cette autorité politique et morale l'Eglise ajoutait même la puissance militaire. Quand, par les progrès croissants de la barbarie, tout gouvernement central disparut et que toute force publique s'anéantit, lorsque les grands propriétaires du sol s'emparèrent des droits régaliens et que le régime féodal s'établit, l'Eglise se trouva toute préparée pour entrer dans ce système, car elle avait la terre, qui donnait alors les droits politiques. En outre l'évêque, ancien *défenseur de la cité*, en était bien souvent devenu le comte par usurpation traditionnelle ou par expresse concession des rois, qui avaient réuni, à Reims, comme en beaucoup d'autres villes, le comté à l'évêché, l'autorité politique à l'autorité spirituelle : ce qui faisait de l'évêque le suzerain de tous les seigneurs de son diocèse. Pour mettre ses domaines à l'abri des brigandages de ce temps, elle avait recours au bras séculier. Elle choisissait des laïques, hommes de courage et de tête, à qui elle confiait ses terres pour qu'ils les défendissent au besoin par l'épée. Mais ces *avoués* des monastères et des églises firent comme les comtes du roi, ils rendirent leurs fonctions héréditaires et prirent pour eux le bien dont on leur avait commis la garde. Ils consentirent pourtant à se reconnaître vassaux de ceux qu'ils dépouillaient, à leur rendre foi et hommage, aux conditions ordinaires de redevances en nature et de services personnels. Les abbés, les évêques devinrent ainsi

des suzerains, des seigneurs temporels, ayant de nombreux vassaux prêts à s'armer pour leur cause, une cour de justice, toutes les prérogatives enfin exercées par les grands propriétaires. Alors on vit des évêques-ducs, des évêques-comtes, vassaux eux-mêmes d'autres seigneurs, surtout du roi, dont ils recevaient l'investiture des biens attachés à leur église, ou, comme on disait, de leur temporel. Cette féodalité ecclésiastique fut si nombreuse, si puissante, qu'en France et en Angleterre elle posséda au moyen âge plus du cinquième de toutes les terres ; en Allemagne, près du tiers. Car il y avait cette différence entre l'Église et le roi, que celui-ci, la conquête achevée, ne reçut plus rien, tandis qu'il donnait toujours, de sorte qu'il arriva à ne plus posséder que la ville de Laon, et que l'Église, si elle perdait quelques domaines, chose difficile parce qu'elle avait l'excommunication pour les défendre, acquérait tous les jours, vu que peu de fidèles mouraient sans lui laisser quelque bien, de sorte qu'elle recevait sans cesse et ne rendait rien ou rendait peu, et seulement ce que la violence lui enlevait.

4. Rôle de la papauté. — Ainsi l'Église n'était pas seulement un pouvoir spirituel ayant la direction des âmes, c'était un pouvoir politique. Les évêques et les abbés, ayant les mêmes droits que les barons, battaient monnaie et levaient des tailles, rendaient la justice et faisaient exécuter leurs sentences, prenaient part aux élections de rois et aux guerres privées, sans toutefois combattre eux-mêmes en personne, sauf quelques exceptions que de bouillants prélats se permirent.

Cette situation extérieure de l'Église semblait devoir réagir sur son organisation intérieure. Ces évêques, ces abbés, qui siégeaient au milieu des puissants de la terre et qui, dans ces assemblées, tenaient le premier rang, formaient, pour le temporel, un grand corps aristocratique ayant l'indépendance politique et désireux d'avoir aussi, dans une certaine mesure, l'indépendance spirituelle. Aussi essayaient-ils de se donner, pour régler les intérêts religieux des diocèses, une sorte de gouvernement parlementaire, en réunissant fréquemment des conciles provinciaux ou nationaux.

Mais ces évêques avaient un chef, le pape. Après le pontificat énergique de Nicolas I*er*, la papauté, dominée par les factions qui désolèrent Rome à la fin du neuvième et au dixième siècle, tomba dans une extrême faiblesse et vécut au milieu de grands scandales : le saint-siége était gagné ou perdu à main armée. On pouvait penser que ces désordres, au centre même du monde catholique, allaient en rompre l'unité : il n'en fut rien, parce que cette unité était le principe vital de l'Église. Tandis que les grands seigneurs romains, les ducs de Toscane et les rois d'Italie donnaient ou ôtaient la tiare selon leurs caprices, les théologiens écrivaient, sans que personne réclamât, les *Fausses Décrétales*, qui faisaient du pape le juge de tous les évêques et des rois ; et les moines, qui se multipliaient rapidement, agents résolus de la cour romaine, montraient dans leurs prédications populaires que les abus dont les peuples souffraient ne pouvaient être guéris que par l'intervention souveraine du chef de l'Église. Alors on vit ce prêtre désarmé, dont la voix était impuissante à Rome, parler avec autorité au-delà des monts, par ses *légats*, aux évêques et aux rois ; soustraire des couvents à la juridiction épiscopale, pour les placer directement sous la sienne ; encourager l'institution des *chapitres*, qui s'arrogèrent bientôt, aux dépens de l'évêque, une autorité directe dans l'administration du diocèse ; enfin déclarer, par la bouche de Nicolas I*er*, que les décrets du pape faisaient loi dans l'Église entière, et qu'à titre d'évêque universel, le souverain pontife pouvait exercer dans toutes les églises les droits épiscopaux.

La monarchie pontificale était donc, dès le neuvième siècle, hautement affirmée ; mais, au dixième, l'autorité impériale, reconstituée par Otton de Germanie, va arriver à son apogée et ne voudra pas souffrir de partage. Les évêques avaient un double caractère : possesseurs du sol et des droits régaliens, ils relevaient de l'empereur, le suzerain territorial qui avait le plein droit de conférer l'investiture de la terre et de la juridiction qu'à ceux qui lui plaisaient ; prêtres, ils dépendaient de Rome où siégeait le pontife suprême, qui prétendait que l'évêque élu entrait par le seul fait de son élection en possession des terres et de la juridiction attachées à son église. Ces prétentions contraires et inévitables, dans l'état des mœurs de cette époque, se heurteront dans la guerre dite des investitures.

5. Les lettres dans l'Église. — On a vu comment l'empire des Francs, en tombant des mains de Charlemagne, se brisa. Il en fut de même de la civilisation, dont les éléments commençaient à se rassembler et à se coordonner par ses soins. Il ne lui avait point échappé que l'unité d'idées est le ciment indispensable de l'unité politique, et il avait eu d'ailleurs, comme tous les grands esprits, la passion de régner sur un empire civilisé plutôt que sur des Barbares. De là ces lettres, ces capitulaires, où il ordonne « de former des écoles et d'y appeler non-seulement les fils des serfs, mais ceux des hommes libres », c'est-à-dire non-seulement les enfants des pauvres gens des campagnes, à qui les guerriers laissaient avec dédain l'humble et pacifique avenir de clerc ou de moine, mais encore ceux même qui devaient un jour succéder à ces guerriers et porter dans les batailles la grande épée de leurs pères. De pareils commandements ne tendaient à rien moins qu'à former une société laïque éclairée, ce qui eût changé tout le moyen âge. Mais Charlemagne mort, cette noblesse à l'école jeta bien loin la grammaire latine ou la grammaire tudesque, et vit avec joie s'ouvrir la carrière des guerres civiles, où chacun fait ce qu'il veut et où le courage donne tout.

6. Hincmar et Scot Érigène. — Du moins la société ecclésiastique conserva quelque chose de l'impulsion donnée aux études par Charlemagne. Sous le vaste édifice ébranlé en tous sens, mais point encore renversé, le onzième siècle abrita un développement intellectuel qui ne manqua pas d'une certaine grandeur. Hincmar remplaçait Alcuin, et Charles le Chauve s'efforçait d'imiter Charlemagne. En 855 la loi et un concile recommandèrent à l'envi l'enseignement des lettres divines et humaines ; nouvelles tentatives en 859 pour restaurer les écoles carlovingiennes, « parce que cette interruption des études amène l'ignorance de la foi et la disette de toute science. » On trouve en 882 la première mention de l'école épiscopale de Paris, qui jeta plus tard tant d'éclat, et, dans le catalogue de la bibliothèque de Saint-Riquier pour l'année 831, il est fait mention de 256 volumes, parmi lesquels les *Églogues* de Virgile, la *Rhétorique* de Cicéron, Térence, Macrobe et peut-être Trogue Pompée, que nous avons perdu. Il y eut même un mouvement d'idées philosophiques et des disputes qui présageaient celles des grands siècles du moyen âge : le moine Gottschalk avait cru trouver dans les écrits de saint Augustin le dogme de la prédestination. Combattu par le savant évêque de Mayence, Raban Maur, disciple d'Alcuin, condamné par deux conciles, il fut enfermé au fond d'un cloître par Hincmar, jusqu'à la fin de ses jours, sans avoir voulu se rétracter. Le célèbre Jean Scot Érigène (l'Irlandais), chargé par Hincmar de lui répondre, appela à son tour la répression par ses raisonnements purement humains, philosophiques, comme il les nommait lui-même, et puisés en effet dans l'étude de la philosophie des anciens.

7. Nouvelle décadence à la fin du neuvième siècle.
— Mais la confusion politique augmente ; l'empire achève de s'écrouler ; les seigneurs s'agitent, combattent, dépouillent, font le désordre à leur aise. Quelle place, au milieu de ces violences, pour les études ? Aussi ne les trouve-t-on plus que dans quelque monastère isolé, seul asile où se cachent, au neuvième siècle, pour éviter le souffle des tempêtes, les derniers et pâles flambeaux de la science. Au dehors, nuit profonde ; affreuse misère physique et morale ; des pestes, des famines ; il sem-

ble que la mort physique va s'emparer du monde que la mort intellectuelle a déjà presque entièrement gagné : lui-même croit qu'il va périr ; on donne au clergé ses terres, ses maisons, *mundi fine appropinquante*, parce que la fin du monde approche[1].

8. Seconde renaissance au onzième siècle. — Mais cette heure d'angoisse se passe comme toutes les autres. La vie suspendue reprend son cours avec une impétuosité nouvelle. Le monde remercie le Dieu qui l'a laissé vivre, par une grande pensée d'unité chrétienne et d'héroïsme religieux, que le chef des chrétiens exprime : « Soldats du Christ, s'écrie le premier pape français, Sylvestre II (999-1003), en montrant Jérusalem saccagée, soldats du Christ, levez-vous, il faut combattre pour lui ! » Le siècle ne se sera pas écoulé que des millions d'hommes auront répondu à cet appel.

En attendant, tous les bras travaillent ; « la terre semble dépouiller sa vieillesse et se vêtir d'une blanche parure d'églises nouvelles. » On reconstruit des basiliques, on fonde des monastères. En huit siècles, onze cent huit seulement avaient été bâtis en France ; trois cent vingt-six s'élèvent au onzième siècle, sept cent deux au douzième. Le mouvement se remet en même temps dans les esprits. Sylvestre II en donne l'exemple : simple moine d'Aurillac, sous le nom de Gerbert, il était allé en Espagne étudier les lettres, l'algèbre, l'astronomie et avait dirigé l'école cathédrale de Reims avec un éclat incomparable ; il réunit une bibliothèque considérable ; il construit des sphères, un cadran solaire, et ces merveilles le font passer aux yeux de la foule pour un magicien vendu au diable.

La seconde renaissance se produit surtout en France et plus particulièrement dans cette province de Normandie où s'était déjà montré, dans sa plus haute ex-

---

1. Il s'est formé toute une légende sur les terreurs qui auraient hanté les hommes du dixième siècle aux approches de l'an mille. La vérité est qu'on s'attendait constamment à la fin du monde au dixième et au onzième siècle, aussi bien après qu'avant l'an mille, mais que cette attente ne diminua pas l'activité des hommes du temps.

pression, l'esprit guerrier de la société féodale. Là se trouvent la magnifique abbaye de Fontenelle ou de Saint-Wandrille, restaurée par le duc en 1035, celle

Statue de Gerbert.

de Jumiéges, dont on voit encore les imposantes ruines, celle du Bec, fondée en 1040, et qui s'illustra dès son origine par la présence de deux grands docteurs, Lanfranc et saint Anselme; sans parler des monastères de Caen, de Rouen, d'Avranches, de Bayeux, de Fécamp et du Mont-Saint-Michel « au milieu du danger de la mer ». Guillaume le Bâtard était appelé le Conquérant, mais aussi le Grand Bâtisseur.

Au fond de ces monastères les moines ne se contentent plus de copier les rares manuscrits qui ont survécu au naufrage de la civilisation antique. Ils sont curieux des événements qui s'accomplissent autour d'eux et les écrivent ou s'inquiètent d'affermir leur foi par des discussions théologiques qui redeviennent savantes. Richer, élève de Sylvestre II et qui est médecin en même temps que moine, écrit, à l'abbaye de Saint-Remi, une histoire du dixième siècle, dans laquelle il imite Salluste comme Eginhard imitait Suétone. Abbon, moine de Saint-Germain, chante en vers quelquefois boiteux les exploits du comte Eudes et des Parisiens contre les Northmans; Dudon, doyen de Saint-Quentin, et Guillaume, moine de Jumiéges, racontent l'histoire des premiers ducs de Normandie.

9. Lanfranc et saint Anselme; Bérenger et Roscelin. — Pendant que ceux-là écrivent, d'autres enseignent et les écoliers accourent. A Saint-Étienne de Caen, l'Italien Lanfranc (1005-1089) avait plus de quatre mille auditeurs. En vain il voulut fuir dans la solitude du Bec une illustration qui le poursuivait : elle le porta, malgré lui, sur le siége archiépiscopal de Cantorbéry. Cette activité renaissante de l'esprit s'écartait parfois des sentiers battus. Nous avons parlé de l'hérésie qui conduisit treize malheureux au bûcher, en 1022. Une autre, suscitée par Bérenger de Tours, troubla plus de trente ans l'Église (1050-1080). Bérenger ne voyait, comme Scot Érigène, qu'un pur symbole dans l'eucharistie, et soumettait les choses de la foi à la raison. « Il faut pourtant bien se résigner à ne pas comprendre, lui disait l'évêque de Liége, son ami, car comprendras-tu jamais la grande énigme de Dieu ? » Mais Bérenger voulait se rendre compte de sa croyance et portait audacieusement sa raison au milieu des mystères. Il est un des précurseurs de Luther, quoique Luther n'ait rien connu de ses écrits. Lanfranc fut son principal adversaire.

Saint Anselme, Italien comme Lanfranc[1], son successeur à l'abbaye du Bec et sur le siége de Cantorbéry, recommença la théologie dogmatique, à peu près délaissée depuis saint Augustin, c'est-à-dire depuis six siècles. Il s'établit, avec une foi absolue, au cœur du dogme chrétien et employa toutes les forces de son puissant esprit et toutes les ressources de la dialectique, c'est-à-dire de l'art du raisonnement, à en démontrer la vérité. Il procède parfois avec la rigueur de Descartes, et la preuve fameuse de l'existence de Dieu donnée par le père de la philosophie moderne, lorsqu'il s'élève du fait seul de la pensée à l'être absolu qui en renferme la raison et l'origine, n'est qu'un argument de saint Anselme.

Saint Anselme eut, comme Lanfranc, à faire tête à de hardis novateurs qui, s'aidant de la dialectique, cette alliée souvent dangereuse de la théologie, ébranlaient les dogmes en voulant les soumettre au raisonnement suivant les règles de la logique d'Aristote. Bérenger avait essayé d'interpréter le mystère de l'eucharistie ; Roscelin attaqua, vers 1085, celui de la Trinité, et la scolastique naissante commença, avec les querelles des *réalistes* et des *nominalistes*, les subtiles discussions qui stérilisèrent tant de laborieux efforts. (Voy. p. 462.)

10. Les arts dans l'Église. — L'Église était alors non-seulement la foi, mais la science. Elle avait des docteurs ; elle formait aussi et dirigeait des architectes, des peintres et des sculpteurs. Le dixième siècle avait peu construit ; au onzième on travailla dans toute la chrétienté à la reconstruction des basiliques, et l'on peut dater de ce moment la première époque de la grande architecture du moyen âge, la période romane. Alors les

---

[1]. Il était d'Aoste, en Piémont, mais il passa presque toute sa vie (1033 à 1109) et écrivit tous ses ouvrages en France. Lanfranc était de Pavie.

robustes piliers des vieilles églises carlovingiennes s'élancèrent plus légers, les voûtes écrasées devinrent plus hardies, les nefs moins sombres, les tours moins basses. L'air, la lumière entrèrent dans l'édifice plus élancé vers le ciel; les *maîtres des œuvres vives* commencèrent à animer la pierre; déjà l'ogive se montrait, seulement, il est vrai, dans les voûtes, pour donner de la solidité, non encore comme motif d'agrément.

CHAPITRE XVIII.

L'EMPIRE; OTTON LE GRAND;
LA QUERELLE DES INVESTITURES; GRÉGOIRE VII[1].

1. Le Carlovingien Arnulf, premier roi de Germanie (888-899). — 2. Extinction de la famille carlovingienne en Allemagne (911). — 3. Conrad Ier (911). — 4. Henri Ier (918); il organise l'Allemagne. — 5. Otton Ier le Grand (936); il place les grands fiefs dans sa maison; comtes palatins. — 6. Guerres au nord et à l'est; victoire d'Augsbourg sur les Hongrois (955); fondation d'évêchés. — 7. État de l'Italie au dixième siècle. — 8. Otton rétablit l'empire (962). — 9. Relations avec l'empire grec. — 10. Puissance d'Otton le Grand. — 11. Otton II, Otton III, Henri II (973-1024). — 12. Conrad II de Franconie (1024). — 13. Affaires d'Italie. — 14. Toute-puissance de Henri III (1039-1056). — 15. Henri III dispose de la tiare. — 16. Efforts d'Hildebrand (Grégoire VII) pour régénérer l'Église et faire prévaloir l'autorité du saint-siége. — 17. Règlement pour l'élection des papes (1059). — 18. Grégoire VII (1073); ses vastes desseins. — 19. Hardiesse de ses premiers actes. — 20. Querelle des investitures ou première partie de la lutte du sacerdoce et de l'Empire (1076). — 21. Henri IV est excommunié (1076). — 22. Humiliation de Henri IV (1077). — 23. Henri IV se relève; mort de Grégoire VII (1085). — 24. Triste fin de Henri IV (1106). — 25. Henri V (1106); le concordat de Worms (1122); fin de la querelle des investitures. — 26. Fin de la maison de Franconie (1125)

1. Le Carlovingien Arnulf, premier roi de Germanie (888-899). — La Germanie, à la déposition de Charles le Gros (887), élut un descendant de Charlemagne, Arnulf, bâtard de Carloman. Cet Arnulf était un habile et vaillant homme dont l'activité fait contraste avec l'inertie des autres Carlovingiens. Il éleva très-haut ses prétentions et essaya de reconstituer cet empire qui venait de

---

1. Pfeffel, *Abrégé chronologique de l'histoire et du droit public d'Allemagne*; Pfister, *Histoire d'Allemagne*, Sismondi, *Histoire des républiques italiennes*; Zeller, *Histoire d'Italie* et *Histoire d'Allemagne*; Lavisse, *La Marche de Brandebourg sous la dynastie Ascanienne*.

se briser. Il se fit prêter hommage par les rois de France, de Bourgogne transjurane, d'Arles et d'Italie. Il voulut faire de la Lorraine un royaume pour son fils Zwentibold, qui, à la vérité, n'y fut pas accepté sans résistance et même y périt. Appelé en Italie par Bérenger son vassal, à qui le duc de Spolète disputait la couronne, il se fit couronner roi et empereur (896), ce qui ne lui donna guère qu'un titre. Mais au nord des Alpes son pouvoir fut sérieusement établi. Les Northmans au nord, les Slaves à l'est, étaient toujours comme un double flot battant les frontières de l'Allemagne. Arnulf vainquit à Louvain et chassa des bords de la Dyle les pirates scandinaves qui s'y étaient cantonnés. Sous les faibles successeurs de Louis le Germanique, les Slaves du Nord-Est avaient recouvré leur indépendance, franchi l'Elbe, la Saale, et encore une fois entamé l'Allemagne. Arnulf ne fit rien contre eux, mais il essaya de gagner ceux du Sud, qui avaient fondé le royaume de Moravie, en leur cédant la Bohême ; n'y ayant point réussi, il appela contre eux les Hongrois (896), qui firent disparaître ce royaume. La Bohême affranchie fut alors convertie au christianisme par les apôtres Méthode et Cyrille. Mais les Hongrois, attirés sur l'Allemagne, ne devaient être repoussés que par de longs efforts. Sous le règne de Louis l'Enfant, fils et successeur d'Arnulf (899-911), ils gagnèrent la bataille d'Augsbourg et exercèrent des ravages qui ne furent point vengés.

2. Extinction de la famille carlovingienne en Allemagne (911). — Avec Louis l'Enfant s'éteignit la branche allemande des Carlovingiens, et la Germanie eut à choisir un roi dans une autre famille.

L'Allemagne était alors, comme la France, une réunion de grands fiefs ; mais il y faut remarquer deux parties distinctes par les mœurs et l'esprit : l'une comprenant les anciennes fédérations alamannique et austrasienne, où se trouvaient les grandes villes avec les principales souverainetés ecclésiastiques, et où l'esprit municipal et les souvenirs de Rome avaient laissé des vestiges ; l'autre, l'Allemagne saxonne, encore toute barbare et belliqueuse. De cette différence résultera plus tard un long antagonisme. L'ancien territoire des Alamans formait deux duchés[1] : *Bavière* et *Souabe;* dans la France austrasienne était la *Franconie* et la *Lotharingie;* à la *Saxe* se rattachaient la Thuringe et une partie de la Frise, de sorte que son duc commandait depuis le Rhin jusqu'à l'Elbe et du Harz à la mer du Nord. Ce sont là les cinq grands duchés primitifs de l'Allemagne.

En 911 l'élection, qui n'avait été que temporairement proscrite par la gloire des premiers Carlovingiens, rentra dans les mœurs politiques de la Germanie au moment même où elle allait sortir de celles de la France. De là résulta, pour les deux pays, un sort tout différent. Les grands vassaux de France virent la royauté si faible et si dénuée, quand eux-mêmes étaient si riches et si forts, qu'ils ne songèrent point à lui retirer ces deux nerfs puissants, l'hérédité du pouvoir et la propriété territoriale. Au contraire ceux d'Allemagne, qui virent la royauté germanique encore trop forte, s'appliquèrent à l'énerver en lui retirant ce double avantage : aussi la première alla de la faiblesse à la puissance, et la seconde, de la puissance à la faiblesse ; et, des deux pays, l'un arriva à une centralisation extrême, l'autre, à une extrême division. Il faut ajouter que la famille de Hugues Capet dure encore depuis neuf siècles, et que, par un singulier hasard, les maisons royales de Germanie s'éteignirent très-rapidement dès la seconde ou la troisième génération ; de sorte que l'Allemagne, sans cesse appelée à se donner de nouveaux princes, prit et garda l'habitude de l'élection, tandis que la France, par la raison contraire, prit celle de l'hérédité.

3. Conrad I**er** **(911).** — Conrad I*er*, qui fut élu en 911 par la Saxe, la Thuringe et la Franconie, descendait en-

---

[1] Charlemagne avait aboli les grands duchés qui, à l'extinction de sa race, reparurent comme division naturelle des anciennes tribus germaniques.

core de Charlemagne par les femmes. Il commença la lutte, qui ne devait point cesser de tout le moyen âge, du roi contre ses grands feudataires. Ces ducs belliqueux, rudes représentants de l'esprit féodal, s'efforcèrent de secouer de leurs têtes indomptables le joug de la royauté, et cependant ils s'imposaient toujours à eux-mêmes cette royauté, afin, d'une part, de conserver à leur pays la gloire de ce titre, et, de l'autre, de résister par l'union aux attaques extérieures qui étaient redevenues très-menaçantes tout le long de la frontière orientale.

Conrad était Franconien : il voulut affaiblir la Saxe et en détacher la Thuringe ; il fut vaincu à Ehrenbourg par le duc Henri. A l'ouest, le duc de Lorraine refusait de le reconnaître et se donnait au roi de France : il lui enleva l'Alsace. Au sud, les administrateurs de Souabe refusaient également de lui donner le nom de roi, et se liguaient avec Arnold le Mauvais, duc de Bavière. Il battit celui-ci, força ceux-là de comparaître devant une assemblée nationale, la diète d'Altheim, qui les condamna comme félons, et il les fit décapiter. Conrad triomphait donc sur plusieurs points, lorsqu'il mourut des suites d'une blessure reçue dans un combat contre les Hongrois (918).

4. Henri Ier (918); il organise l'Allemagne. — Après cet Empereur franconien, la couronne entre dans la maison de Saxe pour y rester plus de cent ans (918-1024). Conrad, mourant, avait désigné son ancien vainqueur, Henri, comme le plus capable de défendre l'Allemagne contre les Hongrois ; ce duc de Saxe, descendant de Witikind, fut élu. Les députés qui lui en portèrent la nouvelle le trouvèrent occupé à chasser aux oiseaux: de là son surnom. Henri Ier l'Oiseleur organisa l'Allemagne, où régnait le désordre et qui manquait de barrières. Il passe pour avoir rétabli, au profit de l'autorité royale, les comtes du palais ou *palatins*, placés dans les provinces à côté du duc et chargés de l'inspection des biens de la couronne, image réduite des *missi dominici*. Il n'y avait plus ni *heerban*, ni champs de mai, ni réunions des états à époques fixes. En 926 Henri rétablit l'heerban et obligea quiconque avait passé sa treizième année à porter les armes : celui qui ne paraissait pas trois jours après la levée en masse encourait la peine de mort.

Il institua, pour arrêter les ennemis du dehors, tout un système de défense; il rétablit les marches créées

Château fort de Stolzenfels.

autrefois au nord et à l'est par Charlemagne contre les Danois et les Wendes, construisit, aux endroits stratégiques, des places fortes : Goslar, Quedlinbourg, Meissen, Mersebourg. Celle-ci devint comme le centre de toute la défense; il y jeta une colonie de pillards et de vagabonds, chargés désormais de défendre le pays qu'ils désolaient auparavant. Ces forteresses étaient appelées *burgwarten*. Il ordonna que, sur neuf vassaux, un serait enlevé à son pays et placé dans la *burgwarte* la plus voisine, pendant que les autres cultiveraient son champ. Il fit construire des magasins où devait être déposé le tiers des récoltes, et il enjoignit d'y tenir les réunions solennelles et les marchés, d'y célébrer les fêtes et les mariages.

Ces belles dispositions portèrent leurs fruits dès le règne de Henri. Il vainquit les Wendes et conquit pour un temps Brandebourg, future capitale de la marche de ce nom. Sa grande victoire de Mersebourg sur la Saale (934), refoula les Hongrois, et la réunion formelle de la Lorraine couvrit le royaume à l'ouest, celle de la Bohême à l'est et celle du Sleswig au nord.

5. Otton Ier le Grand (936) ; il place les grands fiefs dans sa maison ; comtes palatins. — Henri avait réuni une diète à Erfurt quelque temps avant sa mort, et lui avait demandé de reconnaître pour roi son second fils Otton[1]. Celui-ci se rendit à Aix-la-Chapelle, où les ducs, les princes et tous les chefs du pays, assemblés dans le consistoire attenant à la basilique, le proclamèrent. Après cette élection par les grands, l'archevêque de Mayence le présenta au peuple réuni dans l'église, en disant : « Voici celui qui a été choisi par Dieu, désigné par le défunt seigneur et roi Henri, et qui vient d'être élevé à la royauté par tous les princes, le noble seigneur Otton ; si ce choix vous plaît, levez la main. » Tout le peuple leva la main : c'était un dernier reste de l'élection faite autrefois par la tribu tout entière, et non point par les chefs seulement.

Cet avénement d'un nouveau roi saxon provoqua une protestation de l'Ouest et du Midi. Les ducs de Bavière et de Franconie s'unirent contre Otton avec la Lorraine, et se firent appuyer par Louis IV, roi de France. Otton vainquit les rebelles et pénétra dans la Champagne, soutenu par le duc de France, son beau-frère, et par le comte

---

1. *Otthon* est un nom latin, *Otto* un nom allemand. Ces deux noms n'ont rien de commun.

de Vermandois, alors en armes contre Louis IV, qui se hâta de traiter (940). Par un heureux concours de circonstances, les grands duchés qui lui étaient hostiles devinrent vacants, et il réussit à les faire passer à des membres de sa famille : la Bavière à son frère Henri, la Souabe à son fils Ludolphe, la Franconie et la Lorraine à son gendre Conrad le Sage, l'archevêché de Cologne à son second frère Brunon, celui de Mayence à son troisième fils Guillaume. Il affermit encore plus son autorité par l'extension qu'il donna au pouvoir des *comtes palatins*, placés au-dessous des ducs pour rendre la justice dans les cas royaux et administrer le domaine royal; enfin par la faveur qu'il montra à la féodalité ecclésiastique. Il accorda aux évêques, dont il avait la nomination, des comtés, même des duchés, avec toutes les prérogatives des princes séculiers, se contentant d'établir des avoués près d'eux, pour l'administration de ce riche temporel. Plus tard, les comtes palatins se rendirent indépendants ou les ducs se les assujettirent, et le clergé s'affranchit de la surveillance des avoués; mais Otton n'avait pas dû faire entrer dans ses calculs que ses successeurs ne sauraient pas régner.

6. Guerre au nord et à l'est; victoire d'Augsbourg sur les Hongrois (955); fondation d'évêchés. — Un grand fait militaire honore le règne d'Otton Ier : la victoire décisive d'Augsbourg (955) sur les Hongrois, qui perdirent, dit-on, 100 000 hommes et cessèrent depuis ce désastre leurs incursions en Allemagne. L'ancienne Ostmark qu'ils avaient conquise leur fut enlevée ; elle s'appellera bientôt le margraviat d'Autriche. Au dehors, Otton reprit, à l'égard des Bohèmes, des Polonais, des Wendes (Obotrites, Wiltzes, Sorabes) et des Danois, la politique de Charlemagne en Saxe, tâchant à la fois de les faire chrétiens et sujets de son empire. Ainsi, en Bohême, il força Boleslas Ier, persécuteur du christianisme, à lui payer un tribut annuel et à favoriser le culte qu'il avait persécuté (950). Le duc de Pologne, Miecislas, fut même contraint de lui rendre hommage et de laisser s'élever l'évêché de Posen; les Danois, poursuivis jusqu'au fond du Jutland, n'obtinrent la paix qu'en promettant la conversion de leur roi et de son fils, et les Slaves établis entre l'Elbe et l'Oder furent contraints d'accepter des comtes allemands. Comme Charlemagne avait fondé les évêchés de la Saxe dans le bassin du Weser, Otton érigea : dans ceux de l'Elbe et de l'Oder, les évêchés de Magdebourg, Brandebourg, Havelberg, Zeitz, Meissen, Mersebourg et Posen qui eurent leur centre de juridiction spirituelle à Magdebourg érigé en archevêché; dans la péninsule cimbrique, ceux de Sleswig, Ripen et Aarhus, dont le métropolitain était l'archevêque de Hambourg; en Bohême, celui de Prague. C'était la prise de possession de ces pays par le christianisme et par la civilisation; mais ce ne fut pas, au moins d'une manière durable et pour tous, la prise de possession par l'Empire. Magdebourg, érigé en archevêché, allait jouer dans l'Est, pour les pays slaves, le rôle si bien rempli à l'Ouest, deux siècles plus tôt, par Mayence, pour les pays germains.

7. État de l'Italie au dixième siècle. — Les prétentions de l'Allemagne sur l'Italie avaient sommeillé après Arnulf; elles se réveillèrent sous Otton. L'Italie, plongée depuis le commencement du dixième siècle dans le plus affreux désordre, avait vu l'uniformité établie par la conquête romaine disparaître avec la domination impériale; elle avait perdu toute unité de caractère et de mœurs : germanique au nord, où les Lombards et les Francs ont séjourné; romaine au centre, où le saint-siége a protégé l'esprit romain ; grecque et presque sarrasine au midi, où Constantinople règne encore et où s'établissent maintenant les Arabes. Une foule de petites souverainetés indépendantes se sont élevées : des seigneurs laïques, le duc de Frioul à l'est de la Lombardie, le marquis d'Ivrée à l'ouest, le duc de Spolète au centre, les ducs de Bénévent, de Salerne et de Capoue au sud : des souverains ecclésiastiques, le pape, l'archevêque de Milan, les évêques de Pavie, Vérone, Turin ; des villes libres, Venise, Gênes, Gaëte, Amalfi. Les plus puissants, les ducs de Frioul et de Spolète, le marquis d'Ivrée, se sont longtemps disputé la royauté entre eux et avec le roi de Provence. Le poignard, le poison, ont joué un rôle dans ces intrigues sanglantes dont l'Italie sera trop souvent le théâtre. Une femme débauchée et souillée de meurtres, Marozia, a disposé de la couronne d'Italie et de la tiare pontificale.

En 924 la couronne impériale était tombée de la tête de Bérenger Ier assassiné, et personne, au milieu du désordre, ne l'avait ramassée. Rodolphe, roi de Bourgogne, et Hugues, comte de Provence, puis Lothaire, fils du dernier, prirent au moins celle du royaume d'Italie. En 951 Bérenger II, marquis d'Ivrée et petit-fils de l'empereur du même nom, empoisonna Lothaire, prit sa place, et pour assurer cette succession à son fils Adalbert, voulut lui faire épouser Adélaïde, veuve de Lothaire. Celle-ci se réfugia dans le château de Canossa, et de là appela Otton à son secours.

8. Otton rétablit l'empire (962). — Victorieux de tous ses ennemis, en possession, dans l'Allemagne, d'une autorité incontestée, et, hors de l'Allemagne, d'une suprématie établie par des victoires, il ne manquait à Otton, pour renouveler presque l'empire de Charlemagne, que la couronne de fer et la couronne impériale. Il les alla chercher. En 951 il passa les Alpes ; tout le clergé lombard vint au-devant de lui : on était las, dans la péninsule, de ces roitelets toujours contestés, qui traînaient la guerre civile après eux ; on s'imaginait qu'il y aurait moins de désordre avec un prince puissant qu'on n'oserait braver, et que cependant l'autorité de ce roi de Germanie, dont on serait séparé par les Alpes, serait plus légère. Erreur plusieurs fois funeste à l'Italie : elle crut n'offrir aux rois d'Allemagne qu'un titre, et ceux-ci, maîtres du titre, prétendirent y joindre le pouvoir.

Ce n'est pas à son premier voyage que le roi d'Allemagne prit les couronnes italiennes : il se contenta d'épouser Adélaïde et de recevoir l'hommage de Bérenger II.

Mais lorsqu'il revint en 961, et que Bérenger tenta de lui résister, il se fit proclamer roi d'Italie à Milan, et couronner empereur à Rome (2 févr. 962). Il s'engagea à maintenir les donations faites au saint-siége par Charlemagne, et les Romains promirent de n'élire de pape que du consentement de l'Empereur et en présence de ses envoyés.

Du même coup, Otton restaurait l'empire au profit des princes qui avaient été élus au nord des Alpes rois des Germains, et fondait la domination allemande en Italie. Ce ne fut pas tout à fait sans résistance. Lorsque les Romains le virent disposer de la tiare pontificale, ils s'indignèrent, chassèrent Jean XIII nommé par lui, et élurent un préfet avec douze tribuns du peuple. Otton les châtia rudement et demeura le maître de Rome.

9. Relations avec l'empire grec. — Il lui manquait le sud de l'Italie. Il envoya en ambassade, auprès de l'empereur d'Orient Nicéphore, l'évêque Luitprand, chargé de lui demander la main de la princesse Théophanie pour son fils Otton. Nicéphore ayant refusé et accompagné son refus de procédés outrageants pour l'ambassadeur, Otton ravagea le territoire grec, si bien que Jean Zimiscès, nouvel empereur de Constantinople, accorda Théophanie. Le mariage eut lieu et apporta à la maison de Saxe des droits sur l'Italie méridionale.

10. Puissance d'Otton le Grand. — La position d'Otton fut, à certains égards, celle de Charlemagne. Être à l'intérieur tout-puissant, vaincre et christianiser les peuples du Nord et de l'Est, relever l'empire d'Occident, dominer l'Italie et la papauté, négocier en assez mauvais termes une question de mariage avec l'empereur d'Orient, toujours aigre et dédaigneux pour le *basileu* barbare, voilà ce qu'ils eurent de commun. Il faut ajouter encore la grande renommée d'Otton et les ambassades qu'il reçut, même des Sarrasins, après sa victoire sur les Hongrois. Il mourut en 973.

11. Otton II, Otton III, Henri II (973-1024). — Les derniers empereurs de la maison de Saxe, Otton I

(973), Otton III (983) et Henri II (1002), laissèrent tomber cet ascendant. Le premier, retenu par des soulèvements en Allemagne et par une expédition en France qui le conduisit jusqu'à Paris, ne passa qu'au bout de sept ans en Italie, où la petite féodalité laïque et ecclésiastique avait profité de cette longue absence du souverain pour surgir de toutes parts et s'organiser dans l'indépendance. Du reste, Otton II s'occupa moins de faire reconnaître son autorité dans le Nord et le Centre, que de s'emparer du Midi en vertu de son mariage. Il s'y fit battre à Basentello, fut pris par des pirates grecs, se sauva à la nage et mourut quelques mois après (983). Le revers eut son contre-coup en Allemagne : les Wiltzes, les Obotrites, égorgèrent leurs garnisons allemandes, et l'Elbe redevint la frontière de l'Empire.

Otton III, imbu de souvenirs romains et d'une ambition que sa mère Théophanie et sa grand'mère Adélaïde avaient nourrie, songea davantage à l'Italie, où sa longue minorité ne lui permit toutefois d'aller chercher la couronne impériale qu'en 996. Il donna la tiare à son parent Grégoire V, qui voulait voir dans l'Allemagne « le bras du christianisme », ensuite à Sylvestre II, son ancien précepteur, qui rêvait de réunir toute la chrétienté sous les deux pouvoirs et de la lancer sur l'Asie, à la conquête de Jérusalem. Contre cette domination allemande se leva, dans Rome, le tribun Crescentius, qui prit les titres de patrice et de consul, et qui, soutenu par la cour de Constantinople, voulait renouveler la république romaine. Otton III réprima cruellement cette sédition : Crescentius, fait prisonnier dans le château Saint-Ange, fut pendu à un gibet de 70 pieds de haut (998); sa femme le vengea, dit-on, en empoisonnant l'Empereur (1002).

L'Italie crut le moment favorable pour se donner un roi national. Arduin, marquis d'Ivrée, fut proclamé à Pavie. Henri de Bavière, petit-fils de Henri l'Oiseleur, venait de succéder à Otton III. C'était un prince d'une piété si ardente, qu'il voulut un jour abdiquer pour se faire moine. Son règne n'en fut pas moins agité; il eut à combattre, en Allemagne, plusieurs grands vassaux et le roi de Pologne, qui avait pénétré jusqu'aux bords de la Saale où il éleva une colonne de fer. Mais l'attrait de l'Italie était irrésistible : trois fois Henri passa les Alpes. A la seconde (1013), il renversa Arduin, aidé par les rivalités intérieures qui perdirent toujours l'Italie. Milan, jaloux de Pavie, s'était prononcé contre Arduin; son archevêque entraîna dans le parti impérial la plupart des prélats que blessait la prédominance d'un seigneur laïque. Aussi, à son troisième voyage (1014), Henri II les combla de faveurs, leur accorda tous les droits régaliens, et donna à l'aristocratie ecclésiastique une puissance prépondérante dans la péninsule.

12. Conrad II de Franconie (1024). — A la mort de Henri II, dit le Saint (1024), la couronne impériale sortit de la maison de Saxe et revint à celle de Franconie, qui l'avait déjà possédée une fois. Il y avait ainsi une sorte de balancement entre les deux parties de l'Allemagne. Mais la politique ne changeait pas avec les dynasties. La royauté germanique, représentée la plupart du temps par des hommes de talent et d'énergie, conservait toute l'ambition qu'Otton le Grand semblait avoir attachée à cette couronne.

L'Allemagne était en quelque sorte obligée de roidir sans cesse les bras vers l'Orient pour tenir à distance les peuples étrangers. Henri II avait eu à combattre pendant de longues années les Polonais, auxquels il avait arraché la Bohême, mais qui avaient repoussé tout droit de suzeraineté de l'Empire sur leur pays. Conrad II le Salique reprit ce droit sans lui donner plus de force ni de durée; il céda au roi de Danemark, Kanut le Grand, la marche de Slesvig, et crut avoir fait cesser, au nord de l'Elbe, les mouvements des Lutizes qu'il essaya de contenir en relevant Hambourg qu'ils avaient détruit. Enfin « il fit d'immenses dévastations » entre l'Elbe et l'Oder; mais, quelques années après, 1056, les Slaves détruisaient, au confluent de l'Elbe et du Havel, une grande

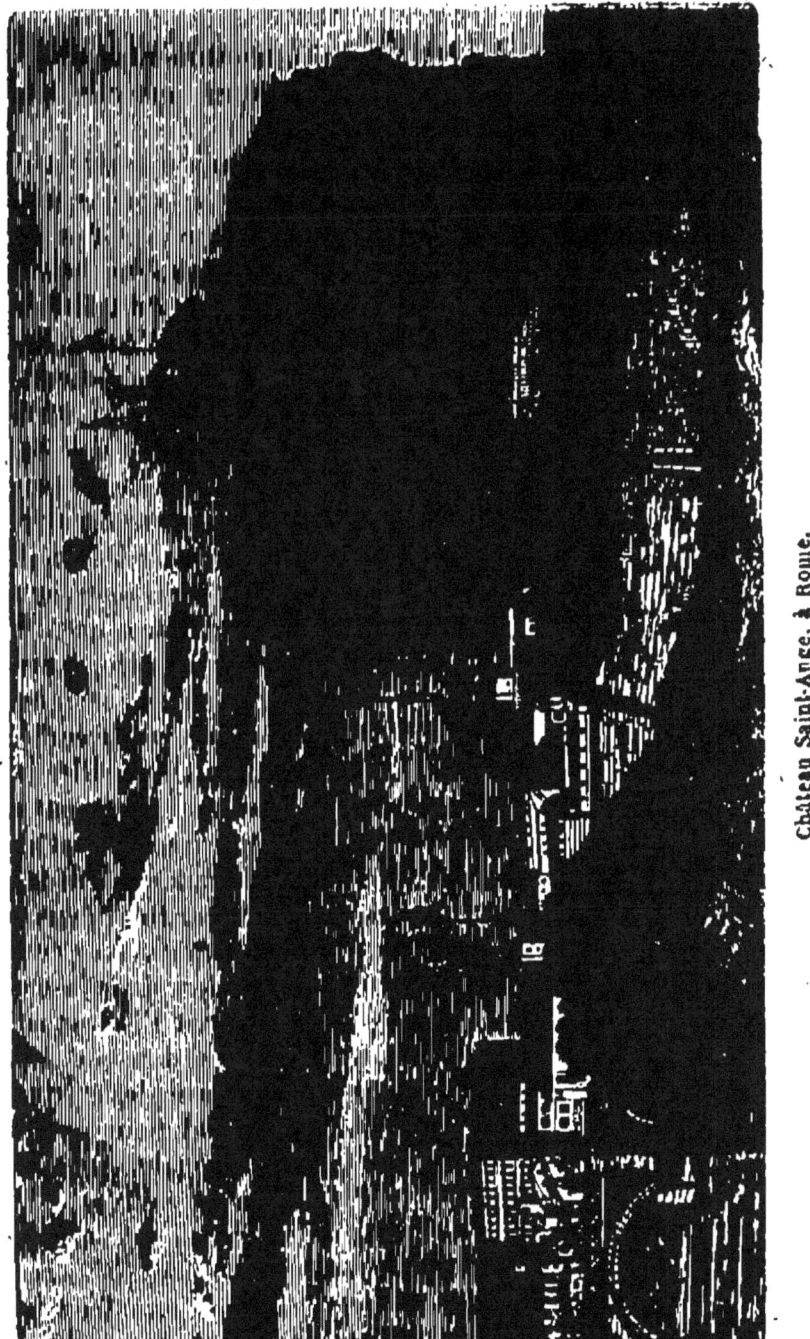

Château Saint-Ange, à Rome.

armée saxonne, et par cette victoire montraient combien la domination allemande était toujours précaire sur cette frontière.

Depuis Otton Ier, l'indocilité des grands vassaux était à peu près calmée ; cependant Conrad fit condamner, comme perturbateur de la paix publique, le duc de Souabe, qui voulait s'emparer de la Bourgogne helvétique. Conrad se réservait ce pays. En vertu du traité de Bâle qu'il réussit à faire signer au vieux roi d'Arles, Rodolphe III, toute la vallée du Rhône, la Franche-Comté et la Suisse furent réunies à l'Empire germanique (1033).

13. Affaires d'Italie. — La conduite de Conrad le Salique en Italie fut d'abord la même que celle de son prédécesseur : il s'appuya sur les évêques qui formaient l'âme du parti allemand, principalement sur Héribert, archevêque de Milan, qui le couronna, et il augmenta encore la puissance des principaux d'entre eux. Il croyait être sûr de les tenir dans sa dépendance, puisqu'ils recevaient de lui la crosse et l'anneau, insignes de leur pouvoir. Mais cette faveur excessive, accordée à l'épiscopat, tourna mal : les évêques, maîtres de l'Italie, se crurent en état, d'une part, de traiter légèrement la suzeraineté impériale ; de l'autre, d'opprimer les petits vassaux et les bourgeois. Ceux-ci n'étaient pas à dédaigner dans les riches communes italiennes. Bourgeois et petits vassaux se coalisèrent ; mais, toujours avec cette malheureuse préoccupation de triompher dans le moment sans songer à l'avenir, ils appelèrent l'Empereur. Conrad arriva de nouveau, et cette fois dans de tout autres dispositions. Il fit saisir Héribert, avec les évêques de Verceil, de Plaisance et de Crémone, et, pour poser à jamais une digue à cette puissance épiscopale, qui avait abusé de ses bienfaits, il rendit son fameux édit de 1037, qui déclara les fiefs des vassaux ou vavassaux d'Italie irrévocables, *immédiats* et héréditaires : c'était l'acte constitutif de la féodalité italienne, mais d'une féodalité particulière, dépourvue du développement hiérarchique qu'elle avait dans les autres pays, à cause de cette condition de l'immédiateté qui supprimait l'intermédiaire des grands vassaux entre l'Empereur et les petits vassaux ou bourgeois.

14. Toute-puissance de Henri III (1039-1056). — Henri III (1039) fut, de tous les Empereurs qui avaient jusque-là régné, le plus sûr de son autorité dans l'Allemagne et le plus maître de l'Italie du Nord. Il força le duc de Bohême à payer le tribut annuel de 500 marcs d'argent, ramena dans Albe-Royale le roi de Hongrie, Pierre, qui en avait été chassé, et reçut son hommage. Les deux duchés de Lorraine étaient réunis, il les sépara; ceux de Bavière, de Souabe et de Carinthie étaient vacants : il se crut assez fort pour y rétablir la dignité ducale, afin de donner à ces provinces un gouvernement plus capable de faire exécuter la *trêve de Dieu*, qui n'était encore qu'un mot. (Voy. p. 299'.) Dans l'Italie méridionale, l'Empereur se heurta pourtant contre un ennemi qui semblait bien faible et qui le brava, les Normands, fondateurs du royaume des Deux-Siciles. (Voy. p. 301.) Il n'avait pas, il est vrai, attaché une bien grande importance à cette guerre, et, après tout, elle sembla se terminer à son avantage, puisque les Normands, vainqueurs du pape Léon IX, se reconnurent ses feudataires, et que cette suzeraineté gagnée par le pape retournait à l'Empereur, de qui le pape dépendait.

15. Henri III dispose de la tiare. — Nul Empereur, en effet, n'usa plus rigoureusement du droit d'intervenir dans les élections ecclésiastiques soit de papes, soit d'évêques; nul non plus n'en usa plus sagement. Il fit déposer trois papes qui se disputaient Rome en même temps, et disposa trois fois de la tiare en faveur de prélats allemands, mais bien choisis : Clément II, Damas II et Léon IX. Le concile de Sutri, en 1046, avait de nouveau reconnu qu'il ne pouvait être élu de souverain pontife sans le consentement de l'Empereur.

16. Efforts d'Hildebrand (Gregoire VII) pour régénérer l'Église et faire prévaloir l'autorité du saint-siége. — Mais la papauté s'ouvrit une voie nouvelle sous Léon IX. Celui qui l'y fit entrer fut un moine obscur, Hildebrand, fils d'un charpentier de Soana en Toscane et longtemps moine à Cluny, que Léon IX, passant par ce monastère, pour aller prendre possession du saint-siége, avait emmené avec lui. Ce ne fut pas la seule fois qu'on vit un simple moine acquérir, par la force de son caractère et de son génie, un ascendant suprême sur l'Eglise entière. Il régnait alors dans les couvents une réprobation vigoureuse de l'ambition d'un certain nombre d'évêques, de leurs brigues, de leurs vices, de leur existence toute semblable à celle de la société laïque, du trafic qu'ils faisaient des dignités ecclésiastiques, et que l'on appelait *simonie*, de leurs passions toutes mondaines. Aux fêtes de Noël de l'an 1063, l'abbé mitré de Fulde et l'évêque d'Hildesheim s'étaient disputé la préséance en pleine église à coups d'épée : l'Empereur faillit être massacré, l'autel fut couvert de sang.

Des voix nombreuses s'élevaient contre ces désordres, entre autres la voix éloquente de Pierre Damien, cardinal-évêque d'Ostie, qui avait demandé une réforme sévère de l'Eglise, un retour à la simplicité, à la pauvreté primitive, et aux élections faites par les prêtres et le peuple. Hildebrand donnait dans cette juste réaction avec toute la fougue d'un caractère ardent, austère et entier. Réformer l'Eglise et chasser les Allemands d'Italie pour que la papauté n'eût pas de si redoutables voisins, tel fut le double objet qu'il espérait atteindre par le moyen d'une papauté suzeraine en Italie et dirigeant, dans toute l'Europe, la société religieuse, par conséquent aussi la société laïque, qui était alors comme enveloppée par la première; mais celle-même auparavant avait besoin d'être affranchie. La défaite de Léon IX à Civitella (1053) lui valut mieux, on vient de le voir, qu'un brillant succès. Les Normands s'étant déclarés vassaux du saint-siége et résolus à le défendre, le pape eut désormais près de lui de vaillantes épées à sa disposition.

Abbaye de Cluny.

17. Règlement pour l'élection des papes (1059). — Henri III mourut en 1056, laissant un fils, Henri IV, dont la minorité fut très-orageuse, ce qui facilita les projets de la cour de Rome. En 1059 un nouveau pape, Nicolas II, toujours sous l'influence d'Hildebrand, rendit un décret qui régla l'élection des pontifes d'une façon nouvelle : il était dit qu'elles seraient faites par les cardinaux-prêtres et les cardinaux-évêques du territoire romain, que le reste du clergé et le peuple romain donneraient ensuite leur consentement, que l'Empereur conserverait le droit de confirmation, et qu'enfin on élirait de préférence un membre du clergé romain. Un autre décret défendait aux clercs de recevoir d'un laïque l'investiture d'aucun bénéfice ecclésiastique.

Ces décrets étaient de la plus haute importance : ils dérobaient le pape à l'Empereur, et, dans la main du pontife, devenu libre, ils mettaient tout le temporel de l'Église, qui en Allemagne était un tiers du territoire; en France, en Angleterre, un cinquième.

Plusieurs évêques, surtout en Lombardie, qui voulaient moins encore de l'autorité du pape, surtout si rigide, que de celle de l'Empereur, importunés d'ailleurs par les anathèmes prononcés contre les prêtres simoniaques ou mariés, firent un schisme et obtinrent de la cour impériale, fort irritée aussi, un antipape, Honorius II. Pour lui, Hildebrand avait la bourgeoisie municipale et la noblesse, excepté à Rome, où les nobles craignaient de voir s'élever un pouvoir dangereux pour leur indépendance. On se battit; mais Hildebrand l'emporta, et sa victoire parut complète lorsqu'il fut élevé au saint-siége sous le nom de Grégoire VII (1073). Il est le dernier pontife dont le décret d'élection ait été soumis à la sanction impériale.

18. Grégoire VII (1073); ses vastes desseins. — Le pape allait compléter l'œuvre du moine. Ses desseins s'agrandirent avec sa situation. Charlemagne et Otton le Grand s'étaient subordonné la papauté et avaient mis l'Eglise dans l'Etat. Mais la royauté, pouvoir central, déclinait dans toute l'Europe en raison même des progrès accomplis par la féodalité, je veux dire par les pouvoirs locaux, ducs, comtes et barons. L'Eglise, au contraire, avait vu croître encore dans ce siècle la foi des peuples. Il sembla à son chef que le moment était venu de saisir pour elle le gouvernement des corps comme celui des âmes, ou du moins de resserrer autour du saint-siége toute la chrétienté et d'y exercer une surveillance et une action continuelles, afin d'y réprimer le désordre des mœurs, les violations de la justice, toutes les causes de perdition. Ce but était élevé, et cette grande ambition était naturelle dans un prêtre. Il est heureux pourtant qu'elle ait échoué et que les nations européennes aient gardé la libre disposition d'elles-mêmes, qu'elles eussent perdue au sein de cette immense autocratie pontificale.

19. Hardiesse de ses premiers actes. — Grégoire voulait quatre choses : affranchir la papauté de la suzeraineté allemande; réformer l'Eglise dans ses mœurs et dans sa discipline; la rendre indépendante du pouvoir temporel; enfin dominer les laïques, peuples et princes, au nom et dans l'intérêt de leur salut.

Le premier point fut acquis ou parut l'être par le décret de Nicolas II; le second, par les actes nombreux de Grégoire VII pour la réformation du clergé, notamment pour le célibat des prêtres et contre la simonie; le troisième, par la défense faite aux princes laïques de donner l'investiture d'aucun bénéfice ecclésiastique, aux clercs de la recevoir; le dernier, par l'intervention du pontife dans le gouvernement des royaumes.

Les rois d'Allemagne et de France, Henri IV et Philippe Ier, faisaient publiquement trafic des dignités ecclésiastiques; Grégoire menaça de les excommunier, et, ce qui ne s'était point vu encore, de délier leurs vassaux du serment de fidélité. En Angleterre, il força Guillaume le Conquérant à lui payer le denier de Saint-Pierre. Il réclama la suzeraineté des royaumes de Hongrie, de Danemark et d'Espagne, conquis sur les païens ou sur les infidèles *par la grâce de Dieu*, et il nomma le duc de Croatie roi des Dalmates, à condition de l'hommage au saint-siége. Cependant le pape, tout-puissant au loin, ne l'était pas en Italie. A Rome même le préfet Censio, dans une émeute, arracha Grégoire VII d'une église et le retint quelque temps prisonnier. A Milan, les citoyens chassèrent Herlembald et son protégé Atto, qui exerçaient une vraie tyrannie dans la ville, sous prétexte de soutenir les réformes de Grégoire VII, et demandèrent un archevêque à Henri IV, qui leur envoya un noble de Castiglione. Ce fut le commencement de la lutte entre le sacerdoce et l'Empire, un des plus grands drames de l'histoire.

20. Querelle des investitures ou première partie de la lutte du sacerdoce et de l'Empire (1076). — Les circonstances étaient très-favorables pour Grégoire et lui promettaient des points d'appui en Allemagne. Les rébellions féodales avaient agité ce pays pendant toute la minorité de Henri IV, qui n'avait que six ans à la mort de son père, en 1056. La régence et le jeune roi lui-même avaient été arrachés à l'impératrice Agnès par les ducs de Saxe et de Bavière. Devenu homme, Henri IV s'efforça de comprimer la révolte qui avait toujours son foyer chez les Saxons. Une grande victoire, remportée en Thuringe, semblait lui promettre le succès de son entreprise, quand tout à coup il entendit retentir à ses oreilles la voix du pape qui, avec une audace jusqu'alors inouïe, lui ordonnait de suspendre la guerre, de laisser au saint-siége la décision de sa querelle avec les Saxons et de renoncer à toute investiture ecclésiastique sous peine d'excommunication; les légats y joignirent même la sommation de comparaître à Rome pour se justifier de ses déportements privés. A cette furieuse attaque, Henri IV répondit avec une vigueur égale; dans le synode de Worms, composé de vingt-quatre évêques, ses partisans, il fit prononcer solennellement la déposition de Grégoire VII (1076).

21. Henri IV est excommunié (1076). — Le pape, au lieu de s'effrayer, redoubla ses coups. Délivré des mains du préfet de Rome, Censio, son ennemi, par un mouvement populaire, il fulmina de toutes ses foudres; il frappa l'Empereur d'une bulle d'excommunication qui le déclarait déchu comme rebelle au saint-siége et il délia ses sujets du serment de fidélité. Cette bulle trouva dans les Saxons, les Souabes, tous ennemis de la maison de Franconie, des exécuteurs impitoyables. A leur tête étaient Rodolphe de Souabe et l'Italien Welf, de la maison d'Este, que Henri lui-même avait créé duc de Bavière. Ils convoquèrent une diète à Tribur, suspendirent l'Empereur de ses fonctions et menacèrent de le déposer, s'il ne se faisait absoudre des anathèmes de Rome. Henri IV s'humilia, promit d'assembler une diète générale à Augsbourg et de supplier le pape d'y venir l'absoudre. Mais, comme il sentit le danger de laisser ses ennemis se rapprocher, il résolut de prévenir la diète promise et alla lui-même en Italie implorer le pardon du pontife.

22. Humiliation de Henri IV (1077). — Grégoire VII le lui fit acheter au prix d'humiliations telles, qu'aucun autre souverain n'en a jamais subi. Il se trouvait alors dans le château de Canossa, sur les terres de la célèbre comtesse Mathilde, toute dévouée au saint-siége et qui était le souverain le plus puissant de l'Italie, car elle possédait les marquisats de Toscane et de Spolète, Parme, Plaisance et la plus grande partie de la Lombardie. Henri IV, dans la seconde enceinte, vint solliciter une audience qu'il attendit, les pieds nus dans la neige, pendant trois jours; le quatrième, il fut enfin reçu et relevé de son excommunication. Mais Grégoire, trop habile pour se désarmer tout à fait, refusa de décider la question de la couronne d'Allemagne, et, en la renvoyant à une diète, se réserva les moyens de susciter à Henri de nouveaux embarras. Comment ne pas trembler devant un homme reconnu pour le représentant même de la Divinité et qui se croyait tellement sûr d'être approuvé du ciel, qu'ayant pris la moitié d'une hostie, il adjura Dieu de le faire périr sur-le-champ s'il était coupable des crimes dont on l'accusait! Lorsqu'il présenta à Henri l'autre moitié de cette même hostie, en lui proposant un serment semblable, celui-ci recula épouvanté (1077).

23. Henri IV se relève; mort de Grégoire VII (1085). — Henri IV avait évité, en pliant, le choc de ses ennemis coalisés; quand ce moment redoutable fut passé, il se releva. D'ailleurs il n'avait plus que l'alternative de tout risquer ou de renoncer au trône, car, la question laissée indécise par Grégoire VII, les rebelles de l'Allemagne avaient prétendu la résoudre : ils venaient d'élire pour roi Rodolphe de Souabe, qui avait acheté la protection des légats par la promesse de renoncer aux investitures (1077), et que le pape ne tarda pas à reconnaître solennellement.

Henri IV, ayant retrouvé des partisans, fit la guerre avec avantage. La bataille de Volksheim, où Rodolphe fut tué par la main de Godefroy de Bouillon, duc de basse Lorraine, qui portait la bannière impériale, le rendit maître de l'Allemagne (1080). Il voulut l'être en Italie, où une victoire de son fils lui avait préparé le succès. La comtesse Mathilde fut dépouillée d'une partie de ses biens, Rome prise, et l'archevêque de Ravenne nommé pape sous le nom de Clément III. Grégoire lui-même fût tombé aux mains de l'homme qu'il avait tant outragé, si Robert Guiscard et ses Normands, fidèles alliés du saint-siége, ne l'eussent délivré. Il mourut chez eux (1085) en disant : « Parce que j'ai aimé la justice et poursuivi l'iniquité, je meurs dans l'exil. » Il parut donc croire jusqu'au dernier moment que la domination universelle du saint-siége était un droit rigoureux, et il y avait dans cette idée beaucoup de logique.

24. Triste fin de Henri IV (1106). — Grégoire mourait trop tôt : quelques années plus tard, il aurait vu son ennemi expirer plus misérable encore qu'au château de Canossa. Urbain II, devenu pape en 1088, qui s'appuya sur les Normands et reconnut à Roger, duc de Sicile, le titre de roi, montra la papauté dans toute grandeur à l'occasion de la première croisade, et reprit tous les arrêts de Grégoire VII contre l'Empereur. Après un triomphe passager, Henri IV, successivement attaqué par ses deux fils, que l'Eglise avait armés contre lui, fait prisonnier par le plus jeune, dépouillé des insignes impériaux, invoquant en vain le secours du roi de France, « le plus fidèle de ses amis, » qui ne lui répond pas, sollicitant sans succès, pour vivre, une place de sous-chantre dans une église, attendu qu'il sait assez de musique, meurt en 1106 à Liége, dans une misère profonde, en appelant la vengeance de Dieu sur le parricide. Son corps resta cinq ans sans sépulture dans une cave de la ville de Spire.

25. Henri V (1106); le concordat de Worms (1122); fin de la querelle des investitures. — Ce fut pourtant ce fils parricide, Henri V, qui termina la querelle des investitures. La décision fut retardée quelque temps par l'ouverture de la succession de la grande comtesse Mathilde, qui avait légué ses biens au saint-siége. Henri les réclama tous, les fiefs comme chef de l'Empire, les alleux comme le plus proche héritier de la comtesse, et il en prit possession. Ce débat vidé, les deux partis, reconnaissant enfin que la lutte ne servait qu'à les affaiblir et ne profitait qu'à l'indépendance de la féodalité et de la bourgeoisie italiennes, résolurent de la clore par un partage, qui semblait à peu près égal, des droits disputés. Le *concordat de Worms* (1122) fut dressé dans les termes suivants : « Je vous accorde, disait le pape Calixte II à l'Empereur, que les élections des évêques et des abbés du royaume teutonique se fassent, sans violence ni simonie, en votre présence; en sorte que, s'il arrive quelque différend, vous donniez votre consentement et votre protection à la plus sainte partie, suivant le jugement du métropolitain et des coprovinciaux. L'élu recevra de vous les *régales* par le sceptre, excepté ce qui appartient à l'Eglise romaine, et vous en fera les devoirs qu'il doit faire de droit. » — « Je remets au pape, disait l'Empereur, toute investiture par l'anneau et la crosse; et j'accorde, dans les églises de mon royaume et de mon empire, les élections canoniques et les consécrations libres. » Ce compromis, qui attribuait le temporel au souverain temporel, et le spirituel au souverain spirituel, était accompagné de paroles de réconciliation. Au fond, c'était une défaite pour la papauté qui, après avoir voulu tout prendre, se contentait de la reconnaissance légitime de son autorité canonique; et c'était une victoire pour la royauté allemande qui gardait une influence considérable dans les élections, en même temps qu'elle maintenait son droit suzerain sur les fiefs ecclésiastiques. Les rois s'étaient toujours montrés favorables à l'extension du temporel de l'Église, par piété sans doute, mais aussi parce qu'ayant la nomination directe ou indirecte aux évêchés et à beaucoup d'abbayes, ils pouvaient, dans une certaine mesure, choisir ceux à qui ces vastes domaines seraient confiés. Comme ils avaient déjà perdu la disposition des fiefs laïques devenus héréditaires, ils se seraient trouvés avoir tout perdu, s'ils avaient encore abandonné à l'Église la disposition des fiefs ecclésiastiques.

26. Fin de la maison de Franconie (1125). — La maison de Franconie s'éteignit avec Henri V (1125), quittant la scène après avoir clos, par un dénoûment, au moins provisoire, la rivalité de la papauté et de l'Empire. Nous verrons plus tard recommencer cette grande lutte. Le règne de Lothaire II (1125-1137) fut comme un intermède, pendant lequel le théâtre se disposa différemment pour une nouvelle lutte.

CHAPITRE XIX.

INNOCENT III ET INNOCENT IV; FRÉDÉRIC BARBEROUSSE ET FRÉDÉRIC II[1].

1. Trois périodes dans la lutte du sacerdoce et de l'Empire. — 2. Force de la féodalité allemande et faiblesse de l'autorité impériale sous Lothaire II. — 3. Conrad III commence la maison de Souabe; Guelfes et Gibelins (1138). — 4. Morcellement de l'Italie; progrès de la petite féodalité et des républiques. — 5. Arnaldo de Brescia (1144). — 6. Fréderic Ier Barberousse (1152); première expédition en Italie : supplice d'Arnaldo de Brescia. — 7. L'Empereur, le pape, la république romaine en présence. — 8. Expédition de 1158 : Milan est rasée; diète de Roncaglia. — 9. Formation de la ligue lombarde (1164). — 10. Défaite de Frédéric Barberousse à Legnano (1176). — 11. Traité de Constance (1183). — 12. Grandeur de Frédéric Barberousse. Sa mort en Asie (1190). — 13. Henri VI hérite du royaume des Deux-Siciles. — 14. Innocent III (1198-1216) renouvelle les prétentions de Grégoire VII. — 15. Les Guelfes et les Gibelins en Italie. — 16. Frédéric II (1211-1250). Troisième et dernière phase de la lutte du sacerdoce et de l'Empire. — 17. Grégoire IX (1237-1241; seconde ligue lombarde (1226). — 18. Frédéric, excommunié (1239), enlève les cardinaux à la Melloria. — 19. Innocent IV (1244); il fait déposer Frédéric II au concile de Lyon. — 20. Mort de Frédéric II (1250); chute de la domination allemande et de l'autorité impériale en Italie.

1. Trois périodes dans la lutte du sacerdoce et de l'Empire. — Cette grande querelle est un drame en trois actes. Dans le premier, le pape et l'Empereur se disputent la suprématie sur l'Europe chrétienne : le concordat de Worms (1122) les oblige à de mutuelles concessions; dans le second, il s'agit surtout de l'indépendance de l'Italie, que les Empereurs de la maison

---

[1]. Pfeffel et Pfister, ouvrages cités; Daru, *Histoire de Venise*; de Cherrier, *Histoire de la lutte des papes et des Empereurs de la maison de Souabe*.

de Souabe veulent asservir et que la paix de Constance (1183) délivre; dans le troisième, l'indépendance du saint-siége comme celle de la péninsule est de nouveau en péril; la mort de Frédéric II les sauve (1250). On a vu la première lutte, voici les deux autres.

2. Force de la féodalité allemande et faiblesse de l'autorité impériale sous Lothaire II. — La maison de Franconie avait senti croître, sous son empire, la puissance de la grande féodalité allemande, et fait d'inutiles efforts pour l'arrêter. En vain elle avait créé, au milieu des duchés, une foule de seigneuries *immédiates* et de *villes impériales*, c'est-à-dire ne relevant que de l'Empereur; en vain elle avait accordé l'hérédité aux *fiefs de chevalier*, politique qu'elle avait aussi suivie en Italie et résumée dans l'édit de 1037 (voy. p. 280); les grands vassaux, depuis longtemps héréditaires, avaient conservé ou repris par des révoltes continuelles leur avantage sur la royauté élective. Les agents mêmes de l'Empereur, ces *palatins* envoyés par lui dans les grands fiefs ou dans ses domaines pour y représenter son autorité, les *burgraves*, chargés du même rôle dans les villes, commençaient à imiter les anciens agents des empereurs carlovingiens, à se rendre indépendants et héréditaires. Le résultat de ces efforts contraires fut que la féodalité, à l'avénement de Lothaire, se trouva très-redoutable ; elle le devint encore davantage sous son règne. C'était un prince politique, qui courba la tête devant le saint-siége. Innocent II lui donna la couronne impériale, en affectant de se dire le maître d'en disposer à son gré : il fit même consacrer cette prétention par un tableau où l'Empereur était représenté à genoux dans l'attitude d'un homme qui prête l'hommage dans les mains du pontife; on lisait au-dessous en vers latins : « Le roi devient l'homme du pape, qui lui octroie la couronne. » Sur une question aussi fort importante, Lothaire céda encore : il consentit à tenir en fief du saint-siége les biens de la comtesse

Mathilde (marquisat de Toscane, duché de Spolète, marche d'Ancône, de Bologne, Parme, Plaisance, etc.).

Dans l'Empire, Lothaire se trouva pressé entre deux puissantes maisons : celle de Souabe, qu'il combattit et soumit sans l'abattre; celle de Bavière, qu'il agrandit en faisant épouser sa fille au duc Henri le Superbe qui, à la mort de Lothaire, hérita de tous ses domaines, le duché de Saxe en Allemagne et, en Italie, les fiefs de la grande comtesse. La domination de Henri le Superbe s'étendit alors de la Baltique jusqu'au Tibre, mais ses fiefs étaient séparés, et cette division l'affaiblissait. Ceux des Hohenstaufen, au contraire, se touchaient : c'étaient les duchés de Souabe et de Franconie.

3. Conrad III commence la maison de Souabe; Guelfes et Gibelins (1138). — Quand Lothaire mourut (1137), il fut évident que la couronne passerait dans l'une de ces deux grandes maisons. Celle de Saxe paraissait assurée de l'obtenir, mais beaucoup de vassaux allemands commencèrent à songer qu'il ne fallait pas se donner un trop puissant maître, et, presque subrepticement, firent nommer, dans une diète convoquée à Coblentz, en l'absence des députés saxons et bavarois, Conrad de Hohenstaufen. Henri le Superbe protesta. Il était chef de la maison des Welfs, et Conrad, seigneur de Weiblingen : leurs partisans s'appelèrent *Guelfes* et *Gibelins*, noms qui passèrent les Alpes et pénétrèrent en Italie. Comme la maison de Souabe fut l'ennemie du saint-siège, la faction favorable à l'Empereur fut celle des Gibelins; les amis de l'indépendance de l'Italie et de la papauté furent les Guelfes.

Henri le Superbe, mis par Conrad au ban de l'Empire, fut dépouillé de ses duchés; son fils Henri le Lion recouvra, il est vrai, la Saxe, qui avait été donnée au margrave du Nord, Albert l'Ours[1]; quant à la Bavière,

---

[1]. Albert l'Ours était de la maison d'Anhalt ou maison escanienne. Il avait été investi en 1134 de la marche du Nord, qui s'appela marche de Brandebourg

elle fut inféodée au margrave d'Autriche¹, qui la garda jusqu'en 1156. Elle fit retour alors à Henri le Lion, mais diminuée aussi de l'Autriche, qui fut élevée au rang de duché immédiat (1156).

Avec Conrad III commençait la brillante dynastie des Hohenstaufen. Son règne fut consacré en quelque sorte à la fixer sur le trône qu'elle allait occuper pendant plus d'un siècle avec tant d'éclat : aussi fut-il étranger à l'Italie. Mais lorsque sa mort, au retour de la seconde croisade (1152), eut ouvert le trône à son fils, l'Allemagne recommença à déborder sur l'Italie, et la lutte suspendue depuis 1122 éclata plus violente que jamais.

4. Morcellement de l'Italie; progrès de la petite féodalité et des républiques. — L'aspect de l'Italie était entièrement changé. L'édit de 1037 avait porté ses fruits. Ducs, margraves, comtes, évêques, abbés avaient vu leur échapper toute suzeraineté et toute juridiction. Avec la comtesse Mathilde avait disparu la grande image de la féodalité. On ne voyait plus qu'un mélange de petits seigneurs indépendants et de villes républicaines, depuis les Alpes jusqu'à Bénévent, où commençait la monarchie normande, brillante non-seulement de l'éclat des victoires, mais des poésies que les troubadours, attirés du midi de la France, chantaient à la cour de ses rois. C'était le moment où les républiques italiennes se constituaient et vivifiaient dans leur sein les débris du régime municipal romain. Elles avaient leurs consuls en nombres divers : douze à Milan, six à

---

quand il eut pris possession définitive de cette ville (1157). Sa postérité garda jusqu'en 1320 ce grand fief qui passa alors à la maison de Bavière, ensuite à celle de Luxembourg. Sigismond en donna l'investiture en 1417 à la maison de Hohenzollern (Prusse), qui le possède encore aujourd'hui. Albert l'Ours accrut le margraviat d'une partie des pays situés entre le bas Elbe et le bas Oder, qu'un roi des Slaves et Vandales lui légua.

1. La marche de l'Est, qu'on appela bientôt après margraviat d'Autriche, avait été donnée (en 976) par Otton I⁻ à la maison de Bamberg, qui subsista jusqu'en 1246. L'Autriche passa alors successivement à Frédéric II, aux maisons de Bade et de Bohême, enfin, à celle de Habsbourg (1282), qui l'a gardée jusqu'en 1740, dans la ligne mâle, et jusqu'à nos jours dans la maison de Lorraine-Habsbourg.

Gênes, quatre à Florence, six à Pise, etc., investis généralement du pouvoir exécutif et judiciaire. Généralement aussi une sorte de sénat (*credenza*) les assistait. L'assemblée générale des citoyens libres, ou *parlement*, réunis par quartiers au son de la cloche du beffroi, sur la place publique, était seule souveraine, et jugeait en dernier ressort. Les nobles des châteaux voisins de chaque ville y étaient admis comme citoyens, tout en conservant au dehors leurs domaines propres et leurs serfs.

5. Arnaldo de Brescia (1144). — A cause de l'ascendant du souverain pontife, son évêque, Rome n'avait pas encore opéré cette révolution des autres cités italiennes ; elle la fit à son tour au milieu du douzième siècle. Un disciple d'Abélard, du docteur qui prêchait la distinction de la raison et de la foi, le moine Arnaldo de Brescia, demanda la séparation du temporel et du spirituel, la suppression du gouvernement des prêtres et le rétablissement de la république romaine. En 1144 il chassa de Rome Innocent II; un sénat de cinquante-six membres fut institué, et les quatre lettres sacramentelles S. P. Q. R. (*Senatus Populusque Romanus*) reparurent dans les actes publics, que l'on data « de la rénovation du sacré sénat ». Lucius II, successeur d'Innocent, qui voulut résister par la force, fut précipité des escaliers du Capitole (1145). La révolution triomphait dans toute la péninsule, moins le royaume de Naples, et, depuis Rome jusqu'à la dernière petite cité, le gouvernement républicain prévalait ; il était accepté même de la noblesse, qui trouvait son compte à être comprise dans la nouvelle organisation. Tout avait concouru à ce résultat, la force des armes, la prospérité née du commerce, le prestige des souvenirs et la puissance des idées. Saint Bernard se résignait lui-même à la position faite au pape, et écrivait à son disciple Eugène de laisser là les Romains, ce peuple récalcitrant (*duræ cervicis*), et d'échanger Rome contre le monde (*Urbem pro orbe mutatam*).

6. Frédéric Ier Barberousse (1152); première expédition en Italie; supplice d'Arnaldo de Brescia. — Mais Frédéric Ier Barberousse n'était pas disposé à renoncer à l'Italie avec autant de facilité; nul Empereur n'avait encore réuni à plus d'énergie de caractère une plus grande obstination dans ses prétentions sur la péninsule. Que n'y réclamait-il pas? Droits régaliens sur toutes les villes, droits impériaux à Rome, héritage de la comtesse Mathilde, Naples, la Sicile, la Corse et la Sardaigne. Il passa les Alpes; l'Italie l'accueillit avec cette confiance naïve qui l'a plus d'une fois livrée à l'étranger. Mais bientôt tout s'assombrit. Il brûla Chieri (*Quiers*), rasa Tortone, parce que l'une refusait de se soumettre au duc de Montferrat, et l'autre de quitter l'alliance de Milan, qui était à la tête de l'indépendance lombarde. Il s'avança vers Rome, où l'appelait Adrien IV, fit saisir et livrer au pape Arnaldo de Brescia, qui fut brûlé, et, dans le moment même où il recevait la couronne impériale, ses soldats tuèrent mille Romains dans la ville révoltée. Enfin il montra tant de rigueur dans l'exercice de son autorité en Italie, que bientôt ce fut contre lui une répulsion générale; Adrien même, rétabli par l'Empereur, se brouilla avec lui pour se réconcilier avec ses sujets.

7. L'Empereur, le pape, la république romaine en présence. — Rien n'est plus curieux que d'entendre le dialogue engagé entre ces trois grands personnages historiques, l'empereur d'Allemagne, le pape, le peuple romain; tous trois invoquant le passé et se couvrant de l'égide des souvenirs, tous trois se reprochant et révélant au monde ou leur décadence ou la pauvreté de leur origine. Les Romains avaient envoyé des ambassadeurs dire à Barberousse que l'Empire leur appartenait et qu'ils le lui offraient, moyennant qu'il jurât de respecter leurs droits et coutumes, et de leur accorder un *donativum* de 5000 marcs d'argent. L'Empereur répondit : « Vous exaltez l'ancienne splendeur de votre ville, je sais l'apprécier, mais, comme le dit un de vos écrivains, elle fut, *fuit*. Votre Rome est la nôtre.... Votre sénat, vos consuls, vos chevaliers se trouvent maintenant parmi les Allemands. Charles le Grand et Otton ont conquis votre empire.... Votre devoir est d'obéir.... » Le pape réclame les biens de Mathilde et veut que nul employé impérial n'entre dans Rome sans son consentement; l'Empereur lui écrit : « Que possédait l'Eglise au temps de Constantin, avant la donation des empereurs? Le démon de l'orgueil se glisse sur le siége de saint Pierre. » Et le pape répond : « L'Empereur s'attribue le même pouvoir que nous, comme si notre pouvoir était restreint à un petit coin de terre comme l'Allemagne, le plus petit des royaumes jusqu'au moment où les papes firent son élévation. Les rois francs n'allaient-ils pas, comme des philosophes, dans des voitures attelées de bœufs, avant que Charlemagne eût été sacré par Zacharie?... De même que Rome est supérieure à Aix-la-Chapelle, dans ses forêts gauloises, de même nous sommes supérieurs à ce roi.... » Et il lui promettait, s'il était fidèle envers l'Eglise, de lui conférer de plus grands bienfaits. Ces mots *majora beneficia*, qui pouvaient s'entendre pour bénéfices et paraissaient faire de la couronne impériale une tenure féodale, soulevèrent l'indignation de la diète germanique où ils furent prononcés. Le légat, qui était présent, la porta au comble en s'écriant : « Eh! de qui donc l'Empereur tient-il sa couronne, si ce n'est du pape? » Le prince de Wittelsbach voulait lui fendre la tête.

De ces trois ambitions, celle du peuple romain n'était qu'un fantôme; les deux autres étaient encore vivantes, puissantes, absolues.

8. Expédition de 1158 : Milan est rasé; diète de Roncaglia. — Frédéric revint en 1158. La réaction contre lui était générale. Il sévit. Milan fut sa principale victime. Après avoir relevé en face de cette ville la rivale qu'elle avait détruite, Lodi, il lui imposa un tribut de 9000 marcs d'argent. Puis, dans la diète de Roncaglia, il fit consacrer par les jurisconsultes en droit justinien de l'école de Bologne ses prétentions absolues : « Sachez, lui dit leur organe, l'archevêque de Milan, que tout le droit du peuple pour l'établissement des lois vous a été accordé. Votre volonté est le droit, suivant ce texte : Tout ce qui a plu au prince a force de loi. » En vertu de ces principes d'un autre âge, Frédéric agit en maître, et voulut imposer des *podestats* impériaux aux villes italiennes. Milan, Brescia, Plaisance, Crème se révoltèrent. Adrien IV étant mort, les cardinaux se divisèrent : il y eut un pape impérialiste, Victor III, et un pape patriote, Alexandre III. La lutte, engagée ainsi sur tous les points, fut terrible, surtout à Milan : cette ville héroïque se fit assiéger deux ans, et ne céda qu'à la famine. Les Milanais furent dispersés dans quatre bourgades. Sur leur ville on lâcha toutes les villes voisines, animées contre elle d'une haine mortelle, et qui la détruisirent (1162). Alexandre III, chassé d'Italie, se réfugia en France, où Louis VII et Henri II d'Angleterre le reconnurent.

9. Formation de la ligue lombarde (1164). — Après avoir si cruellement appris que la discorde est funeste, l'Italie tente de s'unir, tandis que Frédéric est allé chercher de nouvelles forces en Allemagne. La *ligue lombarde* se fonde à Puntido ; elle s'étend, gagne peu à peu toute la Lombardie, depuis Venise jusqu'au Piémont : Vérone, Vicence, Trévise, Padoue, Crémone, Brescia, Bergame, Mantoue, Ferrare, Bologne, Modène, Reggio, Parme, Plaisance, puis Lodi, y entrent ; Milan est relevé. Alexandre III se met à la tête de l'Italie contre la domination allemande, qui lui avait suscité quatre compétiteurs. Une ville de son nom, Alexandrie, est bâtie au confluent du Tanaro et de la Bormida pour menacer le marquis de Montferrat et la ville impériale de Pavie. Les Gibelins la nommèrent par dérision Alexandrie de la Paille ; leur fortune vint s'y briser.

10. Défaite de Frédéric Barberousse à Legnano (1176). — En 1174 Frédéric rentra en Italie avec la moitié seulement des forces de l'Allemagne : Henri le

Lion, chef des Welfs, avait refusé de suivre l'Empereur, qui s'était jeté en vain à ses genoux. Depuis ce moment, les Welfs furent chers à l'Italie, qui était, au reste, leur ancienne patrie. Alexandrie de la Paille arrêta Frédéric quatre mois ; pendant ce temps, l'armée des confédérés se rassemblait. Il l'attaqua près de Legnano, au nord-ouest de Milan (1176). Deux corps milanais, *le bataillon du Grand Drapeau* et le *bataillon de la Mort*, commandés par le géant Albert Giussano, donnèrent la victoire aux Italiens. Frédéric fut renversé de cheval, et le bruit courut plusieurs jours qu'il était mort. Il se trouva heureux d'obtenir une trêve en s'humiliant devant le pontife Alexandre III, avec lequel il se rencontra à Venise [1].

11. Traité de Constance (1183). — Six ans après (1183), le traité de Constance régla définitivement la querelle de l'Empire et de l'indépendance italienne, comme le concordat de Worms avait réglé celle de l'Empire et de la papauté. Le pape recouvra les allodiaux de la comtesse Mathilde. Les villes conservèrent les droits régaliens qu'elles avaient précédemment : droit de lever des armées, de se fortifier par des murs, d'exercer dans leur enceinte la juridiction tant civile que criminelle, de se confédérer entre elles. L'Empereur ne garda que le droit de confirmer par ses légats leurs consuls, et d'établir un juge d'appel dans chacune d'elles pour certaines causes. Comme en 1122, l'autorité impériale était diminuée, et l'ombre de Grégoire VII put se réjouir d'un double triomphe.

12. Grandeur de Frédéric Barberousse. Sa mort en Asie (1190). — Cependant, au-delà des monts, Frédéric était tout-puissant. Henri le Lion était dompté, dépouillé de ses fiefs, les duchés de Saxe et de Bavière, et réduit à ses biens patrimoniaux de Lunebourg

---

[1]. Ce glorieux pape, qui unit la cause du saint-siége à celle de l'Italie, mourut en 1181, après vingt-deux ans de pontificat. Pour réparer les maux causés par le schisme, il réunit le troisième concile de Latran, qui décréta beaucoup de règlements relatifs à la discipline de l'Eglise et déclara qu'un chrétien ne pouvait être esclave.

et de Brunswick, où il fonda une maison qui règne encore sur l'Angleterre; les rois de Danemark et de Pologne reconnaissaient la suzeraineté de Frédéric, et les ambassadeurs étrangers venaient assister à ses diètes. La plus célèbre de ces assemblées est celle de Mayence (1184) : un camp immense au bord du Rhin, dans une belle plaine, réunit 40 000 ou même 70 000 chevaliers; les seigneurs d'Allemagne, d'Italie, des pays slaves s'y rendirent. L'Empereur y distribua des couronnes à ses fils, puis rompit une lance dans un brillant tournoi, malgré ses soixante-trois ans. Telle était la pompe de l'empire allemand. Mais, peu de temps après, ce vieillard glorieux se noyait dans le Kalycadnus (Selef) en voulant aller conquérir Jérusalem (1190).

13. Henri VI hérite du royaume des Deux-Siciles.
— Le nord de l'Italie avait échappé à l'Empereur, mais il avait saisi le Midi. En mariant son fils avec Constance, fille du roi de Sicile, Roger II, Barberousse lui avait acquis des droits sur le royaume de Naples. Henri VI (1190-1197) employa son règne à les faire valoir, et y réussit. Il conquit le royaume normand (1194), où il montra une cruauté sanguinaire, et, pour s'en tenir le chemin ouvert, il entreprit de relever dans toute l'Italie la féodalité que ses prédécesseurs avaient au contraire abaissée. Sa mort, la minorité de son fils âgé de quatre ans, et l'avénement en 1198 d'Innocent III, changèrent la face des choses.

14. Innocent III (1198-1216) renouvelle les prétentions de Grégoire VII. — Innocent III était de la famille des comtes de Segni et n'avait que trente-sept ans quand il fut élu malgré sa résistance et ses larmes. Maître d'un pouvoir qu'il n'avait pas cherché, il agit, dès les premiers jours, comme un nouveau Grégoire VII.

C'était pour la foi ardente de ces temps une bien difficile question que celle de la limite des deux pouvoirs temporel et spirituel. Le chef de l'Eglise, celui qui tenait les clefs de saint Pierre, avait juridiction sur les actes des fidèles, en tant qu'elles étaient des bonnes œuvres ou des péchés. Mais quels actes des rois tombaient ou ne tombaient pas sous cette juridiction? Quels actes ne faisaient pas le salut ou la damnation des princes eux-mêmes et de leurs sujets? De là, sans ambition mauvaise, par la force de la doctrine, et comme obligation imposée au pasteur universel des âmes, l'intervention des pontifes d'alors dans le gouvernement des États. « De même, disait Innocent III, que le soleil et la lune sont placés dans le firmament, le plus grand de ces astres pour présider au jour, l'autre pour présider à la nuit; de même aussi il y a deux puissances dans l'Église : la puissance pontificale, qui est la plus grande, parce qu'elle est chargée du soin des âmes; la puissance royale, qui est la moindre, parce qu'elle n'a soin que des corps. »

Ce pontife altier n'était pas même maître de sa ville épiscopale. Il lui fallut subjuguer le sénat de la cité, abolir son consulat, et obliger le préfet de Rome à reconnaître qu'il tenait de lui, non de l'Empereur, son autorité. Pour rendre au saint-siége le prestige des temps d'Urbain II, il fit prêcher une croisade, la quatrième, que les Vénitiens détournèrent sur Constantinople. Enfin, en vertu de la direction morale du monde qu'il revendiquait, il intervint dans tous les différends des souverains de son époque, et fit gronder ses foudres sur la tête de tous les rois, menaçant les uns, frappant les autres.

Par ses anathèmes, il força le roi de France à reprendre sa femme Ingeburge, et les rois de Castille et de Portugal à faire la paix en face des Maures; il excommunia en Norvége un roi usurpateur, en Aragon un roi faux-monnayeur. En Angleterre il abaissa et releva tour à tour Jean sans Terre. Le roi de Hongrie avait retenu un légat du pape : il fut menacé de voir son fils dépossédé du trône. En Allemagne, deux princes puissants se disputaient l'Empire : un frère de Henri VI, Philippe, marquis de Toscane, duc de Souabe et de Franconie, et Otton de Brunswick, fils de Henri le

Lion, de la famille guelfe; il revendiqua le jugement de cette question, ayant le droit « d'examiner, approuver, oindre, consacrer et couronner, s'il est digne, l'Empereur élu; de le rejeter, s'il est indigne ». Que de telles prétentions eussent prévalu, et tous les royaumes de l'Europe seraient devenus des fiefs du saint-siége; la chrétienté n'eut plus été qu'une autocratie sacerdotale, où toute liberté et toute vie se seraient éteintes.

15. Les Guelfes et les Gibelins en Italie. — Dans le conflit allemand, Innocent se déclara pour Otton, qui ne possédait rien en Italie, contre Philippe, membre de cette maison des Hohenstaufen qui avait voulu dominer la péninsule et qui y occupait encore le royaume de Naples. C'est alors que commença la fameuse querelle des *Guelfes* (Welfs) et des *Gibelins* (Weiblingen). Dans cette lutte, qui, d'abord personnelle à deux maisons d'Allemagne, devint bientôt celle de toute l'Italie, la péninsule n'eut plus l'unité qu'elle avait trouvée un instant sous Frédéric Barberousse. Les villes étaient divisées entre elles, et chacune d'elles était déchirée par des factions. Innocent III n'avait pour lui que son génie et l'immense ascendant qu'il exerçait sur l'Europe. Son empereur guelfe, resté seul maître par l'assassinat de Philippe de Souabe en 1208, ne tarda pas à se montrer aussi entier dans ses prétentions que les Empereurs de la maison de Souabe. Le nom avait beau changer, la même ambition passait sur toutes les têtes avec la même couronne. Otton refusa de restituer les allodiaux de Mathilde, promis au pape par le traité de Constance, notamment la marche d'Ancône et le duché de Spolète, et revendiqua l'hommage pour la Pouille et la Calabre comme fiefs de l'Empire. Le danger redevenait grand de ce côté; Innocent excommunia son ancien protégé (1210), et, relevant la famille gibeline qu'il avait renversée, présenta aux Allemands le jeune Frédéric comme leur futur empereur, en stipulant toutefois que celui-ci abandonnerait les Deux-Siciles dès qu'il aurait la couronne impériale, tant il sentait le péril, pour l'Italie, surtout pour le saint-siége, de laisser dans les mêmes mains l'Allemagne et le midi de la péninsule!

16. Frédéric II (1211-1250); troisième phase de la lutte du sacerdoce et de l'Empire. — La troisième et dernière phase de la lutte de l'Empire contre la papauté et l'Italie commença avec l'avénement de Frédéric II et prit cette fois encore un caractère nouveau. Frédéric II, Sicilien par sa mère et par le lieu de sa naissance, avait été confié dans sa jeunesse à Innocent III lui-même. Il avait donc reçu une éducation italienne et ecclésiastique. Otton de Brunswick l'appelait le *roi des prêtres*. Aussi fut-il bien différent des Henri IV et des Barberousse. Actif, énergique comme eux, il n'avait point leur rudesse allemande; son esprit délicat, cultivé, était aussi plein de ruse, de causticité et d'incrédulité. Il usa des moyens de la politique avec prédilection et une extrême habileté. En outre, ce ne fut plus par le Nord que le saint-siége et l'indépendance italienne furent menacés, mais par le Midi. Frédéric s'était bien engagé à résider en Allemagne et à donner les Deux-Siciles à son fils; mais il préférait de beaucoup le ciel, les mœurs, les poëtes de l'Italie, et ne tarda pas à nommer son fils régent de l'Allemagne à sa place et à revenir résider lui-même en Sicile ou à Naples, qu'il dota d'une université. La lutte n'éclata que tardivement, parce que Frédéric ne fut véritablement empereur qu'en 1218, après la mort de son compétiteur Otton de Brunswick, qui, quatre années plus tôt, avait été vaincu à Bouvines par Philippe Auguste.

Cette même année Frédéric renouvela son vœu d'aller en terre sainte, et en 1220 le pape Honorius III (1216-1227) le couronna empereur; pour mieux assurer l'expédition, il lui fit épouser Yolande, fille de Jean de Brienne, roi dépossédé de Jérusalem. Mais Frédéric trouvait, chaque fois qu'il était pressé de partir, des raisons pour rester. Au lieu de se rendre à Jérusalem, il délivra la Sicile d'un certain Mourad-bey qui avait soulevé les Sarrasins dans cette île, et transporta 20 000 de ces infidèles à Lucera, dans la Capitanate, certain que les excommunications de l'Eglise n'ébranleraient pas leur fidélité, qu'il s'assura par de grands bienfaits. Il s'occupait en même temps, avec le légiste Pierre de la Vigne, de constituer son royaume des Deux-Siciles, qui n'avait pas encore été bien organisé sous les princes normands.

17. Grégoire IX (1227-1241); seconde ligue lombarde (1226). — Un vieillard impérieux et inflexible, qui atteignit sa centième année sur le trône pontifical, Grégoire IX, succéda en 1227 à Honorius III. Il n'était pas d'humeur à se contenter des excuses de Frédéric II; celui-ci d'ailleurs avait fait les derniers préparatifs, et il était prêt à s'embarquer. Mais la peste se mit dans l'armée des croisés. Frédéric en fut atteint au moment où il montait à bord, et revint à terre. Grégoire lança sur lui l'anathème; l'Empereur, guéri, partit après avoir protesté (1228). Arrivé dans la ville sainte qu'un traité avec le soudan d'Egypte lui ouvrit et lui céda (1229), il prit de ses mains la couronne qu'aucun prêtre n'osa placer sur sa tête excommuniée. Il sut bientôt pourquoi son absence avait été tant désirée en Italie. La *seconde ligue lombarde*, formée contre lui dès l'année 1226, se fortifiait à l'aise, et son beau-père, Jean de Brienne, soldat du saint-siége, entraient dans le royaume de Naples. Frédéric, de retour, rassembl. ses Sarrasins, chassa Jean de Brienne, et tint à Ravenne une diète où il attira dans son parti Eccelin de Romano, seigneur de Padoue. Il crut alors avoir rétabli dans le Nord la paix, qu'il fit prêcher par l moine Jean de Vicence. Il ne demandait que le repo qui lui permît de venir résider dans ses palais de Naples, de Messine et de la *trilingue* Palerme, au milieu de son peuple mêlé de Grecs, d'Allemands, de Normands et de Sarrasins; au milieu de sa cour d'artistes, de poëtes, d'astrologues, de légistes, poëte lui même et faisant des vers dans la langue italienn naissante, qui était la langue de sa cour, *lingua cortigiana*.

Il apprit tout à coup que son fils Henri, roi des Romains, se révoltait contre lui à l'instigation du saint-siége. Indigné, il s'élança vers la Lombardie avec ses Sarrasins, battit son fils et gagna sur la ligue lombarde la grande victoire de Corte-Nuova (1237) : 10 000 Lombards furent tués ou pris, et leur *carroccio* fut envoyé par dérision au pape et au peuple de Rome. Maître de l'Italie, Frédéric nomma roi de Sardaigne son second fils Enzio, chassa de la Sicile les dominicains et les franciscains qui conspiraient contre lui, et fit prononcer par ses légistes qu'il était la loi vivante sur la terre (*lex animata in terris*).

18. Frédéric, excommunié (1239), enlève les cardinaux à la Melloria. — Cette prétention de l'Empereur indigna le pape, qui le désigna comme la *bête pleine de noms de blasphèmes* dont parle saint Jean. Frédéric répliqua par les noms d'*antechrist*, de *grand dragon de l'Apocalypse*, et la lutte du sacerdoce et de l'Empire se ralluma avec l'animosité qu'elle avait eue déjà deux fois, moins à cause des passions des deux adversaires qu'à cause de l'opposition inconciliable des grands principes que tous deux représentaient. Grégoire IX déclara Frédéric déchu, souleva contre lui les villes de la Toscane et de la Romagne, et proposa la couronne impériale à Robert d'Artois, frère de saint Louis. Celui-ci la refusa pour son frère, et reprocha même au pape de « vouloir fouler, avec l'Empereur, tous les rois sous ses pieds ». La guerre réussit à Frédéric ; il vainquit les Toscans et les Romagnols. Le pape arma en vain Gênes et Venise, la plupart des villes firent leur soumission. Grégoire IX compta alors sur un concile qu'il convoqua pour l'année 1241 à Saint-Jean de Latran. Mais Frédéric bloqua Rome, et fit assaillir par ses vaisseaux, réunis à ceux de Pise, la flotte génoise qui portait le concile. Les Génois, vaincus à la Melloria, perdirent vingt-deux navires : deux cardinaux et une foule d'évêques, d'abbés, de députés des villes lombardes, tombèrent aux mains de Frédéric, qui fit charger les prélats de chaînes d'argent. Grégoire en mourut de douleur.

19. Innocent IV (1243) ; il fait déposer Frédéric II au concile de Lyon. — Pendant deux ans le saint-siége fut vacant. Enfin les cardinaux y portèrent (1243) le Génois Sinibaldi Fieschi, sous le nom d'Innocent IV. Frédéric avait deviné ce qu'il devait attendre de lui : « Sinibaldi était mon ami, dit-il, le pape sera mon mortel ennemi. » Innocent IV n'essaya plus de convoquer comme Grégoire IX un concile à Rome, mais il s'échappa de cette ville, et de Gênes demanda, sans l'obtenir, un asile à saint Louis, puis aux rois d'Angleterre et d'Aragon, dans leurs Etats. Il se décida à se réfugier dans la ville de Lyon, qui appartenait alors à son archevêque, et enjoignit aux prélats de s'y réunir. Le concile s'ouvrit le 25 juin 1245; Frédéric était condamné d'avance. Il y envoya cependant son chancelier Pierre de la Vigne et Thaddée de Suessa, pour présenter sa justification. Pierre garda un silence qui ressemblait à la trahison, et laissa déposer son maître ; Thaddée, après une longue et inutile défense, protesta contre la sentence. « J'ai fait mon devoir, répondit le pape, le reste est à Dieu. »

20. Mort de Frédéric II (1250), chute de la domination allemande et de l'autorité impériale en Italie. — Quand il sut qu'on avait disposé de sa couronne, Frédéric II la prit, l'affermit sur sa tête et s'écria : « Elle n'en tombera point avant que des flots de sang n'aient coulé ». Il en appela aux souverains de l'Europe : « Si je péris, vous périssez tous ! » Il lança sur l'Italie ses Sarrasins, tandis qu'Innocent IV agitait par ses moines la Lombardie et la Sicile, faisait nommer un nouveau roi des Romains et prêchait une croisade contre Frédéric II. Saint Louis s'interposa vainement entre ces haines furieuses. La fortune fut d'abord indécise ; mais Enzio, le fils chéri de Frédéric, fut fait prisonnier, trahi dans sa fuite et sous son déguisement par une boucle de ses beaux cheveux blonds, et retenu en prison par les Bolonais jusqu'à sa mort; l'Empereur en fut accablé. Il voyait tous les siens tombés, comme Thaddée de Suessa et Enzio, ou traîtres, comme Pierre de la Vigne, qui tenta de l'empoisonner et qui, privé de la vue par son ordre, se brisa la tête contre la muraille. Il songea à se soumettre et pria saint Louis d'intervenir auprès du pape; il offrait d'abdiquer l'empire, d'aller mourir en terre sainte ; il consentait à ce que l'Allemagne et la Sicile fussent partagées, mais au moins entre ses enfants légitimes. Innocent poursuivait l'anéantissement de cette *race de vipères* et la conquête de la Sicile : il fut inexorable. L'Empereur, brisé, malade de fureur, appela de nouveaux Sarrasins d'Afrique pour se venger sur Rome ; il faillit s'adresser aux Mongols et aux Turcs. Eccelino de Romano, tyran de Padoue, répandit des torrents de sang pour percer au travers des Guelfes du Nord et donner la main à Frédéric; mais la mort subite de l'Empereur à Fiorenzuola, dans la Capitanate (13 décembre 1250), épargna à l'Italie une dernière lutte, qui eût atteint le paroxysme de la fureur. Elle annonça en même temps la chute de la domination allemande et de l'autorité impériale en Italie. Elle commença pour la péninsule une période nouvelle, celle de l'indépendance!

CHAPITRE XX.

CONQUÊTE DE L'ANGLETERRE PAR LES NORMANDS.

1. Retour sur l'histoire de l'Angleterre avant la conquête normande. — 2. L'heptarchie devient monarchie sous Egbert le Grand (827); pirates danois. — 3. Alfred le Grand (871). — 4. Progrès continu sous Édouard l'Ancien et Athelstan (901-941). — 5. Décadence; Ethelred II. Le Danois Kanut est roi d'Angleterre (1017). — 6. Harald et Hard-Kanut. — 7. Retour de la dynastie saxonne (1042); Édouard le Confesseur. — 8. Harald, roi (1066). — 9. Bataille d'Hastings (1066). — 10. Soumission de Londres. — 11. Partage de l'Angleterre. — 12. Révolte des Saxons avec l'aide des Gallois (1067) et celle des Norvégiens (1069). — 13. Camp du refuge; il est détruit (1072). — 14. Outlaws. — 15. Spoliation des vaincus au profit des vainqueurs; royauté anglo-normande fortement constituée dès son origine. — 16. Invasion de l'Angleterre par la langue, les mœurs et les coutumes de la France. — 17. Malheur de la conquête pour la France. — 18. Difficultés pour l'Angleterre.

1. Retour sur l'histoire de l'Angleterre avant la conquête normande. — L'Angleterre, qui, à l'époque où nous sommes parvenus, va se mêler si souvent aux affaires du continent, avait été longtemps condamnée à l'isolement par sa position insulaire. Depuis que le lien de la domination romaine avait été rompu jusqu'au moment où Guillaume le Conquérant rattacha l'île de Bretagne à une domination continentale, elle n'eut avec le reste de l'Europe que des relations très-rares. Ethelbert, roi de Kent (596-616) s'était converti le premier au christianisme, qui, de son royaume, s'était répandu peu à peu dans les autres États de l'heptarchie.

2. L'heptarchie devient monarchie sous Egbert le Grand (827); pirates danois. — Après une existence fort agitée, ces États furent réunis en 827 sous un seul souverain, le roi de Wessex, Egbert le Grand, qui avait servi trois ans dans les armées de Charlemagne et avait appris à régner à l'école de ce grand maître. Depuis quarante ans, l'Angleterre était assaillie, comme l'Europe, par ce dernier ban d'envahisseurs qui sortit alors de la péninsule cimbrique, les pirates northmans ou danois, que nous avons vu désoler la France pendant le neuvième siècle, et qui s'associaient aux pirates norvégiens. Trois jours suffisaient à ces hardis rois de mer pour traverser, sur leurs barques à deux voiles, la mer du Nord, et pour débarquer sur les côtes de la grande île qui faisait face à leur propre pays: Egbert les repoussa pendant tout son règne; mais, sous ses successeurs (836-871), les Danois, renouvelant sans cesse leurs descentes, accompagnées de ravages sanglants, réussirent à s'établir dans le nord de l'heptarchie et occupèrent successivement le Northumberland, l'Estanglie, la Mercie.

3. Alfred le Grand (871). — En 871 ils rencontrèrent un obstacle inattendu : Alfred le Grand monta alors sur le trône. Il réussit pendant sept années à éloigner de ses Etats, qui ne comprenaient plus que le sud et l'ouest de l'île, le terrible Gothrun, chef des Danois. Mais bientôt il ne trouva plus dans ses sujets l'ardeur et le dévouement nécessaires pour soutenir cette lutte difficile. Ses connaissances étendues, acquises par l'étude et les voyages, lui inspiraient pour son peuple grossier un dédain qu'il ne savait pas cacher; ses tendances au despotisme, empruntées, comme sur le continent, aux traditions romaines, blessaient l'esprit d'indépendance de la race saxonne. Cette race, il faut le dire aussi, paraît s'être amollie, comme il est arrivé à tous les peuples qui ont fait la première invasion dans l'empire romain. Le clergé lui-même abandonna Alfred pour ne pas partager son impopularité. Après un vain appel aux armes, il s'enfuit au fond du Somersetshire et demanda asile, sans se faire connaître, à un pauvre bûcheron; il y demeura plusieurs mois : un jour, la femme du bûcheron, mécontente d'avoir une bouche de plus à nourrir, le gronda rudement, pour avoir laissé brûler le pain qu'elle l'avait chargé de faire cuire.

Cependant Alfred suivait attentivement les affaires du pays, les violences de l'étranger, la haine croissante des Saxons, et il épiait une occasion favorable. Il avait révélé le lieu de sa retraite à quelques-uns de ses anciens compagnons. Il leur donna rendez-vous, la septième semaine après Pâques, à la pierre d'Egbert. Tout près de là, à Ethandun, campaient Gothrun et ses Danois. Alfred, pénétrant dans le camp des Danois sous l'habit d'un joueur de harpe, étudia leur position. Puis il les attaqua et remporta une victoire complète. Gothrun consentit à recevoir le baptême et à se retirer dans le Nord; une limite fut tracée entre le royaume danois et le royaume anglo-saxon : cette limite suivait le Waitling-Street, grande voie construite par les Bretons et refaite par les Romains, qui allait de Douvres à Chester.

Alfred gouverna avec une grande sagesse. La division administrative de l'Angleterre en comtés et centuries, que l'on a vue aussi sur le continent, existait sans doute avant lui et était un résultat des coutumes germaniques; mais, comme on la lui a souvent attribuée, il est probable qu'il la détermina d'une manière plus précise. Le comté (*county*, *shire*) se divisait en centuries ou cantons (*hundreds*), divisés eux-mêmes en dizaines (*tithings*), communautés de dix familles; les dix chefs de famille étaient solidaires des délits commis dans leur circonscription. Tout homme devait être enregistré dans une dizainie. La communauté jugeait elle-même les procès survenus entre ses membres; ceux des communautés entre elles étaient jugés par une réunion de douze francs tenanciers (*free holders*) élus par le canton, institution qui est l'origine du jury et qu'Alfred s'attacha à maintenir : « les Anglais, disait-il, doivent être libres comme leur pensée. » Au-dessus de l'assemblée du canton était celle du comté, qui siégeait deux fois l'an et était présidée par l'*ealdorman* ou comte, assisté de l'évêque. Un shérif, nommé par le roi, y défendait les intérêts de la couronne et percevait les amendes. Cette organisation hiérarchique se terminait au sommet par l'assemblée générale, *wittenagemot* (assemblée des sages), à laquelle venaient d'abord tous les hommes libres, et, plus tard, quand ils s'en lassèrent, seulement les *thanes* les plus considérables; enfin, au-dessus de tout, le roi, en partie héréditaire et en partie électif, à peu près comme chez les Francs, et dont le pouvoir était tempéré par le wittenagemot.

Alfred, ayant rétabli l'ordre par la vigueur rendue à ces institutions, se montra sévère justicier. Il réunit en un seul code les ordonnances des rois Ethelbert, Ina et Offa, et imposa des peines très-sévères aux magistrats prévaricateurs. On put alors, disent les chroniques, suspendre un bracelet d'or sur la route, sans que personne osât y toucher. Il s'occupa beaucoup aussi de la défense du pays, bâtit de nombreuses forteresses, construisit des vaisseaux plus longs et plus élevés de bords que ceux des Danois, et réussit à éloigner le redoutable Hasting, en lui faisant promettre de ne plus revenir. Enfin il chercha à répandre l'instruction parmi son peuple et fonda des écoles, entre autres, celle d'Oxford. Lui-même traduisit en saxon l'*Histoire ecclésiastique* de Bède le Vénérable, l'*Epitome* de Paul Orose, le *Traité de la Consolation* de Boèce, et corrigea une traduction des *Dialogues* de Grégoire le Grand.

4. Progrès continu sous Édouard l'Ancien et Athelstan (901-941). — Cette restauration de la monarchie anglo-saxonne se poursuivit sous les successeurs d'Alfred. Edouard l'Ancien, son fils (901-924), conquit la Mercie et l'Estanglie, couvrit le pays de forteresses, favorisa les bourgeois des villes, enfin fonda l'école de Cambridge.

Athelstan (924-941) défit à Brunanburgh, au *jour du grand combat*, une coalition formidable de Danois, de Gallois, d'Ecossais et d'habitants des îles Orkney, armés de leur terrible *claymore* (937). Cette victoire ramena sous un seul sceptre toute l'ancienne heptarchie.

La renommée d'Athelstan alla au loin; ses sœurs, Ogive et Edithe, épousèrent les rois de France et de Germanie, et Louis d'Outre-Mer, son neveu, trouva un asile à sa cour. On croit que c'est lui qui porta le premier le titre de *roi d'Angleterre*.

5. Décadence; Ethelred II. Le Danois Kanut est roi d'Angleterre (1017). — Mais, après lui, cette prospérité déclina. Des discordes, des crimes dans la famille royale l'accélérèrent. On remarque dans cette période l'influence des évêques, surtout de leur chef, saint Dunstan, et les tentatives des gouverneurs de province pour s'affranchir de l'autorité royale. Alors les Danois revinrent à l'assaut de l'Angleterre affaiblie. Ethelred II crut les renvoyer en leur payant 10 000 livres, par le conseil des évêques : c'était le meilleur moyen de les attirer. Olaf, roi de Norvége, et Svein ou Suénon, roi de Danemark, ne cessèrent pas leurs attaques jusqu'à la fin du siècle. Une seconde, une troisième rançon, ne réussirent pas à les éloigner; Ethelred trama contre eux un vaste complot : tous ceux qui s'étaient établis en Angleterre furent massacrés le jour de la Saint-Brice (1002). Les Saxons vengèrent avec fureur leurs défaites, les femmes saxonnes leur déshonneur. Mais ce ne fut qu'une délivrance passagère; Suénon refit invasion sur invasion; en 1013 il prit le titre de roi d'Angleterre, et Ethelred s'enfuit auprès du duc de Normandie, dont il avait épousé la fille Emma. Son fils Edmond II, *Côte de Fer*, lutta avec un admirable courage contre Kanut, fils et successeur de Suénon, et l'obligea de partager avec lui l'Angleterre, comme avait fait autrefois Alfred : Edmond mourut en 1017, et Kanut le Grand établit sur tout le pays la domination danoise.

Les débuts de ce règne furent cruels. Kanut mit à se débarrasser des obstacles une férocité toute barbare. Mais, lorsqu'il fut bien établi, il s'adoucit et se montra grand roi. En épousant la veuve d'Ethelred, il prépara l'union des vainqueurs et des vaincus. Il eut même le loisir d'étendre sa domination sur la Suède et la Norvége, sa suprématie sur l'Écosse. Il fit de sages lois, ou remit en vigueur celles d'Alfred le Grand; veilla à ce que les Danois n'opprimassent pas les Anglais; envoya en Scandinavie des missionnaires saxons, chargés d'y hâter la chute du paganisme expirant et d'adoucir les mœurs de populations encore sauvages. Enfin il s'efforçait de se réformer lui-même. Ayant tué un soldat dans un accès de colère, il assembla les hommes de sa thigmannalith, reconnut son crime et en demanda le châtiment. Tous gardaient le silence. Il promit alors l'impunité à qui ferait connaître son sentiment. Ses gardes remirent la décision à sa propre sagesse. Il se condamna lui-même à payer 360 sous d'or, neuf fois la valeur de l'amende ordinaire. Un autre jour, que ses courtisans l'exaltaient comme le plus grand des monarques, lui dont la volonté était une loi pour six nations puissantes, les Anglais, les Ecossais, les Gallois, les Danois, les Suédois et les Norvégiens. Il se trouvait à Southampton; il s'assit sur la plage. La mer montait, il lui commanda de s'arrêter et de respecter le souverain de six royaumes; le flux montait toujours et l'obligea de se retirer : « Vous voyez, dit-il aux flatteurs, la faiblesse des rois de la terre; il n'y a de fort que l'Être suprême, qui gouverne les éléments. » Et, à son retour à Winchester, il ôta la couronne de dessus sa tête, la plaça sur le grand crucifix de la cathédrale et ne la porta plus depuis ce jour, même dans les cérémonies publiques.

En 1027 il fit un pèlerinage à Rome et visita, dans sa route, les églises les plus célèbres. Il était si prodigue dans ses dons, que, suivant un chroniqueur allemand, tous ceux qui demeuraient sur les chemins où il passait s'écriaient : « Que la bénédiction du Seigneur soit sur Kanut, roi des Anglais! » La réputation d'opulence, que mérite si bien l'Angleterre, date de loin, car la *Knythlinga Saga*, parlant des pays d'où Kanut tirait ses richesses, indique l'île de la Bretagne comme *la plus riche de toutes les contrées du Nord.*

Après un assez long séjour dans la ville sainte, où il se trouva en même temps que l'empereur Conrad II, le monarque scandinave se rendit directement en Danemark, d'où il écrivit à ses sujets d'Angleterre une lettre dans laquelle il leur rendait compte de son voyage, et qu'il terminait par une recommandation de payer bien exactement chaque année le denier de saint Pierre, ou un *penny* par feu, pour l'entretien à Rome des lieux saints et d'une maison d'asile destinée aux Anglais.

6. Harald et Hard-Kanut. — Après la mort de Kanut, en 1036, une scission se fit quelque temps entre le nord et le sud de l'Angleterre : les peuples du Nord reconnurent son fils Harald, qu'il avait eu d'une première épouse; ceux du Sud proclamèrent Hard-Kanut, qu'il avait eu d'Emma. C'était une question de parti et de race : le premier représentait les Danois, le second les Saxons. La mort d'Harald laissa tout le pays à Hard-Kanut, dont le règne servit à préparer le retour de la dynastie saxonne. Édouard III, *le Confesseur*, fils d'Ethelred et d'Emma, recouvra le trône de ses pères en 1042.

7. Retour de la dynastie saxonne (1042); Édouard le Confesseur. — Édouard était saxon par son père, normand par sa mère, et il préférait les Normands, au milieu desquels l'exil avait jeté son enfance. Il en attira une foule à sa cour, leur distribua les principaux évêchés et accorda un grand crédit à Eustache, comte de Boulogne, son beau-frère. Les Saxons furent jaloux. Ils étaient représentés à la cour par un homme très-puissant, le comte Godwin, Saxon d'origine, qui, bien que rallié quelque temps aux Danois, était toujours resté le protecteur de ses compatriotes. Par lui-même et par ses fils, Godwin gouvernait un grand nombre de comtés. A la suite d'une rixe entre les Saxons et les Normands, il se prononça pour les premiers, et tomba en disgrâce. Il était éloigné de la cour, quand un nouveau visiteur normand y parut; c'était le duc de Normandie lui-même. Guillaume II, fils bâtard du duc Robert le

Ancienne basilique constantinienne de Saint Pierre.

Diable. Guillaume vit partout des Normands à la tête des troupes, dans les forteresses, dans les évêchés ; et tous le reçurent en souverain ; il lui sembla que la conquête de l'Angleterre était déjà à moitié faite, qu'il faudrait bien peu d'efforts pour l'achever ; et il revint en songeant qu'une couronne royale serait bien belle, placée à côté d'une couronne de duc. Toutefois son voyage fit mauvais effet chez les Saxons : Godwin rentra en faveur par la force de l'opinion publique, et les Normands furent chassés de la cour.

Lorsque Godwin mourut (1053), son fils aîné Harald succéda à ses dignités et à son influence. Harald se rendit en Normandie, auprès de Guillaume, pour réclamer des otages que son père avait livrés à Édouard, et Édouard au duc de Normandie. Guillaume l'accueillit avec honneur. Un jour qu'ils chevauchaient ensemble : « Quand Édouard et moi, dit le Normand, nous vivions comme deux frères, il me promit que, s'il devenait roi d'Angleterre, il me ferait son héritier ; Harald, si tu m'aidais à le devenir, je te comblerais de biens ; promets-moi de me livrer le château de Douvres, et, en attendant, laisse-moi un des otages. » Harald promit vaguement, n'osant refuser à l'homme qui le tenait en son pouvoir. Arrivé à Bayeux, en présence de sa cour, Guillaume l'invita à jurer, sur deux petits reliquaires, qu'il exécuterait ses promesses. Harald jura : il lui sembla qu'un serment prêté sur deux petits reliquaires n'était pas un serment de grande conséquence ; mais Guillaume l'avait trompé : il y avait dessous une grande cuve pleine d'ossements. Quand on la découvrit, Harald pâlit : comment se parjurer sur les corps de tous les saints ?

8. **Harald, roi (1066).** — Son retour fut suivi de la mort d'Édouard. Le wittenagemot lui donna la couronne. Aussitôt Guillaume lui envoya rappeler ses promesses « faites sur de bons et saints reliquaires ». Harald répondit qu'arrachées par la force, elles étaient sans valeur et que d'ailleurs sa royauté appartenait au peuple saxon. Guillaume traita le Saxon d'usurpateur, de sacri-

lége, et en appela à la cour de Rome, alors dirigée par Hildebrand. Le pape, qui se plaignait que le denier de Saint-Pierre ne fût plus payé, excommunia Harald, investit Guillaume du royaume d'Angleterre et lui envoya une bannière bénite, symbole de l'investiture militaire, avec un anneau contenant un cheveu de saint Pierre enchâssé sous un diamant, emblème de l'investiture ecclésiastique. Le duc publia alors son ban de guerre par toute la France ; une foule d'aventuriers accoururent, et une armée de 60 000 hommes partit le 26 septembre 1066, de Saint-Valéry-sur-Somme et de divers autres ports de Normandie, montée sur 1400 navires.

9. Bataille d'Hastings (1066). — Elle débarqua à Pevensey (Sussex), tandis que la flotte saxonne s'était retirée pour se ravitailler. Harald combattait en ce moment dans le Nord son frère Tostig, révolté et réuni aux Norvégiens. Vainqueur, il revint très-rapidement vers le Sud, et, quoique son armée ne fût que le quart de l'armée ennemie, il se mit en sa présence sur une hauteur voisine d'Hastings. Les Saxons s'y palissadèrent avec de forts pieux. Ils étaient gais et désordonnés ; la nuit qui précéda le combat fut pour eux une nuit de chants et de libations ; au contraire les Normands la passèrent à prier et à recevoir les sacrements. Le lendemain ceux-ci attaquèrent ; mais les haches saxonnes brisaient tout ce qui approchait ; en vain Guillaume ordonna aux archers de tirer en l'air pour éviter les palissades ; Harald eut un œil crevé, mais le retranchement ne fut point enlevé ; il fallut une fuite simulée pour attirer les Saxons hors de leurs retranchements ; alors ils furent taillés en pièces. Harald périt, et la belle Edithe au cou de cygne put seule reconnaître le corps du dernier roi saxon (1066).

10. Soumission de Londres. — Guillaume marcha sur Londres, le cerna, et bientôt la *corporation* (conseil municipal) des bourgeois de la ville vint faire sa soumission. Il y entra et fit commencer aussitôt la construction de la fameuse *Tour de Londres*, afin de tenir en respect les habitants. Puis il se fit couronner sommairement au milieu d'un tumulte excité à dessein par des incendies, afin d'empêcher toute résistance.

11. Partage de l'Angleterre. — Guillaume avait pris sa part, la couronne, en y joignant le trésor des anciens rois et l'orfèvrerie des églises. Ce fut ensuite le tour de ses compagnons : la récompense fut mesurée au grade et aux services. Des barons, des chevaliers, eurent des châteaux, de vastes domaines, des bourgs, des villes même. Il y en eut qui épousèrent les veuves saxonnes, de gré ou de force, et s'installèrent dans la demeure dont ils avaient chassé ou tué le maître. Tel qui sur le continent était bouvier ou tisserand se trouva homme d'armes et gentilhomme, ayant serfs et vassaux, château et seigneurie. Ils transmirent à leurs fiers descendants leurs noms grossiers, indice de leur origine : Front de Bœuf, Guillaume le Chartier, Hugues le Tailleur, etc.

Le clergé anglo-saxon fut également frappé avec rigueur. Une partie, entraînée par la bulle du pape, s'était ralliée aux vainqueurs, mais la majorité, d'origine saxonne, était chaudement dévouée à l'indépendance nationale. Parmi les cadavres du champ de bataille d'Hastings, on en avait retrouvé treize revêtus d'habits de moines : c'étaient l'abbé de Hida et ses douze religieux. Le clergé saxon fut donc dépouillé et persécuté : le primat Stigand, chassé de son siège archiépiscopal de Cantorbéry, fut remplacé par le célèbre Lanfranc. Alexandre II le chargea de régénérer le clergé anglo-saxon qui, si l'on en croit Mathieu Pâris, aurait passé les nuits et les jours à manger et à boire. Lanfranc changea la simple suprématie jusqu'alors attribuée au siège de Cantorbéry, sur tous les évêchés d'Angleterre, en une autorité effective, afin d'accomplir plus rapidement l'occupation par les étrangers des bénéfices ecclésiastiques du pays. Normands, Français, Lorrains, pour peu qu'ils fussent clercs, en étaient pourvus. Les prêtres et moines saxons furent persécutés : on prétend qu'un des nouveaux prélats interdit à ceux de son diocèse les aliments nourrissants et les livres instructifs, de crainte de donner trop de force à leurs corps et à leurs esprits. Les saints anglo-saxons eux-mêmes n'échappèrent pas à la haine des vainqueurs, et rien peut-être ne blessa autant les vaincus.

12. Révolte des Saxons avec l'aide des Gallois (1067) et des Norvégiens (1069). — Aussi la résistance n'expira pas avec Harald dans les champs d'Hastings. On la voit pendant six années encore éclater sur divers points du pays. La première révolte eut lieu pendant un voyage de Guillaume sur le continent (1067) ; elle était soutenue par les Gallois et jeta quelque émotion dans Londres. Guillaume s'empressa de calmer la capitale en lui promettant, par une proclamation en langue saxonne, de lui rendre les lois nationales du temps du roi Edouard. Puis il frappa les rebelles par la ruine d'Exeter, la destruction de trois cents maisons sur sept cents à Oxford, la subversion complète de Leicester ; partout sur les ruines s'élevaient des forteresses et s'établissaient des garnisons. Devant cette occupation militaire, les Saxons reculèrent jusqu'en Ecosse, en Irlande, où ils furent bien accueillis. De là ils adressèrent un appel aux Scandinaves, leurs anciens ennemis. Osbiorn, frère du roi de Danemark, débarqua à l'embouchure de l'Humber, au milieu des provinces occupées par l'ancienne population danoise (1069). Autour de lui accoururent les Saxons, à leur tête les comtes Edwin et Morkar, infatigables champions de l'indépendance. Mais Osbiorn se laissa gagner par les riches offres de Guillaume et partit. Livrés à eux-mêmes, les malheureux Saxons ne cédèrent que devant la dévastation et l'incendie promenés par toute la Northumbrie.

13. Camp du refuge ; il est détruit (1072). — Vaincue comme coalition, la résistance prit une autre forme. Entre les embouchures de la Nen et de l'Ouse, dans l'île d'Ely, les Saxons ouvrirent le *camp du refuge* où se rendirent tous les proscrits, Edwin, Morkar, le primat Stigand, et ce malheureux Edgard, qu'ils appelaient leur roi. Le roi de Danemark, Suénon, y vint même avec une armée (1072) ; il avait banni son frère pour s'être laissé gagner, mais il ne résista pas mieux lui-même à l'or normand : le camp du refuge fut cerné par les troupes de Guillaume ; une chaussée construite exprès leur ouvrit les marais qui en formaient la meilleure barrière, et il fut envahi malgré l'héroïque défense du Saxon Hereward. Celui-ci consentit à se réconcilier avec le roi normand ; mais un jour qu'il se reposait en plein air, après son dîner, il fut assailli par une bande d'étrangers ; il en tua quinze de sa main avant de succomber (1072).

14. Outlaws. — Dès lors plus de coalition, plus de camp, et pourtant les Saxons résistent encore. Ils résistent individuellement, dans les bois, où, glorieux bandits, ils lancent la flèche de Guillaume Tell au seigneur normand qui passe, et se nourrissent du gibier du roi. En vain on les traque en les mettant hors la loi (*out laws*) ; cette race de braconniers patriotes se perpétue plus d'un siècle, et son héros populaire, Robin Hood, naîtra vers 1160. Guillaume porta cette loi : « Quand un *Français* sera tué ou trouvé mort dans quelque canton, les habitants du canton devront saisir et amener le meurtrier dans le délai de huit jours ; sinon ils payeront à frais commun quarante-sept marcs d'argent. » Comme les hommes du canton eurent dès lors soin de faire disparaître du corps des victimes les signes extérieurs, les juges normands déclarèrent *Français* tout homme assassiné dont l'*anglaiserie*, disaient-ils, ne pourrait être prouvée.

15. Spoliation des vaincus au profit des vainqueurs, royauté anglo-normande fortement constituée dès son origine. — Tels furent, avec la révolte des Manceaux et une conspiration normande, les obstacles que Guillaume eut à vaincre. Tout en s'en débarrassant, il s'occupa de régulariser et d'organiser la conquête. De 1080 à 1086 fut dressé un cadastre de toutes les propriétés occupées par les conquérants ; on y marquait le nombre des maisons prises par chacun, les ressources des habitants, les redevances payées avant l'invasion. C'est le *grand terrier* de l'Angleterre, appelé par les Saxons *livre du jugement dernier* (doom-day-book), parce qu'il contenait leur sentence d'expropriation irrévocable. Sur cette terre, ainsi partagée et enregistrée, s'établit le corps féodal le plus régulier de l'Europe : 600 barons, et au-dessous d'eux 60 000 chevaliers ; au-dessus de tous le roi, mais non pas faible, comme en France : c'était le chef de la conquête, le capitaine victorieux, tous les autres n'étaient que ses soldats et ses lieutenants. Aussi la royauté anglo-normande, qui se fit une large part territoriale, 1462 manoirs et les principales villes, qui eut soin, en exigeant le serment direct des simples chevaliers, de se rattacher étroitement tous les vassaux, eut-elle d'abord une force contre laquelle devaient se coaliser bourgeois et nobles pour la ruiner plus tard.

16. Invasion de l'Angleterre par la langue, les mœurs et les coutumes de la France. — Il ne faut pas que ce nom de Normands nous abuse et fasse voir en eux des Scandinaves. C'étaient bien des Français qui venaient de vaincre ; c'étaient leur civilisation, leurs coutumes, leur langue, leurs institutions féodales qui allaient s'implanter en Angleterre. Parmi les noms du baronnage anglais, on retrouve encore aujourd'hui des noms de France, et le français resta jusqu'à Edouard III, c'est-à-dire jusqu'au milieu du quatorzième siècle, la langue de la cour et des tribunaux.

17. Malheur de cette conquête pour la France. — Mais la France paya cher cette conquête faite par ses armes, ses mœurs et son idiome. Les ducs de Normandie, devenus roi d'Angleterre, eurent une puissance qui tint longtemps en échec celle de nos rois. Deux siècles de guerre, huit d'inimitié jalouse entre les deux peuples, tels furent pour nous les résultats de ce grand événement.

18. Difficultés pour l'Angleterre. — La nouvelle monarchie se trouva condamnée elle-même par son origine à de longs troubles. Le détroit de la Manche n'était pas comblé : la Normandie et l'Angleterre restaient deux pays distincts, et il en résulta beaucoup de tiraillements dans le royaume anglo-normand, même dans la famille royale. C'étaient d'ailleurs des mœurs rudes et violentes que celles des compagnons du Conquérant et de Guillaume lui-même : ses fils en héritèrent; on disait que Robert le Diable avait mis dans leurs veines un mélange de sang barbare et de sang populaire. Ils eurent souvent d'âpres querelles, et, sans attendre la mort de leur père, ils commencèrent à vouloir *gaaigner* les uns sur les autres. Le Conquérant lui-même mourut en guerroyant contre son fils aîné (1087; voy. p. 390).

CHAPITRE XXI.

HENRI II; LA GRANDE CHARTE[1].

1. Les fils de Guillaume le Conquérant. — 2. Union de la Normandie, de l'Angleterre et de l'Anjou (1145). — 3. Étienne de Blois et Mathilde. — 4. Puissance du roi anglais Henri II. — 5. Abus de la juridiction ecclésiastique. — 6. Thomas Becket. Constitutions de Clarendon (1164). Exil et meurtre de Becket (1170). — 7. Henri II s'humilie devant le saint-siége. — 8. Conquête de l'Irlande (1171). — 9. Révolte des fils du roi soutenus par la France (1173). — 10. Richard Cœur de Lion (1189-1199). — 11. Guerre entre Richard et Philippe. — 12. Jean sans Terre (1199); il perd la moitié de ses provinces de France (1204). — 13. La Grande Charte. — 14. Louis de France est appelé par les barons. — 15. Henri III (1216). — 16. Revers du dehors : folles dépenses. — 17. Ligue des barons; statuts d'Oxford; le parlement (1258). — 18. Gouvernement de Simon de Montfort, comte de Leicester (1264); origine de la représentation anglaise. — 19. Édouard Ier (1272). — 20. Conquête du pays de Galles (1274-1284). — 21. Guerre avec l'Écosse; Baliol est vaincu à Dunbar (1297). — 22. Wallace est vaincu à Falkirk (1298). — 23. Robert Bruce. Mort d'Édouard Ier (1307). — 24. Édouard II (1307); grande victoire de Robert Bruce à Bannock-Burn. — 25. Fin misérable d'Édouard II (1327). — 26. Progrès du parlement.

1. Les fils de Guillaume le Conquérant. — Après la mort du conquérant de l'Angleterre (1087), son second fils Guillaume II, dit le Roux, s'était saisi de la couronne de ce pays et n'avait laissé à son frère aîné, Robert Courtcheuse (aux petites jambes), que le duché de Normandie. Robert essaya d'abord de recouvrer l'Angleterre : il n'y réussit pas, et partit pour la croisade, après avoir engagé, pour cinq ans, à son frère, le

---

[1]. Ouvrages à consulter : Matthieu Paris, *Historia major Angliæ*; Lingard, *Histoire d'Angleterre*; Augustin Thierry, *Histoire de la conquête de l'Angleterre par les Normands*.

duché de Normandie. Guillaume II, roi aux paroles brutales, rouge de cheveux et de visage, chasseur obstiné dans les vastes forêts que son père et lui multiplièrent en Angleterre, mena rudement ses sujets, prêtres et laïques ; ils l'appelaient le *gardien des bois et le berger des bêtes fauves*. Il mourut à la chasse : un cerf magnifique passait devant lui : « Tire donc, cria-t-il à un de ses chevaliers, tire donc, de par le diable ! » mais le trait ricocha et le frappa en pleine poitrine. Toute sa suite s'enfuit, le laissant dans le sang et la boue. Quelqu'un vint ensuite raconter qu'il avait vu un grand bouc tout velu et tout noir qui emportait son corps; que c'était, sans faute, le diable qui faisait son profit de ce persécuteur de l'Eglise (1100).

Guillaume le Conquérant avait laissé un troisième fils, Henri, surnommé Beau Clerc, parce qu'il était un peu moins ignorant que le reste de sa famille. Robert était à Jérusalem ; Henri l'y laissa et prit la couronne. Il espéra l'affermir sur sa tête en publiant une charte, qui est la plus complète et la plus précise de toutes celles qui ont précédé la Grande Charte. Il y posait certaines limites aux droits de relief et de mariage que son titre de suzerain lui donnait sur ses vassaux. Robert revint en 1101, reprit sa Normandie, et réclama l'Angleterre où il y fit une descente qui échoua. Henri lui rendit guerre pour guerre, et en 1106 gagna la bataille de Tinchebray ; il y prit son frère, l'envoya au château de Cardiff, dans le pays de Galles, et lui fit, dit-on, crever les yeux. Louis le Gros, effrayé, se porta le défenseur de Guillaume Cliton, fils de Robert, et par conséquent neveu du roi anglais. C'était un projet habile dont le succès eût éloigné un péril toujours imminent pour la couronne de France, tant que l'Angleterre était réunie au duché normand; mais Louis fut battu à Brenneville (1119)[1]. Du reste, cet échec n'eût

---

1. « Je me suis assuré, dit Orderic Vital, que dans cette bataille où près de 900 chevaliers furent engagés il n'y en eut que 3 de tués, car ils étaient entièrement couverts de fer et cherchaient bien plus à se prendre pour se mettre à rançon qu'à se tuer. »

point de conséquences fâcheuses, parce que le roi anglais, combattant son suzerain, n'osait pousser la guerre à outrance, de peur que cet exemple de rébellion du vassal contre son seigneur n'engageât ses propres vassaux à agir de même avec lui; mais le plan de Louis VI fut renversé : Cliton n'eut pas la Normandie.

2. Union de la Normandie, de l'Angleterre et de l'Anjou (1135). — A quelques jours de là le roi Henri fut frappé d'un affreux malheur : le vaisseau qui reportait ses deux fils en Angleterre se perdit. Ce malheur fut aussi fatal à la France. Henri n'avait plus qu'une fille, Mathilde; il la déclara son héritière. Mathilde était veuve de l'empereur Henri V; en 1127 elle épousa en secondes noces Geoffroy, comte d'Anjou, surnommé

Geoffroy Plantagenet.

Plantagenet, à cause de l'habitude qu'il avait de mettre en guise de plume une branche de genet à son chaperon. Jusqu'alors les rois de France avaient pu s'appuyer sur l'Anjou contre la Normandie. Le mariage de Mathilde mit fin à cette politique, et porta jusqu'à la Loire la domination anglo-normande. Un autre celui du fils de Mathilde avec Éléonore de Guyenne, allait la porter jusqu'aux Pyrénées.

3. Étienne de Blois et Mathilde. — Lorsque Henri Ier était mort, en 1135, il avait chargé son neveu Etienne de Blois, comblé par lui de domaines en Angleterre, de protéger l'*empresse*, comme on appelait Mathilde, sa fille et son héritière. Étienne *fit la garde du loup*, selon l'expression féodale : il prit pour lui la couronne d'Angleterre. Ce fut la source de grandes discordes. Mathilde réclama et eut un parti parmi les Normands d'Angleterre. Les Saxons saisissaient toute occasion de troubler la domination de leurs vainqueurs : ils excitèrent les Gallois et offrirent la couronne à David, roi d'Écosse, qui passa la Tweed. Les Normands et les Ecossais furent en présence pour la première fois à la grande *bataille de l'Étendard*, près d'Allerton, au nord d'York. Les hommes aux claymores se précipitèrent au cri d'Alben! Alben! l'ancien nom de leur pays ; ils enfoncèrent le centre des ennemis « comme une toile d'araignée », mais les archers et les chevaliers normands les accablèrent ensuite. « Il faisait beau voir les mouches piquantes sortir en bourdonnant des carquois des hommes du Sud et tomber dru comme la pluie. » Les Ecossais se retirèrent, en conservant pourtant les provinces du nord de l'Angleterre.

Etienne eut alors à combattre Mathilde, qui débarquait au midi, et que soutenaient les barons normands du Nord et de l'Ouest. La guerre se fit encore aux dépens des pauvres Saxons. « Les Normands, dit une chronique saxonne, enlevaient tous ceux qui leur paraissaient avoir quelque bien... pour en tirer de l'or et de l'argent. Les uns étaient suspendus au-dessus de la fumée ;

d'autres étaient pendus par les pouces avec du feu sous les pieds; à quelques-uns ils serraient la tête avec une courroie, jusqu'au point d'enfoncer le crâne; d'autres étaient placés dans la *chambre à crucir :* c'était une espèce de coffre court, étroit, peu profond, garni de cailloux pointus, et où le patient était tenu serré jusqu'à la dislocation des membres. » Le moyen âge était riche en supplices. Cependant Étienne fut fait prisonnier; Mathilde, à son tour, faillit l'être. Le fils d'Étienne étant mort, on traita : il fut convenu que le roi conserverait la couronne jusqu'à sa mort et aurait pour successeur Henri d'Anjou, fils de Mathilde. Il mourut l'année suivante (1154).

4. Puissance du roi anglais Henri II. — De sa mère Henri tenait la Normandie, le Maine et l'Angleterre; de son père, l'Anjou et la Touraine; de sa femme, le duché d'Aquitaine, c'est-à-dire Poitiers, Bordeaux, Agen et Limoges, avec la suzeraineté sur l'Auvergne, l'Aunis, la Saintonge, l'Angoumois, la Marche et le Périgord. En un mot il possédait environ quarante-sept de nos départements, et le roi de France en avait vingt à peine. Plus tard, en mariant un de ses fils avec l'héritière de Bretagne, il plaça encore ce pays sous son influence. Comment cette vaste puissance, la plus considérable qui fût alors en Europe, n'acquit-elle point une prépondérance durable? comment surtout n'absorba-t-elle pas la faible monarchie de France? Cela tient à l'état de discorde où l'Angleterre fut pendant deux siècles: discorde dans la famille royale entre l'époux et la femme, entre le père et les enfants; discorde dans le royaume entre le roi et le clergé, plus tard entre le roi et les barons. Cela tient encore à l'infériorité féodale où le roi d'Angleterre était placé sur le continent; il lui eût fallu de très-grandes forces, que les dissensions intestines ne lui permirent pas de réunir, pour rompre ce lacet de suzeraineté, faible et lâche d'abord, mais de plus en plus fort et resserré, par lequel le roi de France tenait attachées et enchaîna dans la suite à son trône toutes les provinces françaises de l'Angleterre.

On le vit bien dès le règne de Henri II. Il voulut faire valoir certains droits de sa femme sur Toulouse : Louis VII s'y jeta, et le vassal n'osa assiéger son suzerain. Il voulut mettre des bornes à l'indépendance trop grande du clergé : Thomas Becket se dressa devant lui, Thomas Becket lui-même d'abord, et plus tard son ombre sanglante, plus terrible encore.

5. Abus de la juridiction ecclésiastique. — Le clergé, depuis le temps même de l'empire romain, avait le privilége de se juger lui-même. Quand un clerc était en cause, les tribunaux laïques étaient incompétents ; la juridiction ecclésiastique pouvait seule prononcer. En Angleterre, Guillaume le Conquérant avait donné à ce privilége, appelé *bénéfice de clergie*, une très-grande extension : il voulait se faire des évêques des instruments puissants, que sa forte main était sûre de trouver toujours dociles. C'est ce qui arrive aux grands fondateurs ; ils préjugent trop de la force de leur pouvoir, après eux elle décline, et ce qu'ils n'avaient pas redouté devient redoutable. On vit aussi ce qui s'était passé maintes fois sur le continent, par exemple, après l'invasion des Austrasiens sous Charles Martel. Les bénéfices ecclésiastiques, dont on dépouilla les anciens possesseurs, furent envahis par les conquérants, et, avec eux, par l'esprit de licence que des conquérants portent toujours dans le pays conquis. Aussi le clergé normand, qui se disait envoyé pour réformer le clergé saxon, tomba aussitôt dans le dernier désordre : meurtres, rapts, scandales y étaient devenus communs ; dans les premières années de Henri II, on comptait en Angleterre près de cent homicides commis par des prêtres encore vivants. Or, sans parler de la propension naturelle du clergé à épargner ses membres, les peines infligées par ses tribunaux étaient relativement légères : c'étaient des pénitences, quelquefois rigoureuses, jamais la mort. L'abus se glissait dans le bien : le clergé était le seul asile, au moyen âge, que n'osât forcer la violence féodale : asile du faible, c'est admirable ; mais asile du crime, c'était trois fois odieux. Henri II voulut y porter remède ; il se heurta sur ce terrain à plus fort que lui.

6. Thomas Becket. Constitutions de Clarendon (1164). Exil et meurtre de Becket (1170). — Tout est romanesque dans l'histoire de Thomas Becket. Gilbert Becket, bourgeois de Londres d'origine normande, va en terre sainte ; il y devient esclave d'un musulman, dont la fille le délivre par amour. Il revient, et la jeune fille, qui ne peut vivre sans lui, trouve le moyen de le rejoindre, du Jourdain à la Tamise, avec les deux seuls mots chrétiens qu'elle sait : *Londres* et *Gilbert*. Elle se convertit et met au monde Thomas. L'enfant, protégé par un riche baron, devient habile dans les exercices du corps et de l'esprit, est ordonné diacre dans l'église de Cantorbéry et se fait remarquer du fils de Mathilde, qui le prend en vive affection. Précepteur du fils aîné du roi, puis chancelier, il brille au premier rang des chevaliers et déploie un faste et un goût par lesquels il éclipse les plus magnifiques seigneurs. Enfin Henri II le porte au siége primatial de Cantorbéry (1162), espérant se servir de lui pour ses réformes. Mais le courtisan disparaît dans l'archevêque : plus de chiens, d'oiseaux, de riches vêtements ; Becket est un prêtre austère et scrupuleux. Henri II s'irrite. Cependant il aborde ses projets, et, dans une grande assemblée d'évêques, d'abbés et de barons, tenue à Clarendon (1164), il fait adopter les *constitutions* de ce nom, qui obligent tout clerc accusé d'un crime à comparaître devant les cours de justice du roi, défendent à tout ecclésiastique de quitter le royaume sans la permission royale, et attribuent au roi la garde et les revenus de tout évêché ou bénéfice vacant.

Thomas Becket s'élève contre ces statuts ; poursuivi par les murmures des évêques partisans du roi : « J'en appelle au souverain pontife, s'écrie-t-il, et vous cite par-devant lui. » Et se retirant, il gagne sous un déguisement la côte de Sandwich, d'où il s'embarque pour la France. Louis VII l'y reçut avec faveur et, après six ans d'efforts, réussit à le réconcilier avec Henri II (1170). Mais Becket n'avait point fléchi : de retour à Cantorbéry, il excommunia de nouveau l'archevêque d'York. A cette nouvelle, Henri II, qui se trouvait en Normandie, fut plein de colère: « Quoi! s'écria-t-il, un misérable qui est venu à ma cour sur un cheval boiteux, qui a mangé mon pain, m'ose braver ainsi! Personne ne me délivrera-t-il de lui ? » Quatre chevaliers, comprenant le sens de ces mots, passèrent en Angleterre, et, cinq jours après, l'archevêque tombait massacré par eux au pied même de l'autel (29 déc. 1170). Les Saxons en firent un martyr, et l'imagination populaire, avec la vive et puissante force de création qui l'anime, crut bientôt qu'auprès de son tombeau, les aveugles recouvraient la vue, les sourds l'ouïe, que des morts même y ressuscitaient.

7. Henri II s'humilie devant le saint-siége. — Ce crime rejaillit sur Henri II, dont l'autorité en fut longtemps ébranlée. Il n'obtint l'indulgence du saint-siége que par des soumissions de toutes sortes et l'abolition des statuts de Clarendon. Il entreprit enfin pour l'Église romaine une conquête importante, qui ne l'était pas moins pour lui, et au succès de laquelle il employa cette même autorité pontificale qu'il lui fallait subir.

8. Conquête de l'Irlande (1171). — L'Irlande était chrétienne depuis le quatrième siècle ; on l'appelait même *l'île des Saints*. Mais cette contrée, reléguée à l'extrémité de l'Europe, demeurée en dehors de toute domination européenne, de celle même des Romains, cette *verte Érin*, couverte de pâturages, cette *Perle des mers*, battue des flots, cette *île des Bois*, livrée à toute la férocité des mœurs sauvages, au régime patriarcal des clans et du partage annuel de la terre, avait conservé, même dans sa conversion, quelque indépendance, et ne se soumettait ni à la suprématie du saint-siége ni aux rigoureuses pratiques de la discipline canonique. Or il était bien dangereux au moyen âge d'être en dissidence avec la communion romaine. Les Anglo-Saxons avaient payé cher les arrérages du denier de Saint-Pierre. Henri II promit de l'établir en Irlande ; dès l'année 1156 le pape Adrien IV l'y autorisa.

Un chef irlandais, chassé par un rival, appela une troupe de Normands ; contre les grands chevaux bardés de fer et les lances de 8 coudées, les arbalètes et les armes légères des Irlandais furent impuissantes. Richard Strongbow, chef de ces aventuriers, épousant la fille d'un chef irlandais, se trouva maître de tout le Leinster. Henri II réclama de lui l'hommage et vint en personne dans l'île (1171) : tous les chefs du Sud le reconnurent pour suzerain ; en même temps un synode réuni à Cashel soumit l'Eglise d'Irlande à la suprématie du primat d'Angleterre. Mais le nord et l'ouest de l'île restèrent indépendants.

9. Révolte des fils du roi soutenus par la France (1173). — La fin du règne de Henri II fut remplie par des querelles avec ses fils ; Eléonore, irritée de la faveur qu'avait après du roi la belle Rosemonde, les attisait, et le roi de France se tenait prêt à en profiter. L'aîné de ses fils, Henri Court Mantel, reçut cependant de lui, en 1169, le Maine et l'Anjou ; Richard Cœur de Lion, le second, l'Aquitaine ; Geoffroy, le troisième, était duc de Bretagne ; le quatrième, Jean, n'avait rien : on l'appela Jean sans Terre. L'aîné voulait avoir encore la Normandie, les deux suivants sentaient un besoin de révolte, tous trois prirent les armes et firent hommage au roi de France. Henri II envoya contre eux, sur le continent, des mercenaires rompus au métier de la guerre, *Brabançons, coteraux, routiers*. Pour l'Angleterre, où la révolte pouvait se propager, il se chargea d'en gagner le peuple, en apaisant l'ombre de Becket. Nu-pieds, vêtu d'une simple robe de laine, il se rendit à la tombe de son martyr, y passa un jour et une nuit en oraisons à genoux sur la pierre, sans boire ni manger, et il se fit flageller par les évêques. Après quoi, « il partit joyeusement (1174). » Tout était dit, la pénitence était faite, le poids du remords enlevé, l'opinion publique apaisée. Dès lors il vainquit également le roi d'Ecosse et le roi de France, avec lequel il signa le traité de Montlouis (1174). Mais il ne put en finir avec ses fils, qui se révoltèrent encore en 1183 et en 1188. Henri vit même le plus jeune, son bien-aimé Jean, lever aussi la main contre lui. Il mourut en les maudissant tous (1189).

10. Richard Cœur de Lion (1189-1199). — Richard, le successeur de son père Henri II, était un chevalier quelque peu routier, brillant mais brutal, un beau sabreur, dirions-nous aujourd'hui, et, comme tel, assez porté à mener durement son peuple ; du reste, poëte hardi et caustique, spirituel jusque dans ses exactions, comme lorsqu'il imagina de perdre son sceau royal et d'en faire fabriquer un autre pour que tous ceux qui avaient des chartes fussent obligés de les faire sceller de nouveau, en payant. Il vendit tout, charges, châteaux, villages, et partit en croisade où il donna de magnifiques coups d'épée qui lui valurent le surnom de *Cœur de Lion*. Il s'était entendu pour partir avec Philippe Auguste dont il avait été le grand ami tant que son père avait vécu : ils se brouillèrent en route. Le politique roi de France reconnut bien vite l'inutilité de cette expédition et regagna ses Etats.

Richard demeura en Palestine à guerroyer et à gagner quelques batailles sans faire de progrès. Sa hauteur indisposait les chefs croisés et en fit partir plusieurs. Lui-même enfin, averti des complots tramés en Angleterre par son frère Jean sans Terre, quitta la Palestine sans avoir pris Jérusalem. Il s'était contenté de regarder de loin la ville sainte en gémissant de la laisser aux mains des infidèles. Du moins il obtint que l'entrée en serait accordée aux pèlerins. Il donna à Guy de Lusignan l'île de Chypre, comme royaume, en dédommagement de celui de Jérusalem. A son retour, la tempête le poussa sur les côtes de Dalmatie ; Léopold, duc d'Autriche, dont il avait fait jeter la bannière dans les fossés de Saint-Jean d'Acre, le fit arrêter et le vendit à l'empereur Henri VI, qui ne le mit en liberté qu'après en avoir tiré une énorme rançon.

11. Guerre entre Richard et Philippe. — De retour en France, Philippe avait aussitôt travaillé à la ruine de la trop puissante maison d'Angleterre. Il s'entendit avec un frère que Richard avait laissé, Jean sans Terre, tous deux espérant partager ses dépouilles. Mais Richard, sorti de la prison où l'empereur d'Allemagne l'avait retenu contre toute foi, était pressé de se venger de son frère et de son rival. Le premier acheta son pardon en égorgeant une garnison française qu'il avait introduite dans un château; pour Philippe Auguste, il accepta la guerre. Elle commença en Normandie avec violence. Richard, troubadour et roi, la faisait et la chantait tout ensemble. Il battit Philippe près de Gisors, mais sans tirer grand parti de sa victoire. Le pape Innocent II s'interposa et leur fit signer une trêve de cinq ans (janvier 1199). Deux mois après, Richard était tué d'un coup de flèche au siége du château de Chalus en Limousin, où il voulait ravir un trésor que le seigneur de ce château avait trouvé. Lui qui avait tant malmené ses sujets et exercé tant de rapines, il fut cependant pleuré et populaire : « Avec lui furent ensevelis, au jugement de plusieurs, la gloire et l'honneur de la chevalerie. »

12. Jean sans Terre (1199); il perd la moitié de ses provinces de France (1204). — Jean sans Terre avait un tout autre caractère. Il rappelle, par certains traits, la corruption, l'extravagance et la cruauté des plus mauvais empereurs. Il fit périr, peut-être de ses propres mains, Arthur, son neveu, un enfant de douze ans, qui, en vertu du droit de représentation, eût dû succéder à Richard comme fils d'un frère aîné de Jean. Il perdit, sans rien faire pour les sauver, la Touraine, l'Anjou, le Maine, la Normandie, le Poitou (1203-1205). Les députés de Rouen assiégés le trouvèrent jouant aux échecs : « Je ne puis rien pour vous, leur répondit-il; faites du mieux que vous pourrez; » et il continua sa partie. Philippe Auguste pouvait craindre de la part de Jean un retour de courage qui mettrait ces précieuses acquisitions en péril. Mais le roi anglais avait les sentiments de son père contre le clergé, et pour le contenir il nomma à l'archevêché de Cantorbéry une de ses créatures. Les évêques suffragants réclamèrent, et le pape Innocent III, cassant l'élection simoniaque, fit donner cette charge au cardinal Étienne Langton, l'auteur de l'hymne *Veni Creator* (1207). Jean sans Terre entra dans une grande colère, chassa les moines de Cantorbéry, et, trois évêques étant venus le trouver de la part du pape, il les menaça de les faire battre s'ils ne se retiraient. Il jurait, « par les dents de Dieu, » qu'il ferait couper le nez à tout Romain qui viendrait dans ses États, et parlait de jeter à la mer tout le clergé anglais. S'il en fallait croire la rumeur du temps, il en serait venu jusqu'à vouloir se faire musulman pour obtenir les secours de l'émir Al-Moumenin du Maroc. Mais, excommunié par le pape et menacé d'une descente par Philippe Auguste, qu'Innocent III autorisait à conquérir l'Angleterre, il tomba dans l'excès opposé, rampa devant le saint-siége, lui promit tribut et se reconnut son vassal (1213). C'est Philippe qui lui prenait ces provinces. Il avait habilement saisi le prétexte du meurtre d'Arthur pour citer le meurtrier à comparaître par-devant les douze grands vassaux de la couronne ou pairs du royaume. Jean avait répondu que le duc de Normandie ne pouvait venir à la cour de son suzerain sans le roi d'Angleterre, et n'était point venu. Sur ce refus, Philippe avait prononcé la confiscation de ses fiefs, pris en Normandie le château Gaillard, forte place bâtie par Richard, et qui résista six mois. Le pape Innocent III voulut imposer la paix aux deux rois; Philippe gagnait trop à cette guerre contre un lâche ennemi pour n'y pas persister; il répondit fièrement au pontife, et, poussant vivement ses succès, mit la main sur toutes les villes de la province, même sur Rouen, « la très-riche cité, pleine de nobles hommes et chef de toute la Normandie. »

L'Anjou, la Touraine et le Poitou furent aussi aisément réunis au domaine royal. C'étaient les plus brillantes conquêtes qu'un roi de France eût encore faites (1203-1204). La lâcheté de Jean nous les avait données, sa querelle avec le saint-siége et les barons nous les conserva. Philippe n'entama pas la Bretagne, trop peu française pour être facile à prendre, mais il saisit la tutelle d'Alice, sœur d'Arthur, et donna plus tard l'héritière et l'héritage à son parent Pierre Mauclerc.

13. La Grande Charte. — Pour se venger du roi de France, Jean noua contre lui l'alliance que Philippe Auguste brisa à Bouvines (1214), et fut lui-même vaincu dans le Poitou en essayant de seconder ses alliés du Nord par une attaque du côté du Midi. Lorsqu'il rentra humilié dans son île, il y trouva ses barons soulevés : le primat Etienne Langton était à leur tête. Ils ne se sentaient pas en sûreté sous la puissance de ce tyran qui ne respectait rien, et voulurent imposer des limites à ses caprices. Ils ressuscitèrent la charte de Henri I*er*, et, comme le roi tenait sa cour à Worcester, aux fêtes de Noël, ils se présentèrent devant lui bien armés et l'invitèrent à leur confirmer les libertés contenues dans cette charte. Jean éluda, demanda du temps et finit par déclarer qu'il n'accorderait rien : « Que ne demandent-ils mon royaume? » s'écria-t-il rouge de colère. Mais les barons étaient déterminés à ne point céder : ils se proclamèrent *armée de Dieu et de la sainte Église*, entrèrent dans Londres aux applaudissements des bourgeois et, le 19 juin 1215, dans la plaine de Runnymead, près de Windsor, forcèrent le roi de signer la *Grande Charte*, base fondamentale des libertés anglaises.

Par cet acte mémorable, le roi promettait au clergé de respecter les libertés de l'Église, particulièrement la liberté d'élection; aux seigneurs, d'observer les limites tracées, sous Henri I*er*, à ses droits féodaux de relief, de garde, de mariage; aux bourgeois, de n'établir aucun impôt dans le royaume dans le consentement du commun conseil ; à tous, il accordait la fameuse loi de l'*habeas corpus* et du jury, base de cette liberté et de cette sécurité des individus, qui furent toujours, depuis, le bel apanage de l'Angleterre. Enfin il constituait à demeure fixe la cour des plaids communs. Une autre charte, appelée *charte des forêts*, jointe à celle-là, tempérait l'excessive rigueur des peines infligées aux délits de chasse dans les forêts du roi, et donnait aux libertés conquises une garantie par l'établissement d'une commission de vingt-cinq barons chargés d'en surveiller l'exécution et d'obliger le roi, par tous les moyens, à réformer les abus.

14. Louis de France est appelé par les barons. — Lorsque, la charte signée, les barons se séparèrent, Jean, outré de fureur, voulut la déchirer : cet homme cynique, qui dans ses débauches n'épargnait pas sa propre maison, s'accablait lui-même d'imprécations pour avoir cédé et jurait de mettre l'Angleterre à sac et à pillage. Il recourut au pape Innocent III, qui de son autorité déclara la Grande Charte non avenue et releva le roi de ses serments. Il appela aussitôt des Brabançons et des routiers qui désolèrent le pays en tous sens, si bien que les barons, indignés, offrirent la couronne à Louis, fils de Philippe Auguste et neveu de Jean par sa femme Blanche de Castille. Innocent III menaça Philippe Auguste de l'excommunication ; le roi feignit de vouloir arrêter son fils, mais Louis lui répondit : « Sire, je suis votre homme-lige pour les terres que vous m'avez baillées en France, mais point ne vous appartient de décider du sort du royaume d'Angleterre. » Louis continua donc son entreprise et, le 30 mai 1216, débarqua en Angleterre, malgré une excommunication du pape. Cette sentence, dont l'effet, à force d'être répété, commençait à s'affaiblir, n'eût point empêché le prince français de réussir si Jean n'était mort d'une indigestion (1216). Il laissait un enfant, Henri III. Les barons comprirent que mieux valait pour leur cause ce roi enfant qu'un prince étranger peu disposé sans doute à respecter, après victoire, leurs priviléges, et qui serait au besoin aidé des forces de la France. Louis fut donc peu à peu abandonné et contraint de revenir en France en 1217.

15. Henri III (1216). — Henri III était un enfant, qui fut placé sous la tutelle du comte de Pembroke et à qui l'on fit confirmer la Grande Charte (1216). Il prit ainsi, dès l'enfance, l'habitude de marquer par ses paroles, pour ce pacte fondamental des libertés anglaises, un respect qui répugna à tous les rois anglais et que lui-même foula aux pieds par plus d'un parjure.

Ce règne, commencé par une minorité, fut presque dans toute sa durée une éclipse de la puissance royale derrière les influences particulières qui se livrèrent bataille à la cour, d'abord le comte de Pembroke, puis Hubert de Burgh, qui lui succéda, et son rival, le Poitevin Pierre des Roches, évêque de Winchester. Le dernier attira à la cour une foule de ses compatriotes qui envahirent toutes les dignités, au grand mécontentement des barons normands. Plus tard (1236), Henri III ayant épousé Eléonore de Provence, les Provençaux affluèrent, tandis qu'un oncle de la reine, Pierre de Savoie, amenait un essaim de jeunes filles pauvres des montagnes, que le roi obligeait ses barons d'épouser. Un autre oncle d'Eléonore fut fait archevêque primat de Cantorbéry. Enfin la cour de Rome prenait en quelque sorte possession de l'Angleterre par la multitude de clercs romains auxquels elle donnait les bénéfices anglais. Ils venaient en foule s'abattre sur le pays et y possédaient alors jusqu'à 70 000 marcs de revenu.

16. Revers au dehors : folles dépenses. — Les morsures de toutes ces sangsues étrangères n'étaient point adoucies par la gloire sous Henri III. Saint Louis le battait à Taillebourg et à Saintes, et ne lui laissait ses provinces françaises que par un excès de loyauté. Son second fils Edmond, à qui le pape Alexandre IV avait offert le trône de Naples, occupé par Manfred, ne put s'y asseoir. Son frère, Richard de Cornouailles, élu empereur par les ennemis de la maison de Souabe, les vit lui tourner le dos quand sa bourse fut vide.

Ainsi l'argent de l'Angleterre était gaspillé, sans profit pour elle, par toute l'Europe. Henri III cherchait à s'en procurer par tous les moyens. On pense bien qu'il n'épargnait pas les malheureux juifs : on les accusa de crimes affreux, comme d'avoir fait subir à un enfant le supplice de la flagellation et du crucifiement. Les juifs ne pouvaient se défendre ; mais, quand le roi entreprit de rançonner aussi le peuple chrétien, ce fut autre chose, les barons se trouvèrent là.

17. Ligue des barons; statuts d'Oxford; le parlement (1258). — Quoique Henri III eût juré à quatre époques différentes et très-solennellement de respecter la Grande Charte, il ne se faisait pas scrupule de la violer en ce qui concernait les impôts. Il se faisait délier de ses serments par le pape. La longanimité des barons fut grande ; mais en 1258 un envoyé d'Alexandre IV étant venu à Londres, en plein parlement, réclamer, pour l'affaire d'Edmond en Italie, 40 000 marcs, sans compter les intérêts, les barons furent indignés et résolurent de lier le roi par quelque institution. Le 11 juin 1258, dans le grand conseil national d'Oxford, première assemblée à laquelle ait été donné officiellement le nom de parlement, on força le roi de confier la réforme à vingt-quatre barons, dont douze seulement nommés par lui. Ces vingt-quatre délégués publièrent les fameux statuts ou provisions d'Oxford : le roi confirmait la Grande Charte ; les vingt-quatre nommeraient tous les ans le grand chancelier, le grand trésorier, les juges et autres officiers publics ; ils nommeraient les gouverneurs des châteaux ; ce serait crime capital de s'opposer à leurs décisions ; enfin le parlement serait convoqué trois fois par an.

18. Gouvernement de Simon de Montfort, comte de Leicester (1264); origine de la représentation anglaise. — Henri III protesta et en appela à l'arbitrage de saint Louis, qui prononça en sa faveur dans l'assemblée d'Amiens. Mais les barons n'acceptèrent pas ce jugement, attaquèrent Henri les armes à la main, sous la conduite de Simon de Montfort, comte de Leicester et petit-fils du vainqueur des Albigeois, et le firent prisonnier avec son fils Edouard à la bataille de Lewes (1264). Leicester gouverna alors au nom du roi, qu'il tenait captif. C'est lui qui organisa la première représentation complète de la nation anglaise, par l'ordonnance de décembre 1265, qui prescrivait l'élection de deux chevaliers par comté et de deux *citoyens* ou *bourgeois* par chacune des principales villes ou bourgs d'Angleterre.

C'est ainsi que se voit cette alliance, si féconde pour la liberté anglaise, des nobles et des hommes des communes, et l'admission simultanée de la petite noblesse et de la bourgeoisie dans le grand conseil du pays. Leicester, suspect aux grands, ne garda pas longtemps le pouvoir. Le comte de Glocester fit scission, le prince Edouard s'échappa ; tous deux rassemblèrent une armée et battirent à Evesham le comte de Montfort, qui périt (août 1265). Henri III, remonté sur le trône, n'osa pourtant pas défaire l'œuvre de Leicester.

19. Édouard Ier (1272). — Son fils était en terre sainte quand il mourut (1272). Il revint à cette nouvelle et se fit couronner sous le nom d'Edouard Ier. Son règne fut important et glorieux pour l'Angleterre : car, d'un côté, l'admission des chevaliers de comté dans le parlement fut consacrée comme un fait normal, en 1295, et l'établissement du système représentatif en Angleterre devint incontestable; de l'autre, le royaume s'accrut par l'acquisition du pays de Galles, et pendant quelque temps le roi anglais se crut maître de l'Ecosse.

20. Conquête du pays de Galles (1274-1284). — La race celtique était toujours indépendante dans les montagnes du pays de Galles, tandis qu'auprès d'elle s'étaient succédé tant de dominations. Avec son indépendance, elle conservait ses bardes qui lui promettaient qu'un prince de Galles siégerait un jour sur le trône d'Angleterre, et elle offrait asile aux ennemis de la domination normande. Pourtant un chef gallois avait été contraint de prêter hommage à Henri III; mais Llewellyn ou Leolyn le refusa à Édouard Ier, qui entra dans le pays. Après une lutte acharnée, Leolyn fut tué, et sa tête, couronnée de lierre, fut exposée sur la Tour de Londres. Son frère David prit sa place; il fut fait prisonnier, et les quatre quartiers de son corps furent dispersés dans le pays, « parce qu'il avait conspiré en des lieux différents la mort du roi, son seigneur. » Châtiment horrible dont l'Angleterre a puni jusqu'au dix-huitième siècle ceux qu'elle condamna comme coupables de haute trahison; on vit les bourgeois de Winchester et ceux d'York se disputer, comme un morceau d'honneur, l'épaule droite du malheureux David. Édouard organisa le pays de Galles sur le même plan que l'Angleterre, imposa silence aux bardes et, pour donner le change aux espérances que leur prédiction inspirait aux Gallois, fit porter à son fils le titre de *prince de Galles*, que l'héritier présomptif a toujours reçu depuis cette époque (1284).

21. Guerre avec l'Écosse; Baliol est vaincu à Dunbar (1297). — L'Écosse était, comme le pays de Galles, encore indépendante, quoique quelques-uns de ses rois eussent rendu à ceux d'Angleterre un hommage passager. Quand Édouard devint roi, le trône d'Écosse appartenait à l'unique héritière, une jeune princesse norvégienne, qui n'était pas encore venue en prendre possession. Il réussit à la fiancer avec son fils, croyant préparer ainsi l'heureuse union des deux pays; mais quand la *vierge de Norvége* vint chercher son trône et son époux, elle ne put arriver jusqu'au terme et expira des fatigues du voyage dans les îles Orkney. Deux prétendants s'offraient pour le trône d'Écosse, Jean Baliol et Robert Bruce. Les Écossais prirent Édouard pour arbitre. Il désigna Baliol (1292), mais en stipulant formellement que l'Écosse serait désormais placée sous sa suzeraineté. Cette condition était humiliante pour la fierté écossaise; Baliol essaya bientôt de s'en affranchir. Vaincu à Dunbar (1297), il fut fait prisonnier et finit par aller mourir aux Andelys, en Normandie. Édouard livra aux Anglais les dignités et les places fortes de l'Ecosse et enleva la grande pierre de Scone, sur laquelle se plaçaient les rois d'Ecosse lors du couronnement, et qui sert encore aujourd'hui, pour le même usage, aux rois d'Angleterre.

22. Wallace est vaincu à Falkirk (1298). — La fière Ecosse, traitée en pays conquis, ne pouvait se soumettre ainsi. Un simple gentilhomme, William Wallace, se mit à sa tête. Nul ne maniait plus vaillamment la claymore. Il se jeta sur l'avant-garde de l'armée anglaise qui venait de traverser le Forth sur un pont étroit, près de Stirling, et la précipita dans le fleuve (1297). Ces bandes vaillantes, mais féroces, dévastaient déjà le nord de l'Angleterre, quand Édouard accourut. Il fut vainqueur à Falkirk (1298), et Wallace, livré par un traître, fut décapité et coupé en quatre morceaux.

23. Robert Bruce. Mort d'Édouard Ier (1307). — Le troisième acte de cette glorieuse résistance appartient à Robert Bruce, le concurrent de Baliol. Quand celui-ci s'était révolté contre Édouard, Bruce avait espéré être mis en sa place et s'était réfugié dans le camp des Anglais; depuis ce temps il servait dans leurs rangs. Un jour, après une escarmouche contre les Écossais, il se mit à table, les mains humides de sang : « Voyez, se dirent à demi voix quelques Anglais; voyez cet Ecossais qui mange son propre sang. » Il les entendit et eut de grands remords. Faisant vœu d'affranchir sa patrie, il assembla les barons écossais, qui le proclamèrent roi. Il fut d'abord vaincu, et l'Ecosse allait peut-être retomber pour jamais sous le joug anglais, lorsque Edouard Ier mourut (1307).

24. Édouard II (1307); grande victoire de Robert Bruce à Bannock-Burn. — Édouard II, prince faible et méprisable, succédant à un souverain énergique et valeureux, en parut d'autant plus petit. Il voulut continuer la guerre contre Robert Bruce et essuya, à Bannock-Burn (1314), la défaite la plus complète dont il soit fait mention dans les annales d'Angleterre. L'indépendance de l'Écosse fut assurée ; Robert Bruce y demeura roi.

25. Fin misérable d'Édouard II (1327). — La plaie de ce règne fut encore l'influence des favoris et des étrangers. Le Gascon Gaveston, puis les deux Spenser, furent successivement les objets de la faveur du roi et de la haine des barons. A ceux-ci se joignit Isabelle, cette fille de Philippe le Bel qui avait épousé Edouard II en 1308, et dont la cruauté égalait les charmes. En 1312 les barons se saisirent de Gaveston et le firent décapiter. En 1327 ce fut Isabelle elle-même qui leva une armée sur le continent et, aidée des grands, envoya les Spenser au supplice et son époux en prison, où on le força d'abdiquer et où bientôt cette femme horrible le fit assassiner au moyen d'un fer rouge introduit dans les intestins, pour que le crime ne laissât pas de traces extérieures.

26. Progrès du parlement. — Sous ce faible roi les libertés firent encore un pas. On avait bien vu déjà le parlement voter l'impôt, on voit alors, dans la seconde année d'Edouard II, les députés mettre des conditions à leur vote, exiger que le roi prenne leur conseil et leur fasse justice sur leurs griefs. Ainsi :

En 1215 toute l'Angleterre, réunie contre l'odieux Jean sans Terre, l'oblige à donner la *Grande Charte*, déclaration des libertés nationales.

En 1258 les statuts d'Oxford, sous Henri III, établissent la périodicité du grand conseil national ou *parlement*.

En 1264, sous le même prince, le comte de Leicester fait entrer au parlement les députés des chevaliers des comtés et ceux des bourgeois des villes, qui formèrent plus tard la chambre basse ou des Communes, comme les vassaux immédiats du roi formeront la chambre haute ou des Lords.

A partir de 1295, sous Édouard Ier, la présence au parlement de ces députés des comtés et des villes devient régulière, ce qui fait du parlement la représentation véritable du pays.

En 1309, sous Édouard II, le parlement révèle la force qu'il aura un jour en mettant des conditions au vote de l'impôt, et trois ans plus tard, en 1312, le consentement des Communes est spécifié dans l'acte qui nomma les lords ordonnateurs, et, en 1327, dans celui qui établit le prince Édouard gardien du royaume.

Les fondements de la constitution anglaise ont donc été jetés au treizième siècle ; le quatorzième les affirmira et les étendra. C'est sur cette base que s'élèvera, au dix-huitième, la grandeur de la vieille et libre Angleterre.

CHAPITRE XXII.

LA PREMIÈRE CROISADE ET LE ROYAUME DE JÉRUSALEM [1].

1 État du monde avant les croisades. — 2. Empire grec depuis Héraclius; schisme religieux. — 3. L'empire grec repousse les invasions de l'est et du nord. — 4. Avénement des Comnènes (1057) et décadence. — 5. Morcellement du monde musulman. — 6. Royaumes turcs. — 7. Origine des croisades. — 8. Pierre l'Ermite, concile de Clermont (1095). — 9. Départ des premiers croisés (1096). — 10. Départ de la grande armée des croisés (1096). — 11. Les croisés à Constantinople (1097). — 12. Siége de Nicée (1097). — 13. Trajet à travers l'Asie Mineure; bataille de Dorylée (1097). — 14. Siége et prise d'Antioche (1098). — 15. Défaite de Kerbogâ. — 16. Arrivée devant Jérusalem. — 17. Siége et prise de Jérusalem (15 juillet 1099). — 18. Godefroy, baron du Saint-Sépulcre. — 19. Organisation du royaume de Jérusalem. Ses revers. — 20. Part de la France dans les croisades. — 21. Résultats généraux des croisades. — 22. Résultats pour le commerce et l'industrie. — 23. Création des ordres militaires; armoiries. — 24. Développement de la chevalerie; lois de cette institution.

1. État du monde avant les croisades. — Dans ce monde du moyen âge, il y avait deux mondes tout à fait distincts : celui de l'Évangile et celui du Koran. Chrétiens et musulmans s'étaient déjà heurtés à plusieurs reprises, mais, s'étant trouvés à peu près d'égale force, ils avaient fait comme un partage tacite de l'univers connu. Le Koran régnait depuis les Pyrénées jusqu'aux bouches du Gange; l'Évangile gouvernait toute l'Europe, moins l'Espagne. De simples guerres

---

1. Les chroniques des principaux historiens des croisades : Guillaume de Tyr, et ses continuateurs, Albert d'Aix, Raymond d'Aguilers, Jacques de Vitry, Raoul de Caen, Robert le Moine, Foucher de Chartres, Guibert de Nogent, ont été réunies par M. Guizot, dans sa collection des *Mémoires relatifs à l'histoire de France;* Michaud, *Histoire des croisades.*

de frontière ne mettaient ces deux mondes en contact que par les extrémités. Le moment arrive où ces ennemis religieux vont se prendre corps à corps.

On a vu ce qu'était la chrétienté occidentale depuis les invasions germaniques. Quoique l'unité n'eût pu se maintenir dans cette société nouvelle, le morcellement ne lui avait point été fatal; la vie et l'activité y étaient très-grandes; toutes sortes de germes s'y développaient avec puissance.

2. Empire grec depuis Héraclius; schisme religieux. — Quant à la société grecque, qui formait la chrétienté orientale, isolée entre les Germains et les Arabes comme une île oubliée par les flots de l'invasion, elle continuait de vieillir, stérile et sans grandeur. C'était toujours, depuis Justinien, la répétition de la même histoire : des intrigues de palais, mêlées de cruautés, des disputes théologiques qui soulevaient le peuple, des guerres contre les maîtres de l'Asie et contre les Barbares qui paraissaient parfois dans le Nord, et, parmi tout cela, de temps en temps des travaux législatifs. La séparation de l'empire d'Orient et des peuples germains était d'autant plus profonde, qu'elle était devenue religieuse. Le schisme des deux Églises, commencé avec la querelle des iconoclastes, s'était continué dans les deux siècles suivants, quoique les Grecs fussent revenus, sous Irène et Théodora (787 et 842), au culte orthodoxe des images. L'installation de Photius sur le siége patriarcal de Constantinople (857), désapprouvée par le pape Nicolas Ier, fit faire un pas à la scission : un point de dogme, l'addition du *Filioque* par l'Eglise latine dans ce passage du symbole de Nicée où il est dit que le Saint-Esprit procède du Père; quelques différences de pratiques : l'emploi du pain levé au lieu du pain azyme ou sans levain, le mariage des prêtres, l'usage de la langue vulgaire pour la célébration de l'office, le baptême par immersion, le jeûne du samedi, et surtout la rivalité des deux Églises à l'occasion du roi des Bulgares, que le patriarche réussit à attirer dans sa communion, achevèrent la séparation, qui fut complète en 1054, après que les légats du pape eurent déposé sur l'autel de Sainte-Sophie un anathème qui flétrissait les « sept mortelles hérésies des Grecs ».

3. L'empire grec repousse les invasions de l'est et du nord. — Livré à lui-même, l'empire de Constantinople, il faut cependant le reconnaître, eut encore assez de ressources, et quelquefois des princes assez capables, pour préserver ses frontières et même prendre l'avantage sur quelques-uns des peuples voisins et ennemis, surtout sur ceux du Nord, les Russes et les Bulgares. Les attaques des Russes commencèrent dès 865. C'étaient les mêmes hommes que ces pirates northmans qui avaient désolé l'occident de l'Europe. Ils descendirent le Borysthène sur leurs barques et, par le Pont-Euxin, arrivèrent devant Constantinople. Le feu grégeois les éloigna cette fois et plusieurs autres encore. Vers le milieu du dixième siècle, ils tentèrent de s'établir sur la rive droite du Danube. Jean Zimiscès les chassa (972). Découragés peut-être par ces attaques infructueuses, les Russes se décidèrent à avoir les Grecs pour amis, et, depuis le mariage de leur chef Wladimir avec la fille de l'empereur Basile II (988), qui convertit son époux au christianisme, la paix régna entre les deux peuples.

L'issue de la lutte avec les Br esulgafut encore plus heureuse. Ils assiégèrent, il est vrai, Constantinople à plusieurs reprises, et un de leurs chefs, Samuel, dirigea contre l'empire vingt-six expéditions, de 988 à 1014; mais Basile II finit par triompher de cet ennemi et par renverser en 1019 le royaume bulgare.

Une fois que les Arabes eurent épuisé leur première ardeur de combats et de conquêtes, l'empire grec sut aussi leur tenir tête. Au neuvième siècle, sa marine se releva : elle reprit les îles de l'Archipel et plusieurs points que les infidèles avaient occupés en Morée; elle les poursuivit même jusque dans les parages de la Sicile.

Au dixième, Nicéphore Phocas fit reparaître les armées de terre de Constantinople en des pays depuis longtemps perdus, la Cilicie, la Syrie ; Jean Zimiscès alla encore plus loin : il passa l'Euphrate et jeta la terreur dans Baghdâd. Les Grecs montraient donc une singulière vitalité et, toujours mourants, survivaient à ces Barbares qui les avaient tant de fois battus.

4. Avénement des Comnènes (1057) et décadence. — Depuis Héraclius, trois dynasties, l'*isaurienne*, de 717 à 802, la *phrygienne*, de 820 à 867, la *macédonienne*, de 867 à 1056, avaient passé sur le trône de Byzance. La dernière, qui donna ces trois hommes remarquables, Nicéphore Phocas, Zimiscès et Basile II, avait rendu quelque lustre à l'empire. Il est vrai qu'elle trouva dans les Bulgares et les Abbassides des ennemis épuisés. Au contraire la dynastie des Comnènes, qui monta sur le trône en 1057 avec Isaac, eut à combattre des ennemis nouveaux et très-vigoureux, les Turcs, devenus récemment maîtres de l'Asie. Le seul prince de quelque valeur qu'elle fournit dans la seconde moitié du onzième siècle, Romain Diogène, vainquit le Seldjoukide Alp-Arslan, mais fut fait prisonnier par lui dans une seconde action (1071). Alexis Comnène (1081), se sentant trop faible pour résister seul aux Asiatiques, appela les Germains à son secours et contribua ainsi à la première croisade. Dans ces grands événements, l'empire grec, qui n'avait plus ni séve ni véritable vigueur, laissa le premier rôle aux Francs, et l'on vit, dans ce contact de la civilisation ébauchée de l'Occident et de la civilisation épuisée de l'empire d'Orient, à qui appartenait l'avenir.

Tel était le monde chrétien.

5. Morcellement du monde musulman. — Quant au monde islamitique, on se souvient dans quel affaiblissement il était tombé. Il y avait eu encore, à un certain moment, trois grands empires : ommiade en Espagne, fatimite en Afrique, abbasside en Asie. Puis les Ommiades de Cordoue, ébranlés par la double attaque des petits États chrétiens du nord de l'Espagne et des peuplades mauresques venues d'Afrique, avaient disparu. Les Fatimites du Caire étaient réduits aux limites de l'Égypte par les dynasties africaines de l'Ouest et par les Turcs seldjoukides, maîtres de l'Asie occidentale. Enfin les Abbassides de Baghdad avaient été à peu près réduits, en 1058, par ces mêmes Turcs, à leurs fonctions religieuses. Ainsi la société arabe n'avait pas eu cette fortune, qu'eut la société germanique, de pouvoir poser une limite définitive à toute invasion postérieure, et de se constituer en paix derrière quelque forte barrière.

6. Royaumes turcs. — Les Turcs fondèrent un vaste empire sous Alp le Lion (Arslan) (1063) et Malek-shah (1075), successeurs de Togrul-Beg. Le premier fit prisonnier l'empereur grec Romain Diogène (1071) et conquit l'Arménie; le second fit envahir la Syrie, la Palestine, Jérusalem, et poussa même ses armées jusqu'en Égypte, tandis qu'un membre de la famille de Seldjouk enlevait l'Asie Mineure aux Grecs et fondait, du Taurus au Bosphore, le royaume d'Iconium, qui prit, sous son fils Kilidj-Arslan, le nom de sultanie de Roum. A la mort de Malek-shah (1093), « une nuée de princes, dit un poëte persan, s'éleva de la poussière de ses pieds, » ce qui veut dire que son empire fut brisé; la Perse, la Syrie, le Kerman formèrent des sultanies distinctes : c'est le sort de toutes les conquêtes asiatiques. Néanmoins c'était aux Turcs qu'appartenait toute l'Asie quand arrivèrent les chrétiens.

7. Origine des croisades. — Renfermé dans un espace borné, ne trouvant de vaste horizon que dans sa pensée, d'aliment à sa pensée que dans les livres saints et leurs récits, le chrétien d'Europe transportait toute sa poésie vers les lieux dont ces livres l'entretenaient sans cesse, où sans cesse ils lui montraient le Christ mourant et accomplissant sur la croix le grand mystère de la rédemption. Jérusalem, où était le saint sépulcre, où l'impératrice Hélène avait rassemblé pieusement es débris de la passion, Jérusalem, et près d'elle le Jardin des Oliviers, le Golgotha, Bethléem, c'était là son pays idéal, le lieu où l'entraînaient ses plus sérieuses méditations. Heureux qui pouvait voir Jérusalem et surtout y mourir! Le vulgaire ne se flattait guère de cette félicité. La Palestine était si loin! Quelques rares pèlerins s'y rendaient. Au retour, on écoutait avidement leurs récits. Des cris d'horreur et de haine contre les infidèles s'élevaient, lorsqu'on apprenait la tyrannie exercée dans la ville sainte par le khalife fatimite Hakem, ou plus tard par le sultan Malek-shah. Les pèlerins eux-mêmes n'y étaient plus admis qu'en payant une pièce d'or, et beaucoup, leurs ressources épuisées par le voyage, demeuraient à la porte de la ville sainte, attendant, pour y pénétrer, la charité de quelque riche seigneur arrivant d'Europe. Cependant le nombre des voyageurs augmentait peu à peu et devenait considérable. Au onzième siècle, on en vit partir par troupes de trois mille, de sept mille même. Ce n'étaient encore que des troupes pacifiques, mais qui préparaient les autres.

8. Pierre l'Ermite; concile de Clermont (1095).
— L'empereur grec Alexis Comnène, menacé par les Arabes qui campaient, en face de Constantinople, sur la rive opposée du Bosphore, faisait retentir toutes les cours chrétiennes de ses cris de détresse. Mais les dangers de ce dernier débris de l'empire romain ne suffisaient pas à exciter parmi les chrétiens occidentaux un grand mouvement militaire. Déjà le premier pape français, Sylvestre II, avait écrit en vain aux princes une lettre éloquente au nom de Jérusalem délaissée. Grégoire VII, dont l'âme ne concevait que de grandes idées, aurait voulu se mettre à la tête de 50 000 chevaliers pour délivrer le saint sépulcre. Empereurs et papes échouèrent. Ce qu'ils n'avaient pu faire, un pauvre moine l'accomplit.

Jérusalem venait de tomber aux mains d'une horde farouche de Turcs, et, au lieu de la tolérance dont les khalifes de Baghdâd et du Caire usaient habituellement à l'égard des pèlerins, ceux-ci étaient maintenant abreuvés d'outrages, et ce n'était plus qu'avec de grands risques qu'on approchait des saints lieux. Pierre l'Ermite fit retentir la France du triste récit de ces calamités, et le peuple, saisi d'un pieux enthousiasme, s'arma partout pour arracher le tombeau du Christ aux mains des infidèles. Le concile de Clermont, réuni en 1095 sous la présidence du pape français Urbain II, prêcha la croisade; le nombre de ceux qui, en cette année et dans la suivante, attachèrent sur leur poitrine la croix de drap rouge, signe de leur engagement dans la sainte entreprise, monta à plus d'un million. L'Eglise les plaça sous la protection de la trêve de Dieu, et leur accorda pour leurs biens, pendant la durée de l'expédition, plusieurs priviléges.

9. Départ des premiers croisés (1096). — Il vint des hommes des plus lointains pays. « On en voyait aborder dans les ports de France, dit Guibert de Nogent, qui, ne pouvant se faire comprendre, mettaient leurs doigts l'un sur l'autre en signe de croix pour marquer qu'ils voulaient s'associer à la sainte guerre. Les plus impatients, les pauvres, se confiant en Dieu seul, partirent les premiers, au cri de *Dieu le veut*, sans préparatifs, presque sans armes. Femmes, enfants, vieillards, accompagnaient leurs époux, leurs pères, leurs fils, et on entendait les plus petits, placés sur des chariots que des bœufs traînaient, s'écrier, dès qu'ils voyaient un château, une ville : « N'est-ce pas là Jéru- « salem ? » Une avant-garde de 15 000 hommes, qui à eux tous n'avaient que huit chevaux, ouvrait la route sous les ordres d'un pauvre chevalier normand, Gauthier *sans Avoir*. Pierre l'Ermite suivait avec 100 000 hommes. Une autre troupe fermait la marche, conduite par le prêtre allemand Gotteschalk. Ils prirent par l'Allemagne, égorgeant en chemin les juifs qu'ils rencontraient, pillant partout pour se procurer des vivres, et s'habituant à la violence. En Hongrie, les désordres furent tels, que la population s'arma et rejeta les croisés sur la Thrace, après en avoir tué beaucoup. Il n'en arriva à Constantinople qu'un petit nombre. L'empereur Alexis, pour se débarrasser de pareils auxiliaires, se hâta de les faire passer en Asie. Ils tombèrent tous sous le sabre des Turcs, dans la plaine de Nicée, et leurs ossements servirent plus tard à fortifier le camp des seconds croisés.

10. Départ de la grande armée des croisés (1096). — Pendant que cette téméraire avant-garde mourait, les chevaliers s'armaient, se comptaient, s'organisaient et partaient enfin au nombre, dit-on, de 100 000 chevaliers et de 600 000 fantassins, par différentes routes et sous différents chefs. Les Français du Nord et les Lorrains prirent par l'Allemagne et la Hongrie. Avec ceux-là marchaient Godefroy, duc de Bouillon et de basse Lorraine, le plus brave, le plus fort, le plus pieux des croisés, et ses deux frères, Eustache de Boulogne et Baudouin. Les Français du Midi, avec le riche et puissant comte de Toulouse, passèrent les Alpes, et par la Dalmatie et l'Esclavonie, gagnèrent la Thrace ; l'évêque du Puy, Adhémar, légat du saint-siége et chef spirituel de la croisade, était dans cette armée. Le duc de Normandie, les comtes de Blois, de Flandre et de Vermandois, allèrent rejoindre les Normands d'Italie, dont les chefs furent Bohémond, prince de Tarente, et son cousin Tancrède, qui parut, après Godefroy de Bouillon, le plus parfait chevalier de ce temps ; tous ensemble franchirent l'Adriatique, la Grèce et la Macédoine.

11. Les croisés à Constantinople (1097). — Le rendez-vous général était à Constantinople. L'empereur tremblait qu'ils ne voulussent commencer là leur croisade, en s'emparant de la grande cité. Quelques-uns, en effet, y songeaient, afin de mettre un terme aux perfidies « de ces Grécules, les plus lâches des hommes ». Mais Godefroy de Bouillon s'y opposa. Il consentit même à faire d'avance hommage à l'empereur Alexis pour toutes les terres dont il s'emparerait. « Quand il l'eut fait, personne n'osa refuser. Comme ils prêtaient ce serment, un d'entre eux, un comte de haute noblesse, eut l'audace de s'asseoir sur le trône impérial. L'empereur ne dit rien, connaissant l'outrecuidance des Francs ; le comte Baudouin fit retirer cet insolent en lui disant que ce n'était pas l'usage qu'on s'assît de cette sorte à côté des empereurs. L'autre ne répondit pas, mais il regardait l'empereur avec colère et maugréait, disant en sa langue : « Voyez ce rustre qui est « assis, lorsque tant de braves capitaines sont debout. » L'empereur se fit expliquer ces paroles, et quand les comtes se furent retirés, il prit à part cet orgueilleux et lui demanda qui il était? « Je suis Franc, dit-il, et des « plus nobles. Dans mon pays, il y a, à la rencontre de « trois routes, une vieille église où quiconque a envie « de se battre va prier Dieu et attendre son adversaire. « Moi j'ai eu beau attendre, personne n'a osé venir. » Alexis ne fut rassuré qu'après qu'il eut fait passer en Asie jusqu'au dernier de ces batailleurs si fiers.

12. Siége de Nicée (1097). — La grande ville de Nicée se présentait la première sur leur route : les croisés l'assiégèrent. Rien de curieux comme l'aspect de leur camp où se mêlaient tant de langages et de costumes, tant d'armes et d'instruments de guerre différents, et qui pourtant obéissait à une seule pensée. A cette vue de tout l'Occident rassemblé, les contemporains, habitués à l'isolement féodal, conçurent pour la première fois un sentiment plus vaste. Rapprochés, au milieu de l'immense cohue, selon les idiomes, ils entrevirent la nation et la patrie : « O France, s'écrie un chroniqueur, pays qui doit être placé au-dessus de tous les autres, combien étaient belles les tentes de tes soldats dans la Roumanie! » Après de violents combats, Nicée allait se rendre, quand les Grecs qui se trouvaient dans l'armée persuadèrent aux habitants d'arborer l'étendard d'Alexis. Couverts par les couleurs de l'empire grec, les assiégés devaient être respectés et le furent. Mais les croisés virent dans cette manœuvre une perfidie, et s'éloignant avec colère de la proie qui leur était enlevée, ils s'enfoncèrent dans l'Asie Mineure.

13. Trajet à travers l'Asie Mineure; bataille de Dorylée (1097). — Ils avaient vu naguère la route de Nicée couverte des cadavres des soldats de Pierre l'Ermite; ce fut leur tour de joncher ces plaines. L'ennemi le plus redoutable n'était pas le Turc : Kilidj-Arslan, récemment battu devant Nicée, ayant voulu réparer sa défaite, fut vaincu dans les plaines de Dorylée (1097). Mais, lorsque les croisés entrèrent dans cette partie de la Phrygie que les anciens appelaient *Phrygie brûlée*, la faim, la soif, les y suivirent. La plupart des chevaux périrent. On vit des chevaliers montés sur des ânes et des bœufs; on chargea les bagages sur des béliers, des porcs et des chiens. Un jour cinq cents personnes périrent de soif. De malheureuses dissensions ajoutèrent à ces maux. Lorrains et Italiens, Normands et Provençaux, étaient en querelle. Baudouin, frère de Godefroy, et Tancrède, cousin de Bohémond, se disputèrent la ville de Tarse. Pourtant, au milieu de ces souffrances, on avançait. Baudouin réussit à s'introduire dans Edesse, sur l'Euphrate, et s'en fit prince. Cette position avancée couvrait les croisés et les mettait en communication avec les chrétiens d'Arménie.

14. Siège et prise d'Antioche (1098). — Ils arrivèrent le 18 octobre 1097 devant la grande cité d'Antioche aux quatre cent cinquante tours. Ce fut un long siège; il amollit les croisés : sur les beaux rivages de l'Oronte, sous les ombrages du jardin de Daphné, si célèbre au temps du paganisme, ils oublièrent leur valeur et se livrèrent à tous les désordres. L'hiver, leur camp fut noyé; la famine les obligea de manger les chardons et les animaux morts; un peu plus tard ils mangèrent même des musulmans. Bohémond les sauva en leur ouvrant Antioche au moyen des intelligences qu'il avait pratiquées dans la ville avec le renégat arménien Phiroüs. Pendant une nuit d'orage où le bruit du vent et du tonnerre assourdissait les sentinelles, les chrétiens escaladèrent les murailles avec des échelles de corde qu'on leur jeta de la place, et se précipitèrent dans la ville au cris de *Dieu le veut!* Mais Bohémond s'était fait acheter le salut de l'armée : il avait stipulé, en la sauvant, qu'il serait prince d'Antioche.

15. Défaite de Kerbogâ. — Les croisés, diminués de moitié, retrouvèrent dans la ville les souffrances qu'ils avaient endurées au pied de ses murs, car ils furent assiégés à leur tour par 200 000 Turcs sous les ordres de Kerbogâ, lieutenant du khalife de Baghdâd. Godefroy fit abattre son dernier cheval de bataille. Le désespoir était parmi eux, quand un prêtre marseillais vint déclarer aux chefs de l'armée que saint André lui avait révélé pendant son sommeil que la lance qui avait percé le flanc du Christ était sous le maître-autel de l'église et qu'elle donnerait la victoire aux chrétiens. On creuse, on trouve la lance, l'enthousiasme s'empare des croisés, ils marchent contre Kerbogâ et le taillent en pièces.

16. Arrivée devant Jérusalem. — Au lieu de s'acheminer aussitôt sur Jérusalem, ils perdirent encore six mois dans Antioche, où la peste les décima. Quand ils partirent enfin, ils étaient 50 000 à peine, au lieu de 600 000 qui étaient partis : un certain nombre, il est vrai, s'était fixé dans les différentes villes que la croisade avait traversées. Ils longèrent le rivage de la Méditerranée, afin de se tenir en communication avec les flottes des Génois et des Pisans, qui leur apportaient des provisions. Ils étaient d'ailleurs dans les riches vallées du Liban, où ils se remirent de leurs souffrances et reprirent des forces. L'enthousiasme croissait à mesure qu'ils approchaient de la ville sainte et traversaient des lieux consacrés par les souvenirs de l'Évangile. Enfin, lorsqu'ils eurent franchi la dernière colline, Jérusalem se montra à leurs yeux. « O bon Jésus, dit un moine qui était dans l'armée, lorsque les chrétiens virent ta cité sainte, que de larmes coulèrent de leurs yeux ! » Des cris éclatent : « Jérusalem ! Jérusalem ! Dieu le veut !

Jérusalem, vue prise de la piscine de Zacharie.

Dieu le veut ! » Ils tendent les bras, ils se jettent à genoux et embrassent la terre.

17. Siége et prise de Jérusalem (15 juillet 1099). — Cette ville, objet de tant de vœux, il fallait maintenant la prendre. Elle était défendue par les soldats du khalife fatimite du Caire, qui s'en était récemment emparé sur les Turcs. Ce khalife avait offert aux chrétiens, lorsqu'ils étaient dans Antioche, de les laisser entrer dans Jérusalem, mais désarmés, et ils avaient rejeté cette offre avec indignation. Ils voulaient que Jérusalem fût leur conquête et le prix de leur sang. Ils souffrirent encore beaucoup sous ses murs. Le soleil d'un été d'Asie brûlait la terre, le torrent de Cédron était desséché, les citernes comblées ou empoisonnées par l'ennemi : on ne trouvait que des flaques d'une eau fétide qui faisait reculer les chevaux. Pour relever le moral de l'armée, une procession solennelle se déploya autour de la ville : tous les croisés s'arrêtèrent sur le mont des Oliviers et s'y prosternèrent. Le 15 juillet 1099, à la pointe du jour, un assaut général fut livré. Trois grandes tours roulantes s'approchèrent des murs; mais, après une journée de combat, rien n'était encore fait; le lendemain, après des vicissitudes nouvelles, les croisés l'emportèrent enfin. Tancrède et Godefroy sautèrent les premiers dans la place par deux endroits différents. Il fallut encore combattre dans les rues et forcer la mosquée d'Omar, où l'ennemi avait cherché un dernier refuge. Un carnage effroyable de musulmans et de juifs inonda la ville de sang : dans la mosquée, les chevaux en avaient jusqu'au poitrail. On suspendit le massacre pour aller, pieds nus et sans armes, s'agenouiller au saint sépulcre, mais il recommença ensuite et dura une semaine.

18. Godefroy, baron du Saint-Sépulcre. — Les croisés songèrent sans délai à organiser leur conquête. Godefroy fut unanimement élu pour être roi de Jérusalem; mais il n'accepta que le titre de *défenseur et baron du Saint-Sépulcre*, refusant « de porter couronne

Le Saint-Sépulcre.

d'or là où le roi des rois, Jésus-Christ, le Fils de Dieu, porta couronne d'épines le jour de sa passion ». La victoire d'Ascalon, qu'il gagna peu de temps après sur une armée égyptienne, venue pour reprendre Jérusalem, assura la conquête des croisés. Les poëtes musulmans gémirent: « Que de sang a été répandu! que de désastres ont frappé les vrais croyants! les femmes ont été obligées de fuir en cachant leur visage; les enfants sont tombés sous le fer du vainqueur! Il ne reste plus d'autre asile à nos pères, naguère maîtres de la Syrie, que le dos de leurs chameaux agiles et les entrailles des vautours! » L'islamisme, en effet, expiait ses anciennes conquêtes. Mais déjà les chrétiens étaient las de tant de fatigues; presque tous les seigneurs avaient hâte de revoir leurs foyers; il ne resta guère auprès de Godefroy et de Tancrède que 300 chevaliers. « N'oubliez pas, disaient tout en larmes ceux qui restaient à ceux qui partaient, n'oubliez pas vos frères que vous laissez dans l'exil; de retour en Europe, inspirez aux chrétiens le désir de visiter les saints lieux que nous avons délivrés; exhortez les guerriers à venir combattre avec nous les nations infidèles. » Mais l'Europe fut refroidie quand elle vit revenir si peu de monde d'une expédition si gigantesque, et cinquante ans s'écoulèrent avant qu'une nouvelle croisade fût entreprise pour secourir le royaume fondé à Jérusalem.

19. Organisation du royaume de Jérusalem. Ses revers. — Ainsi livré à lui-même, ce petit royaume s'organisa pour la défense et se constitua régulièrement suivant les principes de la féodalité transportée toute faite en Asie. Il eut pour code les *Assises de Jérusalem*, que Godefroy de Bouillon fit rédiger et où nous trouvons un tableau complet du régime féodal qui ne s'était encore résumé nulle part dans un grand monument législatif. Des fiefs furent établis: les principautés d'Edesse et d'Antioche, accrues ensuite du comté de Tripoli et du marquisat de Tyr, les seigneuries de Naplouse, de Jaffa, de Ramla, de Tibériade, mélange singulier de noms bibliques et d'institutions féodales où se voit le caractère propre du moyen âge : l'union intime de la foi religieuse et de la vie militaire.

Le pays fut soumis à trois juridictions : la cour du roi, celle du vicomte de Jérusalem et le tribunal syrien pour les indigènes. Deux grandes institutions militaires servirent à la défense du pays : l'ordre des Hospitaliers de Saint-Jean de Jérusalem, fondé par Gérard de Martigues, en 1100, et celui des Templiers, en 1118, par Hugues de Payens, institutions toutes particulières à l'époque et à la circonstance, et où se rencontraient à la fois l'esprit chevaleresque et l'esprit monastique.

Le nouvel État continua d'abord le mouvement de la conquête, comme obéissant à l'impulsion qu'il avait reçue. Sous les deux premiers successeurs de Godefroy, Baudouin Ier (1100-1118) et Baudouin II du Bourg (1118-1131), Césarée, Ptolémaïs, Byblos, Beyrout, Sidon, Tyr, furent pris. Mais, après ces deux règnes, la décadence commença avec les discordes ; les Atabeks de Mossoul et d'Alep prirent Edesse, dont ils massacrèrent la population (1144), et la Palestine fut à découvert.

20. Part de la France dans les croisades. — Ce grand mouvement, qui se continua plus d'un siècle et qui entraîna tous les peuples de l'Europe, était parti de la France. « On avait pleuré en Italie, dit Voltaire, on s'arma en France ; » et la France fut ce que le grand poëte anglais est contraint de l'appeler : « le vrai soldat de Dieu. » Les Français, en effet, firent à peu près seuls la première croisade. Ils partagèrent la seconde (1147) avec les Allemands, la troisième (1189) avec les Anglais, la quatrième (1203) avec les Vénitiens. La cinquième (1217) et la sixième (1228) furent sans importance ; la septième (1248) et la huitième (1270) furent exclusivement françaises. Aussi a-t-on pu appeler ces expéditions : *Gesta Dei per Francos.* Aujourd'hui encore, en Orient, tous les chrétiens, quelque langue qu'ils parlent, n'ont qu'un nom, celui de Francs.

21. Résultats généraux des croisades. — Ainsi, au onzième siècle, les Français, recommençant les invasions gauloises, passaient les Pyrénées, comme autrefois les Celtibériens; la Manche, comme les Belges et les Kymris; les Alpes, comme les Insubres; les Balkans, comme ceux des Gaulois établis dans la vallée du Danube, qui allèrent braver Alexandre, menacer Delphes et faire trembler l'Asie. Il y avait donc, à quinze siècles de distance, le même mouvement d'expansion au dehors, par toutes les frontières. Mais, si c'était avec la même bravoure, c'était avec d'autres idées et une bien grande supériorité morale. En Angleterre, à Naples, les Français n'allaient que chercher fortune; en Espagne, en Orient, ils combattaient et mouraient pour leur croyance, et c'est un des beaux spectacles qui aient été donnés au monde que ces millions d'hommes se levant et courant à la conquête d'un tombeau. Bien peu revinrent, et ceux qui succédèrent à ces premiers pèlerins purent suivre leurs traces aux ossements qui jonchaient la route. Mais la civilisation est comme une place forte : les premiers qui font brèche tombent noblement, et les autres passent le fossé comblé de leurs cadavres; seulement l'histoire ramasse les noms glorieux et en consacre le souvenir, en associant à cette gloire la foule inconnue qui se presse derrière les chefs.

Les croisés n'ont pas atteint leur but. Jérusalem, un moment délivrée, retomba au pouvoir des infidèles. Mais, dans les pays mêmes d'où les croisés étaient partis, et dans l'esprit de ces hommes et de leurs contemporains, que de changements! Auparavant on vivait à l'écart et en ennemis : la croisade diminua l'isolement et les divisions. Dans ce périlleux voyage, à travers de lointaines contrées et au milieu de peuples d'une autre religion, les croisés s'étaient reconnus pour frères en Jésus-Christ. Dans le partage de l'immense armée en corps de nations, les hommes d'un même pays se reconnurent pour enfants d'une même patrie. Les Français du Nord se rapprochèrent des Français du Midi; la fraternité nationale, perdue depuis les temps de Rome, à peine un instant sentie sous Charlemagne, fut retrouvée sur la route de Jérusalem; et les troubadours, les trouvères, commencèrent à chanter, au moins pour les barons et les chevaliers, le *doux pays* de France[1].

À Clermont, Urbain II n'avait pas prêché la croisade pour la délivrance seulement du saint sépulcre, mais encore en vue de mettre un terme au fléau des guerres privées. Dans toute la chrétienté saisie de recueillement, « il se fit alors, dit Guibert de Nogent, un grand silence. » Silence des armes et des passions malfaisantes, qui malheureusement ne dura guère, mais pourtant donna quelque répit au monde et favorisa l'expansion de deux puissances nouvelles, toutes deux voulant la paix, la royauté et les communes.

22. Résultats pour le commerce et l'industrie. — Ces grandes expéditions, qui renouèrent les liens brisés des nations chrétiennes et qui rattachèrent l'Europe à l'Asie, rouvrirent aussi les routes du commerce fermées depuis l'invasion. L'Orient redevint accessible aux marchands de l'Occident. L'industrie, à son tour, se réveilla pour fournir les armes, les harnais, les vêtements nécessaires à tant d'hommes; et ce mouvement, une fois commencé, ne s'arrêta plus. Les artisans se multiplièrent comme les marchands. Pour protéger leurs diverses industries, ils formèrent des *corporations d'arts et de métiers*, et peu à peu beaucoup d'argent s'accumula entre leurs mains. Un nouvel élément de force, qu'on ne connaissait plus, fut donc retrouvé: la richesse mobilière, qui désormais grandira en face de la richesse immobilière, et fera monter à côté des nobles, maîtres du sol, les bourgeois devenus, par le travail des bras et de l'intelligence, maîtres de l'or.

---

[1]. De plusieurs choses à remembrer li prist....
De dulce France, des humes de sun lign.
Chanson de Roland, édit. de M. Génin, chant III, vers 911.)

23. Création des ordres militaires; armoiries. — Les croisades furent la cause de quelques institutions nouvelles. J'ai déjà parlé des ordres militaires (p. 361). Dans la confusion que produisaient ces grands rassemblements d'hommes, des signes de reconnaissance étaient nécessaires; on inventa ou l'on multiplia les *armoiries*, emblèmes divers dont les guerriers de distinction couvraient leur bouclier, leur cotte d'armes ou leur bannière, et qui, depuis le treizième siècle, passèrent du père au fils. Ces armoiries devinrent une langue compliquée qui forma la science du *blason*. Les *noms de famille* commencèrent aussi vers ce temps à s'introduire. Aux noms de baptême, jusqu'alors presque seuls usités et peu nombreux, de sorte que beaucoup de personnes avaient le même[1], on joignit un nom de terre pour distinguer les familles. Ce nom devint héréditaire et commun à tous les membres d'une même maison, tandis que le nom de baptême était personnel et mourait avec celui qui l'avait porté.

24. Développement de la chevalerie; lois de cette institution. — Les nobles, distingués déjà des *manants* par ces signes héréditaires, voulurent se donner une organisation qui les séparât davantage du peuple; ils instituèrent la *chevalerie*; sorte de confrérie militaire où les nobles seuls, après de longues épreuves, purent entrer. Les *ordres* de l'Europe moderne en sont un dernier reste. « Dès l'âge de sept ans, le futur chevalier était enlevé aux femmes et confié à quelque vaillant baron qui lui donnait l'exemple des vertus chevaleresques. Jusqu'à quatorze ans, il accompagnait le châtelain et la châtelaine comme *page*, *varlet* et *damoiseau* ou *damoisel*. Il les suivait à la chasse, lançait et rappelait le faucon, maniait la lance et l'épée, s'endurcissait aux plus rudes exercices, et, par cette activité incessante, se préparait aux fatigues de la guerre et acquérait la force

---

[1]. A une cour plénière, tenue en 1171, près de Bayeux, il se trouva cent dix seigneurs du nom de *Guillaume*.

physique nécessaire pour porter les lourdes armures du temps. L'exemple d'un seigneur qu'on présentait comme modèle de chevalerie, les hauts faits d'armes et d'amour que l'on racontait pendant les longues veillées d'hiver dans la salle où étaient suspendues les armures des chevaliers et qui était pleine de leurs souvenirs ; parfois aussi les chants d'un troubadour qui payait l'hospitalité du seigneur par quelque canzone en l'honneur des paladins de Charlemagne et d'Arthur : voilà l'éducation morale et intellectuelle que recevait le jeune homme. Elle gravait dans sa pensée un certain idéal de chevalerie qu'il devait chercher un jour à réaliser.

Chevalier armé d'un haubert.

« A quinze ans, il devenait *écuyer*. Il y avait des *écuyers de corps* ou *d'honneur* qui accompagnaient à cheval le châtelain et la châtelaine, des *écuyers tranchants* qui servaient à la table du seigneur, des *écuyers d'armes* qui portaient sa lance et les diverses pièces de son armure. Les idées du temps ennoblissaient ces services domestiques. Un noble seul pouvait faire l'essai du vin et des mets à la table seigneuriale et accompagner la châtelaine dans les courses à travers les forêts. La religion et la guerre, qui avaient une influence dominante dans la vie du moyen âge, se réunissaient pour consacrer l'initiation de l'écuyer. Il était conduit à l'autel au moment où il sortait de l'enfance pour entrer dans la jeunesse. Son éducation physique, militaire et morale, se continuait par des exercices violents. Couvert d'une pesante armure, il franchissait des fossés, escaladait des murailles, et les légendes de la chevalerie développaient de plus en plus dans son esprit ce modèle de courage et de vertu que, sous les noms d'Amadis, de Roland, d'Olivier et de tant d'autres héros, la poésie offrait aux imaginations. Qu'on ajoute à cette éducation, qui formait le corps et inspirait le courage et le goût des aventures héroïques, les préceptes de la religion chrétienne, dont l'influence salutaire enveloppait en quelque sorte le futur chevalier et le pénétrait de ses principes, et l'on comprendra comment se formèrent les âmes saintes et magnanimes d'un Godefroy de Bouillon et d'un Louis IX. A dix-sept ans, l'écuyer partait souvent pour des expéditions lointaines. Un anneau suspendu au bras ou à la jambe annonçait qu'il avait fait vœu d'accomplir quelque prouesse éclatante, avant de recevoir l'ordre de la chevalerie.

« Enfin, lorsqu'il avait vingt et un ans et qu'il paraissait digne par sa vaillance d'être fait chevalier, il se préparait à cette initiation par des cérémonies symboliques. Le bain, signe de la pureté du corps et de l'âme, la veillée d'armes, la confession souvent à haute voix, la communion, précédaient la réception du nouveau chevalier ; couvert de vêtements de lin blanc, autre symbole de pureté morale, il était conduit à l'autel par deux prud'hommes, chevaliers éprouvés qui étaient ses parrains d'armes. Un prêtre disait la messe et bénissait l'épée. Le seigneur qui devait armer le nouveau chevalier le frappait de l'épée en lui disant : « Je te fais chevalier au nom du Père, du Fils et du Saint-Esprit. » Il lui faisait jurer de consacrer ses armes à la défense des faibles et des opprimés ; puis il lui donnait l'*accolade* et lui ceignait l'épée. Les parrains d'armes couvraient le nouveau chevalier des diverses pièces de l'armure, et lui chaussaient les éperons dorés, signe distinctif de la dignité de chevalier. La cérémonie se terminait souvent par un *tournoi*.

« La chevalerie conférait des priviléges et imposait des devoirs. Formés en association et liés par un sentiment d'honneur et de fraternité, les chevaliers se défendaient mutuellement ; mais, si l'un d'eux manquait à la loyauté et à l'honneur, il était déclaré *félon*, dégradé solennellement et livré au dernier supplice. La courtoisie et le respect pour les femmes étaient des vertus chevaleresques[1]. » Ainsi cette société si violente avait su pourtant se créer un idéal de perfection. L'homme du moyen âge avait pour modèle, dans la vie religieuse, le saint, son patron ; dans la vie civile et politique, le chevalier.

1. Chéruel, *Dictionnaire des institutions et des coutumes de la France*, publié dans la collection de l'*Histoire universelle*, au mot *Chevalerie*.

CHAPITRE XXIII.

DERNIÈRES CROISADES; EMPIRE LATIN DE CONSTANTINOPLE.

1. La seconde croisade (1147). — 2. Prise de Jérusalem par Saladin (1187); troisième croisade (1189). — 3. Désastre de l'armée allemande et mort de Frédéric Barberousse (1190). — 4. Siège de Ptolémaïs (1191). — 5. Retour de Philippe, puis de Richard. — 6. Quatrième croisade; Venise (1202-1204). — 7. Fondation d'un empire français à Constantinople (1204-1261). — 8. Dernières croisades.

1. La seconde croisade (1147). — Dans une guerre contre le comte de Champagne, le roi de France Louis VII avait brûlé la ville de Vitry, et treize cents personnes réfugiées dans une église avaient péri dans l'incendie. Ce malheur n'était que trop ordinaire; mais il pesa sur la conscience du roi, et, pour l'expier, Louis prit la croix. Son père avait dû en partie ses succès à cette circonstance que les plus riches seigneurs avaient épuisé toutes leurs ressources pour aller à Jérusalem et que beaucoup n'en étaient point revenus. C'était donc une faute de renoncer à ce système. Mais aucun roi n'avait pris part à la première croisade : leur réputation, leur piété, en souffraient. L'empereur d'Allemagne voulait cette fois partir; le roi de France ne pouvait rester en arrière et abandonner ce royaume, fondé par des Français aux bords du Jourdain, où la discorde, la corruption, s'étaient glissées et qui déjà penchait vers la ruine, sous le poids des maux intérieurs et des attaques du dehors

Les Atabeks d'Alep venaient d'enlever Édesse en y massacrant toute la population chrétienne, et Noureddin menaçait la Palestine. Malgré les prudents conseils de l'abbé Suger, Louis résolut de se mettre à la tête d'une seconde expédition à la terre sainte. La croisade fut prêchée en France et en Allemagne par saint Bernard; mais déjà le zèle était bien refroidi. Une taxe générale, établie sur tout le royaume et sur toute condition, nobles, prêtres ou manants, causa beaucoup de murmures; à Sens, les bourgeois tuèrent l'abbé de Saint-Pierre le Vif, seigneur d'une partie de leur ville, à cause d'un impôt qu'il voulait lever. « Le roi, dit un contemporain, se mit en route au milieu des imprécations. » On avait offert à saint Bernard le commandement de l'expédition ; il se souvint de Pierre l'Ermite, et refusa.

Louis, après avoir pris l'oriflamme à Saint-Denis[1], s'achemina par Metz et l'Allemagne vers Constantinople. L'empereur Manuel envoya de fort loin des députés à sa rencontre. Nos seigneurs féodaux s'indignèrent des basses adulations de ces Grecs; un d'eux les interrompit en disant : « Ne parlez pas si souvent de la gloire de la piété, de la sagesse du roi; il se connaît et nous le connaissons. Dites brièvement ce que vous voulez. » Ce que voulait Manuel, tout effrayé qu'il était, c'est que les croisés lui prêtassent serment de fidélité. Ils y consentirent encore, non sans laisser échapper, comme la première fois, de sourdes menaces. Déjà les Allemands étaient au milieu de l'Asie Mineure; mais, trahis par leurs guides grecs, ils s'égarèrent dans les défilés du Taurus, et y tombèrent sous l'épée des Turcs. Conrad revint presque seul à Constantinople.

Louis, averti du péril, prit route le long de la mer et l'assura d'abord par la victoire du Méandre; mais aux environs de Laodicée, on entra dans les montagnes. L'ineptie des chefs et l'indiscipline des soldats amenèrent un premier désastre. Le roi faillit périr et combattit longtemps seul, tous les seigneurs qui faisaient son

---

1. L'*oriflamme* était la bannière de l'abbaye de Saint-Denis. Le roi, étant vassal de l'abbaye pour la terre du Vexin, prenait, chaque fois qu'il avait guerre, cet étendard, qui devint ainsi l'étendard royal. C'était un morceau de taffetas couleur de feu, sans broderie ni figure, fendu par le bas en trois endroits, orné de houppes de soie verte, et suspendu au bout d'une lance dorée.

escorte ayant été tués, « nobles fleurs de France, dit un chroniqueur, qui se fanèrent avant d'avoir porté leurs fruits sous les murs de Damas. » A Satalie, on jugea qu'il n'était pas possible d'aller plus loin. Le roi, les grands, montèrent sur des vaisseaux grecs pour achever par mer leur pèlerinage, abandonnant la multitude des pèlerins, qui périrent sous les flèches des Turcs, ou qui, accusant le Christ de les avoir trompés, se firent musulmans. 3000 échappèrent ainsi à la mort.

Louis, arrivé à Antioche, ne songea plus aux combats, mais à accomplir son vœu de pèlerin, à prier sur le saint sépulcre et à terminer au plus vite cette maloncontreuse entreprise. Sans plus écouter les prières que lui adressaient pour le retenir le prince d'Antioche et le comte de Tripoli, il précipita sa marche vers Jérusalem. Le peuple, les princes, les prélats sortirent au-devant de lui, portant des branches d'olivier et chantant : « Béni soit celui qui vient au nom du Seigneur. » Il fallait cependant faire quelque chose et tirer au moins une fois l'épée en terre sainte. On proposa l'attaque de Damas. C'est une des villes saintes de l'islamisme et la perle de l'Orient : entourée de jardins immenses qu'arrosent les divers bras du Baradi et qui forment autour d'elle une forêt d'orangers, de citronniers, de cèdres et d'arbres aux fruits dorés et savoureux, elle est la capitale du désert, et, pour la Syrie, un boulevard ou une menace perpétuelle, selon qu'elle est entre des mains amies ou hostiles. L'attaque parut d'abord réussir : on enleva les jardins; mais les princes chrétiens se disputèrent la peau de l'ours avant de l'avoir tué. Le choix du comte de Flandre pour prince de Damas indisposa les autres. On servit avec moins de zèle une cause devenue celle d'un seul homme, et on donna le temps aux secours musulmans d'arriver, à l'ours de montrer qu'il avait encore dents et ongles. Il fallut lever le siége et rentrer en Palestine. L'Europe revit encore bien peu de ceux qui étaient partis. La première croisade avait du moins atteint son but, elle avait délivré Jérusalem ;

la seconde avait inutilement répandu le sang chrétien. Après elle, la Palestine se trouva plus faible, l'islamisme plus fort, et ceux des croisés qui revinrent ne rapportèrent de leur entreprise que l'affront d'échecs répétés, ou, comme Louis VII, un malheur domestique qui, par sa conséquence, devint pour la France un malheur public.

2. Prise de Jérusalem par Saladin (1187); troisième croisade (1189). — La seconde croisade avait été inutile et, dès le milieu du douzième siècle, le zèle des pèlerins était bien tombé. D'ailleurs les fruits de la première expédition n'étaient pas encore entièrement perdus : Jérusalem restait aux mains des chrétiens. Mais, en 1171, un Kurde, homme d'un génie supérieur, Saladin, s'empara de l'Egypte sur les Fatimites, et, en 1173, se substitua en Syrie à son souverain, Noureddin. Une grande puissance musulmane s'était donc formée de l'Euphrate jusqu'au Nil, qui enveloppait les chrétiens d'Orient. Elle les écrasa à la journée de Tibériade où Guy de Lusignan fut pris. La cité sainte elle-même succomba. D'aussi grands coups pouvaient seuls réveiller l'Europe. Le pape réclama une croisade et établit sur toutes les terres, même celles de l'Eglise, la *dîme saladine*. Les trois plus puissants monarques de la chrétienté partirent : Frédéric Barberousse, Philippe Auguste et Richard Cœur de Lion (1189).

3. Désastre de l'armée allemande et mort de Frédéric Barberousse (1190). — Barberousse alla en Asie par la Hongrie et la Thrace. Son voyage ne fut qu'une répétition de celui des précédents croisés : mêmes misères le long de la route et, à Constantinople, mêmes tracasseries de l'empereur grec, déguisées sous une hypocrite adulation. Cependant l'armée allemande, pourvue d'argent et bien équipée, résistait mieux à toutes les difficultés et semblait devoir arriver heureusement au terme de l'entreprise, quand un événement imprévu changea son sort. En traversant les montagnes de la Cilicie, par la chaleur d'un jour de juin, pour abréger la route et se rafraîchir, l'Empereur voulut passer à la nage une petite rivière, le Selef ou Kalycadnus. Ses eaux glacées lui furent mortelles. Les musulmans virent dans cette mort le doigt de Dieu. « Frédéric se noya, dirent-ils, dans un lieu où il n'avait pas d'eau jusqu'à la ceinture : preuve que Dieu voulut nous en délivrer. » L'armée, frappée de ce coup, se dispersa et périt, sauf 5000 Allemands, restes de 100 000, qui atteignirent la terre sainte. Pendant ce désastre, les deux rois de France et d'Angleterre arrivaient.

C'étaient deux princes renommés : Philippe Auguste et Richard Cœur de Lion. Le premier s'était embarqué à Gênes, le second, à Marseille, et ils avaient relâché en Sicile pour y passer l'hiver : ils y étaient entrés amis, ils en sortirent ennemis. Peu s'en était fallu qu'ils n'en vinssent aux mains. Cette mésintelligence ruinait d'avance la croisade.

4. Siége de Ptolémaïs (110). — Philippe arriva le premier devant Ptolémaïs assiégé par Guy de Lusignan et les débris de l'armée allemande. Il refusa courtoisement de rien faire avant l'arrivée de Richard. Celui-ci s'était arrêté, chemin faisant, pour enlever et charger de chaînes d'argent Isaac Comnène, qui s'intitulait empereur de Chypre, et qui avait eu l'audace de fermer ses ports aux croisés. Lorsqu'il débarqua en Palestine, ces délais avaient permis à Saladin de rassembler toutes ses forces. Ptolémaïs, vaillamment défendu, résista plus de deux ans : neuf batailles furent livrées devant ses murs. Mais il faut remarquer, dans les rapports des chrétiens et des musulmans, le changement de mœurs qui s'était opéré depuis la première croisade. Le contact fréquent des chrétiens et des infidèles avait atténué de part et d'autre le fanatisme. « Nous ne sommes pas sans religion, disaient les musulmans à genoux en demandant la vie, nous descendons d'Abraham, et nous nous appelons *Sarrasins*, de son épouse *Sara*. » La haine féroce des premiers temps avait fait place, dans les chefs, à une sorte de courtoisie chevaleresque.

Saladin faisait porter aux princes chrétiens des fruits de Damas, et ils lui envoyaient des bijoux d'Europe. On commençait à s'estimer dans les camps opposés ; mais, sur le champ de bataille, le goût du sang revenait, et la guerre restait bien cruelle pour les vaincus. Richard retournait vers les siens avec une guirlande de têtes d'infidèles au poitrail de son cheval, son bouclier hérissé de flèches musulmanes « comme une pelote couverte d'aiguilles »; en un jour, il fit égorger 2700 prisonniers.

5. Retour de Philippe, puis de Richard. — Les discordes des rois de France et d'Angleterre avaient retardé la prise de Ptolémaïs (1191) ; elles déterminèrent ensuite le départ de Philippe Auguste. On a vu (p. 334) que Richard, à son tour, quitta la Palestine sans avoir rien fait : Jérusalem restait aux mains des infidèles.

6. Quatrième croisade; Venise (1202-1204). — Cette expédition fut une entreprise particulière. Depuis le mauvais succès de la troisième croisade, on oubliait Jérusalem, et, au lieu de ces pieuses expéditions, on ne voyait dans le monde chrétien que guerres entre les rois et les peuples. L'Angleterre, l'Allemagne, la France, jadis unies pour la délivrance du saint sépulcre, étaient armées les unes contre les autres. L'empereur Otton IV était excommunié, Philippe Auguste l'avait été, Jean le sera. Tous ces excommuniés songeaient peu à la terre sainte. Le grand pape Innocent III voulut la leur rappeler; il fit prêcher une croisade, promettant la rémission de tous les péchés à ceux qui y serviraient Dieu un an. Foulques, curé de Neuilly-sur-Marne, en fut le prédicateur. Il vint à un tournoi qu'on célébrait en Champagne, et son ardente parole fit prendre la croix à tous les princes et chevaliers qui s'y trouvaient. Cette fois encore les rois se tinrent à l'écart, le peuple aussi. La chevalerie seule s'engagea pour faire prouesse d'armes plus que par piété profonde, comme on le vit bien, car l'expédition ne fut, ou peu s'en faut, qu'une grande piraterie. Baudouin IX, comte de Flandre, et Boniface II, marquis de Monferrat, étaient à la tête. Comme on avait éprouvé précédemment que la route de mer était bien préférable à celle de terre, les croisés firent demander des vaisseaux à Venise.

Cette ville était alors la reine de l'Adriatique. Rejetés par l'invasion d'Attila dans les îlots des lagunes, les habitants de la terre ferme s'y étaient trouvés en sûreté et avaient prospéré dans cette situation unique au monde. Aucune des dominations qui avaient passé sur l'Italie n'avait pu les atteindre. Leur commerce s'était étendu; les îles, les côtes de l'Istrie et de l'Illyrie, avaient reconnu leur suprématie. Quand les croisades se firent, ils les secondèrent par piété, mais aussi par esprit de lucre. Les musulmans et les Grecs étaient leurs rivaux dans la Méditerranée orientale; ils trouvèrent l'occasion bonne pour les déposséder. Les services intéressés qu'ils rendirent aux croisés leur valurent en 1130 le privilége d'ouvrir dans chaque ville du nouveau royaume de Jérusalem un quartier exclusivement à eux. En même temps ils s'emparèrent des îles grecques de Rhodes, Samos, Scio, Mitylène et Andros. En 1177, c'est à Venise qu'eut lieu l'entrevue du pape Alexandre III et de Frédéric Barberousse. Une dalle de porphyre rouge marque encore dans le vestibule de Saint-Marc, à droite de la porte d'entrée, la place où se fit cette réconciliation qui rendit la paix à l'Italie. En souvenir de ce grand événement, Alexandre III donna au chef de Venise cet anneau que le doge jeta dans la mer pour épouser l'Adriatique, et depuis, chaque année, il recommença ses ambitieuses fiançailles avec une pompe qui exaltait l'orgueil et le patriotisme des Vénitiens. Quatre ans auparavant, Venise avait rendu son doge électif et constitué, avec son grand conseil, ce gouvernement aristocratique qui fit si longtemps sa grandeur.

Telle était Venise quand s'y présentèrent les croisés. Geoffroy de Villehardouin, sénéchal du comté de Champagne, raconte lui-même l'ambassade dont il faisait partie. C'est un curieux spectacle que celui de ces seigneurs féodaux obligés de *requérir le peuple humblement*, s'agenouillant et pleurant pour faire leur demande. « Nous l'octroyons, nous l'octroyons ! » s'écria le peuple souverain. Ville marchande et maritime, Venise ne pouvait que vendre un pareil service. Elle demanda 85 000 marcs d'argent (4 millions de francs). Les chevaliers ne remuaient pas de si grosses sommes. Au lieu d'argent, les Vénitiens consentirent à recevoir en payement une ville ennemie que les croisées prendraient pour eux. Ce fut Zara, qui était très-précieuse pour la navigation et que le roi de Hongrie occupait. En vain Innocent III tonna contre ce détournement de la croisade; les Vénitiens eurent Zara, et donnèrent des vaisseaux; le doge Dandolo, âgé de quatre-vingt-dix ans, prit même la croix (1202). Ce premier compte ainsi réglé, on put partir. Mais où aller? Les échecs des deux dernières croisades montraient qu'il fallait avoir un point d'appui pour opérer sûrement en Palestine, et ce point d'appui devait être l'Egypte ou l'empire grec. Les Vénitiens persuadèrent à leurs alliés que les clefs de Jérusalem étaient au Caire ou à Constantinople. Il y avait du vrai dans cette pensée, mais il y avait surtout un intérêt commercial. La possession de Constantinople aurait donné aux marchands de Venise le commerce de la mer Noire et tout l'Archipel; celle du Caire leur eut assuré la route de l'Inde, et ils venaient de conclure un traité avec les musulmans d'Egypte. On se décida pour Constantinople, où un jeune prince grec, Alexis, s'offrit à conduire les croisés, à condition qu'ils rétabliraient sur le trône son père, Isaac l'Ange, qui en avait été précipité (1203).

Quand les Français, arrivés en vue de Constantinople, aperçurent ses hauts murs, ses églises innombrables qui étincelaient au soleil avec leurs dômes dorés, et que leurs regards se furent promenés, dit Villehardouin, « et de long et de large sur cette ville qui de toutes les autres étoit souveraine, sachez qu'il n'y eut si hardi à qui le cœur ne frémît..., et chacun regardoit ses armes, que bientôt en auront besoin. » Sur le rivage s'alignait une magnifique armée de 60 000 hommes. Les croisés comptaient sur une bataille terrible. Des barques les conduisirent à terre tout armés. Avant même de toucher la plage « les chevaliers sortent des vaisseaux et saillent en la mer jusqu'à la ceinture, tout armés, les heaumes lacés, les glaives ès mains et les bons archers, et les bons sergents, et les bons arbalestriers. Et les Grecs firent moult grand semblant de les arrêter. Et quand ce vint aux lances baisser, les Grecs leur tournent le dos et s'en vont fuyant et leur laissent le rivage. Et sachez que oncques plus orgueilleusement nul pas ne fut pris. » Le 18 juillet la ville fut emportée d'assaut, et le vieil empereur, tiré de son cachot, fut rétabli sur le trône. Alexis avait fait aux croisés les plus brillantes promesses ; pour les tenir, il mit de nouveaux impôts et exaspéra si bien ce peuple débile, qu'il étrangla son empereur, en fit un autre, Murtzuphle, et ferma les portes de la ville. Les croisés l'attaquèrent aussitôt. Trois jours leur suffirent pour y rentrer (12 avril 1204) ; cette fois ils la mirent à sac : tout un quartier, une lieue carrée de terrain, fut brûlé. Que de chefs-d'œuvre périrent alors !

7. Fondation d'un empire français à Constantinople (1204-1261). — Constantinople prise, on se partagea l'empire. Baudouin IV, comte de Flandre, fut élu empereur; Boniface, marquis de Montferrat, roi de Macédoine; Villehardouin, maréchal de Romanie, et son neveu, prince d'Achaïe. Il y eut des ducs d'Athènes et de Naxos, des comtes de Céphalonie, un sire de Thèbes, de Corinthe, etc.; Venise garda un quartier de Constantinople, avec tous les ports de l'empire et toutes les îles. C'était une nouvelle France qui s'élevait avec ses mœurs féodales à l'extrémité de l'Europe : mais les croisés étaient trop peu nombreux pour garder longtemps leur conquête. En 1261 l'empire latin s'écroula. Cependant, jusqu'à la fin du moyen âge et jusqu'aux conquêtes des Turcs, il subsista dans certaines portions de la Grèce un reste de ces principautés féodales si étrangement

Constantinople, Pointe du Sérail.

établies par les Français du treizième siècle sur le vieux sol de Miltiade et de Léonidas.

8. Dernières croisades. — Une cinquième expédition pour la terre sainte fut entreprise en 1217 par Jean de Brienne, roi titulaire de Jérusalem, et André roi de Hongrie. Elle ne fut remarquable que par la direction qu'elle prit. Les croisés se dirigèrent sur l'Égypte dans la pensée que c'était au Caire qu'ils pouvaient conquérir le saint sépulcre. C'était en effet de l'Egypte que venaient tous les secours aux musulmans de Palestine. Jean de Brienne prit Damiette, mais ne put aller plus loin ; une révolte de ses magnats avait rappelé le roi de Hongrie dans ses Etats.

Pour la sixième croisade exécutée par Frédéric, II voyez page 306, et pour les deux croisades de saint Louis, le règne de ce prince, pages 435 et 451.

CHAPITRE XXIV.

PROGRÈS DU POUVOIR ROYAL EN FRANCE; LES QUATRE PREMIERS CAPÉTIENS[1].

1. Hugues Capet fonde la troisième race (987-996). — 2. Réunion d'un grand fief à la couronne. — 3. Opposition au nouveau roi. — 4. Inaction forcée des premiers Capétiens. — 5. Alliance des premiers Capétiens avec l'Église. — 6. Robert (996-1031); son excommunication (998). — 7. La reine Constance et les Aquitains. — 8. Importance extérieure du titre de roi de France; acquisition du duché de Bourgogne (1016). — 9. Persécution contre les juifs (1010); premiers hérétiques brûlés (1022). — 10. Henri Ier (1031-1060); fondation de la première maison capétienne de Bourgogne. — 11. Inertie de Henri Ier; son mariage avec une princesse russe. — 12. Le duc de Normandie; les comtes de Blois et d'Anjou. — 13. La trêve de Dieu (1041). — 14. Philippe Ier (1060-1108). — 15. Conquête de l'Italie méridionale par les Normands (1040-1130). — 16. Conquête du Portugal par un prince français (1094).

1. Hugues Capet fonde la troisième race (987-996). — Louis V avait un oncle, le Carlovingien Charles, duc de la basse Lorraine ou de Lothier (Brabant, Liége, etc.), et par conséquent vassal du roi de Germanie. Mais Hugues Capet, fils aîné de Hugues le Grand et duc de France, comte de Paris et d'Orléans, de plus, abbé de Saint-Martin de Tours, de Saint-Riquier et de Saint-Germain des Prés, c'est-à-dire disposant des revenus et de l'influence de trois des plus riches abbayes de France, se décida enfin à prendre le titre de roi que son père avait

---

1. Ouvrages à consulter : la *Chronique* de Raoul Glaber, liv. II-V ; *Vie du roi Robert*, par Helgaud ; *Poëme* d'Adalbéron *sur le règne de Robert* ; *Vie de Bouchard, comte de Melun*, par Odon ; *Fragment de l'histoire des Français* et *Chronique* de Hugues de Fleury, dans la collection de M. Guizot ; Aug. Thierry, *Histoire de la conquête de l'Angleterre par les Normands*; Lingard, *Histoire d'Angleterre* ; Fleury, *Histoire d'Angleterre* ; Zeller, *Histoire d'Italie*, et Bouchot, *Histoire du Portugal*, dans la collection de l'*Histoire universelle*.

dédaigné. Le duc de Bourgogne était son frère, le duc de Normandie son beau-frère. Ces princes, réunis à Senlis aux principaux seigneurs et évêques de France, rejetèrent Charles de Lorraine, que son étroite alliance avec les Allemands faisait regarder comme un étranger, et proclamèrent Hugues Capet qui fut sacré à Noyon. « Le royaume ne s'acquiert point par droit héréditaire, avait dit l'archevêque de Reims, Adalbéron, mais par noblesse de sang et sagesse d'esprit; » et il avait proposé l'élection de celui qui l'avait protégé contre les menaces de Lothaire, et que l'on appelait le grand duc. Du vivant même de Lothaire, Gerbert, le futur pape Sylvestre II, comme deux siècles et demi plus tôt, le pape Zacharie, avait condamné l'ancienne race royale : « Lothaire est roi de nom, disait-il, mais Hugues est roi de

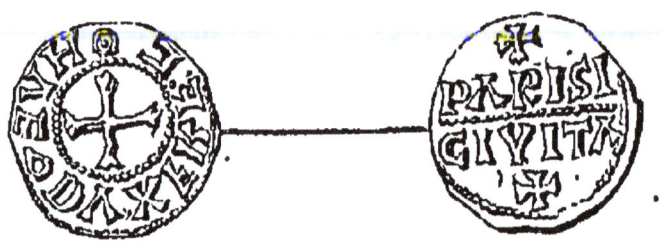

Médaille de Hugues Capet

fait et par ses œuvres. » Et l'on contait que les saints eux-mêmes s'étaient mis du côté de la nouvelle dynastie : Hugues Capet faisant bâtir une chapelle à Saint-Valéry, le saint lui était apparu et lui avait dit : « Toi et tes descendants vous serez rois jusqu'à la génération la plus reculée. »

2. Réunion d'un grand fief à la couronne. — Hugues Capet fonda ainsi une nouvelle maison qui régnait récemment encore sur plusieurs trônes de l'Europe et vient d'en recouvrer un. Mais le nom de roi au dixième siècle donnait si peu de pouvoir, que cette fin de la dynastie carlovingienne et cet avénement d'une troisième race royale causèrent peu de sensation dans les provinces éloignées. On n'y voyait que la fin d'une lutte séculaire et de longs tiraillements. C'était pourtant un grave événement. La France rompait définitivement avec l'Allemagne et avec l'empire, et de plus, la couronne se trouvait réunie à un grand fief. Le roi devenait au moins, comme duc de France, comte de Paris, d'Orléans, etc., l'égal des plus puissants seigneurs. Que les circonstances lui viennent en aide, et il fera valoir les droits de son titre. Déjà, avec une adresse qui aura de sérieuses conséquences, il fait sacrer roi son fils dès la première année de son règne et prévient le retour de ces comices électoraux d'où venait de sortir sa propre royauté, mais d'où serait sortie pour la France, s'ils y eussent été répétés aussi fréquemment qu'au-delà du Rhin, l'anarchie cinq ou six fois séculaire de l'Allemagne.

3. Opposition au nouveau roi. — Tous les grands seigneurs de France n'avaient point accepté le nouveau roi. Quelques-uns se déclarèrent pour Charles de Lorraine, mais le soutinrent mal. Charles, vaincu après une guerre qui dura deux ans et demi, fut pris et enfermé dans la tour d'Orléans, où il mourut l'année suivante[1]. Hugues Capet fut moins heureux dans l'Aquitaine. Il vainquit bien le comte de Poitiers, qui lui fit hommage, mais ce prince fut lui-même battu par le comte de Périgord, Adelbert, qui vint jusqu'à la Loire assiéger Tours. Une légende raconte que Hugues lui ordonna de se désister de cette entreprise, et qu'Adelbert n'obéissant pas, il lui envoya un messager avec cette question : « Qui t'a fait comte ? — Qui t'a fait roi ? » aurait répondu l'orgueilleux seigneur. Hugues Capet ne s'opiniâtra point à obtenir la soumission de ces Aquitains indociles. Il les laissa signer leurs chartes de ces mots : *Deo regnante*, pendant le règne de Dieu, en attendant un roi.

---

[1]. Son fils aîné, duc de Lothier ou de Brabant, mourut en 1005 sans postérité. Deux autres fils jumeaux du duc Charles n'ont pas laissé de traces certaines de leurs destinées. Les Guises se prétendirent, au seizième siècle, les descendants de ce prince.

4. Inaction forcée des premiers Capétiens. — Ce roi, ils furent deux siècles à l'attendre, jusqu'à Philippe Auguste, qui rendit enfin à la couronne une partie des droits qu'elle avait perdus. Pendant la première moitié de cette période de deux siècles, il y eut des princes ayant un titre, une dignité, bien plus qu'une puissance. Les trois premiers successeurs de Hugues Capet occupèrent le trône cent douze années (996-1108), sans que l'histoire ait à peine autre chose à dire d'eux que leur nom.

Au reste, il ne faut pas demander à ces rois plus qu'ils ne pouvaient faire. Depuis que l'hérédité des fiefs avait morcelé le territoire et que l'hérédité des offices avait divisé l'autorité, il ne restait au prince ni assez de force matérielle ni assez d'influence pour agir hors de ses propres domaines à un autre titre qu'à celui de suzerain, tenant réunies les diverses provinces par le lien féodal, qui, sans lui, eût été rompu. Sur ses domaines il vivait comme les autres seigneurs féodaux; il tenait sa cour de justice, cour plénière, parlement, faisait des chevauchées d'une de ses villes à l'autre, et n'interrompait ses longs loisirs que par des actes répétés de dévotion, de longues chasses dans les forêts qui avaient repris possession du pays, ou par une guerre contre quelque baron du voisinage. Pour le reste du royaume, tout y allait de soi, les seigneurs, sur leurs terres, faisant des lois et faisant la guerre, jugeant et exécutant, sans que le roi s'en mêlât. Le dernier capitulaire, c'est-à-dire la dernière loi générale pour tout le royaume, est du temps de Charles le Simple, et les plus anciens titres qui nous restent de la troisième race sont postérieurs à l'an 1000. Encore ne sont-ce, jusqu'à Philippe Auguste, que des chartes particulières. Pour trouver un document d'intérêt général, il faut descendre jusqu'à l'année 1190.

5. Alliance des premiers Capétiens avec l'Église. — Ces princes avaient cependant suivi l'exemple des premiers Carlovingiens et s'étaient étroitement unis à l'Eglise. S'ils ne tirèrent pas d'abord de cette alliance des résultats aussi brillants que Pépin et Charlemagne, du moins l'Église consacra leur droit et le rendit populaire. Jusqu'à Philippe Auguste, chaque roi prit soin de faire sacrer, de son vivant, son fils aîné. Hugues Capet, dit la légende, ne porta jamais la couronne, mais la chape d'abbé de Saint-Martin de Tours, et rendit à l'Eglise plusieurs abbayes qu'il possédait. Robert fut un vrai saint, et, malgré quelques actes de sévérité de la part du souverain pontife, les princes de la nouvelle dynastie méritèrent le surnom que Rome reconnaissante leur donnera de *fils aînés de l'Église*.

6. Robert (996-1031); son excommunication (998). — Hugues Capet était mort en 996, âgé de cinquante-quatre ans. Robert, qu'il s'était associé de son vivant, fut un moine plutôt qu'un roi, plus occupé d'aumônes et de chants d'église [1], que de mettre de l'ordre dans l'Etat, ce qui, au reste, lui eût été impossible. Cette quiétude fut pourtant troublée par une excommunication dont le pape le frappa pour avoir épousé Berthe, sa parente. Malgré sa piété, Robert résista d'abord aux foudres de Rome. Mais la terreur répandue dans le peuple par la sentence pontificale était si grande, dit un écrivain du temps, que tout le monde fuyait à l'approche du roi. Il ne resta près de lui que deux serviteurs pour lui apprêter sa nourriture; et ils purifiaient par la flamme tous les vases auxquels il avait touché. Robert se soumit : il répudia Berthe et épousa Constance.

7. La reine Constance et les Aquitains. — Cette femme impérieuse, que le roi lui-même en vint à redouter, était fille du comte de Toulouse. Elle amena avec elle quelques-uns des troubadours qui charmaient de leurs vers toutes les cours du Midi. Mais ces Aquitains, par leur élégance, leur luxe, leurs mœurs légères,

---

[1]. Il nourrissait quelquefois jusqu'à mille pauvres par jour, et le jeudi saint il lavait les pieds à plusieurs et les servait à genoux. Il aimait à chanter au lutrin, et composa des hymnes que l'Eglise conserva.

choquèrent singulièrement les Français du Nord, et il nous reste, dans le récit des écrivains du temps, une curieuse preuve de l'antipathie des deux races. « Dès que Constance parut à la cour, dit Raoul Glaber, on vit la France inondée d'une espèce de gens, les plus vains et les plus légers de tous les hommes. Leurs façons de vivre, leur habillement, leur armure, les harnais de leurs chevaux, étaient également bizarres. Leurs cheveux descendaient à peine au milieu de la tête : vrais histrions dont le menton rasé, les hauts-de-chausses, les bottines ridicules, terminées par un bec recourbé, et tout l'extérieur mal composé, annonçaient le dérèglement de leur âme. Hommes sans foi, sans loi, sans pudeur, dont les contagieux exemples corrompirent la nation française autrefois si décente, et la précipitèrent dans toutes sortes de débauches et de méchancetés. » Il faudra se souvenir, quand nous arriverons à la croisade des Albigeois, de ces vieilles préventions des Français du Nord contre ceux du Midi, pour comprendre le caractère atroce de cette guerre.

Constance, « qui jamais ne plaisante, » dit le moine Helgaud dans la touchante histoire qu'il nous a laissée de Robert, Constance fit le tourment du bon roi. Il se cachait d'elle pour faire ses aumônes, et elle poussa à la révolte son fils aîné Hugues, qui mourut en 1025, puis Henri, son troisième fils.

8. Importance extérieure du titre de roi de France ; acquisition du duché de Bourgogne (1016). — De loin le titre de roi de France faisait illusion. Sous le règne précédent, le duc Borel, qui commandait dans la marche d'Espagne, menacé par les Sarrasins, avait invoqué le secours de Hugues Capet, comme jadis les émirs de Saragosse et de Huesca imploraient celui de Charlemagne. Lorsque les Italiens voulurent se débarrasser, à l'avénement de Conrad Ier, de la domination allemande, ils offrirent la couronne de leur pays à Robert. Les seigneurs de Lorraine lui proposèrent en même temps de le reconnaître pour leur suzerain. Robert, effrayé de tant d'honneur, se hâta de refuser. Il avait raison pour l'Italie; il eut tort pour la Lorraine. Mais ce refus n'était sans doute que le juste sentiment de sa faiblesse. Ce roi acquit pourtant le duché de Bourgogne après une guerre de cinq ans (1016). La maison royale se trouva alors posséder deux des plus grands fiefs, les duchés de France et de Bourgogne. Malheureusement Henri, qui succédera à son père comme roi, ne saura pas conserver le dernier.

9. Persécution contre les juifs (1010); premiers hérétiques brûlés (1022). — On note sous le règne de ce prince, en 997, une insurrection des serfs de Normandie (voy. p. 397), une persécution cruelle des juifs, en représailles de la destruction de l'église du Saint-Sépulcre, à Jérusalem, par le khalife fatimite d'Égypte, et la première exécution, en France, d'hérétiques. Treize de ces malheureux furent brûlés à Orléans (1022). Un d'eux avait été confesseur de la reine Constance. Comme il passait près d'elle pour aller au supplice, elle lui creva un œil avec une baguette qu'elle tenait à la main. D'autres exécutions eurent lieu à Toulouse et ailleurs. L'hérésie indignait les fidèles et l'Église, mais elle attestait un certain mouvement des esprits. Ces écarts mêmes de l'intelligence hors de la voie tracée prouvent que nous ne sommes plus au temps où la pensée était comme morte. La première *renaissance* commence au onzième siècle.

10. Henri Ier (1031-1060); fondation de la première maison capétienne de Bourgogne. — Henri Ier n'était que le troisième fils de Robert; un de ses frères aînés était mort et l'autre, « étant imbécile, ne fut pas roi. » Cette fois le duc d'Aquitaine assista au couronnement. La maison capétienne prenait racine dans le pays. Henri eut à souffrir de l'ambition de sa mère. Constance eût voulu que la couronne passât à son quatrième fils Robert. Henri ne se débarrassa de cette rivalité qu'en cédant la Bourgogne à son frère, qui devint la tige de la première maison capétienne de Bourgogne, laquelle subsista jusqu'à l'année 1361. Henri eut encore à dissiper une révolte de son autre frère Eudes, qu'il prit et renferma dans le château d'Orléans (1041).

11. Inertie de Henri I*er*; son mariage avec une princesse russe. — Ce règne de trente années est vide de faits. « Nous avons vu, dit un contemporain, l'inertie du roi Robert, nous voyons maintenant celle de son fils, le roitelet Henri, héritier de la paresse paternelle. » Sauf en effet quelques expéditions en Normandie, la plupart malheureuses, Henri I*er* ne fit rien. En 1046 il rejeta l'offre que lui envoyait le duc de Lorraine de le reconnaître pour suzerain, et il laissa le comte de Flandre porter son hommage à l'empereur d'Allemagne.

L'acte le plus remarquable de ce règne fut le mariage du roi avec une fille du grand-duc de Russie. Henri avait pris une princesse si éloignée, afin d'être bien sûr qu'elle ne serait point sa parente à un degré prohibé par l'Église. Anne descendait, disait-on, de Philippe de Macédoine. Son premier-né porta le nom du père d'Alexandre.

12. Le duc de Normandie; les comtes de Blois et d'Anjou. — Si la royauté ne faisait rien, c'est que les seigneurs faisaient beaucoup. Trois surtout occupaient la France du bruit de leur ambition et de leurs guerres.

Robert, surnommé *le Magnifique* par les grands, et *le Diable* par le peuple, avait usurpé la couronne ducale de Normandie en empoisonnant, dans un festin, son frère, Richard III, avec ses principaux barons. A force d'énergie et de courage, il écrasa les résistances que ce crime avait soulevées, et, maître incontesté de la Normandie, intervint chez tous ses voisins. Il soutint le roi Henri contre son frère, ce qui lui valut en retour le Vexin français. Il voulut renverser du trône d'Angleterre, Kanut le Grand, au profit des fils d'Ethelred, ses cousins; mais, la tempête ayant rejeté sa flotte des côtes anglaises sur celles de la Bretagne, il envahit ce pays et força le duc Alain à lui faire hommage (1033). En 1035, pris de remords, il alla chercher à Jérusalem le repos de sa conscience. Il mourut au retour, dans l'Asie Mineure. On voit encore au-dessous de Rouen, dans un des plus beaux sites de Normandie, une colline qui porte quelques ruines informes. Ce sont les débris du château de Robert le Diable, qui, au dire des légendes, fut hanté longtemps par les mauvais esprits; et ce serait non loin de là que Jean sans Terre aurait poignardé son neveu.

Ruines du château de Robert le Diable.

Le fils de Robert, Guillaume le Bâtard, eut beaucoup à faire pour obtenir l'obéissance de ses vassaux. La bataille du Val des Dunes, près de Caen (1046), le débarrassa enfin de ses adversaires. Le roi Henri, son suzerain, y avait combattu pour lui; mais il trouva bientôt le jeune duc trop puissant et s'allia à tous ses ennemis. Ce fut la cause de rencontres nombreuses entre les Normands et les *Français* (habitants de l'*Ile-*

de-France). Celle de Mortemer, en 1054, fut la plus sanglante.

Le roi, aidé du comte d'Anjou, était entré en Normandie par le comté d'Evreux, tandis que son frère Eudes pénétrait dans le pays de Caux à la tête d'une troupe de chevaliers picards, champenois et bourguignons. Le duc Guillaume fit face avec deux armées à cette double invasion ; ceux qui marchaient contre Eudes rencontrèrent, près de Mortemer, les Français dispersés au pillage. Ils tuèrent les uns, prirent les autres, et mirent le reste en fuite. De rapides messagers portèrent au duc ces bonnes nouvelles. « La nuit venue, il envoya un des siens, qui monta sur un arbre, près du camp du roi, et se mit à pousser de grands cris. Les sentinelles lui ayant demandé pourquoi il criait ainsi à pareille heure : « Je m'appelle Raoul de Ternois, répondit-il, et « je vous apporte de mauvaises nouvelles. Conduisez « vos chariots à Mortemer, pour emporter vos amis qui « sont morts, car les Français sont venus vers nous, « afin d'éprouver la chevalerie des Normands, et ils « l'ont trouvée beaucoup plus forte qu'ils ne l'eussent « voulu. Eudes, leur porte-bannière, a été mis en fuite, « le comte de Ponthieu est prisonnier ; les autres ont « été pris ou tués. Annoncez au plus tôt ces nouvelles « au roi des Français de la part du duc de Normandie. » Le roi, effrayé, se retira en toute hâte, et son allié Geoffroy Martel fut obligé d'abandonner à Guillaume la suzeraineté sur le Maine.

Eudes II, comte de Blois, voulut s'emparer du royaume de Provence, ensuite de la Lorraine, et il comptait réunir encore à la Lotharingie reconstituée la couronne d'Italie. Mais une bataille dans le Barrois mit à néant les espérances du turbulent baron ; Eudes y fut vaincu et tué (1037) ; sa femme seule put le reconnaître au milieu des cadavres qui jonchaient le sol et faire rendre les derniers honneurs à ses restes.

Un prince, contre lequel Eudes combattit souvent, eut encore plus de renommée, Foulques Nerra ou le Noir, comte d'Anjou, qui accomplit trois pèlerinages à la terre sainte. Au dernier, il se fit traîner sur une claie par les rues de Jérusalem, nu, la corde au cou, fouetté à grands coups par deux de ses valets, et criant de toutes ses forces : « Seigneur, ayez pitié du traître, du parjure Foulques! » Puis il entreprit de revenir à pied, mais ne put dépasser Metz (1040). Foulques avait en effet bien des crimes à expier. Sa nièce Constance s'étant plainte à lui d'un favori de son époux, Foulques avait envoyé douze chevaliers, avec ordre de poignarder le favori partout où ils le trouveraient. De ses deux femmes il avait fait brûler l'une, ou, selon quelques-uns, il l'avait poignardée lui-même, après qu'elle s'était sauvée d'un précipice où il l'avait jetée; l'autre, il l'avait contrainte, par ses mauvais traitements, à se retirer en Palestine. Son fils Geoffroy Martel fut aussi batailleur. Il avait voulu en 1036 contraindre par les armes son père à lui céder le comté d'Anjou; mais le vieux Foulques l'avait vaincu et soumis à la peine du *harnescar*. Le fils rebelle avait fait plusieurs milles en rampant, une selle sur le dos, pour venir aux pieds du comte implorer son pardon. Geoffroy Martel, jaloux de la puissance du duc de Normandie, s'unit contre lui au roi Henri Ier. Ses successeurs suivirent cette politique, et les rois de France eurent dans les comtes d'Anjou d'utiles alliés contre les ducs normands devenus rois d'Angleterre, jusqu'au moment du moins où ces comtes héritèrent eux-mêmes de la couronne britannique. On rapporte que la femme de Geoffroy Martel aimait la lecture, mais que telle était alors la rareté des livres, qu'elle fut obligée de donner deux cents moutons, cinq quartiers de froment et autant de seigle et de millet pour avoir un manuscrit renfermant des homélies.

13. La trêve de Dieu (1041). — Pour diminuer les maux qu'entraînaient les guerres continuelles des seigneurs entre eux, l'Eglise fit adopter par beaucoup de princes un pacte ainsi conçu : « Du mercredi soir au lundi matin de chaque semaine, les jours de grandes fêtes, l'avent et le carême tout entiers, il est interdit de faire œuvre de guerre. Ce sera la *trève de Dieu*. Celui qui l'enfreindra payera une *composition* pour sa vie ou sera banni du pays. » Cette trève, quoique mal observée, fut un grand bienfait pour les populations (1041).

14. Philippe Ier (1060-1108). — Philippe Ier n'avait que sept ans à la mort de son père, mais le roi Henri avait eu soin de le faire sacrer à Reims de son vivant. Cette couronne, d'ailleurs, des premiers Capétiens était si peu de chose, que, même sur la tête d'un enfant, elle ne donnait à personne l'envie de s'en saisir. Le règne de Philippe Ier eût été encore moins rempli que celui de son père, si la nation avait été engourdie et somnolente comme son chef.

Ce prince vit quelques gentilshommes de Coutance soumettre l'Italie méridionale et la Sicile, un Capétien de la maison de Bourgogne fonder le royaume de Portugal, le duc de Normandie, Guillaume le Bâtard, faire la conquête de l'Angleterre, enfin toute la chevalerie de France s'élancer à la croisade. Il laissa ces grandes choses s'accomplir sans y prendre part. A la fin pourtant, piqué de jalousie contre son trop puissant vassal, le duc de Normandie, il lui montra, sinon une inimitié bien dangereuse, du moins un mauvais vouloir obstiné. Il soutint contre lui les Bretons et l'obligea de lever le siège de Dol (1075); il secourut son fils aîné Robert, qui s'était révolté contre le nouveau roi et qui, au siége du château de Gerberoi, combattit contre son père sans le reconnaître, le désarçonna et le blessa. Mais cette assistance attira à Philippe une guerre fâcheuse. « Quand donc ce gros homme accouchera-t-il? » avait-il dit en raillant l'embonpoint de Guillaume. A quoi le Conquérant avait répondu qu'il irait faire à Paris ses relevailles avec dix mille lances en guise de cierges. Il faillit tenir parole. Il entra dans les domaines du roi, mettant tout à feu et à sang. Mantes fut pris et brûlé; beaucoup de personnes qui s'étaient réfugiées dans les églises périrent par les flammes. Les coureurs du duc incendièrent des villages jusqu'aux portes de Paris. Heureusement il tomba malade à Mantes et s'en alla mourir près de Rouen (1087).

Le roi de France continua la même politique sous le successeur du Conquérant, mais avec la même mollesse. Il soutint encore Robert, duc de Normandie, contre Guillaume le Roux, qui avait usurpé sur son frère aîné la couronne d'Angleterre, et il vendit au dernier sa défection. Il sentait bien le danger où était la France, avec un roi d'Angleterre maître, par la Normandie, des avenues de Paris, et il n'avait pas le courage de faire l'effort nécessaire pour conjurer ce péril.

Son mariage avec Bertrade, femme du duc d'Anjou, l'exposa à une excommunication dont l'Église, gardienne des lois morales, le frappa. Pendant dix années, il n'en tint compte. Sous ce prince indolent, le domaine s'accrut pourtant du Vexin français, du Gâtinais et de la vicomté de Bourges.

15. Conquête de l'Italie méridionale par les Normands (1053-1130). — Vers l'an 1016, des pèlerins normands venus à Rome furent employés par le pape contre les Grecs qui attaquaient Bénévent. D'autres revenant de Jérusalem aidèrent les habitants de Salerne à chasser les Sarrasins qui les assiégeaient. Le bruit de leurs succès, celui surtout du butin qu'ils enlevèrent, firent accourir d'autres Normands. Il en vint tant qu'ils se trouvèrent assez forts pour rester les maîtres du pays. Le pape Léon IX se repentit de s'être donné de si vaillants voisins et marcha contre eux avec une armée d'Allemands. Ils le firent prisonnier; mais ils se souvinrent que le pontife disposait des couronnes, et qu'il pouvait donner le droit à celui qui n'avait que la force. Ils s'agenouillèrent devant leur captif, se déclarèrent ses vassaux, et reçurent de lui en fief tout ce qu'ils avaient conquis (1053). Le pape sortit de captivité suzerain d'un nouvel État : le duché de Pouille, auquel les Normands ajoutèrent bientôt la

Sicile ; le tout fut réuni en 1130 sous le nom de royaume des Deux-Siciles, et une dynastie normande, ayant pour chefs Robert Guiscard et Roger, les fils de Tancrède de Hauteville, gentilhomme de Coutances, régna à Naples, où des comtes d'Anjou portèrent aussi la couronne et où la maison de Bourbon fut si longtemps souveraine.

16. Conquête du Portugal par un prince français (1094). — Les infidèles étaient en Sicile et à Jérusalem ; ils étaient plus près encore et plus menaçants en Espagne. De bonne heure des chevaliers français prirent la route des Pyrénées pour soutenir les chrétiens de ce pays. En 1086, après la désastreuse bataille de Zallaka (le lieu glissant), Alphonse VI écrivit au roi de France pour implorer ses secours. L'indolent monarque ne répondit point à cet appel d'honneur ; mais une foule de chevaliers passèrent les monts et aidèrent le roi de Castille à rejeter les Arabes sur l'Andalousie. Parmi ces pieux volontaires, on vit arriver, vers la fin du onzième siècle, deux princes, Raymond, comte de Toulouse, et Henri, quatrième fils du duc capétien de Bourgogne. Tous deux venaient combattre sous l'étendard d'Alphonse VI, roi de Castille. Leurs services furent éclatants, car Alphonse leur donna ses deux filles en mariage. Avec la main de Tarreja, Henri reçut un territoire qui s'étendait alors du Minho au Mondego (1094). C'était un petit domaine : il se chargea de l'agrandir aux dépens des infidèles. Il remporta sur eux dix-sept victoires et fonda glorieusement l'indépendance du Portugal. Ses descendants y règnent encore (branche de Bragance), mais de bonne heure oublièrent leur patrie d'origine. Celle-ci leur doit pourtant un souvenir, car ils portèrent son nom avec honneur aux extrémités de l'Occident.

CHAPITRE XXV.

AFFRANCHISSEMENT DES COMMUNES; LOUIS VI[1].

1. Étendue du domaine royal à la fin du onzième siècle. — 2. Grands vassaux de la couronne et féodalité ecclésiastique. — 3. Activité de Louis VI; bonne police dans ses domaines; il protége les églises. — 4. Mouvement dans la population urbaine et rurale. — 5. Villes nouvelles. — 6. Anciennes cités et débris des anciennes institutions urbaines. — 7. Insurrections sur plusieurs points pour obtenir des chartes de commune (1066). — 8. Intervention du roi dans cette révolution. — 9. Histoire de la commune de Laon (1106-1128). — 10. Caractère et conséquences de la révolution communale. — 11. Pouvoir croissant du roi. — 12. Meurtre du comte de Flandre (1127). — 13. Influence de Louis VI dans le Midi. — 14. Trois papes en France. — 15. Abelard. — 16. Louis VII (1137-2180) : son mariage avec Éléonore de Guyenne. — 17. Continuation de la politique de Louis le Gros (1136-1147). — 18. Divorce de Louis VII; puissance de l'Angleterre. — 19. Administration de Louis VII; Suger. — 20. Caractère nouveau de la royauté française au treizième siècle.

1. Étendue du domaine royal à la fin du onzième siècle. — Le domaine royal avait bien diminué depuis le jour où Hugues Capet y avait réuni tout le duché de France : Philippe Ier ne possédait plus, à sa mort, que les comtés de Paris, de Melun, d'Étampes, d'Orléans et de Sens; encore n'avait-il pas la route libre de l'une de ces villes à l'autre. Entre Paris et Étampes s'élevait le château du seigneur de Montlhéry; entre Paris et Melun, la ville de Corbeil, dont le comte espéra quelque temps pouvoir fonder une quatrième dynastie; enfin,

---

[1]. Principaux ouvrages à consulter pour ce chapitre et le suivant : Suger, *Vie de Louis le Gros*; Guillaume, *Vie de Suger*; Galbert, *Vie de Charles le Bon, comte de Flandre*. Cette dernière chronique, qui raconte le meurtre du comte et la punition de ses assassins, est fort curieuse, car elle montre en action la société du douzième siècle. Aug. Thierry, *Lettres sur l'histoire de France*; pour l'Angleterre, l'histoire de Matthieu Paris, de 1066 à 1259.

entre Paris et Orléans, le château du Puiset, dont la prise coûta trois années de guerre à Louis VI. Plus près encore de Paris se trouvaient les seigneurs de Montmorency et de Dammartin, et, à l'ouest, les comtes de Montfort, de Meulan et de Mantes, qui tous pillaient les marchands et les pèlerins, malgré les saufs-conduits du roi. « Beau fils, disait un jour Philippe à son fils en lui montrant le château de Montlhéry aux portes de Paris, garde bien cette tour qui m'a donné tant d'ennui. Je me suis envieilli à la combattre et à l'assaillir. » Au nord, le roi avait encore, comme duc de France, de puissants vassaux dans les comtes de Ponthieu (Montreuil et plus tard Abbeville), d'Amiens, de Soissons, de Clermont en Beauvaisis, de Valois et de Vermandois, deux fiefs alors réunis aux mains d'un frère de Philippe I*er*. Au sud de la Loire, le roi venait d'acheter la vicomté de Bourges, et les autres seigneurs du Berry, le prince de Déols (Châteauroux), le sire de Bourbon (Moulins), lui portaient directement leur hommage.

2. Grands vassaux de la couronne et féodalité ecclésiastique. — Autour du domaine royal s'étendaient de vastes principautés féodales dont les possesseurs rivalisaient de richesses et de puissance avec le roi. C'étaient : au nord, le comte de Flandre ; à l'ouest, le duc de Normandie et son indocile vassal le duc de Bretagne ; au sud-ouest, le comte d'Anjou, dont le roi recevait hommage comme duc de France ; à l'est, le comte de Champagne, et au sud-est, le duc de Bourgogne. Plus loin, au-delà de la Loire, étaient le duc d'Aquitaine et de Gascogne et les comtes de Toulouse et de Barcelone, avec leurs innombrables vassaux, car chaque grand fief s'était à son tour divisé comme s'était divisé le royaume. On a vu que le clergé occupait lui-même une place importante dans la hiérarchie féodale et que ses chefs étaient ducs, comtes ou seigneurs, avec tous les droits régaliens exercés par les autres suzerains ; de sorte que, à l'exception de cinq ou six villes possédées par le roi, la France tout entière appartenait aux seigneurs laïques et ecclésiastiques, grands et petits, ducs et comtes, évêques et abbés, seigneurs bannerets portant bannière, et simples chevaliers n'arborant que le pennon. Mais ce roi si faible avait pour lui les souvenirs de puissance, de justice, d'unité nationale, attachés à son titre : aussi qu'arrive sur le trône un prince actif et brave, et sous les titres reviendra la puissance.

3. Activité de Louis VI; bonne police dans ses domaines; il protége les églises. — Tandis que la nation française, tirée d'un engourdissement qui avait duré deux siècles, sortait par toutes ses frontières à la fois pour conquérir l'Angleterre, Naples, Jérusalem, et fonder un royaume en Espagne, l'indolent Philippe Ier sommeillait sur le trône. On commençait à s'irriter de cette inertie des Capétiens. « C'est le devoir des rois, disait Suger, de réprimer de leur main puissante et par le droit originaire de leur office l'audace des grands qui déchirent l'Etat par des guerres sans fin, désolent les pauvres et détruisent les églises. » Dans les idées de l'Eglise, dans celles du peuple, la royauté devait être un pouvoir protecteur bien plus qu'un pouvoir militaire. Hugues Capet l'avait compris, lorsque, au lieu du globe de Charlemagne, ambitieux emblème d'une domination conquérante, il n'avait joint au sceptre que la main de justice. Mais, sous son quatrième successeur, il ne suffisait pas que le roi s'armât du pacifique symbole, comme saint Louis fera au pied du chêne de Vincennes : la main de justice devait être alors un glaive. Louis VI fut le roi que Suger demandait. Toujours à cheval et la lance au poing, il combattit sans relâche contre les nobles qui détroussaient les voyageurs ou pillaient les biens des églises, et parvint à mettre un peu d'ordre et de sécurité dans ses étroits domaines de l'Ile-de-France. Les comtes de Corbeil et de Mantes, les sires de Montmorency, du Puiset, de Coucy et de Montfort, furent contraints de respecter les marchands et les clercs. Tous les faibles, tous les opprimés accoururent autour de l'étendard protecteur qui se levait. Le clergé mit à son service ses milices : « Car, disait Suger, la gloire de l'Eglise de Dieu est dans l'union de la royauté et du sacerdoce. » Louis se procura de nouveaux alliés en intervenant dans la révolution communale.

4. Mouvement dans la population urbaine et rurale. — L'évêque Adalbéron, dans un poëme latin adressé au roi Robert, ne reconnaissait que deux classes dans la société : les clercs qui prient, les nobles qui combattent, au-dessous, bien loin, sont les serfs et manants qui travaillent, mais ne comptent pas dans l'Etat. Ces hommes, que l'évêque Adalbéron ne comptait pas, pourtant l'effrayaient. Il pressentait avec douleur une révolution prochaine. « Les mœurs changent, s'écrie-t-il, l'ordre social est ébranlé ! » C'est le cri de tous les heureux du siècle à chaque réclamation partie d'en bas. Il ne se trompait point : une révolution commençait qui allait tirer les manants de servitude pour les élever au niveau de ceux qui étaient alors les maîtres du pays ; mais il lui a fallu, à cette révolution, sept cents ans pour réussir.

5. Villes nouvelles. — Au huitième siècle les serfs n'étaient pas encore assez éloignés du temps où régnait l'ancien esclavage pour avoir conquis le droit de vivre et de mourir, avec leurs femmes et leurs enfants, sur la terre qu'ils fécondaient de leur travail ; mais, deux siècles plus tard, « on les voit tous *casés* par familles ; leur cabane et le terrain qui l'avoisine sont devenus pour eux un héritage. » L'esprit de famille amena à sa suite l'esprit d'association. Quand ces cases de serfs se trouvaient dans le voisinage d'un cours d'eau, d'un grand chemin ou de terres fertiles, sur le penchant d'une colline de facile défense, et que le maître n'était point trop dur, elles se multipliaient, elles devenaient un village. S'il s'y trouvait assez de bras et assez de ressources, on y bâtissait une église et l'évêque formait une nouvelle circonscription rurale, une *paroisse*. Cette paroisse n'existait d'abord que comme division ecclésiastique; mais le curé y recevait les actes qui, dans les villes, d'après le droit romain, devaient être inscrits sur les registres municipaux. L'Eglise donna ainsi leur première organisation aux communautés rurales. Un second pas fut fait quand l'intendant du seigneur, chargé de maintenir la police du bourg, et souvent serf lui-même, prit quelques-uns des vilains pour lui servir d'assesseurs. Dans le plus grand nombre de villages les choses en restèrent là pendant bien longtemps; mais quelques-uns grandirent jusqu'à devenir des villes, où il se trouva de l'industrie, du commerce, de l'argent, en un mot des biens à garantir contre les exactions. Leurs habitants prirent peu à peu, à partir du onzième siècle, des désirs nouveaux; et, comme les seigneurs avaient annulé l'autorité du roi, comme, bien souvent les vassaux avaient diminué celle des seigneurs, les serfs voulurent restreindre les droits du maître sur leur terre et sur leur personne.

6. Anciennes cités et débris des anciennes institutions urbaines. — Ces désirs ne fermentaient pas seulement dans les villes qui s'étaient formées autour des abbayes et des châteaux; l'empire romain avait aussi laissé sur le sol de la Gaule un grand nombre de cités qui restèrent, au milieu de la confusion générale, des foyers d'industrie et de commerce. Quelques-unes, dans le Midi surtout, gardèrent leur organisation municipale, leur sénat, et accrurent même la juridiction de leurs magistrats librement élus. D'autres ne sauvèrent que des débris de cette ancienne organisation; mais, chez toutes, le souvenir des anciennes libertés s'était conservé : il s'y réveilla avec énergie quand, la multiplication des familles féodales et le luxe croissant ayant accru le nombre et les exigences des seigneurs, l'oppression fut arrivée à son comble.

7. Insurrections sur plusieurs points pour obtenir des chartes de communes (1066). — Dès l'année 997, sous le roi Robert, les vilains de Normandie avaient prépar un soulèvement général. « Pourquoi, disaient-ils en attestant avec une naïve éloquence l'égalité de tous les hommes dans la force et dans la souffrance :

> Pourquoi nous laisser faire dommage ?
> Nous sommes hommes, comme ils sont ;
> Des membres avons, comme ils ont ;
> Et tout autant grand cœur avons ;
> Et tout autant souffrir pouvons[1]. »

Ils se lièrent par serment, et des députés de tous les districts se réunirent en assemblée générale. Mais le complot s'ébruita, et les chefs, surpris par les chevaliers du comte d'Évreux, furent torturés atrocement : brûlés à petit feu, arrosés de plomb fondu, empalés, ou renvoyés, les yeux crevés, les poings, les jarrets coupés, pour répandre la terreur dans les campagnes. En 1024 révolte des paysans bretons. La lutte fut acharnée ; beaucoup de nobles hommes périrent, mais l'insurrection fut noyée dans le sang des manants. Ces cruautés parurent réussir, et les seigneurs, en voyant la résignation des campagnes, crurent en avoir fini avec ces témérités : les paysans en effet, seuls, ne pouvaient rien. Mais quelques années s'écoulent, et voilà que le mouvement recommence, cette fois au sein des antiques cités et des villes nouvelles.

Vers le milieu du onzième siècle plusieurs villes s'insurgèrent pour obtenir le droit de s'administrer elles-mêmes par des magistrats élus. Quelques-unes, profitant des besoins des nobles, pressés de partir pour la croisade, achetèrent des concessions ; d'autres, qui avaient conservé depuis les Romains des débris de leur ancienne administration locale, firent augmenter leurs priviléges. En un mot, par des causes diverses, un vif désir de liberté agita toutes les villes du nord de la France. Le Mans (1066), puis Cambrai (1076), don-

---

[1]. *Roman de Rou* (de Rollon), par le poète anglo-normand Robert Wace, chanoine de Bayeux, mort en Angleterre vers 1184.

nèrent le signal, suivis par Noyon, Beauvais, Saint-Quentin, Laon, Amiens et Soissons, qui toutes arrachèrent à leurs seigneurs des chartes de commune. « Commune, dit Guibert de Nogent, qui écrivait au douzième siècle, commune est un nom nouveau et détestable. Et voici ce qu'on entend par ce mot : les gens taillables ne payent qu'une fois l'an à leur seigneur la rente qu'ils lui doivent. S'ils commettent quelques délits, ils en sont quittes pour une amende légalement fixée. » Ainsi la légalité substituée pour les manants à l'arbitraire, voilà cette chose détestable que réprouve le vieil écrivain. C'était en effet la ruine de la société féodale, puisque c'était une tentative pour imposer des bornes à la violence; mais la société qui périt par ses fautes accuse toujours celle qui la remplace [1].

8. Intervention du roi dans cette révolution. — Ce mouvement était général, et il se fit sentir dans la France entière sans que les bourgeois se fussent nulle part concertés, la cause étant partout la même : l'oppression des seigneurs. Louis VI joua cependant un rôle dans cette révolution. En lutte avec le même ennemi, la féodalité, il seconda par calcul cette insurrection qui lui assurait des alliés au milieu même des possessions de ceux qu'il combattait. Il confirma huit chartes de commune, c'est-à-dire qu'il accorda la sanction et la garantie royales aux traités de paix conclu entre les vassaux rebelles et leurs seigneurs, traités qui stipulaient les concessions obtenues par les manants. Cette politique habile donnait tout d'un coup une force immense au petit prince qui portait le titre de roi de France, parce qu'elle le montrait comme le patron de ceux qu'on ap-

---

[1]. Les chartes de communes se multiplièrent en nombre infini au douzième siècle et surtout au treizième. Comme elles sont toutes locales, elles sont toutes différentes; de sorte que les privilèges obtenus par les gens de la commune ou *jurés* different beaucoup suivant les lieux. Ici c'est une organisation toute républicaine : des magistrats élus (maires, échevins, consuls, jurats, etc), qui font des lois, une cour de justice qui prononce au criminel comme au civil, des impôts votés par les bourgeois, une milice communale. Là ce sont des officiers que le roi ou le seigneur a choisis parmi les élus de la commune, et qui ont seulement le droit de basse justice, la répartition des tailles et la police de la cité.

pela plus tard le tiers état. De ce jour-là en effet data la religion si longtemps vivace en France du peuple pour le roi. Il est vrai que si Louis le Gros favorisa la création des communes sur les terres des seigneurs, il n'en souffrit pas une seule dans ses domaines, où il n'accorda que des lettres d'affranchissements particlels[1]. Il voulait rester le maître chez lui et le devenir un jour chez ses turbulents vassaux.

9. Histoire de la commune de Laon (1112-1128). — L'histoire de la commune de Laon nous fera assister à un de ces nombreux drames dont le nord de la France fut alors le théâtre. Laon était, à la fin du onzième siècle, une riche et industrieuse cité qui avait son évêque pour seigneur, mais où régnait, à cause de ses richesses mêmes, le plus grand désordre. Les nobles pillaient les bourgeois, les bourgeois pillaient les paysans quand ils venaient au marché de la ville, et l'évêque imposait des taxes toujours plus fortes. En 1109 un homme emporté, arrogant, de mœurs bien plutôt militaires que cléricales, le Normand Gaudry, obtint l'évêché à prix d'argent. Sous un tel seigneur, la malheureuse condition des bourgeois de Laon empira, et ils se mirent à penser aux moyens d'y remédier. On ne parlait en ce temps-là que de la bonne justice qui se faisait dans la commune de Noyon, de la bonne paix qui y régnait. L'établissement d'une commune parut le remède nécessaire. L'évêque était alors en Angleterre. Les bourgeois offrirent à ses clercs et aux chevaliers de la ville une somme d'argent pour obtenir l'autorisation d'instituer une magistrature élective. Elle fut composée d'un maire et de douze jurés qui eurent le droit de convoquer le peuple au son de la cloche, de juger les délits commis

---

[1]. Suger affranchit les habitants de Saint-Denis (1125); Louis VI, beaucoup de serfs de ses domaines (1130); Louis VII, tous les bourgeois d'Orléans et de sa banlieue dans un rayon de 5 lieues (1180); Philippe II, ceux de Beaumont-sur-Oise et de Chambli (1222); Louis VIII, ceux du sud d'Étampes, etc. Paris, Orléans, Lorris, Montargis, Compiègne, Melun, Senlis, etc., cités du domaine royal, ne furent jamais des *communes*, mais des *villes bourgeoises*. Si elles étaient privilégiées quant aux droits civils, elles n'avaient point d'organisation politique ni de juridiction qui leur fût propre.

AFFRANCHISSEMENT DES COMMUNES; LOUIS VI.

dans la ville et sa banlieue, et de faire exécuter leurs jugements. L'évêque, de retour, fit payer son consentement, puis jura de respecter les priviléges de la nouvelle commune. Les bourgeois, afin d'avoir toutes les garanties, achetèrent encore celle du roi Louis VI.

Mais à trois ans de là, en 1112, il ne restait rien de

Laon.

tout l'argent donné par les bourgeois : l'évêque se repentit de la concession qu'il avait faite. Il invita le roi à venir à Laon pour la solennité de Pâques et promit au prince, s'il retirait son consentement à la charte de commune, 700 livres d'argent, qu'il comptait bien faire payer à ses bourgeois redevenus taillables à merci.

Ce parjure excita dans la ville une grande émotion : l'évêque n'en tint compte et prépara les rôles de contribution ; mais le quatrième jour un grand bruit s'éleva dans la rue, et l'on entendit une foule de gens crier : *Commune! commune!* Aussitôt la maison de l'évêque fut investie ; les nobles qui accouraient à sa défense furent tués, lui-même, découvert dans un cellier, fut abattu d'un coup de hache.

Comme il arrive toujours avec la foule, elle était allée trop loin. Au lieu de maintenir ses droits sans violence, elle avait versé le sang, et le sang d'un prince de l'Eglise. Les bourgeois s'effrayèrent de ce qu'ils avaient fait ; pour trouver une protection contre la colère du roi, ils demandèrent à un seigneur du voisinage, Thomas de Marle, de défendre leur ville moyennant une somme d'argent. Thomas n'était pas homme à redouter une guerre avec le roi, mais il ne se trouva pas assez fort pour défendre contre lui une ville entière, et il conseilla aux habitants d'abandonner leur cité et de le suivre dans son château de Crécy. Les plus compromis acceptèrent, le reste attendit les événements. D'abord les paysans des environs se jetèrent sur la ville pour y butiner ; Thomas conduisit lui-même ses vassaux au pillage. Ensuite les partisans de l'évêque et tous les nobles traquèrent les bourgeois partout où ils les purent atteindre et se vengèrent, par de nouveaux massacres, de ceux qui avaient été commis.

Cependant Thomas de Marle, excommunié et poursuivi par une armée royale qu'avait grossie une levée en masse de paysans, fut réduit à livrer les fugitifs de Laon. La plupart furent pendus, et leurs corps restèrent sans sépulture. Puis le roi entra dans la ville et la commune fut abolie. Mais seize ans n'étaient pas écoulés, que le parti des bourgeois et les idées de liberté avaient repris le dessus ; le successeur de l'évêque Gaudry jura, en 1128, une charte nouvelle que le roi ratifia encore.

10. Caractère et conséquence de la révolution communale. — Cette révolution communale eut ses excès, souvent provoqués par le manque de foi et les violences du parti contraire. Cela est malheureusement de tous les temps ; mais ce qu'il faut admirer dans ces manants du onzième et du douzième siècle, c'est la persévérance avec laquelle ils luttèrent pour échapper à l'oppression féodale, pour substituer l'ordre au désordre, la loi à l'arbitraire, pour obtenir une bonne paix, suivant le nom donné à la dernière charte de Laon. Leurs efforts échouèrent parce qu'ils restèrent isolés, parce que chaque ville ne songea qu'à fonder ses libertés particulières ; et la royauté, devenue au quatorzième siècle toute-puissante, déchira les chartes de commune. Mais elles avaient été assez nombreuses pour qu'un peuple nouveau se formât à leur abri : quand les communes disparurent, le tiers état se montra, et les libertés générales de la nation purent commencer au moment où finirent les libertés locales de quelques cités.

11. Pouvoir croissant du roi. — « Sans cesse, dit Suger, on voyait le roi courir avec quelques chevaliers pour mettre l'ordre jusque sur les frontières du Berry, de l'Auvergne et de la Bourgogne, afin qu'il parût clairement que l'efficacité de la vertu royale n'est point renfermée dans les limites de certains lieux. » Souvent les hommes d'armes, les chevaliers, l'abandonnaient ou le soutenaient mollement. Ce ne fut guère qu'avec les milices des églises et des communes qu'il prit et rasa le château de Crécy, un repaire de brigands, et celui du sire Hugues de Puiset, « ce loup dévorant qui désolait tout le pays d'Orléanais... Le siége du dernier fut long : les chevaliers refusant un jour d'aller à l'assaut, un pauvre prêtre chauve, venu avec les communautés des environs, courut, sans armes, jusqu'aux palissades ; il en arracha quelques-unes, et, appelant les siens à l'aide, ils finirent par faire brèche et par entrer dans le château. » Louis le fit abattre et établit sur l'emplacement de la cour maudite un marché public.

Ces efforts de Louis pour protéger les faibles et discipliner la société féodale furent récompensés. Dans sa guerre contre Henri Ier, roi d'Angleterre, les milices communales vinrent se ranger autour de son oriflamme ; et à la nouvelle d'une attaque projetée par l'empereur d'Allemagne, une armée nombreuse de bourgeois et de vassaux se tint prête à le défendre. Mais au moment où la France retrouvait, par l'activité du cinquième Capétien, un pouvoir capable de la reconstituer, l'Angleterre arrivait à une puissance redoutable. Le mariage de la fille du roi anglais avec Henri Plantagenet, comte d'Anjou (1135) assurait la réunion prochaine de ce grand fief au duché de Normandie et à la couronne d'Angleterre.

12. Meurtre du comte de Flandre (1127). — La même année où Louis VI voyait se former cette union menaçante, une autre catastrophe lui offrit l'espoir d'un dédommagement. La Flandre, en ce temps-là, était déjà couverte de cités industrieuses, et sa bourgeoisie, nombreuse et fière, ne tenait pas grand compte des distinctions sociales qui ailleurs avaient tant de force. Beaucoup de serfs s'étaient glissés dans ses rangs et avaient acquis richesses et pouvoir. La révolution que nous avons vue s'opérer par les armes dans les villes du nord de la France se faisait d'elle-même dans le comté flamand. En 1127 le premier personnage de la province, après le comte, était un serf, Bertholf, prévôt du chapitre de Saint-Donatien de Bruges. Il avait marié ses neveux et nièces dans les plus nobles familles du pays, et il trouva aisément un jour 500 chevaliers pour soutenir une guerre privée contre un gentilhomme son ennemi. Or le comte Charles le Bon, pieux personnage, très-ami des pauvres, mais aussi de l'ordre antique, comme l'évêque Adalbéron le comprenait, fit faire des recherches dans tout son comté pour constater l'état des personnes et ramener à la servitude ceux qui n'en étaient pas légalement sortis. Il promulgua même un édit qui dégradait l'homme libre ayant épousé une femme de condition servile : dans l'an et jour après son mariage, il devenait serf comme elle. Le prévôt et tous les siens, directement menacés, complotèrent d'assassiner le comte et l'égorgèrent un jour qu'il était en prière dans l'église de Saint-Donatien. Ce meurtre excita un grand scandale. On fit du comte un saint; les gens de Gand, jaloux de ceux de Bruges, vinrent en armes réclamer son corps. Toute la chevalerie du pays s'arma pour ou contre les traîtres, qui, assiégés dans le château de Bruges, puis dans l'église même où le meurtre s'était commis, se défendaient avec acharnement. Le roi Louis, suzerain du comte, vint lui-même avec Guillaume Cliton les y attaquer et les obligea de se rendre. Les chefs périrent dans d'affreux supplices; les autres, au nombre de cent onze, furent précipités du haut de la tour de Bruges. Louis investit alors Cliton du comté de Flandre, en dédommagement de la Normandie qu'il n'avait pu lui assurer. Mais cette sanglante tragédie n'était pas finie; les parents et amis du prévôt soulevèrent contre Cliton Gand, Lille, Furnes, Alost, et appelèrent au comté Thierry d'Alsace. Cliton périt dans cette guerre d'une blessure qu'il reçut devant Alost, et avec lui tomba l'influence de Louis VI en Flandre.

13. Influence de Louis VI dans le Midi. — Louis réussit mieux au Midi. Son influence, même son autorité s'y étendirent. L'évêque de Clermont, étant en guerre avec le comte d'Auvergne, invoqua l'assistance royale et l'obtint (1121). Molesté de nouveau, il recourut encore au roi, qui passa la Loire cette fois avec une nombreuse armée où étaient les comtes de Flandre, de Bretagne et d'Anjou. Il prit le château de Montferrand, fit couper une main aux prisonniers et les renvoya portant dans la main qui leur restait celle qu'on leur avait coupée. Le duc d'Aquitaine vint lui-même demander grâce pour son vassal (1126). Deux seigneurs se disputaient le Bourbonnais : Louis prononça entre eux, et, l'un refusant d'accepter la sentence, il l'y obligea par les armes. Ainsi le roi, pour s'être fait en un temps de troubles et de violences « comme le grand juge de paix du pays », voyait l'autorité qu'il avait perdue peu à peu lui revenir; bientôt elle lui reviendra avec une force qu'elle n'avait jamais eue.

Un des derniers actes de Louis fit grand bruit et montra bien ce caractère nouveau de la royauté. Thomas de Marle avait recommencé ses brigandages; il tenait dans ses prisons une troupe de marchands qu'il avait dépouillés sur le grand chemin, malgré un sauf-conduit du roi, et il voulait leur arracher encore une rançon. Il

Château de Coucy.

se croyait sûr de l'impunité derrière les remparts de son château de Coucy, une des plus fortes places qu'il y eût au nord de la Seine. Quand le roi approcha, Thomas sortit des murs pour lui tendre une embuscade; mais il fut blessé, pris et porté à Laon où il mourut. Sa mort fut comme une délivrance pour tout le pays.

14. Trois papes en France. — La querelle des investitures, c'est-à-dire la rivalité du saint-siége et de l'Empire, commencée avec Grégoire VII, n'était pas finie, et les papes, chassés de Rome par les armes ou les intrigues de l'Empereur, cherchaient en France un refuge et des secours. Gélase II vint y mourir. Calixte II y fut élu et réunit à Reims en 1119, pour terminer ce grand débat, un concile auquel assistèrent quinze archevêques, plus de deux cents évêques et autant d'abbés. Cette assemblée promulgua plusieurs canons contre les simoniaques et tous ceux qui exigeaient un salaire pour les baptêmes et les sépultures. On y prohiba encore le mariage des clercs, la trêve de Dieu fut confirmée, et la licence des mœurs de plusieurs princes condamnée. Trois ans après, les négociations commencées par Calixte II, à Reims, avec l'Empereur, aboutirent au concordat de Worms, le premier de ces difficiles traités de paix qui ont réglé les rapports des deux puissances temporelle et spirituelle.

En 1130 une double élection eut lieu à Rome. Innocent II, forcé de laisser cette ville à son compétiteur, se réfugia en France. Louis le Gros réunit à Etampes un concile qui examina les prétentions des deux adversaires et se déclara, sur la proposition de saint Bernard, pour Innocent II. L'année suivante ce pontife tint un nouveau concile à Reims, auquel assistèrent treize archevêques et deux cent soixante-trois évêques. Il y sacra roi le jeune fils de Louis le Gros. La France devenait donc l'asile des pontifes et le lieu où se traitaient les grandes affaires de l'Eglise. La royauté ne pouvait que gagner à jouer ce rôle de protectrice des papes.

15. Abélard. — Au moment où finissait le grand scandale de la lutte du pape et de l'Empereur, commença la grande querelle qui divisa l'École pendant tout le moyen âge, celle des *réalistes* et des *nominaux*, disputes obscures mais retentissantes, par lesquelles le mouvement se remit dans les esprits. Guillaume de Champeaux, fils d'un laboureur de la Brie, professa la doctrine réaliste avec un grand éclat à l'école du cloître de Notre-Dame de Paris, puis à l'abbaye de Saint-Victor, qu'il fonda en 1113, dans le quartier où ce nom se conserve encore. Mais il fut éclipsé par un de ses disciples, Abélard, noble et beau jeune homme, plein de séduction et de génie, qui ne pouvait fuir la popularité, lors même qu'il se retirait au désert. Dans son enseignement, dans ses livres, Abélard rencontra plus d'une fois la théologie, qui touchait alors à tout. Le plus grand homme de l'Église en ce temps-là et un de ses plus grands docteurs dans tous les temps, saint Ber-

Abbaye de Saint-Victor.

nard, crut voir l'hérésie s'y glisser; il dénonça les écrits du brillant professeur. Le concile de Soissons fit brûler son livre sur la *Trinité* (1122), et le concile de Sens le condamna encore en 1140. Il mourut deux ans après, moine à Cluny. Son éloquence, sa lutte contre saint Bernard, le rendirent alors célèbre; ses malheurs et l'amour d'Héloïse ont fait vivre son nom dans le peuple jusqu'à nos jours.

16. Louis VII (1137-1180); son mariage avec Éléonore de Guyenne. — Louis le Gros laissait six fils.

AFFRANCHISSEMENT DES COMMUNES; LOUIS VI.   409

Trois entrèrent dans l'Église; deux autres furent, l'un Robert, chef de la maison de Dreux, l'autre Pierre, chef de celle de Courtenay, qui existe encore en Angleterre. L'aîné, Louis VII dit le Jeune, avait contracté avant la mort de son père un brillant mariage : il avait épousé Éléonore de Guyenne, héritière du Poitou et du duché d'Aquitaine. Il s'était en effet établi que les femmes pouvaient hériter des fiefs, recevoir hommage, juger et conduire leurs vassaux à la guerre. Cette loi, que, durant trois cent trente années, la maison de France n'eut pas besoin d'appliquer et qu'elle repoussa quand la lignée directe d'Hugues Capet vint à s'éteindre, fut une des causes les plus actives de la ruine des familles féodales, que la guerre décimait sans relâche. Les femmes portèrent par mariage les fiefs de maison en maison, jusqu'à ce qu'ils arrivassent, pour la plupart, dans celle de France qui durait toujours, tandis que les autres s'éteignaient. Cette fois la dot d'Éléonore était la plus belle qu'eût encore reçue un de nos rois : ce n'était pas moins que la moitié de la France méridionale. Malheureusement Louis VII ne la conserva pas.

17. Continuation de la politique de Louis le Gros (1137-1147). — Louis le Jeune continua d'abord la politique de son père. Une insurrection communale à Poitiers fut étouffée; mais, à la prière de Suger, le roi se montra clément dans la victoire. « Les églises d'Angoulême, de Cluny, de Clermont, du Puy, de Vézelay, ayant imploré son appui, il les couvrit du bouclier de sa protection et saisit, pour les défendre, la verge du châtiment. » Un comte de Châlons, un sire de Montjai, d'autres encore, furent dépouillés de leurs fiefs à cause de leurs violences. Une guerre contre le comte de Champagne eut une autre cause. Le pape avait nommé son propre neveu à l'archevêché de Bourges, sans tenir compte du droit royal de présentation. Louis chassa de son siége le nouveau prélat, à qui le comte de Champagne donna asile. Le roi avait contre ce seigneur un ancien grief. Dans une tentative qu'il avait faite pour mettre la main sur Toulouse, le comte de Champagne lui avait refusé ses services. Louis le Jeune saisit l'occasion d'humilier ce vassal peu docile : il entra en armes sur ses terres, les ravagea et y brûla la petite ville de Vitry, où treize cents personnes périrent.

18. Divorce de Louis VII ; puissance de l'Angleterre. — Pour expier ce meurtre involontaire, Louis fit la seconde croisade dont a vu l'issue malheureuse. Au retour, il répudia sa femme Éléonore, qui alla porter (1152) son duché de Guyenne à Henri Plantagenet, comte d'Anjou, duc de Normandie et héritier de la couronne d'Angleterre. Le roi de France, suzerain du Plantagenet pour tous ces fiefs, semblait bien faible en face d'un si puissant vassal. Mais les discordes de la famille royale d'Angleterre, la lutte de Henri II contre son clergé après l'assassinat de l'archevêque de Cantorbéry, et les continuelles révoltes de ses fils, sauvèrent la fortune des Capétiens. (Voyez chap. XXI.)

19. Administration de Louis VII ; Suger. — Louis VII aurait sans doute été incapable de conjurer ces périls, car c'était plutôt un moine sur le trône qu'un roi actif et résolu. Son long règne de quarante-trois ans est peu rempli. Cependant il seconda encore le mouvement communal. Vingt-cinq chartes sont souscrites de son nom. Mais, comme son père aussi, il n'en voulut point sur ses terres. A Orléans, un mouvement de bourgeois fut durement réprimé. Il aida même parfois les seigneurs à faire dans leurs domaines ce qu'il faisait dans les siens : ainsi l'abbé Pons, qui renversa, après sentence du roi, la commune de Vézelay, dont nous avons encore la dramatique histoire. L'ordre que Louis tâcha de faire régner favorisa pourtant les progrès de la population urbaine. « Sous lui, dit un chroniqueur, un grand nombre de villes furent bâties et beaucoup d'anciennes s'agrandirent. » Des forêts tombèrent, et de vastes espaces furent défrichés. Il confirma les antiques priviléges de la *hanse* ou société des marchands de

Église de Saint Denis. (Vue intérieure.)

Paris; et le pape Alexandre III alors chassé d'Italie par Frédéric Barberousse, posa en 1163 la première pierre de la cathédrale de cette ville, l'église de Notre-Dame. Louis VII fit couronner, de son vivant, son fils Philippe Auguste, et attacha le privilége du sacre à la cathédrale de Reims. Les *pairs* prirent séance à la cérémonie [1].

Suger, né de parents pauvres aux environs de Saint-Omer, fut recueilli par les moines de Saint-Denis. Il mérita, par son sens droit, par l'activité de son esprit, par son dévouement aux intérêts du roi et du royaume, l'amitié de Louis VI, qui avait été son condisciple à l'abbaye, et la confiance de Louis VII. Elu par les moines abbé de Saint-Denis pendant un voyage qu'il faisait à Rome, il renonça au faste dont les prélats s'entouraient et employa toutes ses ressources à décorer l'intérieur de l'église et à rebâtir les tours et le portail construits par Dagobert. Louis VII l'appela à gouverner l'État pendant sa croisade; il montra la même modestie et une habileté qui mit l'ordre dans les finances du roi et la paix dans le royaume. Il est vrai que le départ de tant de turbulents seigneurs rendait la tâche facile, et, si l'on a placé le nom de Suger parmi ceux des trois ou quatre grands ministres dont la France s'honore, il faut reconnaître qu'il n'y a point à comparer ses services avec ceux de Sully, de Richelieu et de Colbert. Du moins il avait, comme eux, le sentiment des devoirs de la royauté et le besoin de l'ordre. On a vu plus haut ses paroles à Louis VI; je rappellerai sa lettre à Louis VII pour le presser de revenir de la croisade; il l'adjure, par le serment de son sacre, « de ne pas abandonner plus longtemps le troupeau à la fureur des loups. »

---

[1] On appela plus particulièrement *pairs de France* les possesseurs des grandes seigneuries qui relevaient directement de la couronne. Leur nombre fut fixé sous Louis VII à douze : les ducs de Bourgogne, de Normandie et de Guyenne, les comtes de Champagne, de Flandre et de Toulouse, l'archevêque de Reims et les évêques de Laon, Noyon, Châlons, Beauvais et Langres. Les vassaux immédiats du roi dans le duché de France, relevant du duc, non du roi, n'étaient pas pairs de France.

20. Caractère nouveau de la royauté française au douzième siècle. — Ainsi le caractère nouveau de la royauté se dessine mieux chaque jour. Du neuvième au douzième siècle le roi avait vécu, mais la royauté était morte; les pouvoirs *publics*, qui auraient dû rester dans sa main, étaient devenus des pouvoirs *domaniaux* exercés par tous les grands propriétaires. A cette révolution aristocratique qui avait brisé pendant trois siècles l'unité du pays une autre succédait qui s'efforçait de réunir les membres épars de la société française et d'enlever aux seigneurs les droits usurpés par eux pour les rendre à la royauté. Cette révolution monarchique, qui fera du roi le seul juge, le seul administrateur, le seul législateur du pays, commença avec Louis le Gros, Philippe Auguste et saint Louis, et ne fut accomplie qu'avec Louis XIV, parce que divers incidents, aux quatorzième et quinzième siècles la guerre de Cent ans, au seizième les guerres de religion, suspendirent ce grand travail intérieur.

CHAPITRE XXVI.

PHILIPPE AUGUSTE.

1. Philippe Auguste (1180-1223); acquisition de plusieurs provinces. — 2. Coalition contre la France. — 3. Victoire de Bouvines (1214). — 4. Activité guerrière de la noblesse. — 5. Administration intérieure de Philippe Auguste. — 6. Relations de Philippe avec la cour de Rome.

1. Philippe Auguste (1180-1223); acquisition de plusieurs provinces. — Philippe II, surnommé Auguste à cause de sa naissance dans le mois d'août, monta sur le trône à quinze ans. Ses proches, ses vassaux, crurent avoir bon marché d'un enfant ; il les trompa par son activité et sa résolution. Le résultat des guerres qu'il eut alors à soutenir fut l'acquisition, en 1185, des comtés d'Amiens, de Vermandois et de Valois. L'Artois, qui lui échut en 1191 par héritage de sa femme, porta jusqu'aux frontières de la Flandre le domaine immédiat de la couronne. Le duc de Bourgogne, le sire de Beaujeu, le comte de Châlons, qui pillaient les églises, furent contraints de les respecter. Il chassa les juifs, en prenant leurs biens et leurs maisons (1182); il fit brûler nombre de patérins ou hérétiques, et il étouffa cruellement une insurrection de *cotereaux*, brigands qui ravageaient le centre de la France. Son expédition en terre sainte fut un tribut qu'il paya à l'esprit du temps ; il se hâta du moins, après cette satisfaction donnée à l'Église et aux scrupules religieux du peuple, de rentrer en France, afin d'y poursuivre son œuvre d'organisation et la ruine de son trop puissant vassal, le roi d'Angleterre. Contre Richard Cœur de Lion, il se ligua avec Jean sans Terre ; après la mort de Richard, il opposa à Jean son neveu Arthur; quand celui-ci eut péri, peut-être de la main de son oncle, il cita le meurtrier par-devant la cour des pairs, et, sur son refus de comparaître, confisqua ses fiefs de France. (Voy. p. 335.)

2. Coalition contre la France. — Jean se vengea en provoquant contre Philippe une vaste coalition. Pendant qu'il attaquerait lui-même la France par le Sud-Ouest, l'Empereur d'Allemagne, Otton IV, les comtes de Flandre et de Boulogne, avec tous les princes des Bays-Bas, devaient l'attaquer par le Nord. Mais la France se leva pour repousser l'invasion étrangère. Le fils du roi, Louis, alla faire tête au monarque anglais dans le Poitou, et Philippe, avec le restant de la chevalerie et les milices des communes du Nord, marcha au-devant de l'ennemi, qu'il rencontra près du pont de Bouvines, sur la Marq, entre Lille et Tournay (27 juillet). Les chefs ennemis, entourés de forces qu'on porte à 100 000 hommes, étaient si assurés de vaincre, qu'ils se partageaient d'avance le pays.

3. Victoire de Bouvines (1214). — Les deux armées restèrent quelque temps à peu de distance l'une de l'autre sans commencer l'action, et les Français se retiraient par le pont de Bouvines, pour marcher sur le Hainaut, quand l'ennemi, attaquant l'arrière-garde, les obligea à faire face.

« Philippe, dit son chapelain Guillaume le Breton, qui, pendant l'action, resta derrière le roi à chanter des psaumes, Philippe se reposait à ce moment sous un arbre, proche d'une chapelle, et son armure défaite; au premier bruit du combat, il entra dans l'église pour faire une courte prière, s'arma promptement et sauta sur son destrier avec aussi grande joie que s'il dût aller à noce ou fête; alors on commença à crier par les champs : Aux armes ! hommes de guerre, aux armes ! et les trompettes sonnèrent. Le roi se porta en avant, sans attendre sa bannière, l'oriflamme de Saint-Denis, tissu de soie d'un rouge éclatant, qui était ce jour-là porté par un très-vaillant homme, Gallon de Montigni. L'évêque élu de Senlis, Guérin, ordonna les batailles, de manière que les Français eussent le soleil à dos, tandis que l'ennemi l'eût dans les yeux. 300 bourgeois de Soissons, vassaux de l'abbé de Saint-Médard et qui servaient à cheval, commencèrent l'action à l'aile droite, en chargeant audacieusement les chevaliers de Flandre. Ceux-ci hésitèrent quelque temps à lutter avec des hommes du petit peuple. Cependant le cri de *Mort aux Français!* poussé par un d'eux, les anima, et les Bourguignons, conduits par leur duc, étant venus renforcer les gens de Soissons, la mêlée devint furieuse. C'est de ce côté que combattait le comte Ferrand. »

Quand l'action avait commencé, les milices des communes étaient déjà au-delà de Bouvines ; elles repassèrent le pont en toute hâte, coururent du côté de l'enseigne royale et vinrent se placer au centre, en avant du roi et de sa bataille. Les chevaliers allemands, au milieu desquels était l'empereur Otton, chargèrent ces braves gens et passèrent au travers pour percer jusqu'au roi ; mais les plus renommés des hommes d'armes de France se jetèrent au-devant d'eux et les arrêtèrent. Pendant cette mêlée, les fantassins allemands passèrent derrière les cavaliers et arrivèrent à l'endroit où était Philippe. Ils l'arrachèrent de son cheval et, pendant qu'il était renversé à terre, essayèrent de le percer par la visière de son casque ou le défaut de son armure. Montigni, qui portait l'enseigne de France, élevait et agitait sa bannière pour appeler au secours : quelques cavaliers et les gens des communes accoururent. On délivra le roi, on le remit sur un destrier, et il se rejeta dans la mêlée. L'Empereur à son tour faillit être pris. Guillaume des Barres, le plus brave et le plus fort chevalier de toute l'armée, l'heureux adversaire de Richard Cœur de Lion, qu'il avait deux fois terrassé, tenait déjà Otton par son heaume et le frappait violemment, quand un flot d'ennemis se rua sur lui. Ne pouvant lui faire lâcher prise ni le blesser, ils tuèrent son cheval pour le renverser lui-même à terre ; mais il se dégagea à temps, et seul, à pied, comme un lion furieux, se fit avec son épée et son poignard un large vide autour de lui. Otton du moins put fuir et s'échapper.

A la droite, le comte de Flandre, Ferrand, était tombé blessé aux mains des Français; au centre, l'Empereur, avec ses princes allemands, fuyait : mais, à la gauche, Renaud de Boulogne et les Anglais tenaient bon. Ils avaient fait plier les gens de Dreux, du Perche, du Ponthieu et du Vimeu. « A cette vue, dit le poëte chroniqueur, Philippe de Dreux, évêque de Beauvais, s'afflige, et, comme il tenait par hasard une massue à la main, oubliant sa qualité d'évêque, il frappe le chef des Anglais, l'abat et avec lui bien d'autres, brisant les membres, mais ne versant pas le sang, et recommandant à ceux qui l'entouraient de dire que c'étaient eux qui avaient fait ce grand abatis, de peur qu'on ne l'accusât d'avoir violé les canons et commis une œuvre illicite pour un prêtre. » Les Anglais furent bientôt en pleine déroute, à l'exception de Renaud de Boulogne, qui avait disposé une troupe de sergents à pied en double cercle hérissé de longues piques. Il s'élançait de là comme d'un fort ou s'y réfugiait pour reprendre haleine. A la fin son cheval fut blessé, il tomba lui-même et fut pris : cinq autres comtes et vingt-cinq seigneurs bannerets étaient déjà captifs.

Le retour du roi à Paris fut une marche triomphale; partout sur son passage les églises retentissaient d'actions de grâces, et l'on entendait les doux chants des clercs mêlés au bruit des cloches et aux sons harmonieux des instruments de guerre. Les maisons étaient tendues de courtines et de tapisseries; les chemins jonchés de rameaux verts et de fleurs nouvelles. Tout le peuple, hommes et femmes, enfants et vieillards, accouraient aux carrefours des chemins; tous voulaient voir le comte de Flandre qui, blessé et enchaîné, était couché dans une litière, et ils lui disaient : « Ferrand, te voilà ferré maintenant et lié, tu ne regimberas plus pour ruer et lever le talon contre ton maître. » A Paris, les bourgeois et la multitude des clercs, des écoliers et du peuple, allèrent à la rencontre du roi, chantant des hymnes et des cantiques. Ils firent une fête sans égale, et, le jour n'y suffisant pas, ils festoyèrent la nuit avec de nombreux luminaires, en sorte que la nuit paraissait aussi brillante que le jour. Les écoliers firent durer la fête une semaine entière. Pendant ces réjouissances, les milices communales, qui s'étaient si bien comportées dans la bataille, vinrent en pompe remettre leurs prisonniers au prévôt de Paris. Cent dix chevaliers étaient tombés entre leurs mains, sans les petites gens. Le roi leur en donna une partie pour les mettre à rançon ; il enferma le reste au grand et au petit Châtelet de Paris. Ferrand fut détenu dans la nouvelle tour du Louvre ; il y resta treize ans (1214). Près de Senlis s'éleva l'abbaye de la *Victoire*, dont les ruines subsistent encore.

Philippe semble n'avoir pas tiré de ce grand succès tous les résultats qu'on en pouvait attendre. Il n'acquit aucune terre nouvelle ; la Flandre resta à la femme de Ferrand, le comté de Boulogne à la fille de Renaud, et Jean d'Angleterre, dont la diversion dans le Poitou avait été déjouée, acheta une trêve qui lui laissa la Saintonge et la Guyenne : mais il avait repoussé une invasion formidable, fait fuir devant lui un empereur et un roi, rompu les mauvais desseins de plusieurs grands vassaux, enfin donné à la dynastie capétienne le baptême de gloire qui jusqu'alors lui avait manqué et révélé la France à elle-même. Ce triomphe en effet fit éclater dans le pays quelque chose que l'on ne connaissait pas, l'esprit national, le patriotisme : sentiment faible encore, malgré l'explosion de la joie publique, et qui plus d'une fois paraîtra s'éteindre, mais pour reparaître avec une énergie victorieuse. Il y a maintenant en France une nation et un roi.

4. Activité guerrière de la noblesse. — La noblesse de France signala encore sous ce règne son activité guerrière par deux grandes entreprises : la quatrième croisade, qui changea l'empire grec en empire français (voy. p. 376), et la guerre contre les Albigeois, qui rattacha à la France les indociles populations du Midi. Philippe ne prit part ni à l'une ni à l'autre expédition. Il laissa les nobles user leurs ressources et leur turbulence dans ces guerres qui profitaient doublement à la France,

L'abbaye de la Victoire.

et par l'ordre qu'elles permettaient d'établir dans le royaume et par la gloire dont elles couvraient au loin son nom. « J'ai aux flancs, écrivait-il au pape, qui le pressait de se croiser contre les Albigeois, j'ai aux flancs deux grands et terribles lions, l'empereur Otton et le roi Jean : ainsi ne puis-je sortir de France. » Après Bouvines pourtant, l'un et l'autre lui causèrent bien peu d'inquiétude.

5. Administration intérieure de Philippe Auguste.
— Philippe Auguste avait glorieusement rempli son règne de quarante-trois ans. Le domaine royal doublé par l'acquisition du Vermandois, de l'Amiénois, de l'Artois, de la Normandie, du Maine, de l'Anjou, de la Touraine, du Poitou et d'une partie de l'Auvergne, les soixante-treize *prévôtés* dont il se composait en 1223, placées sous la surveillance des *baillis*; la féodalité attaquée dans un de ses plus ruineux priviléges, le droit de guerre privée, par l'établissement de la *quarantaine le roy*[1]; Paris embelli, pavé, ceint d'une muraille, doté de halles et surveillé par une meilleure police; le Louvre commencé, l'université de Paris[2] constituée avec de grands priviléges et les Archives fondées, l'autorité de la cour des pairs consacrée par le mémorable exemple de la condamnation du roi d'Angleterre, enfin la royauté apparaissant de nouveau comme pouvoir législateur, et les ordonnances reprenant le caractère de généralité pour tout l'État, qu'elles n'avaient plus depuis les derniers capitulaires de Charles le Simple; tels sont les actes de Philippe Auguste. Il avait mis la royauté hors de tutelle, au grand profit de l'ordre, de l'industrie, du commerce, qu'il encouragea, c'est-à-dire au profit d'elle-même et du peuple.

6. Relations de Philippe avec la cour de Rome. — Ce prince avait cependant encouru les censures de Rome. Il avait épousé en secondes noces Ingeburge de Danemark (1193) et le lendemain du mariage l'avait répudiée. Un concile d'évêques ayant prononcé la nullité de cette union, Philippe épousa aussitôt Agnès, fille du

---

1. C'était une trève forcée de quarante jours entre le meurtre commis ou l'injure reçue et la vengeance qu'en tiraient les offensés. Dans l'intervalle, les passions s'apaisaient, le roi pouvait intervenir et justice être faite. Cette ordonnance est aussi attribuée à saint Louis, qui la renouvela et la fit exécuter sévèrement, s'il ne la publia pas le premier.
2. Elle s'appelait l'Étude de Paris, et ne prit le nom d'Université que vers 1250. En 1181, le pape Alexandre IV chargea un cardinal et les archevêques de Rouen et de Reims de dresser les règlements qui lui furent donnés. Les élèves et les professeurs de l'université de Paris n'étaient justiciables que du tribunal ecclésiastique.

duc de Méran. C'était un grand scandale. Un homme, parce qu'il était roi, se jouait de l'honneur d'une femme, d'une étrangère, sans appui, sans défenseur. Philippe crut tout terminé par la sentence des évêques ; mais Ingeburge en appela au pape, et Innocent III prit en main, au nom de la morale et de la religion outragées, la cause de celle que tous abandonnaient. Philippe résistant, le pape lança l'interdit sur son royaume. Alors partout les offices cessèrent ; les peuples furent sans prières, sans consolations. En vain le roi

Paris sous Philippe Auguste

chassa de leurs siéges les évêques qui observaient l'interdit, il dut plier devant le mécontentement universel qui menaçait sa couronne : il renvoya Agnès de Méranie, qui mourut de douleur, et il reprit Ingeburge en 1213. Un de ces grands exemples que le christianisme seul a donnés avait donc été de nouveau offert aux peuples.

Philippe céda, et eut raison ; une autre fois il résista, et eut raison encore. C'était en 1203, il envahissait les fiefs que Jean avait perdus par sa félonie. Innocent III le menaça des anathèmes de l'Église s'il allait plus avant. Philippe s'assura du concours de ses grands vassaux, se fit donner par écrit l'engagement qu'ils prirent de le soutenir dans cette cause envers et contre tous, même contre le seigneur pape, puis continua son entreprise.

Dans ces deux circonstances, le pape et le roi font tour à tour appel à l'opinion publique et au bon droit : l'un en intéressant le peuple à la cause de la moralité, l'autre en intéressant les barons aux légitimes prérogatives de la couronne. C'est un progrès, et on voit que nous commençons à sortir des temps où la force seule régnait.

CHAPITRE XXVII.

GUERRE DES ALBIGEOIS[1].

1. Les Albigeois. État du midi de la France. — 2. Croisade contre les Albigeois (1208). — 3. Louis VIII (1223-1226). La France du Midi ramenée sous l'autorité du roi. — 4. Régence de Blanche de Castille (1226-1236). — 5. Traité de Paris (1229).

1. Les Albigeois. État du midi de la France. — Tandis que la chrétienté envoyait ses guerriers combattre les mécréants à l'autre bout de la Méditerranée, il y avait, au cœur même de son empire, des infidèles. Je ne parle pas des juifs, par lesquels la fureur logique des premiers croisés avait commencé la croisade, mais des peuples du midi de la France. Dans cette population mêlée de tant de races, ibérienne, gallique, romaine, gothique, mauresque, s'étaient formées des opinions religieuses tout à fait éloignées de l'orthodoxie. Quelles elles étaient, on ne saurait trop le dire; le nom de manichéisme, qu'on leur a appliqué, est banal au moyen âge. En appelant *Albigeois* ces hérétiques (Alby était leur centre), les hommes du temps ont montré eux-mêmes qu'ils ne savaient comment qualifier leur hérésie. Il est seulement certain qu'en 1167 s'était tenu près de Toulouse un concile présidé par un Grec de Constantinople nommé Nicétas; que certaines idées orientales y avaient été adoptées; que les ecclésiastiques étaient traités dans le pays avec mépris, et qu'on y avait accueilli saint Bernard lui-même par des huées. Cette église envoyait partout des missionnaires; des doctri-

---

[1]. *Histoire de la croisade contre les Albigeois*, par Pierre de Vaulx-Cernay; *Chronique* de Guillaume de Puy-Laurens; *Histoire de la Gaule méridionale*, par Fauriel; *Faits et Gestes de Louis VIII*, par Nicolas de Bray; le poëme de la Croisade traduit par Fauriel.

nes malsonnantes commençaient à paraître en Flandre, en Allemagne, en Angleterre, même en Italie. Récemment on avait vu du côté de l'Auvergne se répandre des bandes qui pillaient les églises et se plaisaient à profaner les objets sacrés.

Parmi ces riches et brillantes villes du Midi, la première était Toulouse, qui avait alors pour comte Raimond VI, un des plus grands seigneurs du Midi. Les autres puissances étaient la maison de Barcelone, maîtresse de l'Aragon, qui possédait en France le Roussillon et la Provence, puis les petits seigneurs des Pyrénées, fiers, indépendants, aventureux, vivant à leur guise, sans le moindre respect pour les préceptes de l'Eglise, comme sans souci du roi.

Le midi de la France en effet s'était depuis longtemps séparé du Nord. On a vu ses tentatives pour se constituer à part sous Dagobert, Charles Martel, Pépin, Charlemagne, Charles le Chauve et Hugues Capet. Il avait une autre langue, d'autres mœurs. Le commerce y avait amené l'aisance parmi les bourgeois, le luxe parmi les seigneurs, et les uns et les autres, réunis sans jalousie ni haines dans les charges municipales, donnaient la paix au pays. Mais, dans ces riches cités, dans ces cours brillantes qu'animaient les chants des troubadours, les doctrines religieuses, on vient de le voir, étaient aussi légèrement traitées que les mœurs.

2. Croisade contre les Albigeois (1208). — Le tout-puissant Innocent III résolut de mettre le pied sur ce nid d'impiété. Il organisa d'abord contre les sectaires l'inquisition, tribunal chargé de rechercher et de juger les hérétiques en s'aidant de la torture, et qui a immolé d'innombrables victimes humaines, sans réussir à tuer la libre pensée, parce que le bûcher, moyen de terreur et non pas de conviction, a pu supprimer des hommes, mais jamais une croyance. Le pape envoya à Raimond VI son légat, le moine Pierre de Castelnau, qui exigea l'expulsion des hérétiques; or les hérétiques étaient, ou peu s'en faut, tous les habitants. Castelnau n'obtint rien. Raimond, excommunié (1207) et menacé par le légat des « flammes éternelles », laissa échapper dans sa colère quelques-uns de ces mots tels que Henri II en avait prononcés contre Thomas Becket : un chevalier suivit le légat et l'égorgea au passage du Rhône (1208). « Anathème, s'écria Innocent III, sur le comte de Toulouse !... Rémission de leurs péchés à ceux qui s'armeront contre ces empestés Provençaux !... Allez, soldats du Christ !... que les hérétiques disparaissent et que des colonies de catholiques soient établies en leur place. » Les moines de Cîteaux, organes du pontife, prêchèrent cette croisade d'extermination. Le duc de Bourgogne, les comtes de Nevers, d'Auxerre, de Genève, les évêques de Reims, Sens, Rouen, Autun, et bien d'autres, des Lorrains, des Allemands, arrivèrent en foule, et trois armées envahirent le Midi ; le chef était Simon de Montfort, petit châtelain des environs de Paris, ambitieux, fanatique et cruel.

On n'attaqua pas d'abord le comte de Toulouse, à qui le pape avait fait espérer son pardon pour affaiblir la résistance, mais le vicomte de Béziers. Cette ville fut prise ; les vainqueurs hésitaient à frapper, ne pouvant discerner les hérétiques : « Tuez-les tous, dit un des chefs, assure-t-on, Dieu saura bien reconnaître les siens. » Trente mille périrent. Carcassonne succomba aussi ; des chevaliers de l'Ile-de-France se partagèrent le pays dont Simon de Montfort fut fait suzerain.

Raimond, après ce sanglant holocauste à l'orthodoxie, espérait être épargné, et Innocent lui-même était porté à la compassion ; mais les légats, plus impitoyables, s'y opposèrent. Ils n'offrirent le pardon au comte de Toulouse qu'à la condition d'obliger tous ses sujets à se vêtir en pénitents et ses nobles à se faire vilains, de renvoyer tous ses soldats, de raser tous ses châteaux et de s'en aller lui-même en terre sainte.

Le comte se prit à rire à de pareilles propositions ; mais les légats sonnèrent de nouveau l'attaque. Simon de Montfort vit accourir à lui une multitude d'hommes du Nord qui apprenaient avec joie que la grande curée du Midi n'était pas finie. Raimond VI fut vaincu à Castelnaudary, et les vainqueurs se partagèrent les lambeaux de son territoire : évêques, les évêchés, soldats, les fiefs. Il n'eut d'autre ressource que de s'enfuir auprès du roi d'Aragon, Pierre II. Celui-ci passa les monts et fut rejoint par tous les petits seigneurs des Pyrénées, qui le considéraient comme leur chef. La bataille de Muret, où il périt, décida du sort du midi de la France (1213). Le concile de Latran, deux ans après, ratifia la dépossession de Raimond et de la plupart des seigneurs de la Langue d'oc. Le légat du saint-siége offrit leurs fiefs aux puissants barons qui avaient fait la croisade ; ils refusèrent de prendre ce bien taché de sang. Simon de Montfort les accepta. Il fut décidé que les veuves des hérétiques possédant des fiefs nobles ne pourraient épouser que des Français[1] durant les dix années qui allaient suivre. La civilisation du Midi, étouffée par ces rudes mains, périt. La gaie science, comme les troubadours appelaient la poésie, ne pouvait plus chanter sur tant de ruines sanglantes. Cependant Innocent III à la fin se troubla ; il n'était pas bien sûr de n'avoir pas commis une grande iniquité : « Rends-moi ma terre, lui disait le comte de Foix, sinon je te redemanderai tout, la terre, le droit, l'héritage, au jour du jugement. — Je reconnais, répondit le pape, qu'il vous a été fait grand tort ; mais ce n'est point par mon ordre, et je ne sais aucun gré à ceux qui l'ont fait. »

Dans leur misère, les gens de la Langue d'oc se souvinrent du roi de France. Montpellier se donna à lui, et Philippe Auguste envoya son fils Louis leur montrer la bannière de France. Louis y retourna une seconde fois après la mort de Simon de Montfort, tué devant Toulouse, où le fils du comte, Raimond VII,

---

1. La *France* proprement dite ne comprenait alors qu'une partie des pays situés entre la Somme et la Loire. Ce dernier fleuve séparait à peu près les pays où *oui* se disait *oïl* de ceux où il se disait *oc* ; on les appelait la Langue d'oïl et la Langue d'oc.

Toulouse, église de Saint-Cernin.

était rentré, et l'héritier de Montfort, Amaury, offrit au roi de lui céder les conquêtes de son père, qu'il ne pouvait plus défendre contre l'universelle réprobation de ses nouveaux sujets. Philippe, alors sur le bord de la tombe, repoussa cette offre, qui fut acceptée cinq ans plus tard.

3. Louis VIII (1223-1226). La France du Midi ramenée sous l'autorité du roi. — Philippe Auguste était mort à Mantes le 14 juillet 1223, âgé seulement de cinquante-neuf ans. Son fils, Louis VIII, né d'Isabelle de Hainaut qu'on faisait descendre de Charlemagne, parut aux yeux de quelques contemporains réunir aux droits de la troisième race ceux de la seconde. Ce règne fut la continuation du précédent. Louis VIII avait été un instant, du vivant de son père, proclamé roi, dans Londres, par les barons anglais révoltés, et deux fois s'était croisé contre les Albigeois. Devenu roi de France, il poursuivit ces deux guerres. Sur les Anglais, il conquit ce que Philippe Auguste leur avait laissé dans le Poitou : l'Aunis, la Rochelle, Niort, Saint-Jean d'Angely, de plus le Limousin et le Périgord; dans la langue d'oc, il alla prendre Avignon. Le pays depuis le Rhône jusqu'à 4 lieues de Toulouse lui fit soumission; et il mit des sénéchaux ou des baillis à Beaucaire, à Carcassonne et à Béziers. Ainsi tout le pays à l'ouest du Rhône, moins la Guyenne et Toulouse, reconnaissait l'autorité royale. Il n'y avait plus deux Frances; l'œuvre de l'unité territoriale avançait.

Mais le Midi se vengea par une épidémie qui décima l'armée et emporta le roi. Il mourut à l'âge de trente-neuf ans, au château de Montpensier, en Auvergne. Il donna par son testament 100 sous à chacune des deux mille léproseries de France et 20 000 livres aux deux cents hôtels-Dieu. Il avait, en 1224, affranchi tous les serfs du fief d'Étampes. Ces affranchissements se multiplieront jusqu'à Louis X, qui déclarera qu'il ne devrait pas y avoir de serfs en France, et autorisera tous ceux du domaine royal à se racheter.

4. Régence de Blanche de Castille (1226-1236). — Depuis plus d'un siècle l'épée de la royauté, qui était celle de la France, avait été vaillamment portée ; mais le fils de Louis VIII était un enfant de onze ans. Les barons prétendirent que la régence ne pouvait être confiée à une femme, et refusèrent de la laisser à la reine mère, Blanche de Castille. Ils déclarèrent que le roi ne serait pas sacré, à moins qu'il ne leur fût accordé des garanties contre la cour des pairs et contre les empiétements de l'autorité royale. C'était donc une réaction toute féodale. Thibaut, comte de Champagne, Pierre de Dreux, duc de Bretagne, Hugues de Lusignan, comte de la Marche, Richard, duc d'Aquitaine, et même Raimond VII, comte de Toulouse, formèrent une ligue qui prit pour chef Enguerrand, sire de Coucy. Mais les Capétiens ne pouvaient déjà plus avoir le sort des Carlovingiens. Leur dynastie était fortement assise sur son propre domaine et soutenue par la sympathie populaire, même dans les Etats de ses vassaux. Elle avait en outre l'appui de ce grand pouvoir de la papauté, sans lequel ne s'étaient faites ni l'usurpation carlovingienne, ni l'usurpation capétienne. Le cardinal légat de Saint-Ange résidait auprès de Blanche de Castille, et l'aida de ses conseils ; elle-même, femme habile, gagna à sa cause le comte de Champagne, ce fameux trouvère couronné, dont elle avait touché le cœur. Louis IX fut sacré en 1227, et en 1231 le traité de Saint-Aubin du Cormier termina la guerre à l'avantage de la royauté.

5. Traité de Paris (1229). — Le Languedoc s'était relevé pendant ces événements auxquels Raimond VII s'était secrètement mêlé. Une dernière expédition, aidée de l'inquisition, amena le traité de Paris (1229), par lequel fut régularisé ce que les armes avaient établi depuis plusieurs années. Raimond abandonna formellement à la France tout le bas Languedoc, qui fut érigé en sénéchaussées de Beaucaire et de Carcassonne. Il ne conserva que la moitié du diocèse de Toulouse, l'Agénois, le Rouergue, et pour sa vie seulement, à la condition qu'ils formeraient la dot de sa fille unique, fiancée à Alphonse, second frère du roi. Un autre mariage, ménagé entre un second frère de saint Louis et l'héritière de la Provence, prépara pour une autre époque la réunion de ce grand fief à la France.

Plus la royauté se fortifiait et plus le bien lui venait. En 1223 Thibaut de Champagne, reconnu roi de Navarre après la mort du père de sa femme, partit pour conquérir son héritage et vendit à la couronne de France les comtés de Blois, de Chartres et de Sancerre.

La majorité de saint Louis fut proclamée en 1236, quand il eut vingt et un ans accomplis, mais la sage régente conserva la plus grande influence sur l'esprit de son fils et sur la direction des affaires.

CHAPITRE XXVIII.

RÈGNE DE SAINT LOUIS[1].

1. Saint Louis et la maison de France. — 2. Fermeté de Louis IX à l'égard de l'Empereur et du pape.— 3. Guerre contre les barons et contre les Anglais (1242). — 4. Concile œcuménique de Lyon (1245). —5. Croisade particulière (1239). — 6. Première croisade de saint Louis (1248-1254); Joinville. — 7. Croisade des pastoureaux (1251). — 8. Retour de Louis en France (1254). — 9. Administration de saint Louis. — 10. Entraves mises aux guerres privées et au duel judiciaire. — 11. La cour du roi et les légistes. — 12. Appels au roi. — 13. Justice du roi. — 14. Pragmatique sanction (1268). — 15. Affaiblissement des communes. — 16. Bourgeois du roi. — 17. Commerce, industrie, police. — 18. Traité avec l'Angleterre (1259). — 19. Traité avec l'Aragon (1258). — 20. Saint Louis arbitre entre le roi et les seigneurs d'Angleterre. — 21. La maison d'Anjou à Naples. — 22. Dernière croisade de saint Louis (1270).

1. Saint Louis et la maison de France. — Voici le vrai héros du moyen âge, un prince aussi pieux que brave, qui aimait la féodalité, et qui lui porta les coups les plus sensibles ; qui vénérait l'Eglise, et qui sut au besoin résister à son chef; qui respecta tous les droits, mais suivit par-dessus tout la justice; âme candide et douce, cœur aimant, tout rempli de la charité chrétienne, et qui condamnait à la torture le corps du pécheur pour sauver son âme; qui sur la terre ne voyait que le ciel, et qui fit de son office de roi une magistrature d'ordre et d'équité. Rome l'a canonisé et le peuple le voit encore assis sous le chêne de Vincennes rendant justice à tout venant. Ce saint, cet homme de paix fit plus, dans

---

1. Ouvrages à consulter : *Mémoires* de Joinville ; *Histoire d'Angleterre*, de Matthieu Paris; elle s'arrête à 1259, mais fournit pour notre propre histoire de précieux renseignements que Joinville ne donne pas; *Histoire de saint Louis*, par Tillemont; *Histoire des Croisades*, par Michaud.

la simplicité de son cœur, pour le progrès de la royauté, que les plus subtils conseillers et que dix monarques batailleurs, parce que le roi, après lui, apparut au peuple comme l'ordre même et la justice incarnée. Il trouva la royauté d'autant mieux établie, qu'elle venait de prouver sa force. Un autre Philippe Auguste se fût servi de tant de ressources accumulées dans sa main pour la pousser encore plus loin dans cette voie et l'amener à une puissance redoutable ; Louis, au contraire, l'arrêta, mais il la sanctifia. Cette royauté française fut belle alors dans son manteau bleu semé de fleurs de lis d'or, pure et intègre, arbitre entre les souverains de l'Europe, et pourtant forte et vaillante quand on l'attaquait. Autour d'elle s'élevait, à la place de l'ancienne féodalité qui lui était étrangère, une féodalité nouvelle, docile alors, parce qu'elle était tout récemment sortie de son sein. Après avoir arraché les vieilles souches féodales, la famille royale se provignait elle-même par toute la France. Le premier frère du roi, Robert, avait été fait comte d'Artois (1237), et, par ses alliances, rattachait au royaume les provinces septentrionales. Deux autres lui donnaient celles du Midi : Alphonse, comte de Poitou et d'Auvergne, était héritier du grand comté de Toulouse, qui allait jusqu'aux Pyrénées; Charles, qui reçut l'Anjou et le Maine (1246), devint encore comte de Provence par son mariage avec l'héritière Béatrix, et soumit les bords de la Méditerranée à l'influence française. Appuyé sur cette famille féodale et sur son bon droit, saint Louis fut invincible, au moins dans ses Etats.

2. Fermeté de Louis IX à l'égard de l'Empereur et du pape. — Jusque vers le temps de sa guerre contre les Anglais, on le voit peu agir. On peut constater toutefois la fermeté d'un prince qui ne recule pas, parce qu'il ne s'avance jamais à tort. En 1241 l'empereur Frédéric II ayant retenu les prélats français qui se rendaient à Rome pour un concile, saint Louis réclama leur mise en liberté. « Puisque les prélats de notre royaume n'ont, pour aucune cause, mérité leur détention, lui écrivit-il, il conviendrait que Votre Grandeur leur rendît la liberté ; vous nous apaiserez ainsi ; car nous regardons leur détention comme une injure, et la majesté royale perdrait de sa considération si nous pouvions nous taire dans un cas semblable.... Que votre prudence impériale.... ne se borne pas à alléguer votre puissance ou votre volonté, car le royaume de France n'est pas si affaibli qu'il se résigne à être foulé aux pieds par vous. » L'Empereur relâcha ses prisonniers. Quelque temps auparavant, Louis avait refusé de recevoir, pour lui-même et pour un de ses frères, la couronne impériale de Frédéric II que le pape lui offrait. Il avait également refusé au pontife de modifier une ordonnance royale de 1234 qui restreignait la juridiction des tribunaux ecclésiastiques, mesure nécessaire, car ces cours en étaient venues à juger beaucoup plus de causes civiles que les tribunaux laïques.

3. Guerre contre les barons et contre les Anglais (1242). — Cet homme qui parlait si fermement agit de même quand il fut forcé de prendre les armes. En 1242 les seigneurs d'Aquitaine, toujours hostiles aux Français, avaient formé une coalition. Les rois d'Angleterre, d'Aragon et de Navarre, en étaient ; le comte de Toulouse espérait déchirer le traité de 1229. Le comte de la Marche commença la guerre en refusant l'hommage à Alphonse, comte de Poitiers, son suzerain. Louis IX demanda aux communes des armes et des vivres, se pourvut prudemment de tentes, de fourgons, de machines, de munitions, et s'avança avec une belle armée. Henri III d'Angleterre, mal secondé par ses barons, vint au-devant de lui avec des soldats français. Saint Louis pénétra rapidement dans le Poitou et la Marche, força le passage de la Charente à Taillebourg et remporta une victoire complète près de Saintes, où il entra (1242). Les seigneurs français se soumirent ; Henri III s'enfuit, et peu de temps après sollicita une trêve.

4. **Concile œcuménique de Lyon (1245).** — Deux ans plus tard, un évènement considérable eut lieu : le pape Innocent IV, chassé d'Italie par l'empereur Frédéric II, s'était réfugié à Lyon ; il y tint, dans la grande

Cathédrale de Saint-Jean, à Lyon.

église de Saint-Jean, cathédrale de cette ville, le treizième concile œcuménique, auquel assistèrent cent quarante évêques, et y déposa solennellement l'Empereur. Ceci n'intéressait que l'Allemagne et l'Italie; mais le pape y reprit l'idée de la croisade : il exhorta les princes chrétiens à délivrer le saint sépulcre, et cette idée trouva malheureusement de l'écho en France.

5. Croisade particulière (1239). — Les grands pontifes dont venait de s'honorer le saint-siége, Innocent III et Innocent IV, avaient rendu une énergie nouvelle à l'Eglise et au sentiment religieux. L'esprit des croisades, qui s'était éteint durant la rivalité de Philippe Auguste avec Richard Cœur de Lion et Jean sans Terre, s'était réveillé. Mais les Espagnols avaient leur croisade contre les Maures, et les Allemands contre les Slaves ; les chevaliers d'Italie bataillaient contre les villes, ceux d'Angleterre contre leur roi ; en France seulement, malgré le grand assouvissement de la guerre albigeoise, il restait encore assez d'ardeur batailleuse pour faire de nouveaux croisés. Dès l'année 1235, on y avait recommencé à prêcher la guerre sainte, et beaucoup de gens s'étaient armés. Comme trop souvent, avant de partir pour Jérusalem, on avait inauguré l'expédition par le massacre de ceux dont les pères avaient cloué la sainte victime sur la croix du Golgotha, partout on égorgeait les juifs ; le concile de Tours fut obligé de prendre ces malheureux sous sa protection. Les hérétiques trouvèrent moins de pitié. Thibaut, comte de Champagne, en fit brûler en une seule fois cent quatre-vingt-trois sur le mont Aimé près de Vertus. Au reste, cette croisade, dont Thibaut lui-même et les ducs de Bourgogne et de Bretagne firent partie, réussit mal. Les croisés furent battus à Gaza, en Palestine (1239), et ceux qui revinrent ne rapportèrent que l'honneur d'avoir rompu quelques lances en terre sainte. Jérusalem, que Frédéric II avait rachetée, dans la sixième croisade, des mains des infidèles (1229), était retombée au pouvoir des barbares kharismiens.

6. Première croisade de saint Louis (1248-1254) ; Joinville. — Saint Louis n'avait pas attendu l'appel des pères du concile de Lyon pour prendre la croix. Durant une maladie qui le mit aux portes du tombeau, en 1244, il avait fait vœu d'aller en terre sainte. Sa mère et ses conseillers combattirent en vain cette résolution imprudente. Louis laissa de nouveau le pouvoir à la reine Blanche et s'embarqua à Aigues-Mortes, petite ville qui communiquait alors, comme aujourd'hui, par un étang, avec la Méditerranée, et que le roi acheta aux moines de l'abbaye de Psalmodi, afin d'avoir un port à lui sur cette mer, car Marseille appartenait à son frère le comte de Provence. Beaucoup de croisés partirent cependant par cette dernière ville, entre autres le sire de Joinville, qui est, avec Villehardouin, le premier en date, comme en mérite, de nos anciens prosateurs. Ce n'était pas sans quel-

Aigues-Mortes.

ques regrets qu'il avait consenti à suivre son maître. En se rendant à Marseille, il repassa devant son château. « Mais, dit-il, je n'osais oncques tourner la face devers Joinville, de peur d'avoir trop grand regret et que le cœur ne me faillît de ce que je laissois mes deux enfants et mon beau chastel de Joinville que j'avois fort au cœur. » Sur les bords du Rhône, il vit un château « que le roy avoit fait abattre, pour ce que le sire avoit mauvais renom de destrousser et piller tous les marchands et pellerins qui là passoient ».

Joinville raconte encore avec la plus charmante naïveté son embarquement et la grand'peur que la mer lui fit : « Nous entrasmes au mois d'août celui an en la nef, à la roche de Marseille, et fut ouverte la porte de la nef pour faire entrer nos chevaulx, ceulx que devions mener oultre mer. Et quand tous furent entrez, la porte fut reclouse et estouppée, ainsi que l'on vouldroit faire un tonnel de vin : pour ce quant la nef est en grant mer

Joinville

toute la porte est en cauë. Et tantost le maistre de la nau s'écria à ses gens qui estoient au bec (la proue) de la nef : « C'est votre besongne prest. Sommes-nous à point ? » Et ils dirent que oy vraiment. Et quand les prebstres et clercs furent entrez, il les fit tous monter au chasteau de la nef, et leur fist chanter au nom de Dieu, que nous voulsist bien conduire. Et tous à haulte voix commencèrent à chanter ce bel hymne : *Veni, creator Spi-*

ritus, tout de bout en bout, et en chantant, les mariniers firent voile de par Dieu. Et incontinent le vent s'entonne en la voile, et tantost nous fist perdre la terre de vue, si que nous ne vismes plus que le ciel et la mer, et chascun jour nous esloignasmes du lieu dont nous estions partiz. Et par ce, veux-je bien dire, que icelui est bien fol, qui sut avoir quelque chose de l'autrui, et quelque péché mortel en son âme, et se boute en un tel danger. Car si on s'endort au soir, l'on ne sait si on se trouvera le matin au sous de la mer. »

Quand, cinq siècles plus tard, les soldats de la France suivaient sur les mêmes flots un grand capitaine, chaque soir se réunissaient autour lui, à bord de *l'Orient*, les généraux, les savants qu'il avait emmenés, et des discussions ingénieuses ou érudites charmaient les ennuis de la traversée. A bord du vaisseau de saint Louis on causait aussi, on discutait, et la différence des temps ne se marque nulle part plus clairement que dans les préoccupations si contraires de ces hommes de deux âges, de ces pèlerins de la foi et de la science. « Sé-
« néchal, dit un jour le roi, quelle chose est-ce que
« Dieu ? — Sire, c'est si souveraine et si bonne chose,
« que meilleure ne peut être. — Vraiment, c'est moult
« bien répondu, car cette réponse est écrite en ce livret
« que je tiens en ma main. Autre demande vous ferois-
« je ; savoir : Lequel vous aimeriez mieux être lépreux
« et ladre, ou avoir commis un péché mortel ? » Et moi, dit Joinville, qui oncques ne lui voulut mentir, je lui répondis que j'aimerois mieux avoir fait trente péchés mortels que d'être lépreux. Quand les frères furent départis de là, il me rappela tout seul et me fit seoir à ses pieds et me dit : « Comment avez-vous osé dire tout
« ce que vous m'avez dit ? » Et je lui réponds que encore je le dirois. Et il va me dire : « Ha fou musart,
« musart, vous y êtes déçu ; car vous savez qu'il n'est
« lèpre si laide que d'être en péché mortel. Et vous prie
« que, pour l'amour de Dieu premier et pour l'amour
« de moi, vous reteniez ce dit en votre cœur. »

Saint Louis avait fait réunir pendant deux années de grandes provisions dans l'île de Chypre. L'armée partit

Seigneur en costume de guerre.

de là sur dix-huit cents vaisseaux, grands et petits, pour l'Égypte. Damiette, à l'une des bouches du Nil, fut enlevée (7 juin 1249), mais on perdit un temps précieux avant de marcher sur le Caire. Cinq mois et demi de retard rendirent le courage aux mameluks. Les croisés mirent un mois à parcourir les 10 lieues qui les séparaient de la ville de Mansourah. Un combat mal engagé dans cette place même coûta la vie à un grand nombre de chevaliers et au comte d'Artois, frère de saint Louis. Quand le prieur de l'Hôpital, dit Joinville, vint demander à saint Louis « s'il savait aucunes nouvelles de son frère », le roi lui répondit que « Oui, bien! c'est à savoir qu'il savait bien qu'il était en paradis. » Le prieur essaya de le réconforter en faisant l'éloge de la valeur qu'avait montrée le prince, de la gloire qu'il avait acquise en ce jour; « et le bon roi répondit que Dieu fût adoré de tout ce qu'il avait fait. Et lors lui commencent à cheoir grosses larmes des yeux à force, dont maints grands personnages qui virent ce furent moult oppressés d'angoisse et de compassion » (fév. 1250).

Bientôt l'armée fut enveloppée par les ennemis et décimée par la peste. Joinville en fut bien malade « et pareillement l'était son pauvre prêtre (chapelain). Un jour advint ainsi qu'il chantait messe devant le sénéchal couché dans son lit, quand le prêtre fut à l'endroit de son sacrement, Joinville l'aperçut si très malade, que visiblement il le voyait pâmer. » Le sénéchal se leva et courut le soutenir; « et ainsi acheva-t-il de célébrer sa messe, et oncques puis ne chanta et mourut. » Il fallut se rendre (avril). « Le bon saint homme de roi » honora sa captivité par son courage et inspira à ses ennemis mêmes le respect de ses vertus. Ils le relâchèrent pour une grosse rançon. Libre, il passa en Palestine où il resta trois années, employant son ascendant et son zèle à maintenir la concorde entre les chrétiens, et ses ressources à réparer les fortifications des places qu'ils occupaient encore.

7. Croisade des pastoureaux (1251). — La nouvelle de ces désastres ne fit qu'accroître en France la popularité du roi; on ne voulut pas voir ses fautes comme général, on ne pensa qu'aux vertus qu'il avait montrées.

Les prélats et les seigneurs l'abandonnent et le trahissent, disait-on, c'est aux petits à le délivrer, et une foule innombrable de serfs, de paysans, s'assemblèrent pour passer la mer et aller au secours du roi. Ce fut la croisade des *pastoureaux*; mais ces gens vécurent, sur la route, de pillage ; des meurtres furent commis ; il fallut sévir contre eux : on les chassa comme des bêtes fauves.

8. Retour de saint Louis en France (1254). — La nouvelle de la mort de la régente (décembre 1252) rappela enfin Louis en France. En passant près de Chypre, la galère du roi toucha contre un rocher « qui emporta bien trois toises de la quille ». On conseillait à Louis de passer sur un autre navire : « Si je descends de la nef, dit-il, cinq ou six cents personnes qui sont céans, et qui aiment autant leur corps comme je fais le mien, n'oseront rester après moi, descendront dans l'île de Chypre et jamais n'auront plus espoir ni moyen de retourner en leur pays. J'aime mieux mettre moi, la reine et mes enfants en danger et en la main de Dieu que de faire un tel dommage à si grand peuple. » Belles paroles ! belle action !

9. Administration de saint Louis. — La royauté capétienne avait fait de tels progrès, que nul seigneur n'eût alors osé dire à ses vassaux : « Venez-vous-en guerroyer sous ma bannière contre le seigneur roi, » bien que ce droit anarchique fût encore reconnu par les *Établissements* dits de saint Louis, compilation des coutumes usitées dans les domaines royaux. Les comtes de Flandre et de Bretagne et les ducs de Guyenne et de Bourgogne étaient les seuls à peu près qui ne fussent pas descendus à la condition de vassaux dociles ; mais la féodalité conservait encore d'immenses prérogatives : saint Louis les attaqua au nom de la justice et de la religion.

10. Entraves mises aux guerres privées et au duel judiciaire. — Les *guerres privées* furent à peu près interdites par l'établissement de la *quarantaine le roy*, qu'on attribue aussi à Philippe Auguste (voy. p. 420), et qui ne permettait de prendre les armes que quarante jours après l'injure reçue. Comme chrétien, saint Louis ne voulait pas de ces guerres qui envoyaient à Dieu tant d'âmes mal préparées à comparaître devant lui. Comme prince, il voulait arrêter la dévastation des campagnes, « les incendies et les empêchements donnés aux charrues. » Il défendit dans ses domaines, en matière civile, le *duel judiciaire*[1], qui livrait le droit au hasard de la force et de l'adresse. La justice du roi fut ainsi mise à la place des violences individuelles, et les preuves par témoins, les procédures par écrit, remplacèrent *les batailles en justice*, car « bataille n'est pas voie de droit ».

11. La cour du roi et les légistes. — Des témoins et des chartes au lieu de champ clos, il y avait là le germe d'une révolution. La justice royale était primitivement rendue par les principaux vassaux et les grands officiers de la couronne, qui formaient la *cour du roi*; mais cette cour ayant à juger maintenant sur procédures écrites, ce n'étaient pas les chevaliers qui pouvaient avoir, en descendant de cheval, assez de connaissances et d'application d'esprit pour se reconnaître dans la subtilité des preuves et l'obscurité du grimoire. On leur adjoignit des *légistes*, hommes nouveaux, instruits dans les lois et surtout dans le droit romain. D'abord les barons firent dédaigneusement asseoir à leurs pieds, sur de petits escabeaux, ces roturiers. Mais bientôt, dans ce rapprochement de l'ignorance et de la science, celle-ci prit son légitime empire ; le baron, qui n'avait que sottises à dire, se tut devant ses savants conseillers ; à ceux-ci appartint toute la direction des jugements, et le sort des coupables, mêmes des plus nobles, se trouva dans leurs mains. Ils furent admis à tous les degrés de la juridiction, dans le parlement des barons, servant de con-

---

[1]. Le *duel judiciaire*, coutume importée en Gaule par les Germains, était un combat entre l'accusateur et l'accusé. Dieu étant supposé le juge de ces combats, la défaite prouvait le crime ; la victoire, l'innocence. Le vaincu était traîné du *champ clos* au bûcher ou à la potence. On comprend que tant que prévalut l'usage du duel judiciaire, l'ancien droit royal de recevoir l'appel n'existait pas. Il ne pouvait y avoir recours contre le *jugement de Dieu*.

seil au roi (1241), comme dans les cours féodales présidées par des baillis royaux. Partout ils s'efforcèrent de faire prévaloir les principes de la loi romaine et de rendre la royauté française héritière des maximes impériales. Le *quidquid principi placuit legis habet vigorem* fut bientôt traduit exactement par : *Si veut le roi, si veut la loi*; et saint Louis, malgré son respect pour les droits établis, ne craignit pas de donner des lois pour les terres mêmes de ses vassaux : « Sachez (1257) que, par délibération de notre conseil, nous avons prohibé toute guerre *dans notre royaume*, tout incendie, tout empêchement donné aux charrues. » De même, beaucoup de causes furent évoquées des cours féodales à celle du roi.

12. Appels au roi. — Les seigneurs rendaient la justice sur leurs terres. Si le vilain ne pouvait *fausser* jugement, le vassal avait le droit d'en appeler au suzerain de la sentence de son seigneur « pour *défaute de droit* », quand le seigneur refusait de rendre justice; pour *faux jugement*, quand le condamné croyait avoir été lésé par une sentence injuste. Or le roi favorisa l'usage d'en appeler directement à sa cour, ce qui subordonnait les justices seigneuriales à la sienne. Le duc de Bretagne conserva seul le dernier ressort. Quand une cause portée devant une justice seigneuriale intéressait le roi, à quelque titre que ce fût, le bailli élevait le *conflit*, comme nous dirions aujourd'hui, et revendiquait le jugement, le roi ne pouvant être justiciable d'un seigneur. Il était facile de multiplier ces appels; on n'y manqua point : autant d'enlevé à la justice des seigneurs, autant d'ajouté à la justice du roi.

13. Justice du roi. — L'envoi dans les provinces de commissaires ou *enquesteurs royaux*, usage renouvelé de Charlemagne, de sages ordonnances sur l'administration, la réforme des monnaies et la police des corps et métiers, prouvent combien sa sollicitude pour le bien général fut vive et soutenue. Ni le rang ni la naissance n'étaient pour lui une excuse. Charles d'Anjou, son frère, s'étant emparé, en le payant, d'un bien dont le possesseur ne voulait pas se dessaisir, Louis l'obligea de le restituer. Un des plus puissants seigneurs du royaume, le sire de Coucy, avait fait pendre trois jeunes gens pour délit de chasse. Tout le baronnage sollicitait pour lui. Il le condamna à une énorme amende. Un seigneur s'écria ironiquement : « Si j'avais été le roi, j'aurais fait pendre tous les barons, car, le premier pas fait, le second ne coûte plus rien. » Le roi, l'ayant entendu, le rappela : « Comment, Jean, vous dites que je devrais faire pendre mes barons ? Certainement je ne le ferai ; mais je les châtierai s'ils méfont. »

Pour les hérétiques, Louis ne se croyait plus tenu de suivre les inspirations de son cœur. « Aucun, disait-il, s'il n'est grand clerc et parfait théologien, ne doit disputer avec les juifs, mais doit l'homme laïque, quand il ouït médire de la foi chrétienne, défendre la chose non pas seulement de paroles, mais à bonne espée tranchant et en frapper les mécréants à travers du corps tant qu'elle y pourra entrer. » Il punissait les blasphémateurs en leur faisant percer la langue avec un fer rouge.

14. Pragmatique sanction (1268). — La piété de Louis IX, qui l'a fait mettre au rang des saints, ne l'empêcha pas de montrer au besoin une respectueuse fermeté à l'égard de l'autorité pontificale. On lui a même attribué une *pragmatique sanction*, première base des libertés de l'Église gallicane, qui aurait confirmé la liberté des élections canoniques, restreint aux *nécessités urgentes* les impositions que la cour de Rome pouvait mettre sur les églises de France, et exigé l'aveu du roi pour qu'elles fussent établies. Cette ordonnance ne semble pas authentique, mais les principes qu'on y a mis étaient ceux du clergé et du gouvernement.

15. Affaiblissement des communes. — Saint Louis aimait à rappeler que, durant sa minorité, poursuivi jusque sous les murs de Paris par des vassaux rebelles, il avait été sauvé par les milices de la cité sorties à son secours : aussi ses relations avec les villes furent-elles réglées par un grand esprit de justice. Il confirma beaucoup de chartes et en corrigea quelques-unes. Mais l'indépendance communale ne lui semblait pas meilleure que l'indépendance féodale, et il favorisa la transformation des communes en villes royales, celles-ci dépendantes et surveillées par le pouvoir suprême, tout en ayant à l'intérieur leurs chefs choisis par elles-mêmes dans de libres élections. Une ordonnance de 1256 prescrivit aux communes de désigner quatre candidats parmi lesquels le roi choisirait le maire, qui chaque année devait venir à Paris rendre compte de sa gestion financière. Enfin il fut posé en principe qu'il appartenait au roi seul de faire des communes et que toutes lui devaient fidélité « contre toute personne pouvant vivre et mourir ». Ainsi les communes allaient disparaître, et avec elles les fiers sentiments, les fortes idées de droit et de liberté que nourrissaient les hommes qui les avaient fondées ou défendues; mais le tiers état commence.

16. Bourgeois du roi. — C'est autour de la royauté que ce tiers état se forma. Par les *appels*, par les *cas royaux*, le roi avait étendu sa juridiction jusqu'au cœur des plus grandes masses féodales. Son influence y pénétra d'une autre manière. En s'avouant *bourgeois du roi*, un habitant d'une terre seigneuriale put se soustraire à la juridiction de son seigneur.

17. Commerce, industrie, police. — L'abolition des guerres privées et l'ordonnance de saint Louis qui rendit les seigneurs responsables de la police des routes sur leurs seigneuries ramenèrent un peu de sécurité dans les campagnes. Une autre ordonnance singulièrement favorable au commerce fut celle qui donna cours à la monnaie royale dans la France entière. A Paris, saint Louis institua le guet royal et fit rédiger par le prévôt Etienne Boileau les anciens règlements des cent métiers qui existaient dans cette ville, afin de mettre la paix et l'ordre dans l'industrie comme il les mettait dans le pays. Plus tard ces métiers se groupèrent en grandes corporations; au quinzième siècle, tous les marchands de Paris formaient six corps d'arts et métiers.

18. Traité avec l'Angleterre (1259). — Ce fut pour saint Louis une préoccupation constante de prévenir les querelles entre les États aussi bien qu'entre les particuliers. Comme il jugeait à l'amiable, sous le chêne de Vincennes, les procès de ses sujets, il s'efforçait de tarir dans leur source les guerres, ces procès qui coûtent aux peuples du sang et des larmes. Dans ce but, il s'attachait à mettre de la netteté dans les rapport des États entre eux, à faire disparaître, même à son préjudice, les prétentions rivales. Vainqueur en 1242, il eût pu forcer tous les barons à se soumettre; il voulut les laisser libres, mais en leur déclarant qu'on ne pouvait servir deux maîtres, et que tous ceux qui tenaient des fiefs de lui ou du roi d'Angleterre devaient opter pour l'un ou pour l'autre. Par la suite, il poussa plus loin la délicatesse, beaucoup plus qu'il n'est d'usage en politique, plus même qu'il ne convenait aux légitimes intérêts de la France. Il ne savait trop que penser des conquêtes de ses prédécesseurs; peut-être alors le mauvais succès de sa première croisade lui apparaissait-il comme le châtiment de Dieu pour quelque faute dont il devait s'enquérir et se purifier. En entendant les réclamations continuelles de Henri III, « sa conscience lui remordoit. » Il consentit donc, en 1259, à signer un traité par lequel il rendait ou laissait au roi d'Angleterre, qu'il avait pourtant vaincu dans une juste guerre, sous la condition d'hommage-lige, le duché de Guyenne, c'est-à-dire Bordeaux, le Limousin, le Périgord, le Quercy, l'Agénois et la Saintonge, au sud de la Charente; en revanche, il restait incontestablement maître de la Normandie, de la Touraine, de l'Anjou, du Poitou et du Maine. Au simple droit de conquête il substituait ainsi un droit plus réel à ses yeux sur les provinces qu'il conservait.

19. Traité avec l'Aragon (1258). — Il agit suivant le même principe avec le roi d'Aragon, lui cédant en toute et irrévocable souveraineté la Catalogne et le Roussillon, mais l'obligeant à abandonner toute suzeraineté sur les fiefs d'Auvergne et de Languedoc qui relevaient de lui (1258). Le départ étant ainsi fait entre les droits vagues et concurrents qui résultaient de l'origine confuse du régime féodal, les Etats durent être plus libres dans leurs mouvements et moins sujets à se heurter les uns les autres.

20. Saint Louis arbitre entre le roi et les seigneurs d'Angleterre.—La réputation d'intégrité de saint Louis lui valut d'être choisi comme arbitre entre le roi d'Angleterre et ses barons, à propos des statuts d'Oxford (1264). Il se prononça en faveur du roi, et cette fois ne réussit pas, car les barons ne tinrent pas compte de la sentence arbitrale et renversèrent Henri III.

Plus heureux ailleurs, il trancha une question de succession qui livrait la Flandre à la guerre civile.

21. La maison d'Anjou à Naples. —Enfin, au midi, l'influence française fut portée en Italie par ce Charles d'Anjou, frère du roi, à qui un mariage avait donné la Provence. Tous les dangers du saint-siége n'avaient pas disparu avec Frédéric II, car l'Empereur laissait deux fils, Conrad en Allemagne, Manfred dans le royaume de Naples, qui pouvaient s'entendre pour dominer ou écraser entre eux le saint-siége. Conrad mourut bientôt (1254) et fut remplacé par un enfant, Conradin. Mais Manfred, par ses talents, par son alliance habile avec les podestats gibelins, qui devenaient de plus en plus puissants en Lombardie, surtout avec le fameux Eccelino de Padoue, enfin par le secours formidable de ses Sarrasins de Lucera, était un ennemi redoutable. Innocent IV, que l'Italie presque tout entière avait accueilli triomphalement à son retour du concile de Lyon, n'eut pas le temps de l'abattre. Alexandre IV, son successeur (1256), n'y réussit pas mieux, quoiqu'il se fût débarrassé, à l'aide d'une ligue des Etats du Nord, d'Eccelino le Féroce, qui, vaincu, se donna lui-même la mort en déchirant ses blessures. A Rome même, le sénateur Brancaleone, à qui le peuple avait confié pour trois ans un pouvoir dictatorial, traitait le pape avec rudesse et allait jusqu'à le chasser de la ville. Alors Urbain IV se décida à employer le grand moyen, le recours à l'étranger. Il offrit la couronne de Naples à saint Louis qui la refusa, puis au duc d'Anjou, son frère. Celui-ci s'empressa d'accepter un titre que sa fille Béatrix lui reprochait de ne pas porter déjà. Il reçut en fief du saint-siége, pour lui et ses descendants directs, à la condition de l'hommage et d'un tribut annuel de 8000 onces d'or, le royaume en deçà et au delà du Phare, à l'exception de Bénévent et de son territoire, cédés au pape. Il s'engageait à entretenir 300 cavaliers pour le service de l'Eglise, à ne jamais réunir à ce royaume la couronne impériale, la Lombardie ou la Toscane, et à conserver toutes les immunités du clergé; il consentait à sa déchéance s'il n'observait point toutes ces conditions (1263). Clément IV, qui avait succédé à Urbain IV, donna à son expédition la couleur d'une croisade en excommuniant Manfred, et attira ainsi sous les drapeaux de l'Angevin un assez grand nombre d'Italiens de la Lombardie. Le fils de Frédéric II et le frère de saint Louis se rencontrèrent dans la plaine de Grandella, près de Bénévent (1266). Les Allemands et les Sarrasins eurent d'abord le dessus ; mais Charles d'Anjou, combattant des excommuniés et des infidèles, crut pouvoir donner l'ordre, considéré alors comme déloyal, de frapper aux chevaux. Alors la fortune tourna. Les Apuliens prirent la fuite. Manfred, à cet aspect, désespéra. Il portait sur son casque un aigle d'argent, qui tomba : « C'est le signe de Dieu, » s'écria-t-il, et, se jetant au milieu des ennemis, il y trouva la mort. Le légat du pape fit jeter son cadavre dans le Garigliano.

Après Manfred, il fallait encore vaincre Conradin, qui arrivait d'Allemagne avec une armée. Les Italiens, éprouvant déjà une répulsion vive pour le sombre Charles, accueillirent avec amour ce bel enfant, dernier rejeton de la maison de Souabe, Corradino, comme ils l'appelaient. Qu'allait faire cet enfant, échappé des bras de sa mère, en face de cet homme de fer qui venait de triom-

Naples.

pher de Manfred ? « C'est, disait le pape, un agneau qu'on envoie à la boucherie. » En effet il fut vaincu à Tagliacozzo et fait prisonnier avec son ami Frédéric d'Autriche, presque aussi jeune que lui. On les cita devant une cour de justice composée de barons provençaux et de jurisconsultes et présidée par le vainqueur lui-même : tribunal dérisoire ! dérisoire aussi fut le jugement, car on les accusa de révolte contre le roi de Sicile ! Ils jouaient aux échecs dans leur prison quand on leur annonça qu'ils allaient mourir : « Quelle affreuse nouvelle pour ma pauvre mère ! » s'écria Conradin, et la partie continua. L'héroïque enfant monta le lendemain sur un échafaud dressé en vue de cette baie de Naples où il avait espéré de régner, comme ses pères. Après avoir protesté à haute voix et jeté son gant à la foule, pour appeler un vengeur, il embrassa Frédéric et porta le premier sa tête sur le billot, ce qu'il avait sollicité comme une grâce, afin de ne pas voir mourir son ami. Quand sa tête tomba, Frédéric poussa un cri de douleur et à son tour livra la sienne. Le peuple prétendit avoir vu l'aigle de la maison de Souabe remonter à c moment dans les cieux (1268).

Charles d'Anjou assura sa victoire par des exécutions : une foule de barons napolitains et siciliens furent décapités; les chefs des Sarrasins de Lucera eurent le même sort. A Rome, où le pape lui avait donné la charge de sénateur, cent trente barons, accusés de félonie, furent enfermés et brûlés dans une cabane de bois. Charles se fit nommer *vicaire impérial*, *pacificateur*, et, à divers titres, domina dans l'Italie péninsulaire. C'était un puissant souverain dont les alliances de famille étendaient au loin l'influence; enivré de cette fortune rapide, il en rêvait une plus vaste encore. L'empire latin venait de succomber et un Paléologue de remonter sur le trône d'Orient : or de Brindes à Constantinople la route n'était pas longue. Restaurer à son profit l'empire de Constantinople, avec l'Italie pour annexe, sous le pieux prétexte de faire cesser le schisme, ce qui lui assurait encore l'appui de l'Église et les dîmes accordées pour les croisades, telle était la chimère de Charles d'Anjou.

22. Dernière croisade de saint Louis (1270). — En attendant qu'il la pût réaliser, il exploita la piété de son frère. Saint Louis ayant voulu faire une seconde croisade, il lui persuada de la diriger contre Tunis, dont les corsaires désolaient la Sicile et les côtes de Naples.

Joinville refusa cette fois de suivre son maître, qui

Tunis.

périt de la peste sous les murs de la place avec la plus grande partie de son armée. Il voulut mourir sur un lit de cendres. Naguère, dans une autre maladie qui l'avait mis aux portes du tombeau, il avait appelé son fils auprès de lui et lui avait dit : « Beau fils, je te prie que tu te fasses aimer du peuple de ton royaume, car vraiment j'aimerois mieux qu'un Écossais vînt d'Écosse et gouvernât le peuple bien et loyalement, que si tu le gouvernois mal. »

CHAPITRE XXIX.

LES ARTS, LES LETTRES,
LES ÉCOLES AUX DOUZIÈME ET TREIZIÈME SIÈCLES;
LE COMMERCE ET L'INDUSTRIE.

Grandeur du treizième siècle. — 2. Puissance de la royauté française. — 3. Formation du tiers état. — 4. Les légistes et le droit romain; opposition contre le droit féodal. — 5. Commerce. — 6. Industries et cultures nouvelles. — 7. Corporations. — 8. État des campagnes; défaut de sécurité. — 9. Efforts pour rétablir la sûreté des routes; monnaie du roi; les juifs et la lettre de change. — 10. Accroissement de la population. — 11. Universités. — 12. La scolastique. — 13. Astrologie, alchimie. — 14. Sorciers. — 15. Lettres; progrès de la langue française. — 16. Les trouvères. — 17. Fabliaux; Roman de la Rose, etc. — 18. Villehardouin et Joinville. — 19. Arts : architecture ogivale. — 20. Ordres mendiants.

1. Grandeur du treizième siècle[1]. — Le moment le plus remarquable du moyen âge est le treizième siècle. Deux grands papes, Innocent III et Innocent IV, siégent alors dans la chaire de saint Pierre, un saint sur le trône de France, et, sur celui de l'Empire, un prince qui dans tous les temps eût fixé sur lui les regards de l'histoire, Frédéric II. La querelle des investitures entre Rome et l'Empire se termine, et l'Italie se détache encore une fois, mais, hélas! point pour toujours, de l'Allemagne qui l'étreint. L'Angleterre fonde ses libertés publiques; elle écrit sa grande charte; elle institue son parlement. La croisade a définitivement échoué, excepté en Espagne où les royaumes chrétiens n'ont plus rien à craindre des musulmans; mais les ré-

---

[1] *Histoire de la civilisation en France*, par M. Guizot, t. V; *Tableau de la littérature française au moyen âge*, par M. Villemain; *Histoire de la littérature française*, par Demogeot.

sultats de ces grandes entreprises éclatent maintenant à tous les yeux. Cet immense mouvement d'hommes a amené un grand mouvement de choses et d'idées. Le commerce, l'industrie, les lettres, les arts, prennent un essor inconnu; les écoles se multiplient; les études s'étendent, les littératures nationales commencent; de grands noms apparaissent : Albert le Grand, saint Thomas, Roger Bacon, Dante. Sans les guerres qui vont venir, c'est du treizième siècle qu'on aurait daté la Renaissance.

2. Puissance de la royauté française. — En France, depuis un siècle et demi, d'immenses changements se sont accomplis. Le grand révolutionnaire à cette époque, c'est le roi, comme l'aristocratie l'avait été avant Hugues Capet, comme le peuple le sera après Louis XIV. Naguère prisonnière dans les quatre ou cinq villes de Philippe Ier, elle avait renversé bien des barrières et elle marchait à grands pas vers le pouvoir absolu. Elle avait imposé à ses turbulents vassaux la paix du roi, la justice du roi, la monnaie du roi, et elle faisait des lois pour tous.

3. Formation du tiers état. — A cette révolution par en haut avait répondu une révolution par en bas. Le peuple, qui n'était rien, était devenu quelque chose. Au onzième siècle, les manants, ne trouvant nulle part de protecteur et de tous côtés l'oppression, s'étaient associés pour se défendre. Ils avaient arraché aux seigneurs le droit de s'administrer eux-mêmes; ils avaient bâti des murailles et des tours, organisé une milice, élu des magistrats. Ils vécurent de la sorte un siècle et demi, dans une fière indépendance, mais aussi dans l'isolement et toujours sur le qui-vive; non moins ennemis de l'ancien seigneur qui n'avait pas oublié ses droits, que de la cité voisine qui faisait concurrence. La royauté arrivant au pouvoir absolu s'inquiéta de ces foyers de libre discussion et d'indépendance. Les habitants eux-mêmes, dégoûtés bien souvent de leurs institutions républicaines par les dépenses qu'elles exigeaient et par les périls où l'isolement les jetait, laissèrent dès le milieu du treizième siècle la royauté intervenir dans leurs affaires et veiller à la gestion de leurs finances. Cette intervention deviendra de jour en jour plus grande et les communes peu à peu disparaîtront. Alors au lieu d'être citoyen de sa ville, on sera bourgeois du roi. Notre pays échappa ainsi au danger d'avoir, comme l'Italie, mille républiques et d'être, comme elle, livré en proie, pendant des siècles, à l'anarchie municipale et à l'étranger. Mais aussi, à un autre point de vue, ce fut une transformation mauvaise, parce qu'on alla trop loin dans ce sens, jusqu'à supprimer ces libertés urbaines par lesquelles la nation aurait eu la forte éducation politique qui lui a toujours manqué.

Cependant le grand mouvement que les communes avaient commencé ne s'arrêta pas. Si l'on ne fit plus de chartes de commune, on fit des chartes d'affranchissement. Au douzième siècle les serfs avaient été déjà admis à témoigner en justice, et des papes, Adrien IV, surtout Alexandre III, dont il reste une bulle célèbre, avaient demandé leur liberté. Au treizième les affranchissements furent très-nombreux; car les seigneurs commençaient à comprendre ce que Beaumanoir, ce que plusieurs chartes disent nettement, qu'ils gagneraient à avoir sur leurs terres des hommes libres, laborieux, plutôt que d'y garder des serfs paresseux « qui négligent de travailler, en disant qu'ils travaillent pour aultruy ».

Ainsi au sein de la population roturière un double mouvement avait lieu, qui, ôtant aux uns des droits exclusifs et tirant les autres de servitude, tendait à former de tous les non-nobles une classe dont les membres seraient solidaires. Tous les pays ont eu des communes et des serfs, la France seule a eu le tiers état.

4. Les légistes et le droit romain; opposition contre le droit féodal. — Cette classe nouvelle que l'évêque Adalbéron, sous le roi Robert, ne connaissait point, arrivait à l'existence animée d'un tout autre esprit que celle qui lui avait si longtemps barré la route. Tandis que la société féodale, régie par le privilége, accordait tout à l'aîné et immobilisait les héritages dans les mêmes mains, les bourgeois écrivaient dans leurs chartes quelques-uns des principes du droit rationnel, le partage égal des biens entre tous les enfants.

Le nouveau droit populaire n'aurait pu, tout humble et tout honteux qu'il était, entrer en lutte avec le droit aristocratique, s'il n'avait trouvé un puissant auxiliaire dans le vieux droit des empereurs romains. Longtemps délaissé, mais non complétement oublié, ce droit reparut au onzième et au douzième siècle avec un grand éclat dans quelques villes d'Italie, surtout à Bologne, où de nombreux écoliers, accourus de toute l'Europe, se pressèrent autour de la chaire d'Irnerius, le rénovateur des études juridiques. Les Français furent les premiers à passer les monts, pour aller, pèlerins de la science, comme leurs pères l'avaient été de la croix, écouter ses doctes leçons ; et bientôt Montpellier, Angers, Orléans, avaient eu des chaires de droit romain. Sous Philippe Auguste, la compilation de Justinien fut traduite en français, et tel était l'attrait de cette étude, que des papes, des conciles, l'interdirent solennellement aux moines, afin qu'ils ne fussent point par elle détournés de la méditation des livres saints. C'est qu'aussi aux yeux des hommes de ce temps, perdus dans le chaos des lois féodales, le code romain, admirable ensemble de déductions logiques qui ont pour points de départ l'équité naturelle et l'utilité commune, semblait être véritablement, comme ils l'appelaient, la raison écrite. La riche bourgeoisie vouait ses enfants à cette étude, où ils trouvaient une arme de guerre contre le régime féodal ; et, avec ces lois que leur origine et leur antiquité rendaient doublement respectables, les légistes purent travailler de mille manières à l'affranchissement des deux grandes servitudes du moyen âge, celle de l'homme et celle de la terre. Saint Louis a déjà autorisé le Languedoc à suivre le droit romain comme sa loi municipale ; d'autres provinces obtiendront la même concession. Dans celles qui garderont leur légalisation particulière, la loi romaine, tenue en réserve pour être consultée sur tous les cas douteux, pénétrera insensiblement la coutume de son esprit. Ainsi commence, au treizième siècle, cette sourde guerre du droit rationnel, soit romain, soit coutumier, contre le droit aristocratique de la société féodale : guerre que les légistes soutiennent et dirigent, et qui ne se terminera qu'à la grande date de 1789 par le triomphe de l'égalité sur le privilége.

Les manants demandaient la liberté de leurs biens et de leur personne, en un mot la liberté civile ; ils ne songeaient pas à ce que nous avons appelé plus tard la liberté politique ; et les plus savants d'entre eux acceptaient volontiers cet autre principe du droit romain : l'égalité de tous sous un maître. L'empereur était jadis la loi vivante, *lex animata ;* les légistes firent du roi l'héritier des empereurs, et la royauté, de son côté, prit ses légistes pour en faire ses scribes, ses procureurs et ses prévôts, pour administrer par eux la France ramenée peu à peu sous sa main.

Ainsi deux puissances étaient en présence : l'aristocratie féodale, qui possédait le sol et la force militaire ; la royauté qui, appuyée sur le tiers état, conseillée par les légistes, s'efforçait de ressaisir tous les pouvoirs qui lui étaient échappés et de rattacher à la couronne les antiques prérogatives de l'autorité impériale. A la mort de saint Louis, on pouvait aisément voir laquelle de ces deux forces l'emporterait : car la royauté apparaissait déjà comme le centre unique de juridiction et de pouvoir, et le tiers état amassait chaque jour, ce qui finit toujours par donner l'influence, plus de savoir et plus de richesse.

5. Commerce. — Avant les croisades, les villes d'Italie, de Provence et de Catalogne étaient les seules à ne point s'effrayer des distances ; celles de l'Allemagne et de France envoient maintenant leurs marchands par les voies qui viennent de s'ouvrir. Au douzième siècle, Troyes, en Champagne, Beaucaire, dans le Languedoc, Saint-Denis, près Paris, avaient des foires annuelles célèbres dans l'Europe entière. Les marchands de Rouen, d'Orléans, d'Amiens, de Reims, etc., se tenaient en relations avec les riches fabriques de la Flandre et l'immense entrepôt de Bruges. Ceux de Lyon, de Nîmes, d'Avignon et de Marseille, allaient deux fois par an chercher à Alexandrie les denrées de l'Orient, qui nous arrivaient aussi par Venise et les villes de l'Allemagne; Bordeaux exportait déjà ses vins pour l'Angleterre et la Flandre; les villes du Languedoc achetaient à Tolède des armes d'une trempe excellente, à Cordoue des tapisseries de cuir chargées d'arabesques. Paris avait une *hanse* ou association pour les marchandises qui lui venaient par eau dont Philippe Auguste confirma les priviléges. De là ce vaisseau que la ville garde encore dans ses armes. Saint Louis prit les marchands sous sa sauvegarde.

6. Industries et cultures nouvelles. — Les croisés rapportèrent aussi d'Orient quelques industries nouvelles: les tissus de Damas, imités à Palerme et à Milan; le verre de Tyr, imité à Venise, qui en fit des glaces pour remplacer les miroirs en métal; l'usage des moulins à vent, du lin, de la soie, de quelques plantes utiles, comme le prunier de Damas, la canne à sucre, dont le produit allait remplacer le miel, seul connu de l'antiquité, mais qui ne put être cultivée qu'en Sicile et en Espagne, d'où elle passa plus tard à Madère et aux Antilles; enfin le mûrier, qui enrichit l'Italie avant d'enrichir la France[1]. Les étoffes de coton commencent à cette époque à se répandre[2]. Le papier de coton était

---

1. Saint Louis rapporta la renoncule; le roi de Navarre, la rose de Damas.
2. Il est fait mention dans le testament d'un comte de la Marche d'Espagne, en 1220, d'une robe de coton. Les croisades popularisèrent l'usage de cette substance; mais ce n'est qu'au dix-septième siècle que le coton fournit en France à une industrie de quelque importance. Elle est aujourd'hui la première de l'Europe.

connu depuis longtemps[1]; le papier de linge le fut à la fin du treizième siècle; mais ce n'est que depuis le seizième qu'il remplaça généralement le parchemin. Les damasquinures, la gravure des sceaux et des monnaies, l'orfèvrerie, l'art de l'émailleur, se perfectionnèrent. Au treizième siècle, Limoges était déjà renommée pour ses émaux sur métaux.

7. Corporations. — Dans les derniers temps de l'empire romain, on vit les ouvriers de même profession s'associer entre eux. Les Germains, de leur côté, apportèrent l'usage des ghildes, dont tous les membres se promettaient appui et célébraient leur union, placée sous le patronage d'un dieu ou d'un héros, par des festins, ce qui valait aux membres de la ghilde le nom de *frères du banquet*. Les deux institutions, se mêlant, formèrent les corporations du moyen âge. Charlemagne les défendit; le synode de Rouen, en 1189, les prohiba; mais elles étaient trop une nécessité de ces temps de violence pour ne pas braver toutes les défenses. Les membres d'une corporation trouvaient en effet appui les uns dans les autres, secours pour les vieillards, les veuves, les orphelins. Chacune avait un saint pour patron, ses fêtes, son trésor. Les chefs, les syndics ou jurés, qui faisaient la police du corps, prévenaient les fraudes et veillaient à l'observation des règlements. Ces règlements exigeaient un apprentissage long et sévère, et assuraient aux membres de la corporation le monopole de leur industrie; de sorte que, pour chaque profession, le chiffre des *maîtres* était fixé par la corporation elle-même. Il résultait de là qu'il n'y avait point de concurrence, puisqu'il n'y avait point de liberté, et que les prix étaient maintenus à un taux élevé. Mais cette discipline si sévère était nécessaire à l'industrie naissante. Plus tard les corporations furent une gêne; au treizième siècle, elles donnèrent aux artisans la sécurité du travail. La

---

[1]. On conserve, à la Bibliothèque nationale, des manuscrits sur papier de coton, du dixième ou du onzième siècle.

bourgeoisie est sortie de là. Nous avons encore les règlements que saint Louis fit rédiger pour les corporations de Paris. Les chefs de métier avaient la police de leur corps, un certain maniement de fonds et même un pouvoir judiciaire ; mais aussi ils furent responsables devant le prévôt des désordres commis au sein de leur corporation.

8. État des campagnes; défaut de sécurité. — Les corporations donnaient quelque sécurité à l'industrie des villes, mais l'agriculture en avait bien peu. Les forêts, les landes couvraient de vastes espaces et ce n'était qu'autour des villes et des bourgs fermés, autour des châteaux forts et des monastères, qu'on trouvait des terres bien cultivées. Car le laboureur n'osait s'aventurer dans la campagne loin de tout lieu de refuge. Crespy en Valois offre un curieux exemple de ce qu'étaient alors beaucoup de villes. Elle avait un long faubourg dont elle était séparée par une ligne fortifiée, et le faubourg lui-même était couvert par une enceinte palissadée. Les bourgeois habitaient la ville ; le faubourg servait de retraite aux paysans, avec leur bétail et leurs instruments d'exploitation, durant l'hiver, et, dans les autres saisons, dès que quelque péril se montrait. Ils n'avaient aux champs, pendant les travaux, que des huttes comme celles que nos bûcherons élèvent encore dans les grandes forêts.

Si le paysan prenait de telles précautions, que n'avait pas à craindre le marchand ? Aussi celui-ci payait-il, outre les droits de douane levés aux portes des villes, un droit d'escorte à chaque seigneur dont il traversait les domaines, pour être garanti contre toute rapine. Les négociants par eau étaient également soumis à bien des exactions et en particulier au droit odieux d'épave. Quand un naufrage avait lieu, les seigneurs riverains s'appropriaient tout ce que la mer rejetait : « J'ai là une pierre plus précieuse que les diamants qui ornent la couronne des rois, » disait un seigneur de Léon, en Bretagne, en montrant un rocher fameux par les naufrages qu'il avait causés. Et l'on ne se faisait pas faute d'aider à la colère de l'Océan en attirant par de faux signaux les navires sur les écueils.

9. Efforts pour rétablir la sûreté des routes; monnaie du roi; les juifs et la lettre de change. — On a vu saint Louis renouveler un capitulaire de Charlemagne qui obligeait les seigneurs prenant péage à entretenir les routes et à garantir la sûreté des voyageurs depuis le soleil levant jusqu'au soleil couchant. Pour faciliter les échanges, le même prince ordonna que la monnaie des quatre-vingts seigneurs qui avaient alors le droit d'en frapper n'aurait pas cours hors de leurs terres, au lieu que celle de la couronne serait reçue par tout le royaume : c'était un pas vers l'abolition de la monnaie seigneuriale.

L'Église interdisant le prêt à intérêt, les usuriers pullulaient. C'étaient ordinairement des juifs, qui ne pouvaient faire que ce commerce, car on leur interdisait tous les autres : de là une des causes générales de la haine contre eux. Aussi, pour cacher leurs richesses et en même temps les faire circuler aisément, ils inventèrent la *lettre de change*, qui supprima la distance entre les capitaux, comme la vapeur a supprimé, de nos jours l'espace entre les peuples.

10. Accroissement de la population. — Les gouvernements habiles et réparateurs de Philippe Auguste et de saint Louis, en donnant à la société du moyen âge ce qui lui avait fait défaut jusque-là, un peu d'ordre, de paix et de sécurité, avaient singulièrement favorisé les progrès de la population. Joinville atteste qu'elle s'était considérablement accrue, et il n'y a point à en douter en voyant les grands travaux que ce siècle accomplit et l'activité qu'il porta en toute chose.

11. Universités. — Peu d'abbayes importantes étaient sans école, et le douzième siècle avait vu s'élever dans les limites de l'ancienne Gaule, 702 monastères nouveaux; le treizième en fonda 287. Mais le besoin de s'instruire devenait si général, que ces écoles monastiques ne suffisaient pas. D'autres s'ouvrirent dans toutes les grandes villes. La pénurie et le haut prix des livres rendaient l'enseignement par la parole nécessaire. Dès qu'un maître célèbre élevait quelque part une chaire, les élèves accouraient en foule; et, comme au moyen âge tout prenait la forme d'une corporation, à Paris, à Angers, à Orléans, à Toulouse, à Montpellier, les maîtres et les disciples s'associèrent pour former dans chacune de ces villes, sous le nom d'université, un corps qui eut des privilèges étendus. L'Université de Paris obtint ses statuts de Philippe Auguste en 1215; elle voyait venir à elle les étudiants de tous pays, car la langue qu'on parlait dans les écoles, le latin, était au moyen âge l'idiome universel. Elle était divisée en quatre facultés : de théologie, de décret ou de droit canon, de médecine et des arts; la dernière enseignait la grammaire, la rhétorique et la philosophie, c'était le *trivium;* de plus le *quadrivium*, ou l'arithmétique, la géométrie, la musique, l'astronomie. Le droit romain était étudié principalement à Orléans; la médecine surtout à Montpellier. La faculté des arts élisait le recteur auquel les autres facultés obéissaient.

Des privilèges considérables attiraient les étudiants dans ces universités. Celle de Paris comptait de quinze à vingt mille écoliers qui n'étaient point soumis à l'autorité des magistrats de la ville, qu'on ne pouvait arrêter pour dettes, et qui bien souvent troublaient la cité de leurs querelles ou de leurs débauches, mais du milieu desquels sortirent, au treizième siècle seulement, sept papes et un grand nombre de cardinaux et d'évêques. Depuis la chute de l'empire romain, la science était restée aux mains du clergé et n'était donnée qu'à ses seuls membres : les universités la sécularisèrent. Celle de Paris, malgré son surnom de *fille aînée des rois* et de *citadelle de la foi catholique*, aura bientôt, dans toute la chrétienté, une autorité morale assez grande pour forcer plus d'une fois les rois et les papes à compter avec elle.

12. La scolastique. — Le moyen âge, dans sa foi profonde, resta longtemps sans demander à d'autres qu'à ses théologiens la solution des grands problèmes que l'âme agite toujours sur elle-même et sur Dieu. Cependant un jour la curiosité s'éveilla, et de ce jour la philosophie, morte depuis six siècles, renaquit, mais avec un caractère tout particulier qui lui a valu un nom spécial, la scolastique.

Saint Anselme, au onzième siècle, écrivit à la prière des moines du Bec son *Monologue*, où il fait la supposition hardie d'un homme ignorant qui cherche la vérité avec la seule assistance des lumières naturelles. La raison n'y est que l'humble servante de la foi, car c'est dans le but unique de prouver les vérités religieuses qu'Anselme employait les procédés de raisonnement dont Aristote s'était servi pour la découverte des vérités scientifiques. Plus tard, quand les juifs espagnols traduisirent de l'arabe en latin un grand nombre d'ouvrages d'Aristote que l'âge précédent n'avait pas connus, car on n'avait possédé longtemps que diverses parties de l'*Organon*, le treizième siècle fut comme ébloui de ces nouvelles richesses, et le Stagirite régna souverainement dans toutes les chaires de philosophie. Malheureusement l'étude persévérante de ses premiers livres mal compris avait jeté l'esprit du moyen âge dans une voie d'où il eut peine à sortir. On réduisit toute la science à l'art de raisonner, et on plaça l'évidence dans tout syllogisme qui paraissait régulièrement déduit. La scolastique ne fut donc point un certain système de philosophie, je veux dire un seul corps de doctrines sur les grandes questions qui nous intéressent; elle fut bien plutôt une certaine manière de disserter sur toutes les questions, en partant de prémisses qu'on recevait toutes faites ou qu'on posait soi-même sans en vérifier au préalable la justesse : aussi aucune idée n'en sortit qui agit sur le monde. Elle resta une sorte de gymnastique intellectuelle où le prix de l'effort n'était pas la découverte d'une vérité, mais la victoire gagnée en des combats de mots, à l'aide de subtiles ou ridicules distinctions et d'un langage barbare que les initiés seuls pouvaient comprendre. On perdit à ces disputes beaucoup de temps et d'efforts; pourtant l'esprit s'aiguisa et se fortifia dans ces luttes; l'instrument fut préparé pour des études plus sérieuses.

Le douzième siècle avait retenti des grandes querelles de Roscelin et de saint Anselme, d'Abélard et de Guillaume de Champeaux. Le treizième vit les longs débats de l'Écossais Duns Scot et de l'Italien saint Thomas qui tous deux étudièrent et enseignèrent à Paris avec un retentissement immense, partagèrent entre eux l'école et la chrétienté, et agitèrent encore tout le quatorzième siècle par les disputes de leurs partisans, les *Scotistes* et les *Thomistes*. Ils avaient été précédés dans l'école de Paris par l'Allemand Albert le Grand, qui fut ensuite évêque de Ratisbonne, et à qui son savoir valut la réputation de magicien.

Scot, Thomas et Albert étaient par leur naissance étrangers à la France; après eux, on peut citer encore Vincent de Beauvais, chapelain de saint Louis, non pour la force de son esprit, mais pour l'intérêt que nous offre l'encyclopédie qu'il traça des connaissances de son temps : *Speculum majus*, comme Pline l'avait fait pour les connaissances de l'antiquité. Il faut cependant ajouter que jusqu'au treizième siècle le moyen âge a vécu des débris du savoir antique sans y rien ajouter. Albert le Grand commence déjà à rentrer dans les voies de l'observation, mais l'invention ne se montre qu'avec Roger Bacon, moine anglais, qui étudia aussi à Paris et découvrit ou du moins exposa dans ses écrits la composition de la poudre à canon, des verres grossissants, de la pompe à air. Il avait reconnu la nécessité de refaire le calendrier, et les réformes qu'il proposa sont précisément celles qui furent adoptées sous Grégoire XIII. Bacon mourut vers 1294, après avoir passé de nombreuses années en prison comme sorcier et magicien. Ce fut encore à Paris, « dans la cité des philosophes, » que l'Espagnol Raymond Lulle commença à développer son *Ars magna*, puissant mais vain effort pour tracer une classification des sciences et construire une sorte de machine à penser qui stérilisait l'esprit.

13. Astrologie, alchimie. — Un des travers de cet âge fut l'astrologie ; il va croissant jusqu'au seizième siècle et ne s'éteindra qu'au dix-septième. Les astrologues prétendaient lire dans les astres les destinées de la vie humaine. Une autre folie était celle des alchimistes, qui cherchaient la pierre philosophale, c'est-à-dire les moyens de faire de l'or par la transmutation des métaux. Ces rêveries n'en conduisirent pas moins à d'heureuses découvertes. Quelques astrologues, à force de regarder le ciel, en vinrent à y chercher les lois du mouvement des astres ; les alchimistes ne trouvèrent pas d'or dans leurs creusets, mais des corps nouveaux, ou, chemin faisant, quelque propriété nouvelle des corps déjà connus. Ainsi furent découverts l'art de la distillation, des sels, des acides énergiques, les émaux, les verres convexes, dont on fera des lunettes, la poudre à canon, que les Arabes connaissaient déjà, et la boussole, qui nous vint peut-être de la Chine[1].

14. Sorciers. — Puisque nous parlons des aberrations de la science, il faut parler aussi de celles de l'esprit. Les sorciers pullulaient. Beaucoup de ces malheureux croyaient fermement être en rapport avec le diable, et nombre de fous qu'il eût fallu guérir furent envoyés au bûcher.

---

1. Les alchimistes croyaient que les minéraux étaient doués de vie comme les végétaux, et qu'ils se développaient au sein de la terre par des combinaisons nouvelles, entre leurs éléments constitutifs, s'élevant sans cesse de l'état imparfait à l'état parfait, convergeant tous à l'or, le métal par excellence. Ils concluaient logiquement de ce faux principe qu'on pouvait aider au travail de la nature et que la science trouverait le moyen de transmuer les métaux, du jour où elle aurait trouvé la substance nécessaire pour accomplir le phénomène, la *pierre philosophale* Le *grand élixir*, qui devait donner de l'or, des diamants, même la santé et la vie de Mathusalem, fut introuvable ; mais on doit aux alchimistes les premières descriptions de nos métaux usuels et des principaux composés en usage dans les laboratoires et les pharmacies, l'antimoine, le bismuth, l'alcali volatil, le foie de soufre et beaucoup de composés mercuriels, l'oxygène, le phosphore, le zinc, des couleurs minérales et végétales, la purification et la coupellation des métaux précieux, l'introduction en médecine des médicaments métalliques.

15. Lettres; progrès de la langue française. — Un signe que la nation française sortait au treizième siècle des limbes du moyen âge, c'est que son idiome se dégageait enfin des formes latines pour prendre son vrai caractère. Le français devenait la langue de la législation; c'était celle des *Assises*, ou lois du royaume de Jérusalem. Villehardouin, l'historien de la quatrième croisade, Joinville, le biographe de saint Louis, l'avaient déjà écrite, et nous lisons encore leurs histoires. Un Vénitien, traduisant en français une chronique de son pays, en 1275, s'excusait de le faire, en disant que la langue française « court parmi le monde et est plus délectable à ouïr que nulle autre ». Dix ans plus tôt, Brunetto Latini, le maître de Dante, écrivait en français son *Trésor*, « parce que la parlure de France est plus commune à toutes gens. »

16. Les trouvères. — Ainsi dans le même temps que Paris attirait, par l'éclat de son école, les esprits éminents de la catholicité tout entière, la langue vulgaire que les docteurs dédaignaient étendait elle-même son empire bien au-delà de nos frontières. Il faut même ajouter que le génie français, qui a été si souvent accusé de stérilité épique, versait alors à tous les pays voisins comme un flot de grande poésie. Les troubadours s'étaient tus depuis que la croisade des Albigeois avait noyé dans le sang la civilisation de la langue d'oc, et on n'entendait plus les virils accents de Bernard de Ventadour ou de Bertram de Born, ni les molles canzone des auteurs de jeux partis[1]. Mais, au nord de la Loire, les trouvères composaient encore les *chansons de geste*, véritables épopées qui étaient traduites ou imitées par l'Italie, l'Angleterre et l'Allemagne. De sorte que nous sommes en droit de dire qu'au treizième siècle la domi-

---

[1]. On appelait *jeux partis* les défis que se faisaient les troubadours ou les trouvères sur diverses questions de galanterie. De là le souvenir de ces *cours d'amour* où se discutaient, dit-on, devant de nobles châtelaines les procès les plus délicats, les causes les plus raffinées. Ces *cours d'amour* n'ont été qu'une fiction des poëtes ou un jeu de quelques nobles dames, mais jamais une institution sérieuse et durable. (Voy. *Histoire littéraire de la France*, XXIII° vol.)

nation intellectuelle de l'Europe appartenait incontestablement à la France.

Les plus renommés de ces trouvères étaient Wace ou Eustache, « clerc de Caen », qui avait écrit, vers 1155, le *Brut*, fabuleuse histoire des rois d'Angleterre; et le roman *des Rois*, histoire des premiers ducs de Normandie; Chrétien de Troyes (après 1160), l'auteur du *Chevalier au lion;* Marie de France, dont il nous reste des *lais*, contes touchants et héroïques, et des chants lyriques, comme ceux d'Audefroy le Bastard, dont chaque romance est tout un petit drame naïf; le comte Quesnes de Béthune, un des ancêtres de Sully; qui fit et chanta la quatrième croisade; le comte de Champagne, Thibaut, qui dans ses vers rechercha et trouva l'harmonie que les troubadours savaient si bien mettre dans les leurs; enfin le pauvre Rutebeuf, contemporain de saint Louis, et le premier type du poëte de profession, que son métier n'enrichit guère, car « il tousse de froid et bâille de faim », et pourtant, au milieu de cette misère, gai, mordant, hardi, écrivant sur tout sujet avec un style franc et libre qui annonce Villon.

17. Fabliaux; Roman de la Rose, etc. — Rutebeuf est le mieux connu de ces auteurs de fabliaux et de contes hardis que nos pères aiment tant, où le clerc et le noble étaient déjà peu ménagés. Ces attaques se retrouvent dans le fameux poëme de *Renart*, satire de la société féodale, et dans l'ouvrage le plus populaire de ce temps, le *Roman de la Rose*, de Guillaume de Lorris, autre contemporain de saint Louis, et de Jehan de Meung, qui ne mourut qu'en 1320. Ils ne craignent pas de dire aux nobles

> Que leur corps ne vaut une pomme
> Plus que le corps d'un charretier.

C'est même avec assez d'irrévérence qu'ils parlent des commencements de l'autorité royale :

> Un grand vilain entre eulx esleurent
> Le plus corsu de quant qu'ils furent,

> Le plus ossu et le greigneur (le plus grand)
> Et le firent prince et seigneur.
> Cil jura que droit leur tiendroit
> Se chacun en droit soy luy livre
> Des biens dont il se puisse vivre....

Ces hardiesses répondent à la sourde haine qui couve dans le cœur des manants et qui éclatera avec tant de fureur au milieu du siècle suivant, avec le sauvage soulèvement des *Jacques*.

Il ne faudrait pourtant pas faire de ces libres conteurs de précoces révolutionnaires. Ils sont la presse de ce temps-là, et on trouve dans leurs vers comme un écho de tous les bruits du jour, de toutes les émotions de la foule. Mais se gausser et rire, voilà leur grande affaire. Ils jouent même avec ce qu'ils respectent le plus, l'Église, ou ce dont ils ont la plus grande peur, l'enfer. Je pourrais citer de curieuses preuves de ces naïves témérités ; j'aime mieux donner le conte du *Vilain qui conquist paradis par plaid*, et où se trouve ce bon sens, ce rude sentiment de l'équité qui relèveront Jacques Bonhomme de sa déchéance. « Un vilain meurt sans que diable ni ange s'en inquiète ; mais son âme, en regardant à droite vers le ciel, aperçoit l'archange saint Michel conduisant un élu, et le suit jusqu'au paradis. Saint Pierre, après avoir laissé entrer l'élu, repousse, en jurant par saint Guilain, l'autre âme que personne n'a recommandée.... « Beau sire Pierre, dit l'âme écon-
« duite, Dieu s'est bien trompé quand il vous a fait son
« apôtre et ensuite son portier, vous qui l'avez renié
« trois fois. Laissez passer plus loyal que vous. » Saint Pierre, très-honteux, vient se plaindre à son confrère, saint Thomas, qui essaye à son tour de faire vider le paradis à l'insolent. Nouvelle boutade du vilain : « Tho-
« mas, dit-il, c'est bien à toi de faire le fier, lorsque tu
« n'as voulu croire à Dieu qu'après avoir touché ses
« plaies. » Saint Thomas a recours à saint Paul, qui s'attire, en voulant se mêler de cette affaire, cette autre vérité : « N'est-ce pas vous, dom Paul le chauve,

« qui avez lapidé saint Étienne, et à qui le bon Dieu
« a donné un grand soufflet? » Pierre, Thomas, Paul,
n'ayant à répondre, s'en vont porter leurs plaintes à
Dieu lui-même, devant qui l'accusé, le serf affranchi par
sa parole, se justifie,... et le vilain gagne sa cause devant la justice divine[1]. »

Un autre jour, il la gagnera devant la justice humaine.

18. Villehardouin et Joinville. — Ce qui en littérature est particulier au treizième siècle, c'est l'apparition de la prose française. Mais nos premiers prosateurs ne sont pas écrivains de métier; ce sont deux seigneurs illustres, tous deux mêlés aux événements qu'ils racontent. Geoffroy de Villehardouin, maréchal de Champagne, nous a laissé l'histoire de la quatrième croisade, la *Conquête de Constantinople*, où l'on se souvient de l'avoir vu figurer. Il écrit en soldat, avec un style ferme et bref, non sans une certaine roideur militaire : il ne compose guère, il va droit devant lui, d'assaut en assaut, avec une courte exclamation lorsqu'il rencontre quelque objet qui l'étonne. Le sire de Joinville, également Champenois, montre dans ses *Mémoires* sur saint Louis plus de souplesse de style et plus de finesse d'esprit; il observe, réfléchit et cause volontiers de tout, de ses propres sentiments aussi bien que des faits de guerre. C'est déjà Froissart, mais tel que le pouvait être le conseiller, l'ami du pieux et excellent Louis IX.

19. Arts : architecture gothique. — Le treizième siècle marque dans les arts le triomphe de l'architecture gothique. L'arc décidément se brise, s'effile et s'élance, afin de porter plus haut, plus près du ciel, la voûte du temple et la prière des peuples. C'est alors que sont élevées ces montagnes de pierre ciselée à jour, ces cathédrales de Paris, de Rouen, d'Amiens, de Chartres, de Reims, de Bourges, de Strasbourg et la Sainte-Chapelle de saint Louis, à Paris, qui remplacent l'ar

---

[1]. Le Clerc, *Histoire littéraire de la France*, t. XXIII, p. 213.

La Sainte-Chapelle.

chitecture romane, lourde encore et massive, par des temples où se montrent toutes les hardiesses de la pensée, toute l'élévation, toute la ferveur du sentiment religieux. Le nouveau style, né au nord de la Loire, passe la Manche, le Rhin et les Alpes, et des colonies d'artistes français vont le porter à Cantorbéry, à Utrecht, à Milan, jusqu'en Suède. Une statuaire grossière, mais naïve, décore les portails, les galeries, les cloîtres, et la peinture sur verre a, pour produire de magiques effets dans les vitrages, des secrets que nous venons à peine

Oratoire de saint Louis.

de retrouver. Les peintres en miniatures qui ornaient les missels et les livres d'heures nous ont aussi laissé de délicieux chefs-d'œuvre.

L'Italien Cimabué, le maître du Giotto, commença dans ce siècle, à Florence, la restauration de la peinture. Mais la musique bégaye encore : c'est au quinzième siècle seulement que les grands maîtres de la Flandre prépareront une révolution dans cet art.

20. Ordres mendiants. — Le treizième siècle vit une importante nouveauté dans l'Église, la création des ordres mendiants. Saint Benoît avait promulgué, vers l'an 529, une règle monastique sous laquelle s'étaient successivement rangés tous les moines de l'Occident; cette règle imposait le travail des bras et celui de l'esprit. Les bénédictins associaient l'agriculture à la prédication, la copie des manuscrits à la prière[1]. Des écoles étaient ordinairement annexées à leurs couvents et contribuèrent à sauver les lettres d'une ruine complète. Les divers ordres religieux qui furent ultérieurement créés restèrent plus ou moins fidèles à cette pensée, mais en gardèrent toujours l'empreinte. L'ordre des franciscains, institué en 1215 par saint François d'Assise, et celui des dominicains, fondé par l'Espagnol saint Dominique, à Toulouse, en 1216, eurent un tout autre caractère. Les franciscains et les dominicains, soustraits à la juridiction des évêques et milice dévouée du saint-siége, devaient vivre d'aumônes, ne posséder rien, courir le monde pour porter l'Evangile partout où un clergé trop riche ne le portait plus, au milieu des pauvres, dans les carrefours, sur les chemins. L'influence de ces ardents prédicateurs sur le peuple, sur l'Eglise même, fut immense. Les dominicains, qui avaient reçu tout particulièrement la mission de convertir les hérétiques, furent investis en 1229 des fonctions inquisitoriales; mais le tribunal de l'inquisition, quoique né en France à l'occasion des Albigeois, ne put pas, heureusement, s'y enraciner et s'y étendre, comme en Espagne et en Italie. Les dominicains portèrent en France le nom de jacobins, parce que leur premier couvent fut bâti dans la rue Saint-Jacques. L'ordre des franciscains ou *frères mineurs* donna naissance aux récollets, aux cordeliers, aux capucins. Duns Scot, *le Docteur subtil*, Raymond Lulle et Roger Bacon étaient franciscains;

---

[1]. L'histoire extérieure des ordres monastiques peut se ramener aux points suivants : quatrième et cinquième siècles, fondation en France des premiers monastères; sixième siècle, création de l'ordre des bénédictins; septième siècle, réforme de saint Benoît d'Aniane; dixième et onzième siècles, réforme de Cluny, Cîteaux et Clairvaux (saint Bernard); treizième siècle, création des quatre ordres mendiants; seizième siècle, création des jésuites.

saint Thomas, *le Docteur angélique*, Albert le Grand, étaient dominicains. Les carmes et les augustins sont du même siècle et formèrent avec les précédents les quatre ordres mendiants. L'austérité, la piété exaltée de ces nouveaux moines, la science de quelques-uns de leurs docteurs, donnèrent de l'émulation aux anciens cénobites et au clergé séculier lui-même ; la discipline ecclésiastique se raffermit ; mais, à la fin du siècle suivant, elle sera de nouveau et plus fortement ébranlée.

CHAPITRE XXX.

TABLEAU DES DIFFÉRENTS ÉTATS EN 1270.

1. Situation générale. — 2. France. — 3. Angleterre. — 4. Écosse — 5. Espagne. — 6. Italie. — 7. Allemagne. — 8. Bohême. — 9. Hongrie. — 10. États scandinaves et slaves. — 11. L'empire d'Orient.

1. Situation générale. — En 1270 deux grandes choses sont finies, les croisades et la querelle du sacerdoce et de l'Empire : l'Europe renonce définitivement à reconquérir le saint sépulcre et à triompher de l'islam ; l'Empereur à reconstituer l'empire romain ; le pape à dominer la société civile, comme il gouverne la société religieuse ; par conséquent un des drames de l'histoire se termine. Mais deux grandes choses aussi commencent. En France, le prince va perdre son caractère de suzerain féodal pour prendre peu à peu celui de monarque absolu : c'est une forme à la fois nouvelle et ancienne de la royauté que les autres États copieront bientôt. En Angleterre, les libertés publiques s'imposent au souverain, et, pour les faire respecter du prince, les grands s'unissent aux bourgeois : c'est encore une forme nouvelle de la société qui apparaît ; un jour aussi on l'imitera, seulement ce jour ne viendra qu'au bout de six siècles. Enfin les langues nationales deviennent littéraires. Joinville nous a donné un modèle de grâce naïve et charmante ; Dante va fixer l'italien ; dans un demi-siècle naîtra le « père de la poésie anglaise », Chaucer, et les Allemands ont déjà leur poëme des *Nibelungen*. Ainsi le moyen âge approche de sa fin, et la société moderne cherche à se dégager des liens dont la féodalité avait enveloppé les peuples.

2. France. — Durant les règnes de Philippe Auguste et de saint Louis, la France avait changé de face. Le domaine royal, si restreint sous les premiers Capétiens, s'était agrandi de toutes les conquêtes faites sur les rois anglais et sur la féodalité. La croisade contre les Albigeois avait eu pour dernière conséquence d'assurer à la maison de France le vaste comté de Toulouse et le marquisat de Provence. Elle touchait donc aux Pyrénées et à la Méditerranée, comme elle touchait déjà à l'Atlantique, à la Manche et à la mer du Nord. L'Escaut, la Meuse, la Saône et le Rhône formaient sa frontière orientale. Beaucoup de ces acquisitions étaient, il est vrai, déjà retournées, sous forme d'apanages, à la féodalité : ainsi un fils du roi Robert avait reçu de lui le duché de Bourgogne, où il avait fondé une maison qui deux fois sera fatale à l aFrance; deux fils de Louis VIII étaient devenus : l'un comte d'Artois, l'autre comte de Provence, un troisième avait obtenu les comtés de Toulouse et de Poitiers ; un des fils de saint Louis a le Valois et Nevers; un autre le Perche et Alençon; un autre encore est comte de Clermont et deviendra baron de Bourbon. Mais ces *apanages*, d'après l'ordonnance qui les constituait, pouvaient faire retour à la couronne, et tous y revinrent en effet. L'autorité du roi s'était étendue comme son domaine, par les restrictions mises aux guerres privées et au duel judiciaire, par les appels et la surveillance des enquesteurs envoyés dans les provinces, enfin par les encouragements donnés à ceux qui voulaient s'avouer bourgeois du roi. La maison de France, glorifiée par saint Louis, semblait alors la plus puissante de l'Europe. Les rois d'Angleterre, de Majorque et de Navarre, étaient ses vassaux, et le comte d'Anjou régnait à Naples et en Sicile. Dante dira d'elle : C'est un arbre immense qui couvre la chrétienté de son ombre.

3. Angleterre. — Le treizième siècle est l'époque où furent jetés les fondements des libertés publiques de l'Angleterre. La Grande Charte est de l'année 1215, la réunion du premier parlement eut lieu en 1258, et six années plus tard les députés des comtés et des villes y furent appelés. Mais un roi faible, livré à des favoris, des dissensions intestines provoquées par le travail même qui se faisait dans le pays pour l'établissement d'une constitution, enfin les revers de Jean sans Terre et de Henri III sur le continent ne permettaient pas à l'Angleterre de faire grande figure au dehors, bien qu'elle possédât encore en France le duché d'Aquitaine.

4. Écosse. — Ce royaume, séparé de l'Angleterre par la Tweed, était en proie à une anarchie dont les rois anglais voudront bientôt profiter.

5. Espagne. — Les Espagnols avaient, par la grande victoire de las Navas de Tolosa (1210), mis un terme aux invasions africaines, et le roi de Castille venait de conquérir Murcie et Séville ; celui d'Aragon, les Baléares et Valence ; celui de Portugal, les Algarves ; de sorte qu'il ne restait aux Maures que le royaume de Grenade. Celui de Navarre, autrefois puissant, ne pouvait plus s'agrandir, enveloppé qu'il était par les Etats d'Aragon et de Castille.

6. Italie. — Plus d'autorité centrale dans ce pays, après la mort de Frédéric II. Un frère de saint Louis régnait à Naples où il vient de faire tomber la tête de Conradin, le dernier des Hohenstaufen. La maison de Savoie possédait les deux revers des Alpes (Savoie et Piémont). Dans la Lombardie et la Toscane dominaient les républiques ; dans la Romagne, les principautés ; Gênes et Venise éclipsaient toutes les cités italiennes par leur puissance, leurs richesses et l'étendue de leur commerce. Florence, afin d'échapper aux rivalités des Guelfes et des Gibelins qui l'ensanglantaient, se donnait pour dix années au roi de Naples que le pape venait de nommer vicaire en Toscane. Pise disputait à Gênes la Corse et la Sardaigne, et Milan allait bientôt abdiquer sa liberté aux mains des Visconti. A Rome et dans son territoire, les Orsini et les Colonna étaient plus puissants que le pape ; mais l'autorité spirituelle du pontife n'en souffrait pas : en 1266 Clément IV avait établi que le pape pouvait disposer partout des bénéfices ecclésiastiques en cas de vacance, et même avant la vacance du siége : c'est l'origine des *grâces expectatives*.

7. Allemagne. — Depuis la mort de Frédéric II en 1250, l'Allemagne n'avait pu réussir à nommer un empereur capable d'exercer réellement le pouvoir. L'intervalle de temps compris entre les années 1250-1273 forme ce qu'on appelle le *grand interrègne*, qui livra l'Allemagne à l'anarchie pour cinq siècles. Les grands duchés de Souabe, de Franconie et de Saxe, étaient démembrés, et les rois voisins qui avaient reconnu la suzeraineté des Empereurs refusaient leur hommage.

8. Bohême. — A la faveur de cette anarchie, Ottocar, roi de Bohême, avait ajouté à ce pays la Moravie, l'Autriche, la Styrie, la Carinthie, la Carniole et l'Istrie : domination formidable que Rodolphe de Habsbourg va briser.

9. Hongrie. — Les Madgyars, convertis au christianisme par leur roi saint Etienne, avaient fondé un puissant Etat qui s'étendait des Karpathes à l'Adriatique, mais qui venait d'avoir beaucoup à souffrir des Mongols et, au milieu du treizième siècle, n'attirait pas l'attention sur lui.

10. États scandinaves et slaves. — Le Danemark avait joué sous Kanut le Grand, qui était aussi roi d'Angleterre, un grand rôle au onzième siècle; cette prospérité se maintint au douzième et au treizième. Waldemar le Victorieux soumit une partie des rives méridionales de la Baltique; mais à sa mort, en 1241, commença une période de discordes et par conséquent de décadence. En Suède, Birger (1250-1266) venait de fonder une nouvelle dynastie, celle des Folkungars; il fortifiait Stockholm et construisait Abo en Finlande. Le roi de Norvége, Haquin V, avait soumis l'Islande, les Orcades et les Shetland. Une princesse norvégienne était héritière de la couronne d'Écosse.

Nowgorod.

Les immenses plaines qui s'étendent de la Baltique à la mer Noire et des monts de Bohême à l'Oural étaient partagées entre les chevaliers teutoniques, les Polonais, les Russes et les Mongols.

Les chevaliers teutoniques, qui avaient renoncé à la croisade d'Orient pour conquérir par l'épée et par la foi les païens de la Prusse et des pays riverains de la Baltique, venaient de se réunir aux chevaliers porte-glaives, maîtres de la Livonie.

Les Polonais avaient été sous Boleslas le Victorieux, au douzième siècle, la puissance prépondérante à l'est de l'Elbe. Des partages de provinces, des guerres intestines, les attaques des chevaliers teutoniques, affaiblirent ce royaume qui, au milieu du treizième siècle, fut affreusement ravagé par les Mongols.

Au neuvième siècle, des Northmans s'étaient emparés de Nowgorod, et les descendants de Rurik, leur chef, avaient fondé les principautés de Kiew, Wladimir, etc., qui en 1223 reçurent le choc des Mongols de Djenghis-khan et en furent brisées. Moscou, la ville sainte, fut prise et l'ouragan, passant sur la Pologne et la Hongrie, ne s'arrêta qu'aux mont de Moravie. Les Russes restèrent soumis au khan de la Horde d'Or jusqu'au commencement des temps modernes.

11. L'empire d'Orient. — L'empire latin de Constantinople, élevé en 1204, venait de s'écrouler (1261) et l'empire grec restauré était entouré d'ennemis qui ne lui laisseront qu'une vie misérable. Ceux qui devaient le renverser, les Turcs ottomans, n'avaient pas encore pris pied en Europe, mais ils occupaient déjà la plus grande partie de l'Asie Mineure.

FIN DU COURS DE TROISIÈME.

TABLE DES MATIÈRES.

Chapitres.		Pages.
I.	La Gaule sous l'empire romain...	1
II.	Invasion des Barbares : les Germains; leurs établissements en Italie; énumération des établissements qu'ils ont fondés	9
III.	Suite des invasions des Barbares	23
IV.	Le royaume des Francs; Clovis..................	35
V.	Brunehaut; Dagobert; conquête en Germanie......	55
VI.	Gouvernement et institutions; la loi salique; Pépin d'Héristal; Charles Martel et Pépin le Bref	82
VII.	Ses guerres; son œuvre législative................	99
VIII.	Mahomet; conquêtes des Arabes.................	117
IX.	Éclat de la civilisation des Arabes................	134
X.	Pépin d'Héristal; Charles Martel; Pépin le Bref.....	151
XI.	Charlemagne; ses guerres et son gouvernement; rétablissement de l'empire	164
XII.	Géographie de l'empire de Charlemagne	185
XIII.	Louis le Débonnaire; traité de Verdun............	194
XIV.	Charles le Chauve; les Northmans; démembrement de l'empire en royaumes et de la France en grands fiefs	206
XV.	Derniers carlovingiens et ducs de France........ ...	222
XVI.	Le régime féodal	231
XVII.	États de l'Église au dixième siècle	251
XVIII.	L'Empire; Otton le Grand; la querelle des investitures; Grégoire VII............................	269
XIX.	Innocent III et Innocent IV; Frédéric Barberousse et Frédéric II....................................	293
XX.	Conquête de l'Angleterre par les Normands........	310
XXI.	Henri II; la Grande Charte	325
XXII.	La première croisade et le royaume de Jérusalem..	346
XXIII.	Dernières croisades; empire latin de Constantinople	368

Chapitres.		Pages.
XXIV.	Progrès du pouvoir royal en France ; les quatre premiers Capétiens..................................	379
XXV.	Affranchissement des communes ; Louis VI	393
XXVI.	Philippe Auguste	414
XXVII.	Guerre des Albigeois...	423
XXVIII.	Règne de saint Louis	431
XXIX.	Les arts, les lettres, les écoles aux douzième et treizième siècles ; le commerce et l'industrie	452
XXX.	Tableau des différents États en 1270........... ...	473

FIN DE LA TABLE DES MATIÈRES.

16027 — Typographie Lahure, rue de Fleurus, 9, à Paris.

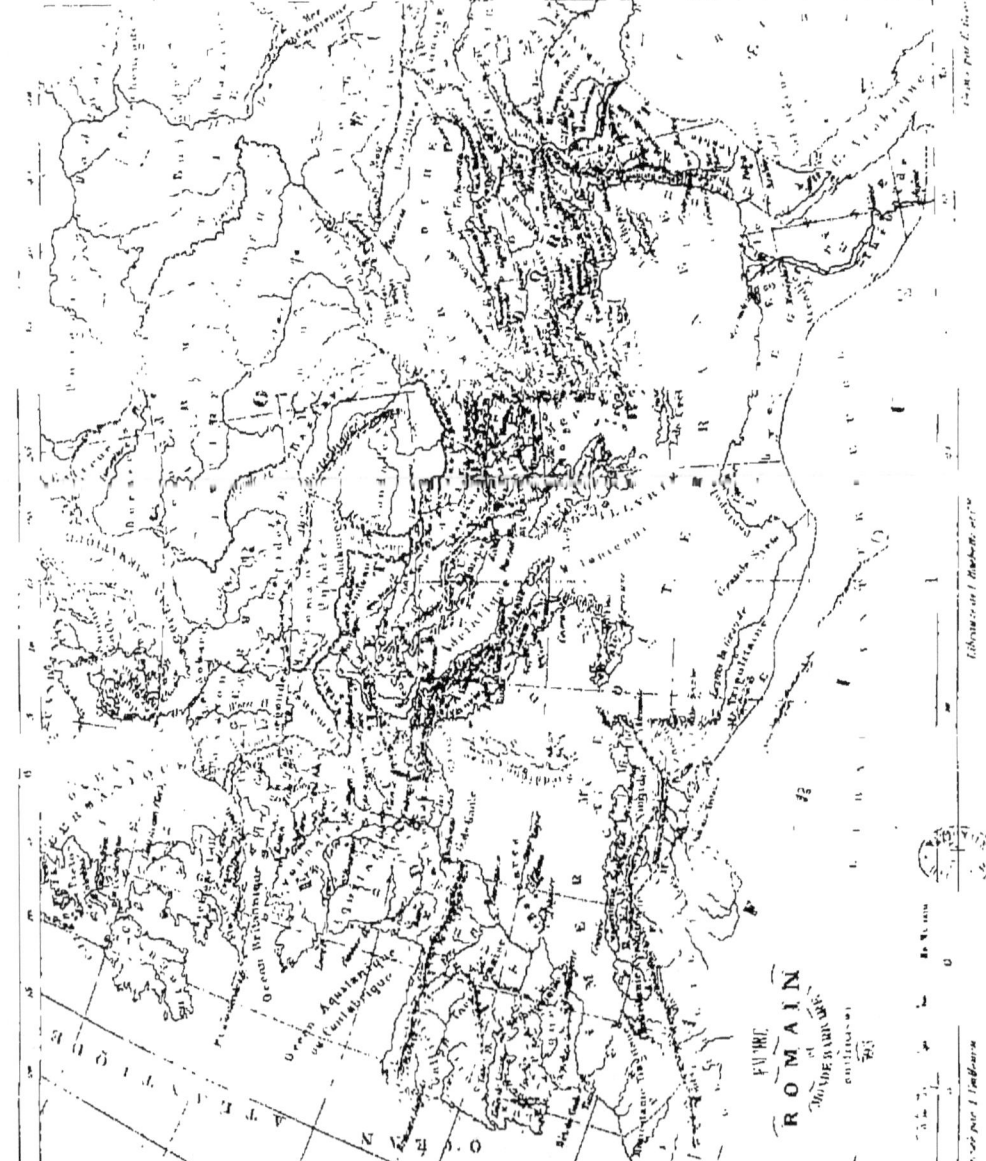

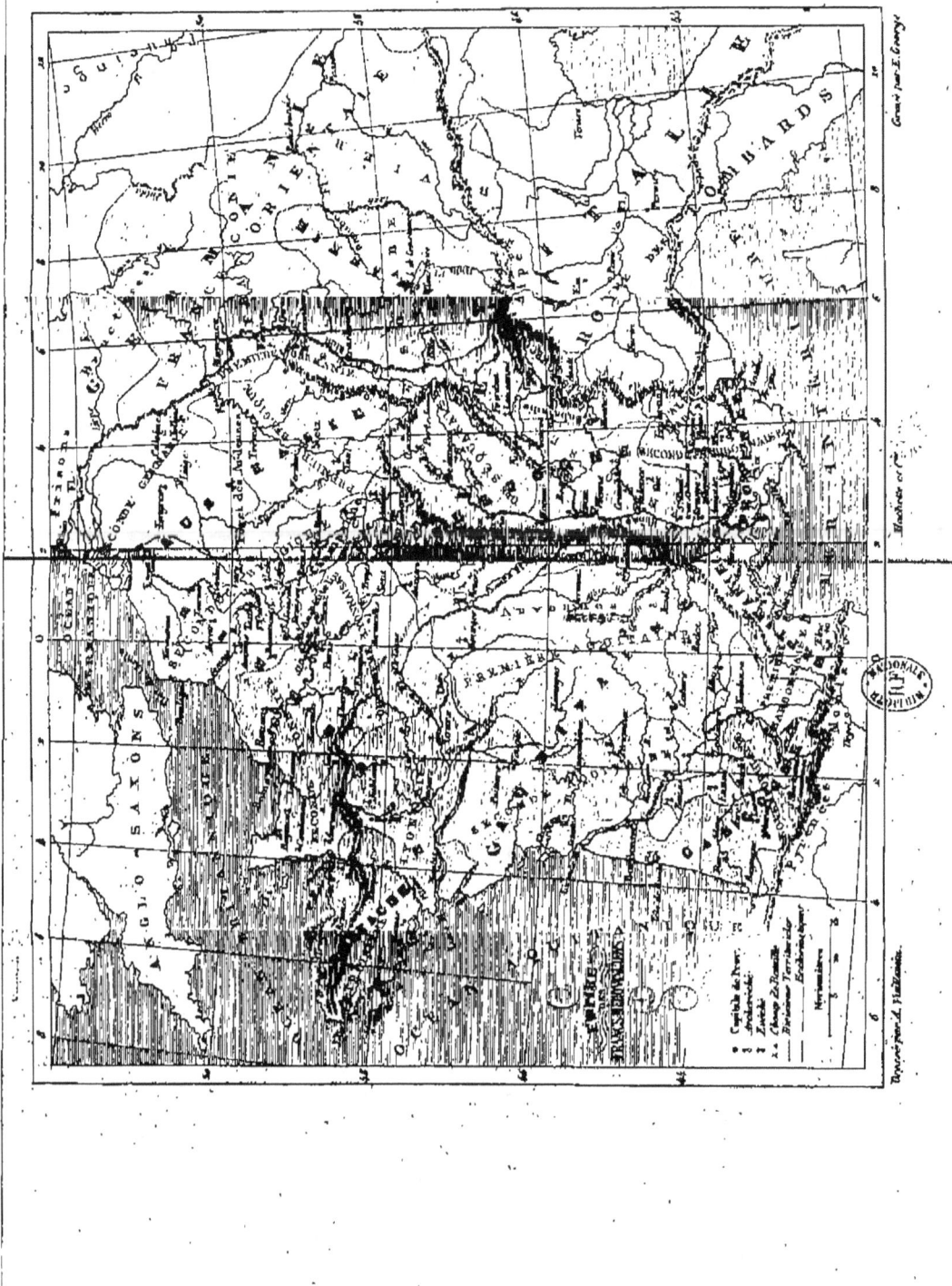

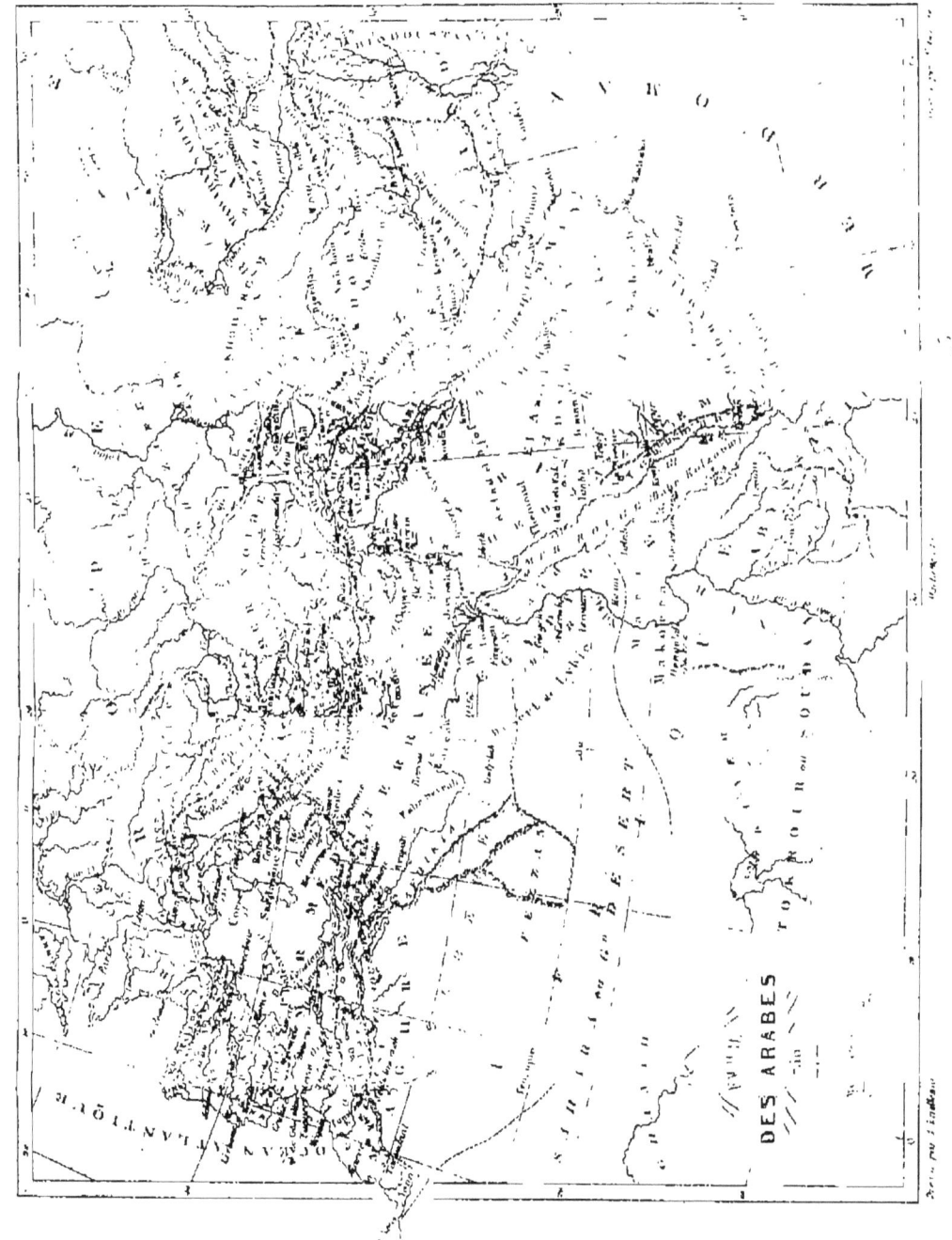

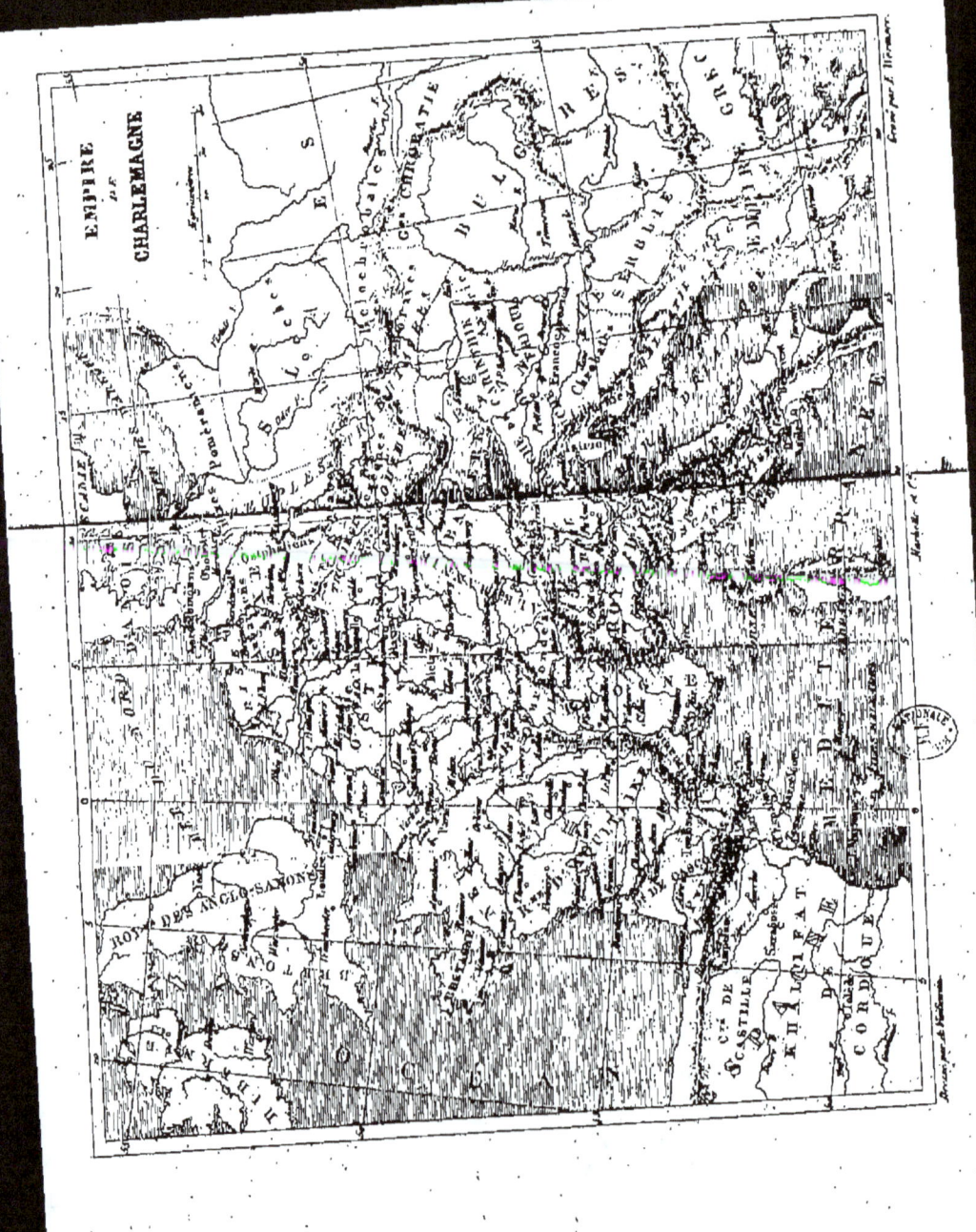

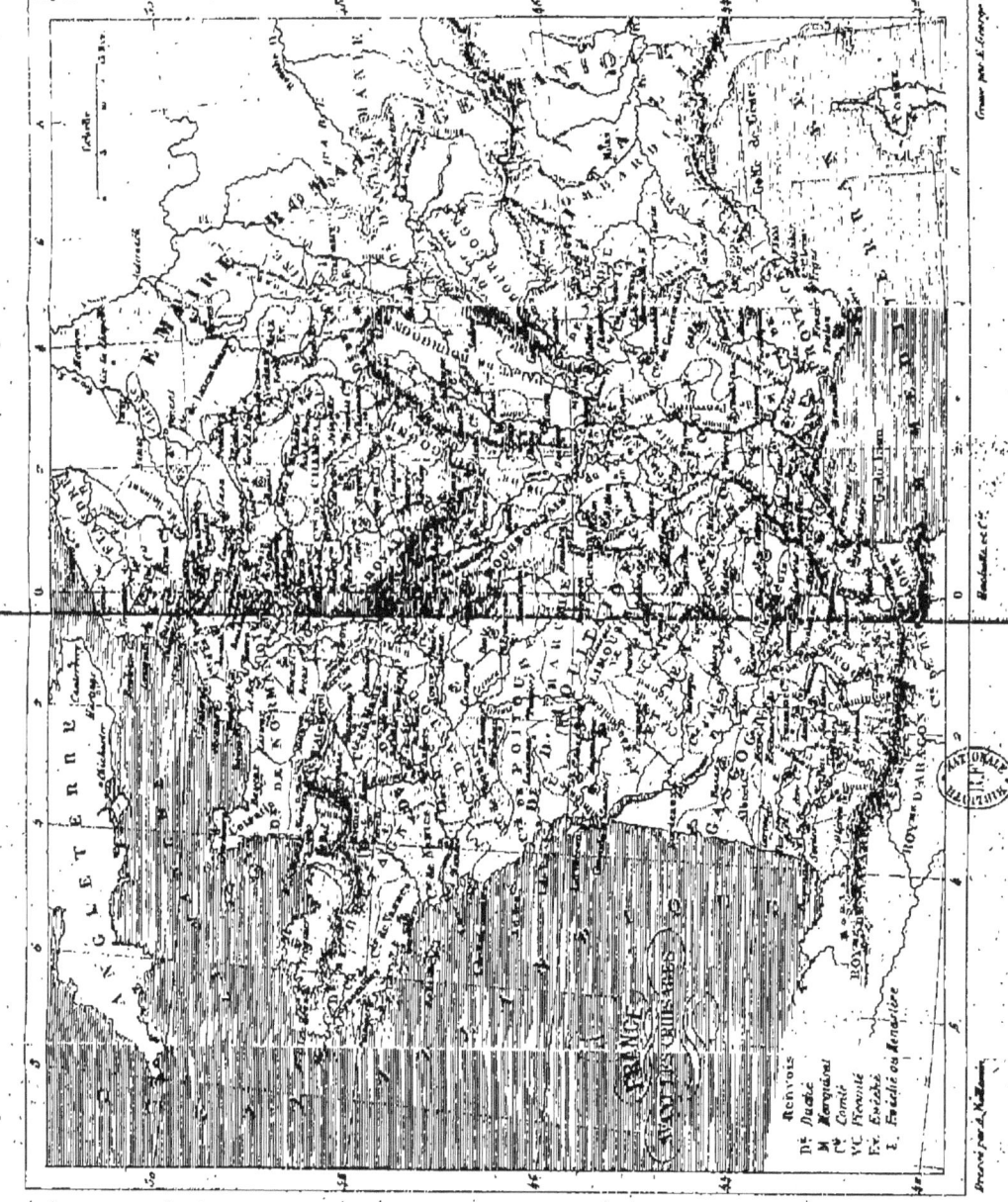

ALLEMAGNE ET ITALIE POUR LA QUERELLE DES INVESTITURES.

LIBRAIRIE HACHETTE ET Cie

COURS COMPLET D'HISTOIRE ET DE GÉOGRAPHIE

Contenant les matières indiquées par les derniers programmes officiels

A L'USAGE DES LYCÉES ET DES COLLÈGES

Classes élémentaires

PETITE HISTOIRE SAINTE, par M. V. Duruy. In-18, cartonné............ » 80
PETITE HISTOIRE DE FRANCE, par le même auteur. In-18, cartonné.... 1 »
NOTIONS ÉLÉMENTAIRES DE GÉOGRAPHIE GÉNÉRALE ET NOTIONS SUR LA GÉOGRAPHIE GÉNÉRALE DE LA FRANCE ET DE LA TERRE SAINTE, par M. E. Cortambert (classe préparatoire). In-12, cartonné................. » 80
    Atlas correspondant (9 cartes). Grand in-8, cartonné........ 1 50
GÉOGRAPHIE ÉLÉMENTAIRE DES CINQ PARTIES DU MONDE, par M. E. Cortambert (classe de Huitième). In-12, cartonné.................. » 80
    Atlas correspondant (10 cartes). Grand in-8, cartonné...... 1 50
GÉOGRAPHIE ÉLÉMENTAIRE DE LA FRANCE, par M. E. Cortambert (classe de Septième). In-12, cartonné....................... 1 20
    Atlas correspondant (15 cartes). Grand in-8, cartonné...... 2 50

Classe de Sixième

HISTOIRE ANCIENNE, par M. V. Duruy. In-12, cartonné............ 3 »
GÉOGRAPHIE GÉNÉRALE DE L'ASIE, DE L'AFRIQUE, DE L'AMÉRIQUE ET DE L'OCÉANIE, par M. E. Cortambert. In-12, cartonné............. 1 50
    Atlas correspondant (27 cartes). Grand in-8, cartonné...... 4 »

Classe de Cinquième

HISTOIRE GRECQUE, par M. V. Duruy. In-12, cartonné............ 3 »
GÉOGRAPHIE GÉNÉRALE PHYSIQUE ET POLITIQUE DE L'EUROPE (moins la France), par M. E. Cortambert. In-12, cartonné..................... 1 50
    Atlas correspondant (20 cartes). Grand in-8, cartonné...... 3 »

Classe de Quatrième

HISTOIRE ROMAINE, par M. V. Duruy. In-12, cartonné............ 3 »
GÉOGRAPHIE DE LA FRANCE, par M. E. Cortambert. In-12, cartonné.... 1 50
    Atlas correspondant (23 cartes). Grand in-8, cartonné...... 3 »

Classe de Troisième

HISTOIRE DE L'EUROPE, DU Ve SIÈCLE A LA FIN DU XIIIe (395-1270), par M. V. Duruy. In-12, cartonné........................ 3 50
GÉOGRAPHIE DE L'EUROPE, par M. E. Cortambert. In-12, cartonné.... 2 »
    Atlas correspondant (29 cartes). Grand in-8, cartonné...... 3 50

Classe de Seconde

HISTOIRE DE L'EUROPE, DE LA FIN DU XIIIe SIÈCLE AU COMMENCEMENT DU XVIIe (1270-1610), par M. V. Duruy. In-12, cartonné............. 3 50
DESCRIPTION PARTICULIÈRE DE L'ASIE, DE L'AFRIQUE, DE L'AMÉRIQUE ET DE L'OCÉANIE, par M. E. Cortambert. In-12, cartonné.......... 3 »
    Atlas correspondant (26 cartes). Grand in-8, cartonné...... 4 »

Classe de Rhétorique

HISTOIRE DE L'EUROPE, DE 1610 A 1789, par M. V. Duruy, cartonné... 3 50
GÉOGRAPHIE DE LA FRANCE ET DE SES COLONIES, par M. E. Cortambert. In-12 cartonné.................................... 3 »
    Atlas correspondant (30 cartes). Grand in-8, cartonné...... 4 50

Classe de Philosophie

HISTOIRE ET GÉOGRAPHIE CONTEMPORAINES, DE 1789 A 1848, par M. Gust. Ducoudray. In-12, cartonné........................ 5 »
RÉSUMÉ DE GÉOGRAPHIE GÉNÉRALE offrant particulièrement les changements territoriaux survenus depuis 1848, par M. E. Cortambert. In-12, cart. 2 »

Classe de Mathématiques préparatoires

ÉLÉMENTS DE GÉOGRAPHIE GÉNÉRALE, par M. E. Cortambert. In-12. 1 50

Classe de Mathématiques élémentaires

GÉOGRAPHIE GÉNÉRALE, par M. E. Cortambert. In-12, cartonné...... 5 »

Typographie A. Lahure, rue de Fleurus, 9, à Paris.

www.ingramcontent.com/pod-product-compliance
Lightning Source LLC
Chambersburg PA
CBHW050609230426

43670CB00009B/1335